政协宁津县委员会◎编

天南地北
宁津人

刘文浩◎编著

中国文史出版社

《天南地北宁津人》编纂委员会

主　　任:武永生

副 主 任:许书旺　方学武　于振建　吴金章　于慧真
　　　　丁清波　李宝春　刘文浩

主　　编:武永生

编著作者:刘文浩

编　　辑:张　涛　李小敏　苏孝友　刘秀真

故乡是一份魂牵梦系的思念，乡音是一波心底深处的震颤。从同一方土地上走出去的人，总有一股力量在召唤着，那就是乡音、乡情。无论你在天涯还是海角，回家的渴望任何人也抗拒不了。对故土的眷恋是每个人刻在骨子里的烙印，是人类共同而永恒的情感。

——题　记

前　言

　　一方水土养一方人。史书记载，宁津"土厚泉甘，人杰地灵"。自古以来受传统的齐鲁文化和燕赵遗风的浸润，宁津人文荟萃、底蕴厚重、民风淳朴，孕育造就了众多英贤志士、墨客达人。如汉朝执法严而不酷的京兆尹隽不疑，勘定《神农本经》和《唐本草》的宋朝名医刘翰，清朝湖南巡抚庞际云，"埙圣"吴浔源，著名历史学家齐思和、荣孟源等，可以说宁津名人辈出、群星璀璨。

　　宁津人乡情浓又善走四方。新中国成立前后，一批批自强不息的宁津人走出黄土地，为了人生理想闯荡大江南北，用血汗创造着未来和希望。他们在全国各地、各行各业、各条战线上挥洒着汗水，奉献着青春，实现着梦想，创造着辉煌。从冰雪塞外到南国海疆，从大漠边关到海岛军营，北国江南，长城内外，到处都有宁津人的身影，到处都留下了宁津人的足迹。

　　然而由于种种原因，很多外乡宁津游子的消息都深藏在民间巷陌，甚至有的因为家中已经没有亲人而与家乡失去了联系。为了搭建起家乡和宁津游子之间沟通的桥梁，通过对他们的奋斗历程、人生轨迹以及生存状态的集中展示，展现天南地北宁津人的风采，让人们领略他们平凡却不普通的别样人生，2007年，《天南地北宁津人》节目应运而生！

　　这是一档域外采访的电视人物类精品专题栏目。节目组先后赴北京、天津、新疆、黑龙江、吉林、辽宁、上海以及广州、深圳、舟山、青岛、烟台、济南等地采访拍摄，行程近两万公里，采访的宁津人既有身居要位的领导，也有经济界的精英、学术界的专家，还有艺术界的大师和明星。很多采访对象是栏目记者在浩繁的互联网上，在数以万计的信息中挖掘到线索进而找到的，有些人已经和家乡失去联系多年，通过采访这些优秀的宁津人增强了他们对家乡的认知，增进了他们对家乡的感情，促成了他们回家乡看看的愿望。《天南地北宁津人》还起到了发现历史、记录历史、还原历史的作用。2008年记者在新疆采访期间，发现了一段鲜为人知的历史和一支山东省革命历史档案中遗漏的部队——山东渤海军区教导旅。这支部队是以著名的三五九旅的干部为骨干且以宁津人为主体组建起来的。这支上万人的部队从山东向西进军，一路血战，在彭德怀和王震的率领下，他们战运安、攻永丰、守荔镇、打壶梯山，历经数十战。后来这支部队又越祁连、走酒泉、出阳关、跨戈壁、挺进天山，成为我军战史上唯一一支从祖国版图的最东头打到最西头的部队。1952年，为了响应毛主席屯垦戍边的号召，这批万里西征的山东子弟集体转业留在了新疆，成为新疆生产建设兵团中的一支。这段历史在宁津的史料中并无记载，但却是宁津人民的精神财富和光辉一页。《天南地北宁津人》节目发掘并把它记录下来，从此这支部队和他们的斗争精神成为宁津县一张光辉的红色名片。

为了更好地联系各地的宁津游子，让更多的宁津人从中得到一些启迪和感悟，让大家对宁津人的意志、风骨、担当、奉献有更深层次的理解，宁津县政协文史资料委员会决定把《天南地北宁津人》结集出版。由于掌握的线索有限，很多优秀的宁津人没能被收录到本书中。希望本书能够起到抛砖引玉的作用，让更多的宁津人加强与家乡的联系，促进宁津人之间的交流合作。

本书刊录的人物稿件根据地域划分为京津篇、新疆篇、东北篇、南下篇和山东篇，每篇内的文章以采访先后时间为序。为了保证作品的真实性，让人们更真切地感受到人物的风采，本书以专题片解说词和被采访人同期声为主，保留了人物的真实语言，把电视专题片凝固成了书面文字，再现他们的人生故事。

书中汇聚了各种各样的人生经历，凝结了他们崎岖坎坷的奋斗历程。探访人物的内心世界，体味精彩人生，这就是本书想要带给您的心灵感受。

2024年6月18日

目　录

京　津　篇

南 下 篇

山 东 篇

宁津县概况

宁津县位于东经 116°30'—117°02'、北纬 37°31'—37°51',山东省西北部鲁冀交界处。地处黄河冲积平原腹地,地势平坦,土地肥沃,属北温带半湿润大陆性气候,四季分明,光照充足,气候条件良好。与河北省吴桥县、东光县、南皮县以漳卫新河为界,区划面积八百三十三平方公里,辖五百五十二个村,人口四十八万。

东魏天平元年(534 年)置胡苏县,为建县之始;金天会六年(1128 年)改名宁津县,至今已有近九百年历史。宁津是中国杂技的发源地之一,是国务院命名的第一批"全国文化先进县"、文化部命名的"中国民间艺术(杂技)之乡"。宁津还是"中华蟋蟀第一县",斗蟋文化和蟋蟀罐制作工艺是山东省非物质文化遗产。

宁津县耕地面积七十七万亩,粮食产量突破七十万吨,是全国粮食生产基地县、全国蔬菜产业重点县和京津冀地区重要的无公害蔬菜、畜禽产品生产基地。宁津还是国家级制种大县,有种子经营企业十家,拥有自主知识产权的国审、省审品种六十一个。

历史上宁津就是有名的"锢露之乡""小炉匠之乡"。截至 2023 年底,全

环渤海经济圈

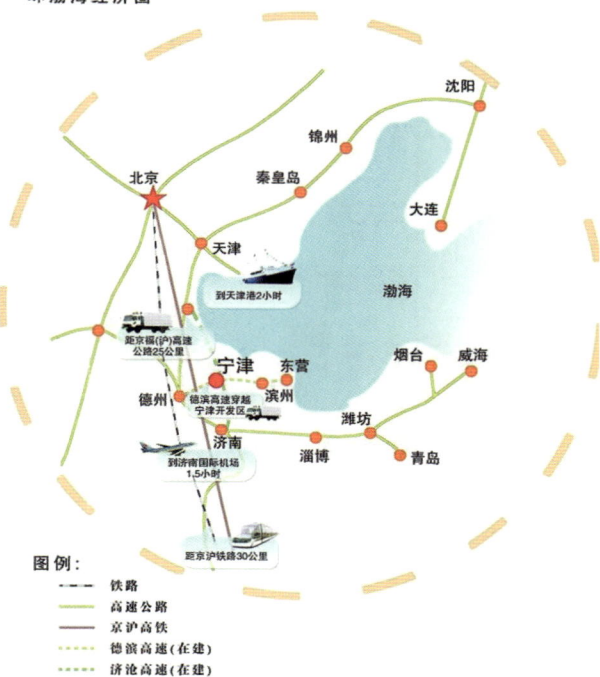

沈阳

锦州

北京

秦皇岛

大连

天津

到天津港2小时

渤海

距京福(沪)高速
公路25公里

宁津 东营

烟台

威海

德州 德滨高速穿越
宁津开发区

滨州

潍坊

济南

淄博

青岛

到济南国际机场
1.5小时

距京沪铁路30公里

图例:

---- 铁路

—— 高速公路

—— 京沪高铁

---- 德滨高速(在建)

---- 济沧高速(在建)

县共有市场主体四万五千四百四十九万家,可以说每十一个人就有一个市场主体。宁津制造业共有市场主体一万九千六百六十二家。这些三体可以概括为五金机械制造和家具制造"一金一木"产业。其中,"一金"产业拥有市场主体五千七百一十一家,可细分为二十一个门类,产业链所需的零部件均能实现县内配套;"一木"产业拥有市场主体四千零八十一家,是国内最大的实木家具产业集群地,白茬供应可占全国市场的百分之八十五;拥有中国五金机械产业城、中国健身器材生产基地、中国实木家具之乡、国家体育产业示范基地等城市名片。

历史沿革

宁津县历史悠久,文化灿烂。齐鲁文化和燕赵遗风为这方热土积淀了厚重深沉的文化底蕴。史书记载,宁津"土厚泉甘,人杰地灵"。

据战国《禹贡》和《资治通鉴·前编》记载,夏以前,宁津属古兖州域;夏朝时属有鬲氏地,商朝属鬲国,西周属齐无棣邑,春秋为齐地;赵孝成王十年(前256年),于耿家圈村(耿家圈村历史上长期隶属宁津,1965年以后归河北省东光县管辖)置临乐邑。

宁津庞家寺汉墓出土的
汉代陶楼

秦朝统一六国后,实行郡县制,宁津为临乐县。始皇二十六年(前221年),在现保店镇设胡苏亭,属济北郡河间县。

两汉时属渤海郡,南北朝时先后隶属乐陵国、安德郡。东魏天平元年(534年)于胡苏亭始置胡苏县,辖区基本为宁津现境。这也成为宁津建县之始,至今已有一千四百七十八年。

隋唐时仍为胡苏县,属河北路。唐武德六年(623年),沧州徙治胡苏,更名安水郡;唐贞观元年(627年)复置胡苏县;唐天宝元年(742年),改称临津县。

宋熙宁六年(1073年),临津划归南皮县。

金天会五年(1127年),复置临津县,尽复宁津疆界。金天会六年(1128年)秋,大水导致城墙坍塌,县治东迁二十五里到现在的城区,为取安宁之意,改名为宁津县,历史上始有"宁津"

地名。

　　此后，历经元、明、清三朝，均为京省管辖，分属不同府道。

　　民国三十二年（1943年），为纪念抗日烈士马振华，宁津改称振华县；1949年恢复宁津县名称，属沧南专区；1950年属德州专区；1952年划归河北省沧州专区；1958年属天津市；1961年复属沧州地区；1965年划归山东省，隶属德州至今。

宁津地方名人

1. 汉朝京兆尹——隽不疑

　　隽不疑，字曼倩，渤海郡人。据清光绪二十六年（1900年）宁津县志记载："隽不疑墓在县北十八里大柳镇北。"《汉书·隽不疑传》中记载了他的事迹。以下文字皆据《汉书·隽不疑传》。

　　隽不疑精通《春秋》，初在渤海郡中担任文学官（专司所辖地域的教育行政事务），其言行举止必定遵循礼仪规范，声名闻于州郡。汉武帝末年，渤海郡盗贼蜂拥而起，暴胜之做直指使者（朝廷特派官员），身穿绣衣，手持斧仗仪节，追捕反叛的盗贼，并督促渤海郡赋税，向东一直到渤海边，如果有不服从命令的人，都根据军兴法论处，威势震动渤海郡。暴胜之一向听说隽不疑贤能，到了渤海郡，就派遣差役邀请隽不疑和他相见。隽不疑头戴进贤帽，身带櫑具长剑，佩着玉环，穿着宽衣，绕着长带，盛服到暴胜之门上拜见。守门的差役想让他解下腰上佩剑，隽不疑说："剑是有品德的人的武装兵器，是用来保卫自身的，不能解下。请你们退下。"差役禀报暴胜之。暴胜之开门迎接隽不疑。远远看到隽不疑相貌尊贵庄严，穿戴儒雅伟岸，暴胜之快步起身，急忙迎接。到厅堂坐定，隽不疑以手按地恭敬地说："我居住在海边，听说您暴公子的威名

隽不疑

3

已经很久了,现在才有幸见到。大凡做官的,如果太刚强就会受挫折,如果太柔和就会被罢免。应该用恩惠来推行威信,然后建立自己的功绩,远扬自己的威名,这样,就可以永远享受皇上的俸禄了。"暴胜之知道隽不疑并不是平庸的人,恭敬地采纳了他的建议,用礼仪接待他,询问当世实行的政策。暴胜之手下各个从事都是从州郡中选拔的优秀官吏,在旁边听了隽不疑的说法,没有不吃惊的。到了深夜,谈话才结束,隽不疑离开。于是,暴胜之上书推荐隽不疑。皇上用公车征召他,官拜青州刺史。

汉昭帝时,齐孝王之孙谋反,隽不疑察觉后,果断地逮捕了他们,使之认罪伏法,因此被提升为京兆尹。隽不疑每次审犯人回来,他的母亲总是问:"有可以平反的人吗? 能让多少人活下来?"如果隽不疑说有许多平反的人,他的母亲就高兴,吃饭说话也与其他时候不一样;如果说没有能释放的,他的母亲就生气,并为此不吃饭。所以,隽不疑做官严厉却不残忍。"平反"一词就是根据《汉书·隽不疑传》中隽不疑母子对话而来。

西汉始元五年(公元前82年),有一男子自称卫太子,坐黄犊车,来到北门,昭帝下诏让公卿将军中食俸二千石官职的人一起去辨认,无人敢认。京兆尹隽不疑到了之后,大声命令跟随的差役拘捕那人。有人说:"是与不是不能确定,应该慢慢处理这件事。"隽不疑说:"各位怎么害怕卫太子呢! 以前蒯聩逃命出奔,蒯辄拒不接纳蒯聩返回卫国,这是《春秋》上记载的。卫太子得罪先帝,逃跑而不接受死刑,现在自己来到这里,这是罪人啊。"于是,将他送进处理皇帝直接交办案子的监狱里。经查,原来此人是夏阳人成方遂,来此诈骗。验明正身后,将其腰斩了。皇帝和大将军霍光听说后赞赏说:"公卿应当用经术明确大义。"因此,隽不疑在朝廷上更加受敬重,在朝之人都认为自己比不上他。大将军霍光想把自己女儿嫁给他,隽不疑坚决推辞,后因病辞官,终老于家中。

2. 宋朝名医——刘翰

刘翰(919—990),宋代名医,山东宁津县人。刘翰家族世代研习医道,他本人曾做过护国军节度巡官。后周显德初年(959年),刘翰为济世救人,将祖传的中医秘籍《经用方书》三十卷、《论候》十卷、《今古治世集》二十卷献给宫廷,以惠天下,被周世宗柴荣任命为翰林医官。周亡宋兴,宋太祖北征时,命刘翰随军同行,医治了许多疑难病症。刘翰曾任朝散大夫、鸿胪寺丞。宋太祖励精图治,对医学、占卜、星相等一类方伎之人皆要考核,要求必须精湛熟练,遂命太常寺考试比较医官们的技术。刘翰考取了优等。宋太祖的弟弟赵光义(宋太宗)

患病,命刘翰与马志前去王府,百般调治,治好了赵光义的病。刘翰升任尚药奉御的职位,专职侍奉皇帝。刘翰奉皇帝之命,勘定《神农本经》,详细修订《唐本草》,新增加三百二十七种药草。他辑成的《名医录》涉及一百八十余种中草药,奉皇命经翰林院、户部、知制等审查后勘印颁布天下。刘翰因此升任检校工部员外郎。宋太宗时,刘翰曾任翰林医官使兼任检校户部郎中。后因给滑州刘遇治病被贬。端拱初年(988年)仍被任为尚药奉御,淳化元年(990年)升任医官使。

刘翰医术精湛,医理深邃,名震朝野。他祖传的中医秘籍和其勘定的《神农本经》《唐本草》《开元本草》是明朝李时珍编修《本草纲目》的基础蓝本,在《本草纲目》序言中有详尽的记载,《中国人名大词典》中亦有记载。

3. 明朝廉吏——都胜

都胜,生卒年月不详,明朝廉吏,山东宁津县人。他是明朝成化年间的举人,曾任南京羽林左卫指挥佥事,因心胸坦荡、处事干练而被提升为代理部指挥佥事,奉命驻守扬州,防备日本海盗侵扰。

名城扬州是江南鱼米之乡,水运特别发达。盐商是当地首富,见都胜是北方官员,贿赂不成,后纠集盐徒乘机作乱。都胜几经周折了解详情,率部一举平定,立下战功,得皇帝嘉奖,经推荐升为参将,全权负责保护水上运输。

成化末年,甘陕等地旱灾严重,饥民遍地。皇家调集南方粮米,水运北上。都胜先代理部指挥使,后任总兵官,主管水路运粮。虽身居官位,但从不懈怠,常带领护卫随粮同行,深得沿途百姓拥戴。

都胜一生多任职于江南富庶的鱼米之乡,主管水运,人称肥差。但他做官五十七年,身居富地却一尘不染,廉洁奉公,生活俭朴,每天只用豆腐佐餐,当时人们赞称其为“豆腐官”。其廉政英名流传后世,《中国人名大词典》中有记载。《明史》(卷一六六)中也记载有都胜的事迹。

4. 清朝湖南巡抚——庞际云

庞际云（？—1884），原名震龙，字省三，山东宁津县刘营伍乡庞寨子村人。庞际云幼年勤奋好学，天资聪慧，道光二十三年（1843年）考中举人，咸丰二年（1852年）考中进士，并被选为庶吉士，俗称翰林，故后人称他为"庞翰林"。他开始做刑部主事，历任江宁盐巡道、两淮盐运使、淮阳海道、湖北按察使、湖南布政使、湖南巡抚、云南藩司等职，逝于云南藩司任所。庞际云一生忠于职守，体恤民情，救民于水火，被万民称颂。

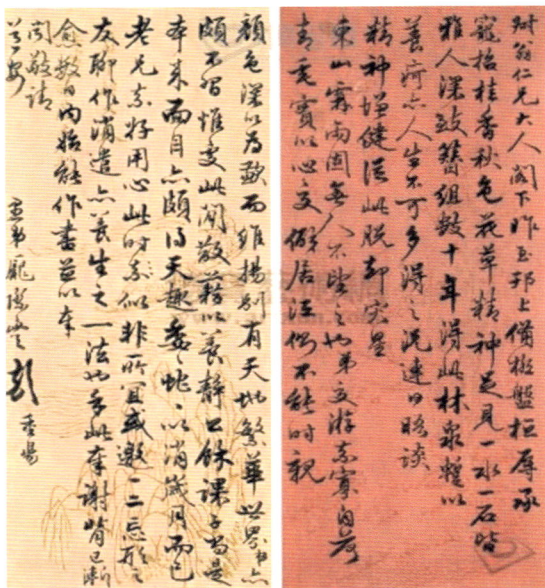

庞际云书札

抗法治饷，立功受封。他署湖南巡抚时，正值中法战争，"筹兵治饷，皆中肯綮"，又奏请"抚署向有缉私经费万余斤"，充作军费，因此"蒙温旨褒奖"，成为各省官员学习的榜样，获得头品顶戴，并受头品封典。

公断讼事，平反冤狱。他任江宁盐巡道时，商人和灶户为了争夺草荡，矛盾非常尖锐，即将酿成重大事故，经际云审理公断，双方和解。他任湖北按察使时，创立清理积案局，一年之中，结案九千余起，还为很多冤案平反。

考察积弊，制止外患。他任云南藩司时，了解到铜务舞弊严重，就认真加以清理，并严禁经手人从中吞没钱财，制止了外患的发生，使地方安宁。

抗洪抢收，不负众望。他任淮阳海道时，运河伏汛，大水涨到七尺，可以开闸泄水。考虑到下游是产米区，他立即加固防险设施，坚持了十几天，等早稻上场、中稻收割一半，才开闸泄水，保住了农民的收成。

推荐人才，敬重贤吏。他很注意发现人才，当时的名臣高万鹏、李有芳就是他推荐的。临湘令徐邦光有政绩，死在任所，他亲自吊唁，并搜集死者事迹上报朝廷。

庞际云服官四十余年，做了许多有利于人民的事情，但也曾跟随曾国藩镇压过农民起义。庞际云任刑部主事后入曾国藩幕僚，参与镇压太平军，李秀成被俘后，参与审讯。

5. 史学家、书法家、"埙圣"——吴浔源

吴浔源（1824—1902），字棠湖，斋室名吴川草堂。山东宁津县小店乡王庄人，后迁居河北省吴桥县旧城。清末著名史学家、书法家。其父吴名凤（1767—1854），字竹庵，文学家、史学家、考古学家。乾隆壬子科举人，大挑一等分发江西历署南城、德兴、奉新、都昌各县事代理，会昌、安义、安福各县廉印，显补东乡县知县，调补德化县知县，文计卓著，升授饶州府景德镇同知，历署九江、瑞州、抚州、饶州、南康各府事。戊子科江西乡试同考官，乙未科内监试。诰授奉政大夫。丙午致仕，咸丰壬子科重宴鹿鸣。有惠政，服官江西二十余年。因证据传志，勘察地形，作"又北播为九河""同为逆河，入于海"二说，人服其精审。与儿子吴浔源在史学界留下"考据精审——宁津吴名凤父子"的美名。

吴浔源幼年深受传统教育熏陶，天资聪敏，刻苦攻读，先后考中副贡、恩科举人。他幼承家学，工书画金石，书法擅长楷、行、隶、篆诸体，闻名遐迩，《中国美术家大辞典》记有条目，其书法作品在宁津县文化馆有馆藏；石刻有《朱子治家格言》全文，颇为时人称道。吴浔源学识渊博，多才多艺。他善吹埙，曾复制出殷代五音孔梨形陶埙，是《埙谱》《笛谱》的创始人。他致力于历史典籍和古代文物的研究，京城士大夫每得古物，常登门求其鉴赏。吴浔源轻视利禄，不慕高官。晚年专心著述，编修有《畿辅河渠志》《宁津县志》《东光县志》《石经音义释诠》《重排石鼓残字》《晋王羲之年谱》《埙谱》《笛谱》《汉隶十六种》和畿辅游集唐诗六十首，还有其他诗集若干卷。

李鸿章任直隶总督兼北洋大臣时，在保定莲池书院设立志局，邀请吴浔源来此襄修《畿辅通志》。其间，吴浔源博览《大清会典》《乐书》《乐记》等陶埙古籍文献，结合考证古埙实物，

吴浔源

幽思揣摩十年,于1888年农历七月十五日创作完成《棠湖埙谱》并作序,传于后世。1923年,时任中华民国大总统的徐世昌为再版印刷的《棠湖埙谱》作序。《棠湖埙谱》是目前发现最早也是唯一正式刊行的埙专用乐谱。此书对于古埙制法、奏法以及埙谱都有记载。正因如此,现在埙文化圈把吴浔源当作近现代埙文化的鼻祖,有"埙圣"之称,而《棠湖埙谱》则被尊为近现代埙演奏界的"圣经"。

吴浔源性情高洁,轻视利禄,从不奉迎权势,对帝国主义侵略中国深恶痛绝。平日着土布衣,戴土布帽,穿土布鞋,吸旱烟,用烟袋、火镰。家用器物凡冠"洋"字者,概不使用。新县令到职,如白天,官服,全套执事公然拜访,他闭门不纳;如夜晚,便服,书童提灯引路登门,则笑迎倾谈。曾三十年不涉足城市,只因编修《畿辅通志》,才应大学士李鸿章的聘请,去北京参与了这项工作。修志过程中,对京城附近河渠做了许多考证工作。十年书成,不受奖叙,辞职返回故里。

6. 著名书画家——李浚之

李浚之(1868—1953),号响泉,宁津县曹塘村人。据家谱载,祖上"累世耕读"于宁津县。他曾任故宫博物院顾问、文史馆馆员,是当代研究书画的著名学者。平生酷嗜诗画,精于鉴赏,收藏甚富。

李浚之生活的年代,正是中华民族激烈动荡的时期。他幼年身体瘦弱,"中年失臼",辛亥革命以后,"久居天津","每思祖训,力控食色",六十八岁时还能远游太华、黄山。他自己总结长寿经验是:"身健却缘餐饭少。"享年八十五岁。他的一生以辛亥革命为界,基本上分两个阶段。早期想走一条实业救国的路,思想是进取的,主要受张之洞(其嫡亲舅父)、张季直的影响。由于张之洞和张季直的扶持,他被派到日本考察工业,归来,著有《东隅琐记》。在山西当了几年知县。后来,由于宦途不得意,兴办实业无成就,张之洞1909年去世后,他辞官回京。漫游"燕蓟齐鲁吴越",访画寻诗,大有陶渊明"实迷途其未远,觉今是而昨非"之感。之后,便租居北京北海文津街西小石作胡同,在家一方面课读子女,一方面投入美术史研究。他历经二十五年的时间,寻师访友,广事搜集,四易其稿,终于七十岁大寿前著成《清画家史诗》凡十一卷,正续两集,约三十万字,辑录了清代两千多名画家的题诗四千余首,并附有画家传略,是研究清代绘画艺术比较全面的一部参考书。《中国美术家人名大词典》载:"李浚之,号响泉,河北宁津人。善画,尝为课其子树智撰《墨耕园》《课画杂忆》。又著《清画家诗史》刊于 1930 年。"由此可知,他既是画家,又是美术史家。

他所辑《清画家诗史》刻板印刷,用费全靠出卖家藏书画。他收集了唐、宋迄元、明画家诗,因财力有限,未能雕版。1947 年家宅遭火灾,文稿皆成灰烬。所幸,《清画家诗史》木刻书版由于藏于书局,才逃过一劫。1983 年,中国书店将《清画家诗史》第一次印行线装本一百八十套,赠予部分图书馆。对于该书的评价,书画界大师启功在题序中写道:"响泉先生特立独行,表率近世艺林数十年……所著画家诗史,以人存诗,以诗存画,权衡精密,寄托乃弥,别辟蹊径,自树风标。"

新中国成立后,党和政府聘请李浚之担任故宫博物院顾问、文史馆馆员,这是新中国对他的肯定和信任,使他能在晚年继续为祖国的文化事业效力。他心情舒畅,于故宫书画鉴定、研究贡献颇多。他除前述著作外,尚有《榆园图题咏集》(1919 年印本)、《阅微草堂砚谱》、《云台印象》、《瞿翁丛钞》行世。

李浚之表弟李鹤筹、儿子李树智皆为当代画家。李鹤筹(1888—1979),字瑞龄,山东宁津县张秀村人,当代著名画家,曾在燕京大学、北平艺专、天津艺术学院任教,曾任中国绘学研究会会员、湖社社员、大学教授、省政协委员、中国美协会员等。他的作品曾参加第一届中国画全国美术展览会。1953 年,他的作品和其他著名国画家的作品一起呈送毛泽东主席。作品现藏中南海。

7. 教育家——齐璧亭

齐璧亭(1883—1968),名国梁,著名教育家,宁津县五胡同村人。齐璧亭早年先后留学日本和美国,取得硕士学位。回国后,先后任宁津县高等学校校长、河北省立第一女子师范学校校长、河北省立师范学院院长等职。七七事变后,他积极主张抗日,支持学生爱国运动,并率领部分学生迁移到西北,与北平大学等成立临时大学,他任家政系主任。教学之余,他在城固和兰州开办家事教育实验区,捐出个人的薪资作为陕西、甘肃、四川等省女校家事教育的设备费。1938 年,齐璧亭被选为国大代表。同年,赴重庆参加全国教育会议。会后加入国民党。1945 年,日本侵略军投降后,他回到天津,致力于天津女子师范学院的恢复工作。新中国成立后,齐璧亭历任河北省人民政府参议,第一、第二、第三届政协河北省委员会副主席等职。1956 年,他出席全国政协会议,受到周恩来总理的接见。1968 年 11 月 29 日,齐璧亭因遭迫害病逝于天津。1980 年,河北省委、省政府为其举行了追悼大会。

8. 燕京大学文学院院长、历史学家——齐思和

齐思和(1907—1980),字致中,著名历史学家,中国民主同盟盟员,山东宁津县宁津镇五胡同人。著名教育家齐璧亭之子。

1927年,二十岁的齐思和考入南开大学,次年转入燕京大学攻读历史,1931年毕业后赴美国哈佛大学历史研究院攻读西洋史,1935年获历史科哲学博士学位,同年回国,是燕园第一位哈佛博士。历任北平师范大学教授、燕京大学历史系主任兼文学院院长。新中国成立后,任北京大学历史系教授兼世界古代史教研室主任、中国社会科学院世界历史研究所学术委员、中国世界中世纪史研究会名誉会长等职。

齐思和

齐思和学识渊博,贯通古今中外。他的许多建树,深受国内外学者的重视。他对中国古代史、中国近代史、中外关系史、中西交通史、世界中世纪史、世界近代史、世界现代史、英国史、美国史、史学史均有精深研究,尤其在先秦史和世界中世纪史方面造诣更深。他主张"将古代史与近现代史、中国史与外国史联系起来研究,进行比较,发现特点,找出联系",是中西历史比较研究的先驱。

齐思和一生勤奋治学,著述达三百万字,并编译了大量的中外史学资料。在先秦史方面,他著有《皇帝的制器故事》《五行说之源》等重要论著。1938年前后,他着重研究战国史,在《战国制度考》一文中,他最早提出战国变法始于魏的主张。在《〈孙子兵法〉著作时代考》中,提出《孙子兵法》为战国时代产物,并提出《孙子兵法》和《孙膑兵法》为两种书,这已为山东银雀山汉墓竹简所证实。之后,他又完成了《〈战国策〉著作时代考》《〈战国策〉著者高诱事迹考》等重要论著。在研究西周史时,他发表了《西周地理考》《周代锡名礼考》《西周时代的政治思想》等论著。在中国近代史方面,他著有《魏源与晚清学风》,被誉为魏源研究的里程碑。1951年,他应范文澜的邀请,参加了《中国近代史料丛刊》的编辑工作,先后完成了《鸦片战争》《第二次鸦片战争》,总字数在五百万字以上。在世界史方面,他著有《西洋现代史·提纲与文件》(英文专著)、《世界中世纪

齐思和

史讲义》，还发表了《英国土地所有制形成的过程》《西欧中世纪的庄园制度》等多篇论文。1961年，应吴晗之邀，任《世界历史小丛书》副主编，为该丛书的出版做了大量工作。他还主编了《世界通史》的上古部分，与翦伯赞等人合编了《中外历史年表》。在中西交通史方面，他的论著《中国和拜占庭帝国的关系》，旁征博引，考究深透，解决了许多前人没有解决的问题。

齐思和是一位爱国学者。七七事变后，面对日本帝国主义的侵略，齐思和义愤填膺，曾为晋察冀边区政府捐赠药品，支援抗日。太平洋战争爆发后，齐思和不顾日伪威胁，毅然辞退燕大教职，转入私立大学任教。当时生活窘迫，他宁愿含辛茹苦也不事敌伪，清操自守，体现了高尚的民族气节。

齐思和勤勤恳恳，恪尽职守，热爱共产党，忠诚于教育事业。他虽遭"文化大革命"的摧残，但仍治学不懈。粉碎"四人帮"后，齐思和精神振奋，不顾病痛奋笔疾书，以惊人的毅力，投身关于民族大迁徙的专著创作之中。齐思和豁达大度，谦恭待人，对后学热切关怀，为国家培养了大批史学人才，为发展历史科学做出了重要的贡献。1980年2月29日，齐思和逝世于北京，终年七十四岁。

9. 历史学家——荣孟源

荣孟源（1913—1985），宁津县大柳镇大柳街人。1931年进入北平中国大学读书。九一八事变后，积极参加进步学生反帝爱国运动。1932年参加反帝大同盟，在北平和家乡从事革命活动。1936年，加入中国共产党。1937年抗日战争爆发，奔赴山西参加八路军。1938年去延安，先后在边区师范和行政学院任教。解放战争时期和中华人民共和国成立初期，在北方大学和华北大学任教。1950年，从华北大学历史研究室转到新创建的中国科学院近代史研究所，历任研究员、学术委员、研究室主任、国务院古籍整理规划小组成员、中国现代史学

荣孟源

会副会长等职。创办有《史学周刊》专栏,编著有《中国近百年革命史略》《中国近代史年表》《孙中山选集》《蒋家王朝》《历史笔记》《隋唐五代历表校记》《史料与历史科学》等。协助范文澜修订《中国近代史》和《中国通史简编》。对中国近代史研究颇深,发表论文三十多篇。1954 年至 1985 年,担任《近代史资料》主编。

10. 山东吕剧音乐发展创新的奠基人——张斌

张斌(1928—1968),又名张传芳,宁津县张宅乡二堂苏村人。出身于民间音乐世家,自幼受到家庭熏陶,极富音乐才能,未满十岁即以琴歌闻名乡里。1947 年加入中国共产党。先后任乡文书员、渤海文工团分队长、山东省吕剧团音乐组组长、山东省鲁剧研究院研究员、山东省戏曲研究室组长、中国音乐家协会山东分会常务理事、中国音乐家协会理事等职务。张斌治学严谨,探本求源,推陈出新,是山东吕剧音乐发展创新的奠基人之一。他在吕剧原唱腔基础上,创作发展了"播板""紧板""快四平""反四平""反二板"和"二六"等多种板式曲调,对吕剧唱腔音乐的统一、发展和创新做出了卓越贡献。著有《吕剧音乐研究》《山东琴书音乐》,并创作发表了多首歌曲和多篇音乐、戏曲文章。他曾先后为电影戏曲片《李二嫂改嫁》《孙安动本》《蔡文姬》《井台会》《穆桂英》《拾玉镯》等七十多个剧目设计音乐、唱腔,并获华东戏曲会演大奖。1968 年 10 月,在"文化大革命"中惨遭迫害,含冤去世。1978 年,山东省文化局为他平反昭雪,并召开了追悼会。

11. 中国剪纸学会会长——仉凤皋

仉凤皋(1937—2006),山东宁津县保店镇蒋庄村人,曾为天津美术学院教授、世界艺术家协会名誉会长、中国剪纸学会会长、中国美术家协会会员、《民间》美术杂志顾问、中国农民书画研究会顾问、武陵大学客座教授。

仉凤皋 1961 年毕业于中央工艺美术学院。1960 年开始潜心研究中国民间传统民俗剪纸、宝石画及现代剪纸、日本和欧美剪纸,收藏古今中外剪纸一万余件,风格多样。代表藏品有《蛇盘兔》《回娘家》和日本剪纸《夕鹤姑

仉凤皋

娘》等。他还自己创作剪纸作品,发表作品二百余幅,曾获金奖三次和一等奖一次,部分作品被译成日、法、德、西、阿等多种文字介绍到国外。1993 年 6 月,在南戴河中国万博城举办的中外剪纸展获"文化贡献奖"。他发表论文五十多篇,著有《动物图案》《人物剪纸》《谈剪纸创作》《日本剪纸艺术》《中国剪纸论文选》《中国剪纸藏书票》《中外剪纸》《外国剪纸集》《巧剪纸动物·十二生肖》《中国民间剪纸技法》《中外剪纸赏析与技法》《中国剪纸动物》(与殷占堂合作,日本出版)等专著。同时,为二十多部他人专著写序。中央人民广播电台、中国国际广播电台、天津电视台等众多新闻媒体专题介绍过其事迹。

12. 当代著名作家——郭澄清

郭澄清(1929—1989),原名郭成清,当代著名作家,山东宁津县郭杲村人。1949 年加入中国共产党,历任小学教师、中共地下工作人员、《宁津日报》副总编兼《激流》文艺月刊主编、宁津县广播站站长、县委宣传部副部长、时集公社党委副书记、县委办公室副主任、山东省文化局创作办公室主任、山东省文艺创作办公室主任、山东省文化局党组成员、山东政协委员、中国作家协会山东分会副主席、中国展望出版社特邀编委、亚洲文化开发中心顾问等职务。

郭澄清是山东文坛短篇小说创作的领军人物,是山东文学史上最重要的作家之一,是与冯德英、刘知侠齐名的山东抗战小说作家,也是继赵树理、孙犁之后的又一位杰出的中国短篇小说作家,在中国文学史上有重要地位。1952 年,郭澄清开始从事业余文艺创作,1970 年开始从事专业创作,1976 年 5 月患脑血栓,半身瘫痪,但仍以惊人的毅力笔耕不辍。他一生创作甚丰,著有长篇小说五部、中篇小说一部、短篇小说一百余篇、散文三十余篇、诗歌四百余首、报告文学三十余篇,此外还有人物速写、评论、短论等,共计四百万字左右。其中,尤以 1975 年他在煤油灯下创作的长篇小说《大刀记》最为著名。《大刀

郭澄清

记》是我国唯一一部描写鲁北平原抗日战争的长篇小说,歌颂了鲁北平原人民在抗日战争中气贯长虹的英雄气概和辉映千秋的历史功勋。《大刀记》被人民文学出版社、山东人民出版社同时出版,全国二十余家省市电台联播,后被改编成话剧、电影、连环画、评书等,收入《中国小说辞典》《中国长篇小说辞典》,并被译成多种外文。他的诗歌《北京太阳暖心房》被《人民日报》《诗刊》转载,并谱成歌曲在中央人民广播电台《每周一歌》节目中播出,被授予优秀作品特别奖;诗歌《铁头和骆驼的故事》在中央人民广播电台播出,并被授予一年一度的优秀作品奖。他的短篇小说《黑掌柜》在当时具有广泛的社会影响力,被收入多种全国性刊物、选集中,中央、山东、河北等广播电台将其改编为广播剧,《中国之学》在英文版转载。同时,他还著有长篇小说《龙潭记》《决斗》《历史悲壮的回声》、短篇小说集《社迷》《公社的人们》《小八将》、中短篇小说集《麦苗返青》等。他的作品在社会上影响较大,曾得到周恩来总理等党和国家领导人的赞赏。在郭澄清的带动和影响下,一大批青年走上了文学创作的道路。1988 年,郭澄清获评文学创作一级职称。郭澄清的创作深深根植在人民的土壤中,他的小说质朴、浑厚,作品多取材农村生活,聚焦平凡而普通的农民,描绘他们的言行、气质与精神品格。郭澄清是代表时代、反映时代的作家。他总是站在时代的制高点上,观察、审视、思考当时的社会,力求从总体上塑造时代人物,概括社会生活风貌,用大手笔艺术地描绘时代。他所塑造的梁永生、孟琢磨等几十个栩栩如生的人物形象,都扎根在历史与现实的沃土之中,并成了那个时代的重要标志。《中国文学家词典》《中国现代文学家词典》《中国现代作家传略续集》《中国作家笔名探源》和中国现代文学馆都收录有他的传记、著作书目和照片等。

京津篇

王金城:"保尔精神"指引一生

(**口播**)提起长虹电子,想必大家都很熟悉。也许您现在看的电视就是长虹牌的,但是您一定不知道,长虹彩电乃至长虹家电的奠基人就是我们宁津人。

(**片花**)生在红旗下,长在新中国,背负着报效祖国、强我军工的人生理想,用执着、创新和责任谱写着人生的华彩乐章。王金城,他是长虹彩电的奠基人,他是绵阳城市规划的创始人,他是 CECT 手机之父。这一个个耀眼荣誉的光环背后,有着一个怎样的传奇人生? 本期人物——王金城。

(**同期声**)王金城:保尔的那句话,人最宝贵的是生命,这生命给予我们每个人只有一次。一个人的一生应该这样度过——这句话一直激励着我——当他回首往事的时候,不因虚度年华而悔恨,也不因碌碌无为而羞耻。没有悔恨感,也没有羞耻感,应该说,我还是兢兢业业为我们国家、为党做了一些工作,没给咱们家乡丢人。

(**画外**)这位已过花甲之年的老人叫王金城,是当年长虹厂的老厂长,四川省绵阳市第一任市长,曾历任中国电子工业总公司副总经理、电子工业部党组成员军工总监、中国联通董事长、中国电子科学院院长、中国电子信息产业集团公司董事长。

(**采访**)王金城:从自己这辈子走过的整个历程来看呢,什么都干过了,技术也搞过了,企业也搞过了,政府、地方政府、中央的全干过了,军队的也干过了,所以应该说自己还是比较充实的。

（画外）王金城是宁津县时集镇后仓村人，1936 年出生。用他自己的话说，他是生长在红旗下的孩子。宁津县是革命老区，王金城的父亲和叔伯又都有过军工厂工作的经历，当年八路军的枪支制作、维修中心和金库就设在他们家。

（采访）王金城：我记得很清楚，小时候晚上民兵组织扒铁道，扒来铁轨之后，就在我们家里头做成枪，把这铁轨做成枪，就是凭借农村的这种非常简陋的环境，就靠人民的勤劳、勇敢和智慧，咱们土造各种枪支。在农村待了十二年，这十二年对我教育应该说（很重要）。我们在大柳上学上了一年多，那时候我们就学毛主席的《目前的形势和我们的任务》，我们在农村看的都是《渤海日报》。

（画外）从这种环境下成长起来的王金城对共产党、八路军有着深厚的感情。1945 年抗战胜利后，王金城的父亲和大伯去了北京。1949 年北京解放以后，一直在家上小学的王金城也准备去北京父亲那里继续学业。

（采访）王金城：记得在大柳上学的时候，我说到北京去上学，校长很耻笑我们：你们土包子到北京看看金銮殿就回来吧。我就是不服这个气，但是教我们的那个张老师非常好，一直鼓励我，北京的上学条件肯定要好，你一定能考得上的。

（画外）带着老师的期盼和希望，十三岁的王金城踏上了前往北京的路。

（采访）王金城：就是从村里头一直走到沧县，将近一百里地，爬了一个拉煤的到北京的车，一下车（浑身）各处都是黑的。

（画外）半年后，王金城考入了北京重点中学——北京四中。也许是当年的嘲讽依然在耳，也许是家庭的贫困让他倍感学习的机会来之不易，在学校里王金城非常刻苦，学习成绩也一直名列前茅。1952 年他以优异的成绩考入了北京八中最好的班级"奥斯特洛夫斯基班"，也就是人们通常说的"保尔班"。

（采访）王金城：谁说农村人考不进城里最好的学校？我从初中、高中到大学学校都是最好的，也给咱家里头争口气，不忘家乡的养育之恩。

（画外）1955 年，王金城高中毕业后，考入了当时很多人梦寐以求的留苏预备班，然而学习了两年俄语之后，他等到的却是一个出乎意料的消息。

（采访）王金城：我在留苏预备部的时候是最高班，外语比较好的才在最高班。但是出国之前，皮箱呀服装什么的都发给个人了，到那天集中说要上火车走的时候，突然又宣布中苏关系紧张，停止了，不派遣了。

（画外）因为留苏预备班的学生都是当时学习成绩等各方面最好的学生，所以留学苏联彻底无望之后，国家给了他们一个选择的机会。

（采访）王金城：当时的国内大学任我们挑，就随便挑。我们基本上去四个地方,一个是清华,一个是北大,还有就是北工和北航。北工、北航这都是(学习)军工的,清华、北大那是名校了。我就选择了去军工,去了北京工业学院,就是现在的北京理工大学,当时就选择了雷达专业。当时为什么选军工？就认为我们的国家不断地受欺负,军事力量弱;第二,任何国家的高科技、高技术,首先用于军工,因此这里是科技最先进、最尖端的地方,所以我们没选择名校。

(画外)在北京八中"保尔班"和大学的教育中,王金城逐步确立了自己的世界观和人生观。从青少年时代参加开国大典游行和天安门广场的修建,到青年时代跟毛主席一起修十三陵水库,这些经历都强烈地激发着王金城的爱国热情。

(采访)王金城:我在高中入了党,在俄语学院的时候,当了两年的团支部书记,所以到了北京理工大学,就还是当团支部书记,社会的活动面较广。在上大学的七年期间,在留苏预备部期间,经常参加国家的五一、十一等庆祝活动,包括在人民大会堂听报告,像周总理、毛主席的一些国际活动。因为我们这种学军工的政治素质比较好,所以经常见到毛主席、周总理。我一直生活在这样的政治环境中,对社会主义充满自豪感。眼看着我们国家年年都是这么快地进步,感到自己也要赶快地学本领,给国家做点事情。

(画外)1962年,王金城大学毕业了,在很多城市的科研院所纷纷向他敞开大门的时候,他在工作分配的志愿书上毅然写下了这样的誓言。

(采访)王金城:我们就填了祖国的需要就是我们的第一志愿,服从组织分配。第二句话,愿意到最艰苦的地方去锻炼。

(画外)就这样,王金城满怀着报效祖国的青春热情,来到了位于四川省的一个军工雷达厂,在十二车间做了一名普通的调试员,负责雷达整机的总装和总调。

(采访)王金城:到四川的一个雷达厂,三线军工厂,就是现在的长虹厂。我是下了火车到绵阳,坐着马车进了长虹厂。长虹厂就一栋楼,是新建的一个厂,1958年破土。我1962年去的时候,一边建设一边搞研制,在车间当过技术员、技术组长、工段长、车间主任,什么都当过。在这个时候也调试雷达,自己也研究设计雷达。我们有一种改进雷达,是我负责领导的。在车间我觉得那些雷达太落后,就搞改造。原来那个雷达在飞机上打炮,最远打十二公里,一般的命中距离在六公里以内。我说这种落后的雷达应该改,后来我给它改成打导弹,一直到1975年研制成功。在1978年的时候,我这个雷达得了全国科技进步奖。

(画外)在长虹王金城一干就是二十三年。70年代中期,长虹开始慢慢扩展产品的领域,走军民结合的发展之路。当时任长虹厂副厂长的王金城主要制作中国人自己的彩电。1974 年跟他同来长虹厂的爱人也是大学的同班同学俞薇薇作为总设计师,开始筹建彩电试验室,一边摸索一边实践。同年年底,他们研制出了中国自主研发的第一台彩色电视机。

(采访)王金城:原来当副厂长的时候,我就主张上,后来他们玩儿不转了,交给我的时候,彩电积压,自制的东西卖不出去,就交给我,之后我一下上量,搞现代化建设。

(画外)1982 年王金城接任长虹厂厂长,当时国内彩电的制作厂家林立、竞争激烈。不在竞争中崛起,就在竞争中消亡。为了使长虹具备大规模生产优质彩电的能力,提高市场竞争力,占领市场制高点,王金城自己筹钱兴建了彩电大楼,引进了当时世界一流、国内最好的彩电生产线。

(采访)王金城:我上任之后,抓整顿、抓改革、抓竞争上岗。80 年代初,我那个时候是二十二级干部,中层干部都是部队转业的,十五级、十六级、十七级都有。我说利润你给我翻一番。他说我吹牛,开皇腔,另请高明。啪,我就另请高明了:招聘,谁能实现谁上。代替他的是一个二十一岁的年轻人,一年给我翻了两番,长虹飞快地发展。1982 年到 1983 年、1984 年,我上任之后一年翻一番,连翻三年。

(画外)打破大锅饭,实行绩效挂钩,起用基层年轻的技术骨干。这在 20 世纪 80 年代初期,没有"敢为天下先"的精神,是不敢推行落实的。王金城在工作上大胆改革创新,在人才的任用上特立独行,任人唯贤,为长虹走上一条良性发展的道路和"彩电大王"的王者征途铺垫了基石。

(采访)王金城:改革开放之后,我们也抓住了这个机遇,既搞军工又搞民用。应该说在军民结合上我们是走在前头的,也给全国积累了经验。那时提出了那么个目标,"长虹跺跺脚,全国也动动",长虹成为中央厂矿比较冒尖的一个企业,后来绵阳成立市的时候,点名让我去当市长。

(画外)1985 年 5 月 18 日,王金城出任绵阳市第一任市长。

(采访)王金城:当时环境不行,就是一个农村,只有一条马路,一个警察,很土。我立志把它(绵阳)翻个个儿,给老百姓干点事,给经济发展创造条件。我就抱着这么个决心。

(画外)面对当地落后的面貌,王金城采取了一系列突破常规的大胆举措。

(采访)王金城:连火车站我都新修,重新搬迁。不让我修,国家不让修,说铁路运输你那个站不行,主要是运输力量不够。我们要修路,不许修站,最后我给修了一个送给他们。这在全国的铁道系统也是特殊的。那个时候就是资产置换，当时一公布之后，我向农民买三千亩地，农民一听说，干啥？修火车站！马上乡里头连夜开会，说送给你几百亩，你只要让我们来包建这个就行。一分钱没花，全是这么变换中搞起来的。国家把你放到这么一个岗位上，就是交给你一个平台，尤其是领导岗位，就是让你带领大家去奋斗的，本身就是这个，就是要干一些前人没干过、我们国家和党需要你去干的这样的一些事情。创新是有风险的，任何创新都有风险，但是为了摆脱贫困、落后、闭塞和有积极性不能发挥这种局面，你必须创新，必须去解放生产力，必须让人们蕴藏的那种建设热情和智慧充分发挥出来。另外，我也觉得是一个共产党员党性的要求。

（**画外**）根据绵阳市军工企业多的实际情况，王金城提出要把绵阳建设成为一座"电子科技城"。但是在当时，人们的思想观念、绵阳市的基础设施和经济指标都还非常落后，对建立"电子科技城"的目标定位并不理解。

（**采访**）王金城：（我）一说搞电子城，人家都耻笑，根本不知道电子，绵阳还有电子，全国都不知道"绵阳"俩字怎么写。到处找，找副市长，找底下成立的电子局，谁都不来，中央企业和国家成立的研究院、研究部门，谁都不愿意来。没办法最后（我）让我爱人来。我爱人是长虹彩电的总设计师，我说你来，放弃咱们个人的名誉、地位，和我一起搞社会工程，咱们就把绵阳建成个科学电子城。市里讨论的时候，（市委）书记就有点看法，组织原则你明白不，我说我明白，要有回避政策，我说我实在找不到人，常委会一讨论，我把意见一说，我说让我爱人过来，五年之内我要让它（绵阳）变成全国的前十名。如果实现不了她回厂，一切不要任何照顾。就这么一条，举贤不避亲。我说我爱人在那边（厂里），在全国都是有名的，在搞彩电，（我爱人）出了名的。长虹彩电那时候（在全国）已经很出名了。后来一说，那请她来吧，一下全票通过。五年之内绵阳全国第四、很快就把西安、成都这些（城市）都超过了。我上任之后，修了二十几条路，大概规划了十个公园、体育场、体育馆、图书馆、飞机场，几乎都是我那时候规划的。应该说那六年我也很充实。走的时候，就是偷着走。我说了 15 号走，我买了 12 号的一张票，偷着走。一到车站，成都的、绵阳的，几千人来送我。干六年，大家还是感情很深。

（**画外**）20 世纪 90 年代初，国家的一些部委开始实行改革。王金城从四川省绵阳市被调到了北京。

（**采访**）王金城：电子部和机械部合并，成立机械部，电子这一块成立了一个中国电子工业总公司。我调到北京，任副总经理、二把手。到 1993 年撤销，中国电子工业总公司又恢复电子工业部。我到电子工业部当军工总监,负责所有的军事电子。

(**画外**)后来,王金城历任中国电子工业总公司副总经理、电子工业部党组成员军工总监、中国联通董事长、中国电子科学院院长、中国电子信息产业集团公司董事长兼总经理等职。

(**采访**)王金城:1999年我就到信息产业集团,已经六十三(岁)了。我说,要我回来,我必须一肩挑,董事长、党组书记、总经理一肩挑。因为这个地方我必须大胆地重组、改造、调整产业结构。我说我已经这个年龄了,我没有时间再等这个、等那个,拖拉不行。后来中央同意让我一肩挑,我一肩挑干了三年不到,两年半多,给他们留下了一百多亿元的利润。原来我接的时候亏损,让我半年内给扭亏。当时亏几个亿,我半年内给扭(亏)了,另外两年我给赚了几百个亿。我下来这几年,实际上我是中国雷达协会的会长,中国雷达工业协会的理事长,所以到现在我也没办退(休),还在部里头挂着,算一点五线的干部、领导,还没到二线。实际上电子的尖端科技这一块,我一直到现在还在研究。

(**画外**)回首一生走过的路,王金城不免感慨万千。作为一个国家培养的大学生,一个党的干部,王金城说是保尔的那句名言指引了他的一生。

(**画外**)字幕:"人最宝贵的是生命,这生命给予我们每个人只有一次。一个人的一生应该这样度过:当他回首往事的时候,不因虚度年华而悔恨,也不因碌碌无为而羞耻。这样,在临终的时候,他可以说,我的整个鲜血和生命,都已经献给世界上最壮丽的事业,为全人类的解放而奋斗!"

(**片花**)(**同期声**)王金城:我生在宁津县,长在宁津县,宁津县抚育了我。我时时刻刻没有忘记我的家乡,有一种亲切感,同时自己也觉得有种责任感。虽然我也没干过什么,但是对家乡的建设的每一步,我还是很关心的。我看前几年每年传来的消息都是很好的。多少年没见了,以后回去看看,也借这个机会向家乡人民问好。

林岗:斑斓画卷 五彩人生

（**画外**）颠沛流离的求学路,硝烟中艺术的追随者。绘画是他一生的追求,色彩线条是他报效祖国的希望。他是新中国培养出来的第一代艺术家,他是俄罗斯"普希金勋章"的获得者。不平凡的人生经历,描绘出了怎样的五彩人生？本期人物——林岗。

（**画外**）这幅名为《井冈山会师》的油画想必大家都很熟悉。中学历史教科书上的插图用的就是这幅画。但是你一定不知道,这幅画的作者林岗先生就是我们宁津人。

（**采访**）林岗:我画画的主要的精力都贡献于国家画、历史画这方面。最有精力的这几十年,就画历史画。画完以后就交给国家了,都在国家博物馆里面,七八张吧。

（**画外**）林岗,中央美术学院油画系资深教授,曾任油画系研究生导师、油画系第二及第四画室主任。他是新中国培养出来的第一代艺术家,是20世纪50年代中国最早派往苏联列宾美术学院学习的留学生,也是留苏青年艺术家中杰出的代表人物之一。1999年,俄罗斯文化部授予他"普希金勋章",被聘为俄罗斯彼得堡列宾美术学院名誉教授。

（**采访**）林岗:在学校的资格是挺老的,但实际上没做什么。我一生当中可以说没什么本事,就是会画人物画。

（**画外**）林岗,原名张冠生,字毅,宁津县保店镇张定村人。1925年,林岗出生在一个相对殷实富裕的家庭。家里有几十亩良田,父亲在当时的官钱局也就是国有银行里工作，因此林岗的童年可以说是无忧无虑的。

（采访）林岗：我小学一年级到五年级都是在县城里上的。当时是第一小学，是一个很重要的小学，其他小学都没有看到这么好的。在宁津上小学的时候，经常自己临摹。我爷爷那房子里面有四扇屏，有鸟有花，当时就临摹，暑假没事我就临摹。

（画外）1937年，日本侵华战争全面爆发，宁津也很快成为沦陷区。林岗一家被迫背井离乡去济南投亲。

（采访）林岗：1939年，我们全家就搬到济南去了。农村里兵荒马乱，没法待。我的一个大爷，他在济南，是一个银号的经理。他们全家在那儿，后来就帮助我们，把东西收拾收拾就搬过去了。

（画外）当时只有十四岁已经小学毕业的林岗，同他的哥哥一起开始打工以补贴家用。

（采访）林岗：在济南工作三年。三个人都工作，生活就好一点了。我就不死心，还想上学，就跟家里老折腾，我说我想上学。大明湖旁边有一个正谊中学，就考上了，插班插到初二。

（画外）在那里林岗开始接触到了一些进步书籍和进步思想，一些共产主义思想的萌芽开始在他的世界观和人生观中萌动。

（采访）林岗：在济南就接触到鲁迅的书，开始看了一点，就知道还有进步思

23

想,还有共产党,还有马列主义这些。知道一点。

(画外)当时沦陷区学校的课本中充满了奴化教育的内容,很多不甘心当亡国奴的进步学生都去了大后方。在正谊中学学习了一年之后,1943年,林岗做出了一个足以改变他整个人生轨迹的决定,去大后方寻求求学的路。

(采访)林岗:上了中学以后,我那一年就认识几个同学,班上的,说是可以到大后方去,就是说有爱国主义思想,到大后方去还可以上学。已经过去好几个同学了,后来联系好了以后,和我大妹妹俩人就背着家庭,俩人就偷跑了,坐火车到了徐州,从徐州又到了商丘。

(画外)当时河南商丘附近有一条分割沦陷区和国统区的封锁线,这里是通往他们心目中自由土地的必经之路,也是盘查最严密和最危险的地方。

(采访)林岗:都是偷偷地过封锁线。他也知道有好多学生要过去,一到夜里他去检查,住旅馆,住下以后晚上赶快出来,睡觉以前这个时候他要查,他要检查你从哪来,到哪去,查出来当然就抓起来了。住下以后,我们俩就跑到街上去待着,在旁边看着,看着那个旅馆。果然是有宪兵到里面去查,到十二点以后我们就回去睡觉了。第二天坐一个车,黑车,都是私人的黑车,一出商丘,离开城没多远,走上十里、二十里路,他停下了,每个人交钱,不掏钱就下去。就这样到了河南的柘县,我就从封锁线到了战时中学。

(画外)从此林岗兄妹俩成为战争时期的流亡学生,开始了颠沛流离的求学生涯。在跟着战时中学东搬西迁的途中,他的妹妹不堪劳顿病倒了。无奈之下林岗只好托人把妹妹送回了济南。而几经搬迁之后林岗所在的战时中学也无力维系,只好遣散师生各奔前程。林岗先是到重庆投亲,后来又辗转来到了四川绵阳的国立六中。在那里,林岗因参与进步学生的活动,被校方开除。而早就对解放区心向往之的林岗,也终于找到了一个能带他去解放区的关系。此时抗日战争已经胜利,全国又进入到了内战的硝烟中。

(采访)林岗:去解放区也没那么简单,到了西安以后,从西安到解放区就一条路,(检查)太紧了,过不去。为什么过不去呢? 前面过去的一批让国民党发现了,后来就过不去。过不去怎么办呢,又写的介绍信到北平。到北京也没那么容易啊,从西安到北京的火车不通啊,八路军都给扒了,郑太路这些地方都扒得光光的,你得走啊。

(画外)一个月后,林岗和几个进步学生步行到了北平。为了不暴露身份,他隐去张冠生的原名化名为林岗,这个名字他一直沿用了下来。在北平他们通过地下党组织辗转来到了仰慕已久的解放区,并进入到了华北大学美术系学习。至此,林岗终于走进了心目中的理想殿堂。

(采访)林岗:当时选择专业的时候为什么选美术系呢?因为我有兴趣啊。手工课、音乐课,我就特别有兴趣,唱啊,愿意大声喊、唱,再就是有兴趣搞画画。因为那时候北平要解放,文艺学院要招生,就到美术系,在美术系学了一年。那时候正好石家庄解放,我就加入共产党了,1946年我就到了解放区。我表现得积极吧,派我去河北省的南部有个威县。在那儿有个济南画报社,解放区的小石版画,印刷石版的小画报,我在那儿又工作了一年。因为我是临时调的,所以到时候还要调回来,回来以后就到了华北大学美术系。

(画外)1949年解放后,国立艺专和华北大学美术系合并成立了中央美术学院。林岗也成为中央美术学院研究部的一名干事。在这里他不但奠定了事业的基础,也找到了感情的归宿。他的爱人庞涛也是一位油画家,是我国早年著名的艺术大师庞薰琹先生和中国第一代著名女油画家丘堤女士的女儿。

(采访)林岗:一边工作,一边学习,那时候一学上画以后兴趣就大了。想办法抽时间(学习),该放假了,(我)不放假,包括老师,你看我们美院的老师,60年代、50年代的老师,都是一个孩子。为什么一个孩子?孩子多了以后怎么有时间画画呢,上课以后哪有时间呢?(我)很快就是助教,很快又成了研究生。说是叫研究生班,实际上还是一边教一年级同学,教他创作,然后呢就是一边自己进修,自学吧。

(画外)当时林岗主要从事年画、水粉画等中国画的创作研究。在徐悲鸿、李苦禅等国画大师的指导教授下,林岗的国画水平得到了快速的提升。1950年,林岗以"全国工农兵劳动模范代表会议"上为保护工厂的财产不受损失而负伤的劳动模范赵桂兰得到毛主席的接见为题材,创作了一幅名为《群英会上的赵桂兰》的年画,《人民日报》的《人民画刊》在显著位置上发表了这幅画作。后来这幅画在第二届全国年画评奖中,获得了一等奖。

(采访)林岗:人民美术出版社出版,西安、广州(出版),几乎所有的美术出版社都在出版,已经(出版了)上百万份了。到处都有,后来我到苏联去学习,苏联的书店里都有这张画。"文化大革命"(期间),出版社里有人把它偷出去,现在这张画在香港的一个画廊。

(画外)这幅作品被美术界认为是"民间年画自延安时代以来新年画进一步发展的一件具有代表性的作品"。他所创造的表现领袖题材的构图方式以及表现形式,都深深影响了此后的年画创作。后来这幅画出版发行在百万份以上,并不断参加出国展览,成为当时总结报告中工作业绩和艺术成就的重要例证。

　　（采访）林岗：还发了奖金三百元。50 年代的三百元可不简单啊！志愿军到朝鲜打仗，拿着三百元干吗呢？买些书，买把小提琴，买了块手表给志愿军。我记得很清楚，寄给了志愿军，给了奖金就没事了，就什么也没有了，自己也不拿这当回事。这画画完以后就给国家出版，自己也不要了。

　　（画外）也正是因为这次美术界对林岗的作品的充分肯定，让他有了一个难得的机遇。

　　（采访）林岗：国家需要派留学生，各行各业都要派留学生到苏联去学习。一边倒，那时候和苏联关系好。军事方面、经济方面，各个行业都有留学生。美术方面是最少的了，第一批去了三个人，我是第二批。油画系我们去了三个人。

　　（画外）1954 年，已经二十九岁的林岗来到了历史悠久的列宾美术学院。有着二百年历史的学院大楼是涅瓦河畔一道美丽的风景。新中国成立初期，先后有二十多个中国留学生被选送到这里学习油画。在异国他乡的油画课堂上，这些经过严格挑选的留学生首先感受到的是巨大的差距。

（采访）林岗：那个学校是苏联最好的学校了，教员都是挺好的。在美术方面，各个共和国，附中最好的学生考这个列宾美术学院才能考上，挺难考的。但是我们是留学生，他就原谅你了。中国派的留学生，兄弟国家派的留学生，差一些就差一些吧，反正派来了，有点基础他就收了。所以第一年学习挺困难的，水平差得太大了，因为当时没有正式学过油画。

（画外）油画的魅力和报效祖国的决心，让林岗发奋苦学，努力克服生活和艺术语言上的双重障碍。

（采访）林岗：学习就是拼命学。上素描课，上完以后人家都走了，我们还在继续（学习）。从下午三点钟、四点钟一直画到晚上十一点呢，眼睛都睁不开了，都打瞌睡了。画的时间长了，眼睛就累了，把一条线看成两条线了，到那时候才回家。什么行业没有苦练、没有全身心的苦练就学不到本事。

（画外）夜以继日的苦学让林岗的油画水平迅速提升。在列宾美术学院六年的时间里，他把俄罗斯油画艺术传统，植根于中国的文化土壤之中，在孜孜不倦的人生艺术探索中，逐渐形成了自己独特的绘画风格。

（采访）林岗：老是遗憾，画完以后老是遗憾，再回过头一看挺遗憾的，艺术永远是没有止境的。搞艺术就是说真话，就是真实的感情的流露。你自己不感动的事情也就不可能感动别人，搞艺术首先是自己非常感动。

（画外）回国后，林岗一直在中央美术学院任教，直到1993年离休。在几十年从事艺术创作的过程中，他创作出了《狱中》《井冈山会师》《峥嵘岁月》等在现代美术史上堪称经典的作品，成为50年代至80年代有代表性的现实主义画家之一。作品曾数十次参加全国及中央美术学院的画展、联展以及赴国外的画展。1993年，林岗入选英国剑桥世界名人传记中心编写的《世界名人录》，被纳入世界范围内五百名杰出人物之列，获20世纪成就奖，并入选美国名人传记研究院编写的《世界名人录》，获"杰出人物奖"。

（画外）从某种意义上说，林岗先生用他的一生参与了中国油画历史的建构过程。他的艺术（成就）已经成为中国美术史上重要的一页。林

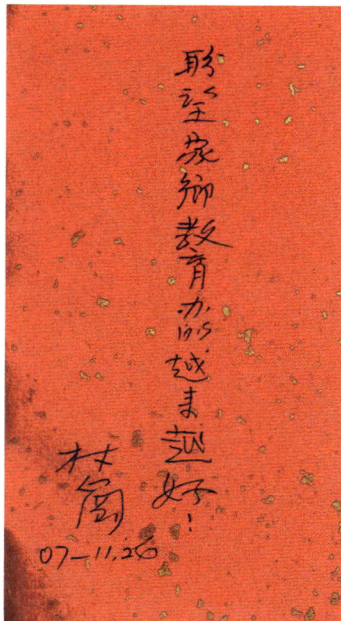

聊至家师
教育办的
越来越
好！

林岗
07-11.26

岗先生的作品无论是早期创作的历史画卷还是近年来抽象风格的画作，与命运抗争的主题贯穿始终。他说很多创作的感动是来源于不平凡的人生经历，这让林岗对艺术有了更加深刻的体会。其实，他的每一幅作品都可以说是他非凡经历的人生启示。

（画外）今年八十二岁、已经六十八年没有回过家乡的林岗，由于长年从事创作，已是伤病在身。他的腰和腿都动过手术，现在也已经无力再从事油画创作了。

（采访）林岗：很愿意到家乡去看一看。希望我们家乡的生活越来越好，大家生活得更美好，互相之间和谐地相处。我就希望我们家乡，特别是官员，能够把教育搞好，重视教育，落实教育，因为教育太重要了。

谢安山:黄土地里走出来的大法官

（**画外**）战火中成长,烽烟中历练。他是黄土地里长大的农家娃,他是国家最高人民法院副院长、大法官。年逾古稀,回首往事,他走过了怎样的法律人生？他经历了什么样的命运磨难？本期人物——谢安山。

（**画外**）谢安山,原国家最高人民法院副院长、大法官,中国法官协会副会长。这是他退休后,回首一生走过的路有感而发留下的一些文字并配以照片汇编而成的册子,他称之为"影文集"。这位从黄土地里走出来的大法官的故事就从这里开始讲起。

（**画外**）壬申腊月降人间,少小时年颇皮顽。随母生长父在外,战火燃中度童年。倭寇扫荡自逃难,日机轰炸急避险。挨之"九三"胜利日,东北寻父始团圆。

（**画外**）谢安山是宁津县宁津镇谢家集村人,1933 年出生在一个相对比较宽裕的中农之家。父亲常年在东北经商,难得回来,谢安山兄妹三人和母亲在村里相依为命。

（**采访**）谢安山:我生在宁津,是宁津的甘露和沃土养育了我,所以走到哪里也在想着我是宁津人。我整个的童年和少年时代是在宁津度过的,在家乡的这段生活给我的人生奠定了一个基础。我在外面也时刻想着宁津,想着自己是宁津人,不能给宁津人丢脸,时刻在想着这一点。

（**画外**）谢安山的童年是在抗日的烽火中度过的。1937 年日寇发动了全面侵华战争,宁津县成了抗日游击区。为了便于和敌人做斗争,村里成立了儿童团,当时只有七八岁、上过私塾的谢安山是儿童团团长。

（采访）谢安山：我们那个村子处在游击拉锯（当中）。白天日本鬼子和汉奸队上你这个村活动去了，晚上他们走了以后，八路军就进村了。所以那个时候，老百姓抗战的情绪真的是很高涨的。那段时间，八路军便经常在那一带活动。谢家集那一带就挖交通沟，就是从这个村挖到那个村，（八路军）来了以后就顺着交通沟跑，跑得很快，还比较隐蔽。挖交通沟，老百姓都是全家出动，大人小孩都去挖交通沟，所以要人出人，要力出力。在抗战那个时候，老百姓和共产党是一条心的，确实是和共产党一条心的，共产党号召怎么干就怎么干。那个时候日本鬼子一来，能应付就应付，能跑就跑，绝对不能给鬼子服务，真像电影里面演的一样，对，真像电影里面演的一样，绝对不能给日本鬼子服务。

（画外）1945年抗战胜利后，谢安山兄妹三人和他母亲一起到吉林省公主岭和父亲团聚。而当时的公主岭是国共双方争夺的战略要地，一直争战不休，直到1947年公主岭完全解放以后，谢安山才又重新拿起了课本。

（采访）谢安山：我在宁津念书，就念的私塾。到了东北以后念到上小学，上高小，那时候叫高小，有初小和高小，初小是上四年，高小是上两年，那时候学制是这样的。高小毕业之后考中学，我是到了（东北）念的高小，高小毕业以后，考的辽北省第九中学，我就在那里上学。

（画外）1950年，美国出兵侵略朝鲜，并派第七舰队开进台湾海峡。面对美军对中国东北近邻的入侵和对我国安全的威胁，中共中央决定组织志愿军入朝作战，举国上下很快掀起了轰轰烈烈的"抗美援朝，保家卫国"运动。从小就生活在抗日游击区、深受革命熏陶的谢安山也毅然报名参军。

（采访）谢安山：那时候我初中还没有毕业呢。抗美援朝啊，战火都打到鸭绿江边了，马上就烧到祖国大地了，满腔热情就报名了。报名的时候我才十七岁。可能因为年龄的关系，没有让我随着军队过江，就把我留在地方了，上的行政干校。学习一段（时间），学习完以后，中共怀德县委就把我要过去了。下面有十几个区，在县里面一个区委，叫第二区区委，在那个区里团区委当宣传委员。后来就到了中共怀德县委，在县委办公室当文书，当保密室的干事，当政策研究室的研究员。

（画外）1954年，谢安山迎来了他人生历程中的一个转机。在回首这段经历的时候，他写道：高校五四招调干，报考人大被录选。学习法律整四载，求知路上不畏难。自知底薄基础差，更须勤奋苦钻研。唯肯付出方可获，苦尽甜来永向前。

（**采访**）谢安山：1954年中央有个文件，要改变大学生成分，动员在职干部报考大学。我在县里就报名了，就报考了，被东北人民大学法律系录取了。1954年我上东北人民大学法律系学习，到1958年毕业。我们毕业的那一年，是东北人民大学的最后一届毕业生，以后就改成吉林大学了。

（**画外**）经过四年的苦学，1958年谢安山毕业后被分配到了吉林省人民检察院，从书记员到助检员、检察员再到党组秘书，法律系毕业的谢安山在检察院工作得得心应手。七年以后，也就是1965年，他被调到了吉林省政府办公厅。

（**采访**）谢安山：那时候吉林叫作吉林省人民委员会，人民委员会有省长、有副省长，我就调到吉林省人民委员会，给一个副省长当秘书。

（**画外**）1966年春夏之交，"文革"开始了。

（**采访**）谢安山：领导干部都被打倒了，当秘书的也跟着遭罪了，成天让你揭发。那些领导干部全都被圈起来了，我们这些人全都办学习班了。这个中间说起来也很（伤心），我父亲那时候被揪斗了，说他是日本特务，老头儿也经受不住考验就自杀了。（由于）我这个家庭背景，进机关（工作）根本不可能了。成立革委会，有一批干部进革委会了。有的进干校，需要培养，还有的可能接受再审查。还有一批已经不堪使用了，就干脆下乡了，在吉林那时候叫作插队落户，全家走，不管是老人还是孩子，带着户口、粮食关系统统都走。

（**画外**）谢安山经历了几年人生中最艰难的阶段。在编写《暮年忆往录》的时候，他这样描述那一段历程。

（**画外**）岁末天降鹅毛雪，举家插队今启程。强搬封门逐出户，扶老抱婴含泪行。遭赴僻乡无归期，落户扎根贬为农。薪补两载将无禄，挺脊携眷重谋生。

（**采访**）谢安山：走的时候那是最凄凉的。那是1969年的12月30号，马上就要过年了，就是12月30号都得下去，都得走。派人跟着你，到你家里头帮你搬东西，名义上是帮你搬东西，实际上是看着你，把你赶走。把东西搬出去，往车上一扔，车门用大板子咣咣一钉，走吧下乡，就这样在农村待了三年。

（**画外**）"文革"结束后，他父亲的冤假错案得到了平反昭雪，谢安山也重新恢复了工作，并在1983年回到了政法队伍。

（**采访**）谢安山：1983年严打，中央有个文件，因为政法干部很少，要求学法搞法的归队。这时候省委就把我调到省委政法委，在政法委当副秘书长，当秘书长，当政法委副书记。到了省委政法委以后，任务还是比较重的，因为那时候的政法委案子管得很具体，判的每一起案子都得要政法委讨论。严打的那时候，不管是杀的还是判刑的（都要讨论），一起讨论案子，一整就过后半夜。所以当时干得太疲劳了,工作压力太大。

(画外)1988年,谢安山出任吉林省人民法院院长,时年五十五岁的他深感重任在肩。"怎样尽到应尽的职责当好法官,怎样公平公正地审理好各类案件",是当时谢安山反复考虑的问题。在回忆录中他这样写道:

(画外)偶遇良机调省院,超荷炼肩压重担。举荐任用寄厚望,首应自律而恭谦。百姓权益秉公断,生杀予夺慎用权。狠抓反腐惩不贷,院风一改换新颜。

(采访)谢安山:(法官)是给人民群众服务的,你只是通过一个法律的手段,来为人民群众排忧解难。你是服务人民的,你的责任就是人民的公仆。牢牢地记住这一点:你不是站在高处低着头看老百姓,而是处在群众之中,了解群众的疾苦,给群众排忧解难,根据法律解决群众的纠纷,这就是你的责任。如果你没做好这一点,那你就是失职。

(画外)为了深入了解群众情况,上任后不久谢安山就建立了"院长接待日"制度,亲自为基层群众督导办理有关案件。不徇私情的他经常因为秉公办事而得罪亲朋好友。

(采访)谢安山:常常有这事。你只能耐心地跟他讲道理,你不跟他讲也不行,讲完以后他不愿意听,有情绪,那也难免,只好这样。你自己什么时候能够想通了,你就可以原谅我了,你想不通,你恨我,那你就恨着我,那也没办法。

(画外)1992年9月,正在中央党校学习的谢安山,突然接到任命,调任最高人民法院副院长。他上任的第一件事就是组建政治部。

(采访)谢安山:到中央党校学习是9月1号开学,9月4号我就在报纸上看到,人大常委会通过任命我为最高人民法院副院长了。(记者:当时您是从报纸上得到的这个消息?)从报纸上得到的这个消息,到了9月12号中组部才找我谈话。

(画外)后来,谢安山历任最高人民法院副院长、大法官、中国法官协会常务副会长。1998年,已到退休年龄的谢安山又被选为全国人大常委会委员,这在最高人民法院副院长离职后进入人大并担任常委的,他是第一人。

(画外)确出意料进人大,出任常委院居先。力求尽责代民意,与会言实勿空谈。推崇法治首必立,倾听民声重调研。任职五载扪自问,自认竭力无愧颜。

(采访)谢安山妻子:在生活中他是一个非常慈祥的父亲,对孩子们非常慈祥。他有一个百岁的老母亲,对他妈妈非常孝顺,平常的时候如果他妈妈吃鱼,他都是一根一根地把刺挑出来,对他妈妈非常孝敬。

谢安山:这就是2007年春天,今年2月份,九十九岁生日的照片。

谢安山妻子:九十九岁就是一百岁的生日,一百岁的生日九十九岁来过。

　　(**画外**)这就是谢安山的母亲,现在已是百岁高龄,这位已经离开宁津六十多年的老人,依旧是乡音未改。

　　(**同期声**)谢安山:你说话还是山东口音,山东味。

　　谢安山母亲:都是咱家乡的人嘛,多少年没变,这不是一样吗?

　　(**画外**)现在已年逾花甲的谢安山一直在关注着家乡的消息。对于宁津,他始终有一份牵挂和眷恋。

　　(**采访**)谢安山:(看到)我们宁津日子越来越好,一天比一天更加繁荣。祝福我们的家乡,在十七大精神的鼓舞下,高举社会主义伟大旗帜,一定会开创出新的局面,使我们在建设小康社会的道路上阔步前进。

邢纯洁：自信抉择铺就人生之路

（**画外**）背负着红色工程师的理想，在科技、教育战线上默默耕耘。他是20世纪60年代中国的核工程研究人员，他是中国教育电视台的开办筹建者。人生的一个个抉择让他感悟良多，回首往事，这个曾经的红色工程师有着怎样的人生历练？本期人物——邢纯洁。

（**画外**）中国教育电视台想必大家都非常熟悉，尤其对于教育战线上的观众朋友来说就显得更加亲切，因为中国教育电视台隶属于国家教育部。但是你也许不知道，中国教育电视台的开办筹建者就是我们宁津人——邢纯洁。

（**采访**）邢纯洁：我生在宁津，宁津的政府和老百姓，帮我实现了义务教育。初中毕业以前我一直在宁津，所以这一段（经历）对我以后的历程，包括我的思想，包括我的学习基础，对以后的工作，都有着很重要的影响。

（**画外**）他就是邢纯洁，原国家教育部电教司司长，宁津县相衙镇道口村人，1937年出生。在那个战火纷飞的年代里，邢纯洁的父亲很早就参加了革命。生活在宁津县这个革命老区、成长在这种革命家庭中的邢纯洁，有着一段非常特殊、更是刻骨难忘的教育经历。

（**采访**）邢纯洁：我们念书的时候正是日本侵略和占领中国的时候。咱们宁津当时叫"两面政权"：一个是鬼子的伪政权，一个是共产党领导的八路军的政权。当然老百姓是拥护抗日政府的，那时候就叫抗日政府。小的时候印象就是，看到日本鬼子侵略中国，骑着大马拿着洋刀在欺负中国人，这是很深刻的印象。那时候小学读的书我觉得很有意思，就是说，"人，我是中国人，我的爸爸妈妈都是中国人"，这是当时小学的课本的内容。那时候鬼子发了一

套课本,这套课本放在那儿平时都不念的,只有鬼子来的时候拿出来给他看一眼。我们读的课本是抗日政府的课本,鬼子来呢,就把书放在农村的地里的垄沟上,用土一埋。从小第一个很强烈的印象,就是要做一个中国人,中国人不强大不行,不强大人家就欺负我们。我们国家太弱了,一定要把日本人赶出中国去。

(画外)这种环境下成长起来的邢纯洁,有着强烈的爱国热情。上小学时他就开始接触领袖著作,关心国家大事。1950年抗美援朝战争爆发。1951年7月10号,联合国军方面和中国以及朝鲜方面在朝鲜开城首次举行谈判,此后朝鲜战场上出现了谈谈打打的复杂局面。就在这一年邢纯洁准备考初中。

(采访)邢纯洁:1951年的10月份考初中,其中有一个政治题我印象特别深刻,就叫作"你对朝鲜停战谈判的认识"。这是小学考初中插班的题目,正好还算是(了解一些)。当时接受革命教育,不仅是课堂上,还有教师等多方面的。正好我读过(毛泽东)在延安的一些著作,是刻的蜡版的那种本,那时候受点影响。我父亲已经参加革命了,当时也是革命事迹浓厚的地方,所以我读过,毛主席说过对付反革命的两手,争取谈、立足打,主题思想我记得是这样。

(画外)这次考试中,邢纯洁表现出的与年龄不相符的敏锐观察力和分析问题的能力,让他顺利地考上了当时只招收初中生的宁津一中,成为宁津一中的第一届学生。

(采访)邢纯洁:我是宁津一中一年级一班的学生,可以说是宁津一中的第一批学生,当时只有两个班,两间教室。

(画外)1954年,邢纯洁初中毕业了。当时宁津县没有高中,这对于还想继续学业的邢纯洁来说,到哪里去上高中成了他面临的第一个人生选择。

(采访)邢纯洁:当时家长的意思是你还是去德州或沧州吧,去德州或沧州可以回家看看你奶奶。因为我父亲在部队,奶奶也不在家,我当时想回来看(奶奶)也只能暑假、寒假来。那时候我父亲到北京开会,回到宁津就问我考学去哪里。我说到底哪里学习条件好。他说北京好,你考得上吗?他倒不是带有讽刺意味,是很平常地问我。哎呀,这就没底了,考上考不上这个谁知道啊。思想斗争了很久,想了很久,想明白了一个很简单的道理。我去考就是两种可能,考上或者考不上;我不去考就是一种可能,肯定考不上。当时年纪也不大,还有些好面子思想,跑到北京去了没有考上,回来多丢人,但是后来仔细想一想,自己问自己,你连考都不敢去,岂不更丢人。

(画外)就这样邢纯洁坐着从来没见过的火车来到了北京。

（**采访**）邢纯洁：来北京以后就考试，我记得很清楚，数学题错了一个题，这个题十六分。考了两天考完我就去拿行李回家。当时确实不知道考上考不上，反正我明明确确错了一个题。回到家，通知书来了，让我到北京上学去。

（**画外**）这次考北京汇文中学的经历让他多了一份坚定和自信。这种在他生命中逐渐形成的品格，让他在三年后的高考时做出了一个这样的抉择。

（**采访**）邢纯洁：到1957年考大学，思想又斗争了一下。1957年全国招生招十万零七千，录取十万零七千。报不报清华，当时想了想，狠心报。我的志愿里清华、北大都报了，考不上就不念了。反正还是那个老道理，我报是两种可能，我不报就是肯定考不上，后来也考上了。那年也怪，汇文（中学）就考上我一个。

（**画外**）这两次人生的抉择和思之再三得出来的结论，对于邢纯洁此后的人生路都产生了莫大的影响。

（**采访**）邢纯洁：我觉得我们农村的孩子最重要的是要自信。谁不相信你都行，唯独你自己不能不相信自己。自己不要丧失信心，别人可以不理解你，但是你自己（不能不相信自己）。第二条我觉得要有一颗平常心，很平和的心态。

（**画外**）1957年，邢纯洁考入了被誉为中国"红色工程师摇篮"的清华大学。

（**采访**）邢纯洁：1956年提出向科学进军，那时候的理想是做红色工程师，学好本事建设祖国。我考的是清华的工程物理系，实际上就是核物理系和核工程系，原子核工程系。

（**画外**）在读高中时邢纯洁就积极参加各种社会活动，是学校的团总支副书记，并且在高中他就入了党。来到清华大学后不久，邢纯洁又参与到了学校的党团工作中来，是工程物理系的团总支书记。

（**采访**）邢纯洁：我们系里的团组织没有专职干部，要么是教师兼着，要么是学生兼着。那时候我们叫半脱产的政治辅导员。半脱产就是把你有一些课给减了，一年的课分成两年来学。我待的那个班大概是一百九十三个人。这个对自己也有个约束，你学好了就有说服力，你学不好就是说教，就是没人听的说教。因为在学校的任务就是为革命而学，社会活动也很多，所以我念书没有负担，就是总开会开会。前一段时间有一个同学还问我，你小子什么时候念的书，我就不知道你什么时候念的书，就是我们玩儿的时候你在开会，我们念书的时候你在开会，我们回家了你还在开会，你什么时候念的书？我说晚上有晚自习啊，上课的时候就注意听，听完了就消化，然后晚上自习就完了。该开会开会，该锻炼锻炼，该念书念书。社会活动没有影响学业，相反，还能促进一点。

（**画外**）1964年10月16号，中国成功爆炸了第一颗原子弹，成为世界上第五个有核国家。也就是这一年,经过七年苦读的邢纯洁大学毕业了,做一名红色工程师的人生理想终于就要实现了。

(采访)邢纯洁:因为到二机部工作,大家都有很明确的保密制度,不该去的地方你不去,不该说的话就不说,不该问的事不问。笔记本每一页都是给你打好了的,你老老实实交到那个地方,领来了本要原封交回,那是不能乱带的。

(画外)然而邢纯洁红色工程师的人生之路刚刚起步,1966年那场席卷全国的浩劫开始了。

(采访)邢纯洁:去了之后,紧接着1966年"文化大革命"来了。我们是技术干部,也受到冲击,不是一般的冲击。从主观上还是拥护革命的,但是实际中的某些做法是不赞成的。这个时候大家大辩论,你讲你的道理,我讲我的道理。最后给我定的结论叫"散布了错误言论","按人民内部矛盾处理"。我想这话麻烦了,敌我矛盾是按人民矛盾处理,我跟我那个军代表辩论了一晚上。我说就两条,把"散布"改成"传播",把"按"字改成"属",后头两字没用了,一共就(改)五个字,就是改三个勾两个,"按人民内部矛盾处理","处理"就没用了,"属人民内部矛盾"不就完了嘛,到此断住。最后这些算是结束了。

(画外)"文革"结束后,邢纯洁被调到甘肃省科技局任副局长,对于这个任命,邢纯洁并不情愿。

(采访)邢纯洁:"文革"以后,把我调到科委去。开始是真不愿意去,一些老同志说你去吧,我们慢慢认识到我们老了,你们去我们还放心一点,你就去吧。我后来也慢慢地转变,到(甘肃)省科技局做副局长。去了以后有一个体会,我慢慢挑人,也是这样挑管理干部,宁要相信自己搞专业还能搞出成绩的人来去搞管理做领导,也不要选那个对自己、对业务没有信心的人去做领导。为什么呢?自己有信心的人,他会尊重科技人员的创造,就是那些积极创造的欲望,去支持他,去给他创造条件,去鼓励他,也能够理解、谅解他的某些特殊的怪癖。

(画外)1978年3月18号,全国科技大会隆重召开。邓小平同志在会上做出了"科学技术是第一生产力"的著名论断。科学的春天到来了。邢纯洁也迎来了自己事业上的春天。

(采访)邢纯洁:甘肃的科技力量很强,但是跟地方结合的科技力量很弱。当时做了一件事情就是组建了甘肃省科学院,要补这块缺的。组建了环保所、自动化所、生物所、搞草原所,还搞了太阳能所。太阳能,环保,苦咸水,就是苦咸水淡化这些活动,当时的苦咸水很厉害,含氟很高,把这些做了,组建了这些机构。那些规划后来看还是合适的。

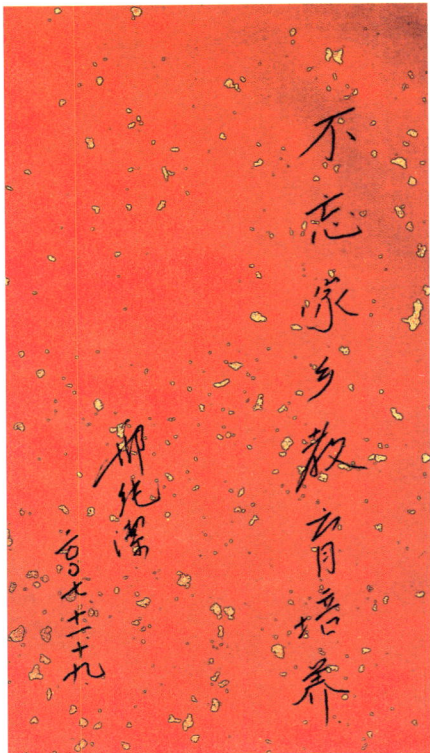

（画外）1985 年，邢纯洁回到了北京，先后任教育部高教三司副司长、电教司司长。对我国早期的民办学校、电大、函授大学等高等教育形式的规范和发展进行了有益的探索。为解决教育发展中的师资匮乏等问题，在他的努力下中国教育电视台正式建立。作为利用现代化手段发展教育的重要载体，中国教育电视台承担了中央电大等机构的远程教育功能，为促进国家教育事业的发展起到了不可替代的作用。

（采访）邢纯洁：当时教育百废待兴。全国的中小学教师，有一百万人学历不合格，要不要用现代的教育技术手段去武装教育（队伍），我们没有办法，决定开通卫星，筹建教育电视台，开通了教育频道。后来在机构精简的过程中把电教司撤掉了。电教司不存在了，电教司就转化成电大和电教馆，这一摊就搞成一个办公室到事业单位去了。我呢，领导就说还是干你的本行去吧，找了找档案，说你搞地方科技时间最长，你就把科技怎么样变成生产力去。这一段（时间）呢，我们自己搞了几十个上市公司，清华同方、清华紫光、北大方正、北大青鸟、北大资源，就是在高校搞了一批企业。（记者：这些公司就是你在做科技中心领导人的时候，支持创办起来的？）前后我都参与了吧，起码我那段（时间）还是集中推动了一下。

（画外）虽然已十多年没回宁津老家，但花甲之年的邢纯洁一直关注着家乡的变化和发展，用他自己的话来说，他对宁津的情愫是一种绿叶对根的情意。

（采访）邢纯洁：家乡人民养育了我，当地为我完成了义务教育，对我的人生很有帮助的，所以我要感谢家乡父老和当地政府。虽然有很长时间没有回老家了，但是对家乡的变化我还时时惦记着，听到家乡的进步和变化，我还是很高兴的。相信我们勤劳勇敢的宁津人，在现在改革开放的形势下，会变得更好。

刘锡魁:坎坷非凡的一生

（**画外**）他是革命家庭中成长起来的苦孩子,他是历经战火洗礼出生入死的老革命,他是"文革"后中纪委重新组建的元老。从抗日战争到解放战争,从食品工业部到中纪委,他有着怎样坎坷而非凡的一生?本期人物——刘锡魁。

（**同期声**）刘锡魁:我对共产党印象最深就是这时候。日本鬼子打我抓我,放出来我到解放区以后,(共产党)又培养我,对党的信仰最深,是永远也忘不了的。

（**画外**）刘锡魁,1930年生人,原中纪委行管局副局长,宁津县杜集镇前刘村人。这位曾历经战火洗礼的老革命一生坎坷,真可谓是命运多舛。刘锡魁从小是在苦水里泡大的,作为革命烈士子女的他,一出生就孤苦无依。

（**采访**）刘锡魁:我母亲生下我八天就死了。我父亲一个人也管不了我,就(把我)送人了。我父亲闯关东回来后,在七七事变以前就参加地下党了,他一个人在外面有活动没法(照顾我),就把我送到我三姑家去了。在三姑家待了一两年,我三姑病故了,又把我送到二姑家,我去了不久,年头不好二姑又病故了。我到六岁的时候,就(把我)送到外祖母家。在我五六岁以前就没有家,没叫过爸爸,没叫过妈妈,没有这个印象。再一个童年最深刻的印象是民不聊生,我四个舅,没有一亩地,三个舅都没有成家,穷得要死,经常吃不饱,挖野菜、吃树叶,就这样过穷苦的生活。这一段印象最深刻的是旧社会的地主压迫,那就不用说了,要饭的横街都是。

（画外）童年的记忆在刘锡魁的心里留下了深深的烙印。1940年也就是刘锡魁十岁那一年，他父亲所在的游击队遭到叛徒告密，游击队和敌人之间展开了一场围剿与反围剿的殊死搏斗。

（采访）刘锡魁：咱们的游击队是三十个人，牺牲了二十八个，出了一个叛徒，跑出一个队长来。这个队长叫刘志香，是我村的一个大爷，当兵出身。和鬼子打了三天三夜，我父亲牺牲了。因为抓他的时候他反抗了，就打得死去活来的。

（画外）父亲的壮烈牺牲让刘锡魁革命后代的身份也暴露了，这让只有十岁的他陷入了一个非常危险的境地。

（采访）刘锡魁：这个时候我就被捕了，因为叛徒告密了，就被捕了。印象最深刻的就是我被捕以后，也懂事了。抓我进去以后，有一个地下党叫李警长。那时候日本鬼子叫警察局，这个警察局的一个警察是个地下党。我怎么知道的呢？一进门他就告诉我，他说孩子，你姓什么？我说姓侯。对，你千万别说姓刘，一说姓刘就（暴露了）！我父亲叫刘生祥，刘生祥的孩子，那是杀头之罪，就斩了是不是？这是一个事。第二个就说，进了牢房以后，你要到牢房的最后头，大房间，你别在门口。

（画外）幼年的苦难经历给了刘锡魁坚毅和智慧，而那位李警长的话他也牢牢地记在了心里，后来他才明白，正是那句深情的叮嘱让他与死神擦肩而过。

（采访）刘锡魁：后来我才知道，日本鬼子杀人啊！因为抓的不是共产党就是进步人士，每天晚上抓两个到外面枪毙去，当示范镇压。所以就让我到里面住去，谁在门口就抓谁，在门口他抓了就走啊，杀共产党了，杀共产党了。

（画外）不平凡的经历造就了刘锡魁坚韧的性格。在狱中，这个只有十岁的孩子，表现出了同龄人所没有的果敢和坚强。

（采访）刘锡魁：过堂审讯，咱们叫审讯，（牵着）狼狗就吓唬你，打（你）。我（印象）最深刻的就是，你姓什么，我说姓侯，怎么打也是姓侯。他问了两回，汉奸鬼子在那儿，本村人还是向着本村人，他姓侯，不姓刘。这样以后地下党把我弄出来，因为小嘛，十来岁，就从屋里把我弄出来了，晚上把我领出来了。

（画外）在地下党组织的帮助下，刘锡魁被解救了出来。此后他随舅舅的姓，改名叫侯殿魁，一直到1945年他为了躲避国民党抓丁离家出逃。

（采访）刘锡魁：到了1945年，日本鬼子快完蛋的时候（国民党）要抓兵，抓兵也是抓穷兵，没有说抓地主家的人。名单上有我，地下党告诉我要抓你，赶快走。就那个时候，晚上下着大雪，我跑的。现在的杜集，那时候是我们宁津县的革命根据地,区委设在那个地方。到了区委,区委知道这是地下党介绍来的,是革命的后代。那时候1945年形势比较好了,区委书记看我还比较小,说送你学习去吧,先学习再说吧。因为对革命后代子女还是比较关心的,送我到抗日高学。读完书以后大概到了1946年初,我们这些学生都大点了吧,就送到解放区,现在是乐陵,叫渤海一中,到那里去读书。

(画外)为了不暴露身份,他又改为原来的姓名刘锡魁,从此走上了革命的道路。1945年8月15日,日本宣布无条件投降,中国经过艰苦卓绝的十四年抗战,终于取得了胜利。然而,由国民党反动派挑起的内战风云再一次笼罩了中华大地。1946年6月,蒋介石集团向中原解放区发动进攻,解放战争开始了。

(采访)刘锡魁:国民党要进攻解放区,要消灭共产党。这个时候就全党动员参军,整个的一个中学,校长带着一百多人都上部队了,就转入解放军了。

(画外)从战士到班长、文书再到团部书记,刘锡魁在硝烟和战火中磨炼着自己。他先后参加了解放沧县、解放德州、解放济南等多次战役。

(采访)刘锡魁:1947年的6月12号到15号,三天三夜解放了沧州,当时打仗的时候,我们临时编了二十个团,我在团部里是书记,但是又编了一个排,叫青年突击排,我当排长。

(画外)由于出身革命家庭加之作战英勇,刘锡魁在解放沧州后光荣地加入了中国共产党,并被调到了渤海军区司令部作战科。

(采访)刘锡魁:那时候入党,在部队上,没有一次两次火线表现好的入不了党,叫"火线入党"。我记得在部队的时候,六个团长、政委,有三个团长不认字,一个字也不认识,光会写自己的名字,没文化。这个技术书记在团里,就让一个有文化的人(来担任),能上传下达,再一个就搞作战计划、作战行动,在司令部里搞这些东西。今天晚上打仗了,作战口令是什么,解放济南的时候,"打进济南府,活捉王耀武",这是毛主席下的命令。一见人,口令,"打进济南府"原话,回令"活捉王耀武",这就是自己人了,记得最清楚了。因为这些命令,都是经过我写了纸条以后,一个团三个营多少连得发下去,天天忙这个,解放了沧州,解放了德州,解放了禹城,解放了济南,打败蒋介石建立新中国。

(画外)解放后,刘锡魁在济南军区司令部任文印组组长。1956年,刘锡魁的军旅生涯走到了终点,二十六岁的他要脱下军装转业到地方。

(采访)刘锡魁:转业那时候,正好国务院第一次成立国家人事局。上济南军区挑人,要了三十个转业军人,其中有我一个。

(画外)来到北京后,刘锡魁被分配到食品工业部工作。后来食品工业部改为轻工部,刘锡魁在这里一干就是二十多年。

(采访)刘锡魁:因为对口,我转业的时候到了秘书部门,就到秘书处当科长。我一到轻工业部以后掌握大印,中华人民共和国轻工业部、食品工业部那个大印,办公厅那个大印,还有部长、副部长那些私章,都放在我那里。需要盖什么章得有我在那里,看谁签的字,盖什么章,都有我在管理这事。"文革"期间我就下放到干校了,那时候大部分都到干校去了。我是1969年去的,1976年粉碎"四人帮"才回来的。我在干校喂猪,喂了七八年,劳动是主要的,"干校干校,劳动睡觉",有这个口号,要不叫你批斗,要不让你开这会那会。

(画外)1978年12月18日,中共十一届三中全会隆重召开。全会对党的思想、政治、组织等领域进行了全面的拨乱反正,从而掀开了党和国家历史发展的新篇章。而这次改变中国命运、实现伟大历史转折的大会,也改变了刘锡魁的人生轨迹。

(采访)刘锡魁:粉碎"四人帮"以后,十一届三中全会决定建立中共中央纪律检查委员会。1979年的春节刚过,我就被中央选到中央纪律检查委员会。那时候去的只有我们二十四个人,组建中纪委的时候都是派的那些最老的党员,做过纪检工作的,一些老的部长都当常委去了。

(画外)在中纪委,刘锡魁负责来访接待处的工作。"文革"后,刚刚成立的中纪委,既要审理林彪、"四人帮"两个反革命集团及其关联案件,又要对"文革"和历史上遗留下来的大量问题进行清理。同时,全国各地的冤假错案还需要平反昭雪,任务异常艰巨繁重。向中央纪委反映情况的来信像雪片似的飞来,公安部门转来的信件则是用麻袋装运。

(采访)刘锡魁:体会最深的就是解放干部,那些受迫害的、受处分的、要求平反的,主要是解放老干部。我在来访处是负责人之一。那时候到中纪委上访的县以上的、县委书记以上的人来了我先谈,我谈了以后,需要哪个再谈,这个人很重要,你需要谈,或者需要哪个书记谈。我们这个来访处,一天能接待咱们全国大概三百多人,有时候一个月关不上门,院子里站满了上访的。解放了大批的老干部,黑天白天睡不着觉。

(画外)这种超负荷的工作状态一直持续了三年,1982年处理各种历史遗留问题和冤假错案的工作才开始逐渐减少。苦孩子出身的刘锡魁一生疾恶如仇,面对各种各样的冤假错案他总是拍案而起。

(采访)刘锡魁:我头发就是那时候白的,一两年头发就白了,白得特别快。工作繁重,对一些人受的冤屈生气,太生气了,有时候。

（**画外**）1986 年，刘锡魁调任中纪委行管局副局长，一直到 1990 年离休。当年在国家轻工部工作时，刘锡魁就为家乡几个县属企业的建立做了很多努力，现在已经年逾古稀的刘锡魁，依旧情系故土。

（**同期声**）刘锡魁：这几年回家以后，看到我们家乡确实发展很快，一年一个样，变化很大。看到家乡的生活水平日益提高也很高兴，希望家乡越来越好。过去我也给县里做了些工作，酒厂、塑料厂，还有服装厂，原来都是我帮助做了些工作建立的，对县里很有感情。现在接近八十了，在今后的有生之年，县里需要我做些什么事情，我还要尽力而为，尽力去做，一定去做。

刘畅:笑里人生

（**画外**）自幼爱好艺术,梦圆曲艺学校。他是李金斗的入室弟子,他是首届优秀相声人才研修班的学员。他是文职大校、空军政治部文工团曲艺队队长。"寒流"袭来欢乐到,从宁津县走出来的笑星,笑谈人生。本期人物——刘畅。

（**同期声**）相声:亲爱的朋友们,大家好!首先做一个自我介绍。对,咱们啊认识认识。咱们两个人啊是一对青年相声演员,来自空政文工团。我叫韩冰。我叫刘畅。我姓韩。我姓刘。我们俩加在一起那就是"寒流"。

（**画外**）"寒流",这对搭档,姓氏的谐音,让观众一下子就记住了这两个相声界的后起之秀。他俩诙谐幽默的表演让观众捧腹的同时,也让大家开始关注这股相声界的"寒流"。但是你也许不知道,这位捧哏的演员刘畅就是我们宁津人。

（**采访**）刘畅:家乡的父老乡亲们,你们好!我是你们的老乡,相声演员刘畅。在这里向你们致以亲切的问候!感谢这片土壤培养了我。向电视机前我的亲戚、朋友、老师、同学们,还有一起长大的伙伴们,致以亲切的问候。时常想起你们,也希望你们经常给我提出批评和帮助,使我的艺术水平有更大的提高,谢谢。

（画外）每到周末，刘畅的几个学生就要到他家里来学习相声。刘畅说从90年代初开始，他教的学生前后得有几十个了，其中还有几个是外国人。

（采访）刘畅：有三个韩国学生，当时是在山东大学留学，有两个女孩一个男孩。他们也想通过学习相声，把他们的中文学得更好。现在他们都挺厉害，在国外。有一个专门翻译，还有一个现在是做中韩贸易的，也很厉害。

（画外）看着这几个孩子，刘畅仿佛看到了自己的过去。刘畅的童年是在老家刘营伍乡度过的。从小就爱好艺术的他，对戏曲和文艺的喜爱几乎达到了痴迷的程度。

（采访）刘畅：咱们老家那边喜欢听河北梆子。那时候演出市场也算挺好，人们的娱乐生活比较单一，评剧、河北梆子、京剧经常在人民剧场演出。我记得当时的河北梆子名家裴艳玲、评剧表演艺术家赵丽蓉老师，几个老艺术家都演过。我都去现场看过。那时候特喜欢，看完了以后就回来模仿。印象最深的，宁津电影院刚建成的时候，演上海京剧院李炳淑老师的《白蛇传》，当时特别难买票，是循环放映的，从上午开始一直演到晚上。我在电影院待过一天。当时宁津正好赶上物资交流大会。回来好多唱段都会了，包括青衣的唱段，还有小生的唱段。小时候的模仿能力很强，不是我夸自己，比现在强。

（画外）1983年，宁津县文化馆举办了一个曲艺培训班。刘畅就是这个培训班的学员。

（采访）刘畅：当时搞得不错，后来中国曲协听说了，还给拨了十万块钱。我在那儿学了一年多。陶盾、刘兰芳他们都去过，还有省里的曲协主席，当时影响很大，是全国的比较模范的一个曲艺班，一共二十多个人。

（画外）1986年，在中央领导同志的关怀下，我国历史上第一所，也是目前全国唯一一所综合性曲艺艺术中专——中国北方曲艺学校在天津成立了。当时正在我县文化馆曲艺队的刘畅，无意中看到了学校招收第一届学员的广告。

（采访）刘畅：1986年春，文化馆的曲艺队开会，在会议室有《大众日报》，我就拿过来翻了翻，后面登了个招生广告，写的中国北方曲艺学校成立，将在济南设立考点，面向全国招收九十三名学员。我就直接写信报名了，报名以后就去济南考试。

（画外）当时全省有五六百名考生报考中国北方曲艺学校，而相声专业山东省只有两个录取名额。谈起当年在济南考试时的情景，刘畅说他永远也忘不了。

（采访）刘畅：招生的老师也是曲艺界的名家。相声表演艺术家刘文亨、山东快书表演艺术家刘洪斌,还有曲艺界的理论家。当时他们都是分头住,就怕咱们山东曲艺界的人,就是现在所谓的拉关系、走后门。那时候很正规的,考试也挺严格。初试比较简单,就唱了一段,然后又给了一个资料,就是看看你的口腔有没有毛病,发音有没有大舌头。再就是模仿一些东西,看模仿力怎么样。复试时间比较长,复试的时候我唱了一段黄梅戏,一个人唱两个人的《天仙配》。唱了京剧《红灯记》里李玉和的唱段,然后又唱了一段骆玉笙老师的京韵大鼓《重整河山待后生》,然后做的哑剧小品《看榜》。发的资料绕口令是"门外有四匹伊犁马,你爱拉哪俩拉哪俩"。当时没练功的时候,就是拿过来让你说,不要说错。反正把自己会的东西都演了。

(画外)就这样刘畅接连闯过了初试和复试两关,和所剩无几的几名考生进入了第三试。在用尽了浑身解数后,带着满怀的忐忑和期盼,刘畅开始了漫长而难挨的等待。

(采访)刘畅:学校说不管你考上考不上,都会给你通知的。天天盼,天天盼。那时候不像现在这么方便,没有特快专递,也没有电话,就是等邮电局的绿色的自行车。老盼那自行车来,结果那天自行车真来了。我记得是放学的时候,走到胡同里,一看门口停着那自行车呢!进去我妈就说来通知了,然后我就打开一看,我想心情很多人都是一样的——没有进屋,我就出去了,站在大街上好想让所有人知道,我被录取了。

(画外)1986年9月,刘畅带着兴奋和喜悦,来到了他的梦开始的地方——中国北方曲艺学校。因为是第一届学生,开学典礼就显得尤为隆重。

(采访)刘畅:早晨四点钟我们就起来布置院里的会场。去的人太多了,咱们的老领导李瑞环和文化部高占祥副部长,他们两个人剪彩,还有全国曲艺名家,都去了。

(画外)中国北方曲艺学校的驻地在天津。当时只有十五六岁的刘畅是第一次只身离开家乡,刚入学的喜悦和兴奋过后,刘畅就为自己当初来学相声的决定后悔了。

(采访)刘畅:去了就后悔了。(记者:为什么这么说呢?)太苦了。因为到了天津又比咱们老家要冷,管理非常严,每天早晨六点准时起来练早功,喊嗓子,练嘴,又没有亲戚朋友,就自己。

(画外)在这里,刘畅发现学相声并不是自己想象的那么简单。单是说相声最基本的普通话,他就着实下了一番功夫。

(采访)刘畅:感觉很简单,但一学很难。因为它是看似简单,其实最难了。

它要求咱俩面对面地讲,它跟演话剧不一样,演话剧、演电视剧、演小品,我可以入戏,我就是一个人。相声这一个段子里有很多人物,所以很难的,越是看似简单,(其实)很难。(记者:当时学相声的时候你觉得最难的是什么?)第一关就特别难,改这个口音很难。咱宁津话还不同于山东话,它还有河北沧州的口音,它讲的调值不够,你看咱们的"三山四视"不分,宁津电视台,宁津人说话宁津电"四"台。

(画外)既然选择了这个专业就一定要把它学好。刘畅抱着这个朴素的信念,开始一遍又一遍地练习,就连平时和老师同学们打招呼,他都当成了学习的机会。

(采访)刘畅:老师老远走过来,就在想,中午刚过了开饭的点,那就问,老师您吃饭了吗?有点像外国人学中国话那么费劲。

(画外)他的搭档韩冰,在中国北方曲艺学校上学时和刘畅就是好朋友。

(采访)韩冰:因为山东人说话,有的字和普通话有区别,有的人说话还是有口音,(刘畅)在学校是一个非常刻苦的学生。每个字一天得成百遍,甚至几百遍,这么去练。

(采访)刘畅:刚到学校见到同学、老师们不敢说,因为你说完,他们都是学相声的,有好多都是大城市的孩子,他们都跟你开玩笑。反正除了吃饭睡觉就是练,一个字一个字地去改,不就是这几千个字嘛。

(画外)就这样,在一遍又一遍枯燥而单调的重复中,刘畅的普通话很快赶了上来。半年后,天津市举办了一次普通话大赛,刘畅也报名参加了。通过这次比赛他得到了一个意外的收获。

(采访)刘畅:1987年,我参加了天津市的普通话大赛,获了特别奖,而且把我聘为天津人民广播电台的特约播音员。

(画外)现在回想起当年做电台特约播音员时的情景,刘畅依然记忆犹新。

(采访)刘畅:那两句开头我还记得:绚丽黄昏,余晖闪烁,千家万户,同欢同乐,收音机前的听众朋友你们好!欢迎您收听天津人民广播电台的《千家万户》栏目。后面就是那时候的广告,这样一是有很好的锻炼机会,二是一次给十五块钱,还能挣点钱。

(画外)克服了语言的障碍,刘畅的信心和专业学习的动力仿佛更足了。

(采访)刘畅:早晨六点离开宿舍到晚上九点半,这段(时间)我不会回宿舍的,基本上就是在功房度过,天天练。每天都要练基本功,绕口令,练嘴的,练唱,没有午休,真困了就在功房趴一会儿。

（画外）为了把学到的理论和舞台实践结合起来，刘畅和几个同学利用暑假的时间，到一些艺术团体跟班儿演出。

（采访）刘畅：1988年放暑假了，我们就出去演出。我和韩冰，我们就去演。那阵儿是歌舞最火的时候，有的歌舞团到天津演出了，我们到后台去，就跟人说我们是说相声的，我们放假了，我们要跟你演出。你先看看，就是白演一场，你看看，如果行呢，我们跟着你去别处走动。挺好玩儿，那时候是三十块钱一场，他们的主演一场八十块钱。我感觉是天文数字，因为我爸一个月工资也挣不了八十块钱。

（画外）在中国北方曲艺学校这四年，刘畅用勤学苦练为自己今后的演艺生涯奠定了坚实的基础。1990年，他以优异的成绩毕业了。作为首届毕业生的代表，他在北京为中央首长进行了汇报演出。

（采访）刘畅：给北京关心这个学校的中央领导，还有曲艺界的领导们演了两场，6月13日、14日。（记者：得到了很多领导的好评。）对，那时候已经有两个单位要我们了，当时的广州军区和济南军区，他们都跟着来看了，我们感觉济南离北京和天津近一些，方便一些。

（画外）但是，没有想到这种自主择业的方式，给他们带来了麻烦。

（采访）刘畅：因为是计划经济，我是山东的学生，必须服从山东省文化厅分配。就是说，我们以后不允许在地方安排工作。后来我们校长到济南军区去交涉，想让我们回地方。军区首长说，这个和计划经济不冲突的，因为每个公民到了十八岁，都有入伍当兵的权利，为国家效力比为一个地方效力更能发挥他的作用嘛。

（画外）1990年6月，刘畅和韩冰被济南军区前卫歌舞团特招入伍。

（采访）刘畅：到了1995、1996年我们的档案才给我们，（记者：当时是人先过去了，档案没给你们？）对，肯定不给你，文化部不允许啊。1990年的12月31号，山东电视台有一个《星期日文艺》。三百期的晚会就让我俩上了。1991年华东六省一市元旦晚会也让我俩上了。

（画外）在济南军区他们俩频繁地下部队到基层为官兵演出。在把欢乐带给部队指战员的同时，他们俩的表演特色也越来越鲜明。1994年，刘畅和韩冰拜李金斗为师，成为这位著名相声表演艺术家的入室弟子。

（采访）刘畅：1994年，我们的专业老师刘文亨老师，跟我师父私交很好，他说有两个学生不错，你看看收了吧。我师父到聊城去演出，从济南下飞机，就跟当地说，今晚加一段节目，加谁呢，就是加我学生。他要看我俩的业务水平。小孩嘛都是这样,一说师父要来看,肯定要紧张,但是到开演他也没来。他压根就没在后台,他在观众席最后一排,一直在那站着看呢。(记者:拜李金斗老师为师之后,你感觉在自己的艺术方面有怎样的变化?)有更大的进步了,他是国腕啊,他的出发点,他的起点,就高啊。

(画外)有了名师指点,刘畅和韩冰的相声表演越来越成熟了。1997 年 10 月,文化部和广电部举办了"金狮奖"第二届全国相声大赛。刘畅和韩冰也参加了这次全国相声界的盛会。

(采访)刘畅:在北京保利剧院,当年的名家高手特别多,我们俩最年轻。那是最紧张的一次,幸亏节目很熟,有几分钟的时间好像魂不附体似的,感觉都是在机械地表演。

(画外)在这次比赛中,韩冰和刘畅说的相声段子《爸爸的故事》获得了表演三等奖和创作三等奖,从此越来越多的观众开始认识这对"寒流"搭档。后来他俩又多次在全军、全国的曲艺比赛中获奖,并且还受到了中央军委首长的接见和表彰,被济南军区授予"特殊贡献奖"。

(采访)刘畅:(记者:您是怎么看待这些荣誉的?)都是过去的事情了,每一次完了都是新的起点。做演员怎么说呢,有的人说演员缘、人缘,有的人说明星脸,有的人老上电视,十次可能也让人记不住,但是我俩比较幸运,观众还比较容易记住我们,每次上电视给观众留下的印象特别深。

(画外)韩冰和刘畅在台上是配合默契的好搭档,在生活中是无话不谈的好朋友,尽管他们俩的交情已经有二十多年了,但是彼此之间也有闹矛盾的时候。

(采访)韩冰:我们闹矛盾主要是关于相声的问题。虽然是好搭档,但是每个人的艺术观点还是有区别的。比如说你处理一段戏或者几句台词,或者一个包袱的设计,会有自己的一种看法,所以在这一方面就容易闹纠纷,有时候两人谁也不理谁了,我就按我这么办,爱怎么样就怎么样吧。

(画外)争论归争论,在舞台上他们可是心有灵犀、互补互助。

(采访)韩冰:在台上,演员不可能时时刻刻状态都这么好。他也有自己疲惫的时候,他也有头疼脑热的时候,注意力不集中的时候,有时候特别熟的台词,在台上一演出有可能就忘了,这词在嘴边就出不来,真是这样,怎么也不行,过不来。这时候就需要好搭档。在这种情况下,刘畅就发挥了他好搭档的作用,及时地提醒我,或者是他很巧妙地就把它化解了,观众就觉不出我们有什么破绽。

(画外)就这样,他们俩在争论中不断地提高着,在默契配合中不断地成熟着。2001 年,中国戏曲学院和中国北方曲艺学校联合创办了"曲艺大专班",刘畅和韩冰成为曲艺大专班的首届学员。毕业后不久,他俩就被调入了空军政治部歌舞团。2005 年,全国优秀曲艺人才培养工程在北京启动,首届优秀相声人才研修班同时开班。经过认真挑选,全国有十对年轻相声演员成为研修班首批学员,刘畅和韩冰就是其中的一对。

（采访）刘畅:相声这门艺术和别的不一样,你演了头一遍,他笑得厉害,第二遍就差点儿。都想追求那种每天看、每次看都乐,那是不可能的。所以说要求演员随时在变,而且要不断地出新节目,观众没有听过的,搞出更好的来,让自己的艺术水平再有个提高。

（画外）刘畅始终牢记自己是一名部队文艺工作者,为兵服务是自己神圣的使命和责任,为官兵演出是自己最幸福的事情。他连年随空军"蓝天情,心贴心"文化服务队下基层服务演出,受到空军部队官兵的普遍喜爱。他以服务官兵演出为契机,走进军营生活,贴近官兵内心,把握军营脉搏,创作和表演灵感喷发,结出累累硕果。不但走遍空军军营,还先后获得"中国人口文化奖"、抗击非典"新作品奖",多次参加中央电视台《心连心》《周末喜相逢》《综艺大观》《曲苑杂坛》《我爱满堂彩》等栏目的录制,深受大家的喜爱。他还完成了大型民族歌剧《江姐》的排演任务,在人民大会堂、中央党校等首都各大剧场演出百余场次。获得第七届中国曲艺节展演优秀节目奖。参加"百花迎春"中国文联大联欢、中央和各地方台春节文艺晚会等数十场节目录制,作为部队代表出席中国曲艺家协会第八次全国代表大会。同时,每年积极踊跃参加全军、空军文艺轻骑小分队,上高山,下海岛,走边关,入哨所。无论是西藏雪域的甘巴拉雷达站,还是戈壁深处的卫星发射中心;无论是广大的军营,还是黄海深处的孤岛,都留下了他为兵服务的身影。为了丰富阅历,现在刘畅还在一些电视剧中客串影视演员。

（采访）刘畅:多从姊妹艺术当中吸收点养分。

（画外）由于各种演出任务繁重,刘畅很少回宁津老家。2006 年,我县举办首届中国宁津国际家具节,刘畅和搭档韩冰应邀前来助兴,他们无偿为家乡观众献上了精彩的相声选段。

（同期声）刘畅:离开咱们家乡已经二十多年了,一踏入咱们宁津这块土地,心里特别激动,有很多说不出的感觉。毕竟离开家乡特别久了,家乡变化这么大,让我非常惊讶,非常吃惊,又非常激动。我是相声演员,就是给您送来欢笑的,在这里衷心地祝愿家乡的朋友们,在今后的日子里天天都有好心情、好胃

口、好感觉、好收获，好风、好雨、好天、好地，好得没法说好，好人一生平安。

（**画外**）刘畅说现在相声已经融入了他的生命，能给大家带来欢乐是他一生的追求。

（**同期声**）刘畅：说段绕口令，当年练的，多少年不练了，背背这基本功吧。《十八愁》绕口令：数九寒天冷风飕，转过年来春打六九头。正月十五是龙灯会，有一对狮子滚绣球。三月三王母娘娘的蟠桃会，大闹天宫的孙猴就把那个仙桃偷。

（**画外**）曲艺圆梦，笑里人生，让我们祝福这个从宁津走出来的笑星，祝愿他的演艺生涯能像他的相声那样，快乐到永远。

张宝申：我属于这片土地

（**画外**）自幼爱好文学创作，历尽坎坷，笔耕不辍，他是从宁津走出来的回族作家，他是曹禺戏剧文学奖的获得者。从工人到作家，从工厂到中国评剧院，他经历了怎样的创作人生？本期人物——张宝申。

（**画外**）2006年4月，二十集电视连续剧《西部热土》在中央电视台热播。细心的观众也许会发现，这部剧的编剧之一叫张宝申。他就是我们宁津人。

（**采访**）张宝申：我是咱们宁津县长官镇东街人，我叫张宝申，我是从小在宁津长官镇长大的，是咱们长官镇的水哺育我成长起来的。今天我虽然有一点成就，但是我永远也忘不了，我的根是在宁津。

（**画外**）张宝申，中国评剧院国家一级编剧。中国作家协会会员、中国戏剧家协会会员、北京作家协会少数民族创作委员会委员。1944年，张宝申出生在北京牛街的一个回族商人家庭。在他六岁那一年，父母一直勉力维持的店铺再也无法维系，于是他们一家回到了故乡——宁津县长官镇。在这个回族聚居的小镇上，他度过了童年和少年时代。小镇东街清真寺的诵经声、西街外土戏台上的乡戏、北街集市上的说书和十字街茶馆里老人们的讲古，成了他生活和文艺的启蒙。他的文学创作情结，就是在长官上小学时开始的。

（**采访**）张宝申：上三四年级的时候，我的启蒙老师——现在我们联系还很紧密——就是张庭贵先生，他就爱好创作。他有时候给《文汇报》《河北日报》写稿子，我当时觉得（报社）给他寄了报纸来，他挺高兴：你看这是

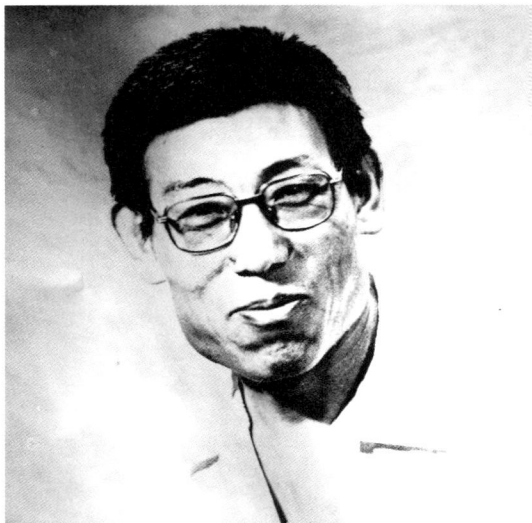

我写的。所以从那以后我对文艺产生了兴趣。在老家四五年级的时候就开始看书了。那时候看过不少书，就是有关文学方面的书。这个爱好的基础是从老家就打下的。

（画外）1958年，因为家庭生活拮据，张宝申只上了半年中学，就退学去了北京，在北京618厂当了一名学徒工。进了工厂后，他的生活相对稳定了很多，幼年时对文学的兴趣又开始萌发了出来。他一边学习文化知识，一边开始业余文学创作。

（采访）张宝申：1958年进工厂以后又上了两年中专，（我）就是厂子里培养的，出来以后就在车间里面当工人。大约是从1962年开始学习创作了，就知道投稿。那时候什么都写，写诗，写散文，写小小说，也给报社投稿，一直投了三年，一直没有用。退稿信就有一箱子，退稿大概得有二三百次。退稿也无所谓，因为退稿也没有什么损失。那时候投稿都不用贴邮票，也不用花钱，把人家退稿信的旧信封翻过来以后，我还可以往别处寄，一分钱也不用花，对我个人来讲也没什么损失。有的时候编辑给写封信指导一下，觉得也是个提高的过程，就这样一直坚持下来了。

（画外）尽管张宝申的文学创作之路开始就充满了坎坷，但执着的他仍旧在爬格子中寻找着创作的快乐。为了提高文化水平，他在夜校读完了高中和大学的文科课程，甚至还从头到尾学过《新华字典》。1965年8月的一天，已经从事文学创作三年的张宝申，终于等来了第一篇发表的作品。

（采访）张宝申：在《北京文艺》，就是现在的《北京文学》上发表的，叫《合金刀》和《加油工》两首诗。我搞了三四年的文学创作，一直在投稿，老发表不了，已经有点心灰意冷了。这次在《人民日报》的目录上看到自己的作品和名字变成了铅字，确实是非常激动。当时能够在报刊上发表文学作品的非常少，我那厂子，是七八千人的大工厂，就没有人发表过作品，而且我当时署的是工厂的名字，署的永定机械厂工人张宝申，当时全厂都非常轰动，当然我也非常高兴。从这以后就比较顺了，到了1965年9月，《北京日报》加一个"编者按"发表了我的小说处女作，叫《迟到的消息》。

（画外）从此他的诗作和小说开始不断地见诸报端和杂志。1968年，厂里调他到图书馆整理图书，后来又被"以工代干"调到厂里办厂报、搞宣传。

（采访）张宝申：在厂工会就办小报，搞宣传，搞文艺节目，从那以后又在厂里面宣传部门工作了十二年。我在工厂写过很多话剧、评剧什么的。那时候工厂的业余创作，一方面是自己的爱好，比如说我爱好写诗歌，另外你要为工厂来服务,工厂的宣传队需要什么节目,需要写歌词就写歌词,需要写快板就写快板,那时候主要是为工厂服务,为现实生活服务,为配合政治运动服务,什么都写。

(画外)20世纪50年代,北京618厂出了一个全国劳模,就是后来成为第七届全国人大常委会副委员长的倪志福。当时的中国评剧院准备写一部反映他事迹的剧本,这让张宝申开始和评剧产生了亲密接触。

(采访)张宝申:在"文革"以前,(中国评剧院)曾经派编剧和导演去我们厂体验生活,想写一部关于倪志福的剧本。1965年的时候,北京市提倡"歌颂先进树立劳模形象",那时候讲"三结合"创作,就是有专业编剧,有工人作者,还有我们工厂一个干部也去了,"三结合"就是大家一起讨论,一起来出主意。当时我作为业余作者,参加了他们这个创作。

(画外)后来"文化大革命"的爆发,让这个剧本无疾而终。虽然这部戏没有最终创作完成,但是通过这次剧本的创作却让中国评剧院认识了张宝申。

(采访)张宝申:这个剧本连半成品都没有,只是下去生活,讨论,讨论完了出提纲,出提纲一看不好写。因为你又要加阶级敌人,又要加走资派,所以说非常笑话。在那种背景下,我那段创作严格地说不叫什么创作。但是它的好处是我了解了关于评剧创作的一些技术问题,比如说怎样安排场次、怎么写唱词等,这些属于技术问题,我了解了一些。

(画外)1979年,改革的春风吹遍了神州大地,中国迎来了一个发展的春天,而张宝申的创作生涯也从此开始了一段新的历程。

(采访)张宝申:因为我是写诗的,评剧院的领导对我也了解,他们想提高评剧的唱词的水平,另外也吸收一些业余作者,注入点儿新鲜活力,从这个角度考虑,他们就希望把我调去。1979年,我就调到中国评剧院当编剧。我当时爱好创作,但业余创作必定受很多限制。平时要工作,业余时间又非常辛苦,另外我们的工厂在郊区,距离北京四五十里地,非常不方便,开个会参加个活动很不方便,当然还是愿意搞专业创作。另外,在当时的大背景下,很多业余作者都纷纷出来了,我即使不到中国评剧院去,也可能到报社当编辑去了,因为当时正好各报社都恢复,复刊什么的,需要大批人。我们算是五六十年代成长起来的业余作者,老作者了,三十多岁年富力强,创作又积累了二十年的经验,所以(报社)还是愿意要这样的人。

(画外)这个人生命运的转折,为他的文学创作开拓了更为广阔的天地。孜孜以求、笔耕不辍的张宝申也终于迎来了他创作上的春天。

（**采访**）张宝申：（1979年，对于）国家是一个转折点，对我个人来讲，特别是对我个人的创作也是一个很大的转折点。我真正的创作，如果说更上一层楼、进一大步的话，确实是在1979年以后。一方面是我从业余创作进入专业创作这个队伍，这是一步大飞跃。1979年，到了评剧院以后，我一点也没有在北京待着。我和另外一个编剧，先去的山东，从我们宁津到德州，一直到胶东、青岛，就是搞生产责任制的地方，我们去转了一大圈，转了一个多月，回来以后就感受非常深刻。1980年，我调到中国评剧院的第二年，就写了一个反映农村生活的评剧叫《银河湾》，反映农村实行责任制以后各种思想的斗争，应该是比较早的一个戏。所以在北京演出以后，反响还不错，获得了北京市新剧目创作二等奖。这个戏当时一气就演出了六十多场，报纸上也有很多评论。我1981年写了一组诗歌叫《厂区飞出早春的歌》，这是写三中全会以后工厂新面貌的，当年获得北京文学奖。

（**画外**）1983年，在北京市委的安排下，张宝申回宁津老家挂职锻炼体验生活。重回故里，张宝申感触很多，一年的乡村生活，在他的心里流淌出的是一曲浓浓的故乡情怀。

（**采访**）张宝申：回到北京以后，就集中写了几年的小说，大部分题材全部是反映咱们老家生活的，不单纯是农村题材的。我们长官（镇）以前的名字叫长湾店，所以我写了个"长湾店"系列小说。开始写了有二十多万字，到1989年宁夏人民出版社出了一套回族作家丛书，其中收了我这一本"长湾店"系列小说，书名叫《黑大侠情话》。

（**画外**）虽然1979年张宝申就调到了中国评剧院工作，但他一直还居住在原来的工厂宿舍，和工人们又朝夕相处了八年。本来就是工人出身的他，多年的工厂生活为他积累了丰厚的创作素材。

（**采访**）张宝申：评剧过去以反映农村生活为主。不只是评剧，在舞台上反映工厂生活的就非常少，过去我们习惯于写生产过程，车间、干活，外行看不懂，内行看着又没意思，人们就不愿看。从解放以后反映工厂生活的文学作品，包括电影都非常少。

（**画外**）从1989年开始张宝申历时两年，创作出了一部反映工厂生活的现代戏《黑头儿与四大名蛋》。1991年，这部戏在北京公演后一炮走红。

（**采访**）张宝申：这可以说是评剧反映工厂生活为数不多的戏。"黑头儿"就是一个头头，属于北京话，管领导、车间主任叫头头，"黑头儿"他姓黑，所以叫"黑头儿"和"四大名蛋"。这"四大名蛋"就是一个"笨蛋"、一个"浑蛋"、一个

"懒蛋",就是四个人的绰号(还有一个女角儿叫"彩蛋")。这个戏我自己比较满意,因为这是我长期工厂生活积累的一个作品,当时反响也不错,中宣部的"五个一工程"奖,文化部"第二届文华奖",我这个剧本都获得了,还获得了现在叫"曹禺戏剧文学奖",当时叫"全国优秀剧本奖",还有"北京市创作一等奖""演出一等奖"。后来由北京电视台拍成了四集戏曲电视剧,在全国的电视剧评奖中,也获得了一个奖,当时叫"黄河杯奖",这个戏几乎把所有的奖项全拿了,二三十个,我这奖状就一大摞。

(画外)张宝申说这部戏之所以取得了如此成绩,很大程度上是因为他成功地刻画了一位当代干部的形象。

(采访)张宝申:主张以平等的人际关系去对待每一个人,当时这个戏受到好评,大概也是因为这个原因。这种人性化的教育方式,人性化地调理人与人之间的关系,就是以人为本的思想吧。我跟你们之间,说白了我们全是跟兄弟姐妹一样,你有什么困难,我首先是站在你的立场上换位思考,你为什么跟我要浑呢?你肯定是有要浑的原因。假如我是你,我会怎么样?哦!原来你有什么问题,我把你产生问题的根源给你解决了,那你不就好了吗?应该说是一个新人物形象,非常新鲜的人物,这样的人物应该早一点出现。这个戏尽管过去了很多年,但是每年到5月份,一般反映工厂生活的作品,中央人民广播电台、中央电视台还拿这个戏来播呢!已经过去了十几年以后,你今天来看这个戏,依然没有过时的感觉。最近出版一个改革开放二十年来的新剧作选,二十年全国选了二十几部剧本,这个剧本就是其中之一。

(画外)张宝申的创作一向追求贴近生活、贴近群众、贴近时代,在深入生活和联系群众上下功夫。1992年,北京市委、市政府授予张宝申"深入生活"特别奖。1995年他又被评为北京市劳动模范。以文艺创作成就荣获北京市劳模称号的,在北京乃至全国文艺界都是罕见的。

(采访)张宝申:创作嘛,首先你得有兴趣,没有兴趣的话(不行),人最怕干无兴趣的工作。你有兴趣了,你就不觉得苦不觉得累,特别是搞剧本创作。剧本创作严格地说,是一个集体智慧的结晶。每一个剧本都需要演员、导演甚至音乐、舞美大家一起来讨论,吸收各方面的意见以后,你再把大家好的意见综合起来去改。剧本往往不是写出来的,是改出来的。你看我这个《黑头儿与四大名蛋》,前后改过九遍稿子,两年时间改过九遍,就是大改九遍,小改不用说了。排戏现场碰到问题以后,马上就得改。整个地从头至尾地改一遍,这样大改就是九遍。

（画外）2001年，中央电视台戏曲频道正式开播，这个为了弘扬和发展我国优秀戏曲艺术，满足戏迷审美要求的专业频道，开播之初需要创作一批戏曲电视剧，这让张宝申有了一个"触电"的机会。

（采访）张宝申：从2000年以后戏曲不太景气，我们就和中央电视台第11频道联合搞了戏曲电视剧。搞了以后就在中央电视台的11频道播出。我搞了一部反映农村现实生活的，叫《雾峪村的故事》。这个也在反复播，好像最近还在播，是十四集。历史题材的就是《陈州遗恨》。还有一部是《西部热土》，《西部热土》是应人之约写的，就是写西部大开发的。写西部开发但你不能给西部带来污染，污染环境不行。

（画外）2004年，张宝申退休了，他的创作也随之进入到了另外一个境界。

（采访）张宝申：退休以后，剧本创作任务没有了，所以就自由创作了。我现在除了写电视剧以外，就是写散文比较多一些。我正准备出一本散文集。看点书，还有上上网，看点资料，就写点文化散文。

（画外）到现在，张宝申已发表诗歌四百多首，小说一百多万字，演出和播出的舞台剧、电视剧一百多集。我们发现在他的诗集和小说集中，有很多是反映故土和乡情的作品。他说宁津是他创作生涯的起点，也是他人生的根。他的生命里早已镌刻下了这样一行字，那就是——我属于这片土地。

（画外）我属于这里，一条坎坷的黄土小路，一行岁月雕镌的足迹。父亲如弓的腰，驮着沉重的四季，像一把坚韧的梭子，把朝霞和星光织在一起。有汗、有血、有泪，有雾、有风、有雨，但没有停滞，没有叹息。独轮车，载着艰辛，载着欢乐和期冀，谱着生活的旋律，录在我的心底。脚下的路，千条万条，都是这里的延续。我属于这片土地……（摘自张宝申的诗集《彩色的爱》）

（采访）张宝申：宁津的父老乡亲们，诸位老朋友、新朋友们，在这里我向你们问好。我虽然乡音已改，离别故乡已经五十年了，但我的心依然系着咱们故乡。我祝愿在县委和县政府的领导下，在乡亲们的努力下，我们团结天南地北的山东宁津人，共同把宁津的各项工作搞上去，使宁津成为生活美好、社会和谐的一颗鲁北的明珠。谢谢大家。

亓盛泉:周总理的警卫员

（**画外**）他是中南海的武装警卫,他曾经在周恩来总理身边工作了六年。从一个穷苦的农村娃成长为解放军的大校,他走过了怎样的人生之路? 在周总理身边的日子里,他又收获了怎样的人生感悟? 本期人物——亓盛泉。

（**同期声**）亓盛泉:我一进城就在中南海。在总理身边那六年我的感觉就是等于我上了六年的马列主义学院,从理论上学的一些东西,在总理那里我都看到了实践。总理真是我们国家的好当家人,处处事事为老百姓着想。

（**画外**）他叫亓盛泉,他所说的总理就是已故国家领导人、开国总理周恩来同志。在中南海工作期间,他曾经是周总理的警卫员。

（**采访**）亓盛泉:从 1954 年到 1960 年,这期间在周总理身边,在那儿做武装警卫。

（**画外**）亓盛泉,1935 年生人,原中央办公厅警卫局管理处副处长,大校军衔,宁津县柴胡店镇亓家村人。用他自己的话说,他出身于苦大仇深的贫农家庭。六七十年的时光磨砺,那个水深火热年代里的很多经历,在他的脑海里仍然清晰。

（**采访**）亓盛泉:我家出身贫农。我父亲早就去世了。我父亲去世的时候,我不记事,都是我母亲（照顾我）。我们是姊妹五个,三个姐姐,一个哥哥,我是最小的。因为生活十分困难,我只上过小学四年级。我妈没有受过教育,没上过学,她就是想尽一切办法要让我上学。

58

上学怎么上呢？我们家没吃的，我妈要饭吃供我上学。我们老师都知道我们家穷，我妈跟老师也讲过，快到晌午了(那时候不说几点几点)，老师提前让我回去，我得到附近的村去要饭吃。

（画外）童年的苦难岁月是他心中永远也抹不去的记忆，而这段人生的历程也成为亓盛泉不断成长的思想根基。解放后亓盛泉在"抗美援朝，保家卫国"的口号声中报名参军。

（采访）亓盛泉：是党救了我。我没吃的，党给我解决吃的；我没地种，党分给我种；我没有用的，党分给我用的。那个时候就认为共产党是为人民做事的，为老百姓办实事的，出于一种感激政府、感激共产党的心情，党号召我参军抗美援朝，我就应该响应党的号召，我就参军。

（画外）然而当时只有十六岁的亓盛泉身体条件还不能满足参军的要求。征兵的第一关是目测，当时个子比较矮的亓盛泉，很快就被挑了出来。

（采访）亓盛泉：到了区上以后呢，区长就检查身体，让我们几个站在那里，先目测一下个头、长相、身体。目测以后，有的人叫上那边去，有的人叫上这边来。上那边去的实际上是及格的，到这边来的是不及格的。那时候区长就把我也叫到不及格的这边来了。我一看那个阵势就是及格的在那边了，不及格的在这边了，就问区长，我说你为什么让我到这边来，他说你个小啊。我问他，我说我个小，以后我还长不长？我这一问，区长没话说了，他说小伙子过去，就叫我过去了。

（画外）就这样，亓盛泉跟随刚刚入伍的新兵，来到了德州军分区新兵训练团接受集训，在这里他遇到了一个难得的机遇。

（采访）亓盛泉：当时有一千多新兵，就是因为抗美援朝嘛。先在德州地区搞训练，在训练期间，北京中央警卫司派人要从新兵里选一部分人来北京。因为我出身好，又受过苦，过去叫苦大仇深，他们就把我选上了。我们连里有一百多人，来(北京)有二十多人。到了连部，连长才告诉我们，他说，同志们你们知道干什么去吗？我们说不知道。他说你们到北京，到北京干什么呢？去保卫毛主席，保卫党中央。

（画外）这次入选中央警卫师成为亓盛泉人生的分水岭。命运的安排让这个出身贫苦的农村娃，来到了中南海这个在国人心中既神圣又神秘的地方。

（采访）亓盛泉：来了以后还在新兵连，开始在门头沟训练，队列、各种条令的教育，还有一个就是射击，就是一些军事理论、军事常识。经过训练以后，不是说都懂吧，基本上知道得差不多，然后再补充到连队。我第一个工作就是在团里直属连队,中央警卫局的警通连,警卫和通信,它的任务就是保卫党中央的,主要的是住在中南海,其他的就住在外围。

(画外)两年后,也就是 1954 年,亓盛泉开始在周总理身边担任武装警卫。在这位伟大的无产阶级革命家、政治家、军事家和外交家的身边,亓盛泉时常被周总理的鞠躬尽瘁和无私忘我所感动着。

(画外)在给周总理担任武装警卫的六年时间里,亓盛泉就住在中南海西花厅,接触到很多周总理日常生活上的点点滴滴。

(画外)亓盛泉说在周总理身边的那些日子里,他们是紧张繁忙的,但同时也是充满温馨的,让人永远留恋的。

(采访)亓盛泉:(总理)对我们身边的秘书、工作人员和警卫人员特别关心。每到中秋节,他总要从他的工资里面拿出点钱,买点瓜子,买点糖果,买点水果,让大家到西花厅西边有个会议室,把这些身边的人员都请到那里去,大姐(邓颖超)和总理把我们这些人当成他的大家庭的成员,一块过中秋节,团团圆圆的,再演些小节目,总理和大姐(邓颖超)都要参加。

(画外)1957 年,经人介绍,亓盛泉和当时柴胡店公社的妇委会副主任张玉兰喜结连理。结婚后很长一段时间,张玉兰都不知道丈夫是干什么工作的。

(采访)张玉兰(亓盛泉妻子):光知道他在北京,当兵的,具体干什么不知道。随军以后,我们住的和国务院一墙之隔,一条马路之隔。来到北京知道的就多了,知道总理就住在这里。还有一些事情,好比说他要出差走了,从来都不告诉你,上哪儿去我都不知道。这些事情我也不问,养成了习惯。

(画外)1960 年,亓盛泉被安排到石家庄高级步兵学校学习,从此他结束了六年在周总理身边的美好时光。经过近两年的深造,亓盛泉重新回到了中南海。

(采访)亓盛泉:回来以后我就到了连队了。到了连队就当排长,不到一年我又到了干部大队二中队当区队长,后来又到了团里,到了组织科。我后来又到中央办公厅警卫局管理处当副处长。

(画外)在周总理身边的这六年已经深深地镌刻在了亓盛泉的生命里。他说这段非常的经历是他人生中最大的收获。

(采访)亓盛泉:在理论上我学到的一些东西,在总理那里通过实践全看到了,更加坚定了我对共产党领导的信心。还有一个,更看到了我们的党、我们的领导人,有希望。所以我们那时候就说,全国人民在这样的党中央和总理的领导下真幸福。

（**画外**）从1951年参军入伍离开家乡到现在,已经半个多世纪过去了,但亓盛泉仍然是一口浓浓的乡音。他说这口音是改不了的了,因为这是他生命的根。

（**采访**）亓盛泉:虽然我在北京,但是我时时刻刻想念家乡。我在那里生的,在那里长的,这个感情是永远忘不了的。谁不希望家乡富起来呢?对家乡(发展)能想点办法就想点办法。希望家乡的人在党中央的领导下,在各级党委的领导下,把咱们家乡建设得更加富强。

丁嘉丽:舞台寻梦　演艺人生

（**画外**）她是中国电影华表奖的影后,她曾经两次获得中国戏剧梅花奖,三次摘得中国电影金鸡奖表演奖的桂冠。自幼酷爱表演,寻梦之路坎坷艰难。为了心中的梦想,她经历了怎样的艰苦磨砺,成功的背后有着怎样鲜为人知的人生历程? 本期人物——丁嘉丽。

（**画外**）影视演员丁嘉丽想必大家都很熟悉,她塑造的各个阶层、形形色色的人物形象,在观众心中留下了深刻的印象。这位在影视界以演技著称的实力派演员就是我们宁津人。

（**采访**）丁嘉丽:(记者:宁津对你来说是一个既亲切又陌生的地方。)对,因为我每次填表就填宁津、宁津。以后有机会我一定要去的。上次我是在外面拍戏呢,我爸回去了。我估计我爸爸再回去,不可能了,因为八十八岁了,身体不是太好,走路已经颤颤巍巍的。那是我的源头,所以年龄大了要寻这个源头,我一定要回去的。

（**画外**）出生在黑龙江佳木斯市的丁嘉丽,从小是在东北长大的。20 世纪 30 年代,她的父亲背井离乡出来闯荡,后来在东北扎下了根。

（**采访**）丁嘉丽:我爸从十二三岁就出来了,他是学刺绣。我爸今年八十八岁了,特别恋家。前几年我出去拍戏,他跟我妈回去祭祖了。(记者:回宁津了吗?)回宁津了。

（**画外**）丁嘉丽的父母都在佳木斯评剧团工作,她的母亲是

一位评剧演员。由于从小受家庭的熏陶,她一直梦想着长大后也能走上舞台。

(采访)丁嘉丽:(记者:从小就在戏曲的熏陶下长大的。)是是是。(记者:所以对表演非常爱好。)应该说是酷爱,就是比较执着,因为干不了别的。(记者:酷爱到了什么程度?)酷爱到有点疯狂。小的时候没有电视,便拿上海红旗牌的半导体,拿着就不放,只要在家的时候就在那听,听广播剧。有时候放电影录音,外国电影的录音,听那个上瘾,没办法。我妈妈演戏的时候,(我)经常是旷课逃出来,偷着看我妈妈他们彩排,也因此没少挨揍。那时候没有经济条件,太辛苦了,真的,东北冷啊,特别冷的一个地方。他们演出的时候特别敬业,鞋要穿那种特薄底的绣花鞋,所以他们没有好身体。我妈妈的关节都不好,现在年龄大了,膝盖肿得(特别厉害),可可怜了。我妈现在一身的病。她自己干了这么多年,不希望孩子再干这一行了。

(画外)然而梦想与希望是阻挡不住的,母亲的反对并没有让丁嘉丽追梦的心有丝毫减弱。

(采访)丁嘉丽:我觉得人生来都有一种使命感,我可能干不了别的,我就喜欢这个,所以也应该是大不孝了。应该是唯命是从,父母的话应该听,但是没有办法,确实就干了这个了。我记得那时候看完了《卖花姑娘》,学校里集体去看,看后我像着了魔似的,回到班里我就学这个,一会儿金鸡,一会儿银鸡。我学这个,我们班同学都烦了,说你没事吧。表演欲望太强烈了。基于这个基础,我觉得不在于你多累,你喜欢它,什么都抵挡不了。

(画外)也许丁嘉丽命中就注定,她追梦的路充满了曲折和坎坷。高中毕业后,一心想当演员的她开始了漫长的寻梦之旅。

(采访)丁嘉丽:虽然是喜欢,但喜欢跟去干还有一段距离。我爸爸我妈妈不可能让我考我们那儿的团,不可能,因为那些都是他的同事。话剧团、京剧团,你不可能去考。哎,你女儿考!肯定说你别要她。肯定是这样的,肯定是有阻力的。所以我就觉得,那时候干吗呢?然后就觉得唯一的出路就是出去考。我就跟我妈妈谈判,人生就这么一次选择工作的机会,你让我去试一下,看看行不行,就这样出去了。

(画外)得到了母亲的默许后,十几岁的丁嘉丽一个人跑到了沈阳,经过努力,她被一家杂技团留下来当报幕员。

(采访)丁嘉丽:人家说先试用,到那儿去就试用了,报幕。

(画外)虽然只是报幕员,但毕竟这是实现梦想的开始。满怀着无限的喜悦,丁嘉丽投入到了工作中。然而刚刚开始不久她就因为粗心出现了失误。

（采访）丁嘉丽：我觉得我就是年幼无知，报幕，然后自己就在那儿懒，就跟一个人说，你给我看看下面是什么节目，其实下面应该是休息，杂技团休息多重要啊。一个大的节目下来必须要调整，我就报了下一个节目了，整个的（节目）都乱套了。当时我就觉得完了，所有人的眼光都是那样的，特别责备的眼光看着我，真是觉得特别的抱歉。这场演出完了，本来还要跟着去营口演出，去大连演出，结果（剧团领导）找我谈话，说不是太合适。那时候我就不行了，没脸回家。你自己的工作让别人做，你不可以赖别人。你自己的事情，你为什么不去看一眼？所以年轻的时候净犯错。现在我要演话剧前，我的台词，我一定要心里有数，我可不敢再那样，因为我觉得这不是你个人的事情，是集体的事情，是艺德，是工作的德行。

（画外）说起当年第一次铩羽而归时的情景，丁嘉丽仍然记忆犹新。

（采访）丁嘉丽：那时候就背一个行李，就觉得特别落寞。别提那心情了，就跟那天是一样的，雪花下着，我就记得特别大的雪花。我觉得这路怎么这么短呢，我希望长点儿，因为我无法去面对自己的亲人，面对自己的父母，面对自己的朋友，自己的左邻右舍。那时候就觉得是特别丢人的一件事情，然后真的就是在那儿磨蹭，磨蹭着回家，小步在迈着，也不知道冷，有个别的地方去，我绝不回家。

（画外）那是一段非常难熬的日子，用她自己的话说简直就是度日如年。

（采访）丁嘉丽：因为那时候我就觉得回来就没脸见人了，觉得自己特别羞愧，好多人都知道了没要你。那段时间就不出门了，把自己关在家里，情绪就不行了，就觉得自己不行。以前自己把自己看得太高，觉得自己不错，其实什么都不是。觉得太漫长了，度日如年。因为前途渺茫，可以说就是都想断了这个念头了，就不再想了，但是我就抗拒家里给我找（工作），一直不去。我妈说让我学医，说好好学。可是我心里又接受不了，心里在挣扎，怎么办，天天问自己怎么办。

（画外）但是性格执着的丁嘉丽并没有放弃对梦想的追逐。

（采访）丁嘉丽：我抱定我一定要再出去一次，我要跟我妈再谈，我说最后一次机会了，考上就回来，考不上你给我找什么工作，我接受这个工作，接受我这个命运的安排，但是你必须让我挣扎一次。那也不叫挣扎，因为我不懂。正好看到报纸了，说中央戏剧学院要招人。戏剧学院是干吗的？问别人，就是话剧团？就找一个老师学朗诵，然后就来北京了。

（画外）在佳木斯，丁嘉丽有两个非常要好的朋友。她们是一起在评剧团的家属院里长大的孩子,和丁嘉丽一样,她们也有一个当演员的梦。

（采访）丁嘉丽:她们两个条件比我好,声音条件特别好,唱样板戏（特别好）。我们评剧团宿舍是苏联那样的楼,经常在她们唱的时候,我就在隔壁听,就是一种享受。这么好的声音,老天对她怎么这么厚爱啊,给她这么一副好嗓子,就觉得比京剧团唱得都好,就是那样的感觉。

（画外）三个人商定好一起去北京追逐梦想。丁嘉丽的母亲却没有料到,她这一去就是三年。

（采访）丁嘉丽:我们佳木斯来的有个小女孩,跟我一起来的,她考戏曲,中国戏曲学院,学京剧的。她先考的,初试就下来了。她在我们那儿是非常优秀的。她下来了,我就觉得我更没戏。她说你回不回去吧,她已经买火车票了。因为我这儿已经报名了,我说我不回去。她说你根本没戏,我就是上考场一看,人家那气质、形象,（自己）根本没戏。全国各地来的人太多了,而且都非常优秀的,我就已经做好思想准备了。关键是我居然还有复试,所以那天我就非常坚定。第二榜没有我的时候,第三榜没有我的时候,我就坚定信心,我就说我明年再考。其实明年没有了,1978年、1979年不考了。

（画外）和她同来的两个伙伴带着失望回到了佳木斯。多年以后丁嘉丽对两个伙伴当年放弃继续追求梦想的决定感慨万千。

（采访）丁嘉丽:她们不坚持,不像我这么坚持。我觉得人坚持其实挺重要的,最后她们放弃了。我们经常还在联系,在通电话。前年我回东北佳木斯,拍了一个电视剧叫《特别的爱》。见到了她们,我感慨万千。我就觉得其实人坚持还是挺重要的。

（画外）丁嘉丽不想就这样放弃,她一个人在北京留了下来。

（采访）丁嘉丽:我觉得人生必须得拼,世界上没有天上掉馅饼的事情,根本没有。自己抱定的一种东西,如果你不坚持,没有恒心的话,那我觉得就是自己放弃了。

（画外）在北京她拜老艺术家蔡安安为师,开始了在北京漂着的日子。

（采访）丁嘉丽:我妈妈每年给我寄钱,每个月给我寄钱,寄生活费。我住在我舅舅家,一共在（北京）待了三年半,在我舅舅家住了一年半,后来我就（东奔西走）。那时候不像现在可以打工,就是上这家住两天、那家住两天,就这么坚持。有的时候真的坚持不下去了,没地方住了。我记得在长安街流浪的时候,我就跟着当兵的,当兵的气坏了,你老跟着我干吗?我想跟着当兵的,坏人不可能过来。就是拖一天是一天,反正真的特别艰难。

（画外）当时全国刚刚恢复高考，中央戏剧学院还是两年一招生，在这个漫长的等待过程中，丁嘉丽考遍了北京的文艺团体。在那个非常注重演员长相的年代里，并不很漂亮的丁嘉丽没有任何优势可言。

（采访）丁嘉丽：三年半不停地在考，不断地在碰壁，不断地在考。北京文艺团体没有没考过的，全部都考过，你说哪个团吧。（记者：考过多少次了？）记不得了。（记者：考过多少次记不得了？）当然了，所有的团体我都考过了，你说考过多少次了。

（画外）为了能继续留在北京去圆自己的那个梦，丁嘉丽编织着一个又一个美丽的谎言。

（采访）丁嘉丽：反正就说快了，有点希望了。三年半的时间，我妈讲话，你老报喜不报忧，就是不回来，死活不回来。我们同时考试那些人，没考上的全回来了，第二年再来考。我想不行，因为我没有这样的机会了，我回去我妈不可能再让我出来了。有时候谎撒太多，你需要用一千句话圆这个谎的时候，觉得太累了。因为父母也不是傻子，他们也会分析的，你老是这样，自己也不愿再欺骗自己。同龄的人都在找工作了，你这个年龄还在家待着，觉得特别可耻。我爸爸有时候对我太溺爱了，一再地迁就我。其实也知道可能挺没有希望的，但是不希望我太失望。我就觉得不行，我就要在这儿待着。我就觉得北京太好了，因为有那么多的演员，你可以跟他们在一起，你可以看他们演戏，可以在舞台上看见他们。在别的地方是不可能的。所以我觉得学习太重要了，在佳木斯那儿太闭塞了，学不到什么东西的，所以我就抱定一点，我要在这儿，我就要考。

（画外）1980年，中央戏剧学院又开始招生，经过这段时间的磨炼，丁嘉丽已是今非昔比，她顺利地进入了第三试。

（采访）丁嘉丽：三试，女的就是我跟吕丽萍了，1980级的。姜文他们都是后考的，因为人不够，又后续了几个。三试的时候，就两个女的，在外地还得招生。最后通过别人打听说，好像是没要我，这时候就绝望了，真的绝望了，因为这是最后一次机会。

（画外）就在丁嘉丽对考学彻底绝望的时候，一张报纸又点燃了她的希望。

（采访）丁嘉丽：老是报纸在帮我。我的恩师蔡安安老师的母亲，我叫她蔡妈妈，她看报纸说，上海戏剧学院最后一个考点在青岛。上海我不能去，我没有那么多的钱。青岛离北京近，我说怎么办呢。蔡妈妈说你必须得去考，因为这是个机会。

（画外）等丁嘉丽赶到青岛的时候才知道，上海戏剧学院的初试已经结束了,这意味着她连考的机会都没有了。

（采访）丁嘉丽:我当时哭了一宿,眼睛都哭肿了。我在一个姐姐家住,她妹妹和我是一起的考生,她在北京呢。那个姐姐是个海军的女兵,长得特漂亮。她就安慰我,说我跟你去说一下,行就行,不行就拉倒,不要太难过了。她特别好,然后就领我去。去了以后她去说,人家还以为是她考呢,说行。我不知道她是有意识没说我,还是说当时她着急了,我觉得这个都是天意。那个老师说好好好,然后到九点的时候叫我名。(一看)是我,老师特失望,是你呀,不是那个女孩? 我说对,然后就进去考。

（画外）也许是压抑已久的激情终于得到了释放,也许是几年的磨砺已经激发出了丁嘉丽生命中表演的天赋,她感觉那一天考得非常理想。

（采访）丁嘉丽:记得朗诵春妮的一封信,那种委屈,就是那个电影《霓虹灯下的哨兵》,我感情特别好。老师说,来,喝点水。我觉得考得特别好,因为我的考场经验太丰富了。青岛那些女孩特漂亮但是没有经验。我就觉得不行,我一看就不行,因为我是考场老手了,我一扫眼看根本不行,不是我个儿。然后老师让我交钱,让我交三试的钱,五毛钱。哪有这样的,对我多满意啊,然后就立即让我填表,因为二试表我都没填,然后把这两个钱补上,一共一块钱,二试的五毛钱,三试的五毛钱。

（画外）考完试后丁嘉丽就回到北京等候消息,那是一段充满期待又忐忑不安的日子。

（采访）丁嘉丽:我记得每天到中国美术馆,就是东四那个美术馆。不要钱呢,现在还要钱。每天我坐在台阶上,拿一本《安娜·卡列尼娜》,永远是第一页,好多天,消磨时光啊,在那儿坐着。我不希望在别人家住,会影响人家,愁眉苦脸的。那时候什么都做不下去,天天在那儿,也不知道干吗。

（画外）在难熬的等待中,突然有一天,丁嘉丽接到了一封家里来的电报。

（采访）丁嘉丽:关键是我妈妈来了封电报,说你被上戏录取。我觉得她骗我呢,肯定是下最后通牒,没办法让我回去就拿这个手段。然后我就跟蔡安安老师说,他认识上戏的人。我说你能不能找个上戏的人问问,有没有这事,是不是真的。后来他就给黄佐林戏剧大家打了封电报,他女儿是上戏的老师,弹钢琴的。没想到人家就给回了电报,说是有她,丁嘉丽。给查了查,查册子了,录取通知册。这才急急忙忙收拾东西回家。回家第一件事直奔通知书,真的看到通知书,心里这块石头才落了地。

（画外）考学这段艰难的历程让丁嘉丽多了一份人生的感悟。

（**采访**）丁嘉丽：我觉得最大的收获是我感恩这个世界，感恩我遇到这么多善良的人支持我。没有这些善良的人，包括我舅舅、舅妈，我在那儿住了一年多。没有这些人，我不可能有今天。我觉得这是我最大的收获，所以我现在能尽量帮助人，我也去帮助人。

（**画外**）在上海戏剧学院的四年是丁嘉丽发愤苦学、努力耕耘的四年。这是她实现梦想的第一步。深知这个机会来之不易的她，竭尽全力地吸收着艺术的营养。

（**采访**）丁嘉丽：没有这三年半的磨炼，我今天什么也不是，我不会去珍惜，我在上海（戏剧）学院四年不会去珍惜。所以我下了课就进图书馆，放了学我就上电影院，上各剧场，我去蹭戏。那时候没有钱，蹭戏、看戏，一个电影看无数遍，一个话剧看无数遍，一个戏曲也是这样。反复去看，看人家表演怎么这么好，然后模仿，怎么学人家，天天脑子里都这样。绝对是磨炼，绝对是增长你的见识。那是学习，没有这个东西，我不可能那么（用功学习）。大家都在谈恋爱，我们班很多女孩子都在谈恋爱，我就用这个时间学习，因为我觉得，我不敢那样造次，因为我没有那个本事，没有资本去那样。因为我没那么好的条件，他们条件都太好了，所以我觉得我要对得起自己。

（**画外**）为了观摩到更多的戏剧剧目，没钱买票的丁嘉丽就去剧场"蹭戏"。

（**采访**）丁嘉丽：把上海戏剧学院的牌子挂得高高的，然后用特别虔诚的眼光，找人家导演，一看就是剧班，因为已经有经验。老师您是这个戏的导演，我看过您的戏，我特喜欢，我是上海戏剧学院的学生，我还想看看您的戏。人家说这么好，进来吧，进来吧。他们说我百日蹭票没事故。

（**画外**）由于丁嘉丽的形象并不是非常出色，所以她非常珍惜在课堂上、在舞台上每一个表演的角色。

（**采访**）丁嘉丽：不管什么角色我都会付出太多太多东西，不允许自己失败，不允许我自己不好，不允许。我觉得这个职业对我来讲太艰难了，我要付出，我一定要比别人做得好。别人形象一出来就被认可，演员像李秀明，多棒啊，长得就是东方美人，特正的那种感觉。但是我就要付出太多太多东西。

（**画外**）有人说机会总是留给那些有准备的人，而丁嘉丽就是这样的人。

（**采访**）丁嘉丽：中国青年艺术学院院长陈题老师，现在已经过世了，当时她上戏剧学院看戏，根本就没有我们班什么事。余秋雨老师教我们文学，他是新闻系的老师，他也教表演系，他就说我们上戏三年级同学正在演戏呢，没事可以来看，南斯拉夫的一个戏。陈题老师说不想看了，因为我们不想要人了。那天就是天意啊，别的戏不吸引她了，正好从上海戏剧学院这儿过，说进来看一眼吧。

（画外）那一场名为《死者》的南斯拉夫话剧，整场戏一共有两个小时，丁嘉丽在其中只有九分钟的戏。

（采访）丁嘉丽：虽然只有九分钟的戏，但是我用四年的时间，用四年的努力和付出，还加上三年半的时间，去凝练了我的九分钟。我觉得是这样。（记者：你当时知道下面有领导来看吗？）不知道，绝对不知道。因为她也是路过去看，老师也不会通知我们，怕我们紧张，不可能。她也是随意的，她不是有意识看这个戏，再说也没抱着要选你的学生、选演员来才看你的戏，不可能。姜文他们班，姜文、丛珊，还有王晓英，现在我们剧院的院长，还有一个叫王小燕，四个人都要了，名额都满了。一年只能要四个，不可能再要上戏的人了，没有我们班名额。我那戏只有九分钟，她开始看着我们班另一个女孩，太漂亮了，她说什么叫窒息，怎么会有这么漂亮的女孩子，(陈颙老师)就肯定要那个人了，但是最后要我了。还要我们班另一个男孩子张秋歌，把我们俩要来了，在文化部硬争的名额要来了。我觉得机会每个人都有，就看你自己平时怎么努力，一分耕耘一分收获，绝对的。

（画外）1984年，丁嘉丽大学毕业后来到了中国青年艺术剧院，也就是现在的国家话剧院工作，从此开始了她精彩的演艺生涯。参加工作后不久她就出演了平生第一部公演的话剧《高加索灰阑记》，在剧中她扮演女主角格鲁雪。

（采访）丁嘉丽：据陈颙老师自己说，她想要排《高加索灰阑记》，已经谋划了很久了，但是没有演员，因为这个戏难度比较大，它需要演员能唱能跳，技巧特别高。团里没有人演这种戏，本来姜文来了他们想排这个戏，结果没想到看到我了。我记得第一次上(陈颙老师)家，我们几个人在她家要，让我演节目我们就要，然后她心里就有数了，又让我们在团里、剧院里要。一个老演员就在底下看，我们就是在那玩儿，然后她心里就定了。我跟姜文演男女主角，然后ABC，我们班那个同学演B组，我们那个戏演了六年，也获奖了，梅花奖，《高加索灰阑记》。

（画外）戏剧梅花奖是我国戏剧表演艺术的最高奖。第一次担纲主演就获得了巨大成功，丁嘉丽很快就奠定了自己实力派演员的地位。1987年，她出演的第一部电影《山林中头一个女人》获得了第七届金鸡奖最佳女配角奖。1992年，她又凭借着在电影《过年》中的出色表演获得了第十二届金鸡奖最佳女配角奖。在戏剧影视界，可以说丁嘉丽是个获奖大户——第十七届百花奖最佳女配角奖、第二届大学生电影节最佳女演员奖、第六届中国电影表演学会奖、第十九届中国电视剧飞天奖优秀女演员奖、文华优秀表演奖、第十七届中国戏剧梅花奖、第十二届中国电影华表奖优秀女演员奖,1998年她还被评为中国百佳电视艺术工作者。面对这一个个耀眼的光环,丁嘉丽却非常淡然。

（采访）丁嘉丽:我觉得奖就是这样,今年你得,明年我得,不见得我得了我就是今年最好的,不是。因为很多的原因,有的戏参加不了评奖,这是公平话。我觉得自己要有清醒的头脑。自己还行吧,就这样,仅此而已。其实这个不重要,真不重要,做人最重要。如果说做人和演戏,那我希望在做人上拿奖。（记者:您感觉这些电影当中哪个更满意?）真的没有什么太满意的,因为你回头再看的时候,不敢再看了,说实在的有那种感觉。为什么叫"遗憾的艺术"？我觉得这个说得特别好。我估计导演也是如此。不能说哪个比较满意,可能说他尽力了,但是你说比较满意,那我觉得可能再下一部（戏）,因为老想再演好一点,老是有遗憾。我觉得遗憾挺诱惑人的,老想不断地再进步,不断地向上攀登。如果说还行吧,就好像再迈就很困难了。我觉得艺术这个东西,萝卜白菜,各有所爱,各人有各人的见解,所以没法达到自己预期的那种感觉。有的时候你自己觉得不是特别好,但是老百姓特别喜欢,就是有时候心里特遗憾。我觉得演员最高的奖赏不是奖,那些奖项不重要,老百姓给你一个奖,我们特别喜欢你演的戏,演什么像什么。我觉得这是最高的奖。比我好的人太多了,只是我比别人更加努力罢了。

（画外）丁嘉丽说做演员是个苦差事,很多人只看到了演员风光的一面,其实风光的背后是艰苦和忙碌。

（采访）丁嘉丽:演员经常互相打的时候打到哪儿,那是常有的事,受伤了,都数不过来的。我拍《过年》的时候,还怀着我儿子。六小龄童没喝过酒,但是他为了要真实,说想要找醉酒的感觉,这个特别老实的人,喝了八两酒以后就不是他了。我当时肚子都这么大了,他就把我撞到墙上了,咣就撞到墙上了。我当时想完了,现在想也太后怕了。其实我对自己挺不负责任的,因为这样如果出点什么事,真是遗憾终生。拍戏不像人们想象的那么轻松,随时随地都有危险,所以每次都要加小心。拍《走戈壁的女人》的时候,天天在门头沟这地方扬石灰,天天扬,眼睛哗哗流眼泪,就是这个时候眼睛受伤了。这种情况太多了,所以你不要有侥幸心理,在意名利,那你就干不好这行。观众朋友看的是结果,而过程付出的代价太大,太大了,常人无法想象的。没有比演员新陈代谢更快的职业了,尤其是女演员,一拨一拨的,如果没有点儿真的东西,没有对表演的那种热情,那种挚爱和勤奋,还有你天生的悟性,没有这些东西,几年,你可能红了一个戏,我觉得那可能是运气好吧,可能就一个戏,以后就不见人影了。这个职业不是那么好干的。很多小女孩、小男孩，觉得自己形象好，就冲这个来了。那我劝他们不干这个，那就是自己给自己找麻烦，最后你自己很尴尬。三十多岁，你不知道自己该干吗，再去学别的都晚了。

（画外）通过不长时间的接触，丁嘉丽给我们最直观的感受就是有亲和力、待人真诚，言谈举止中透着朴实与率真。与很多演员不同的是，1959年出生的她并不避讳自己的年龄。

（采访）丁嘉丽：（记者：网上登了你的生平，非常详细，包括出生的年月日。）很多演员都不能登的，月份可以，就是说现在已经这个年龄了，非要隐藏干吗呢？到了五十岁还要演像二十岁的，那就是自欺欺人。我觉得做人还是要真实点儿，我到八十我就说我八十，我不能到八十还说是四十，那就太可笑了，欺骗自己，我觉得是太滑稽的一件事情。

（画外）这就是丁嘉丽，国家话剧院一级演员，中国戏剧家协会会员，中国电影家协会会员，一位至今没有回过宁津老家的宁津人。

（采访）丁嘉丽：（宁津）是我的源头，年龄大了要寻这个源头。我一定要回去的。我想今后在影视界，首先我要做个好人，不给咱宁津丢人。别人说她是哪的人，宁津人。

李凭甲：激情创业 非凡人生

（画外）他是"菜篮子工程"的带头人，他是"企业发展快速构思法"的发明人，他是联合国表彰的"和平使者"。人生的起起落落，命运的巧妙安排，年轻时外出闯荡的游子，经历了怎样的创业人生？本期人物——李凭甲。

（画外）这是 2007 年亚洲厨皇擂台赛的比赛现场。来自亚洲十余个国家和地区的上百位优秀厨师参加了这次比赛。这个被喻为"国际烹饪比赛的奥运会"获得了圆满成功。这次赛事的组织者，就是我们宁津人——李凭甲。

（采访）李凭甲：今年和去年都搞了两次大赛。这是去年的 9 月份，在中国搞的最大的一次比赛，叫"国际食神争霸赛"。今年 4 月份搞的"亚洲厨皇擂台赛"，东南亚的都来参加比赛了。这两次比赛都很成功，这些厨师都是各国的著名厨师。

（画外）李凭甲现任中国国际科学与和平促进会副秘书长，北京名人美食保健协会会长、国际烹饪联合会副会长。被誉为"菜篮子工程"的带头人，"企业发展快速构思法"的发明人。

（采访）李凭甲：中国"菜篮子工程"这几个字，是我们提出来的。我现在被评为"中国菜篮子工程"第一人、带头人。

（画外）1952 年，李凭甲出生在宁津县大柳镇李胡村的一个普通农民家庭，李凭甲从小就显示出文字创作方面的过人才能。

（采访）李凭甲：我九岁的时候，在《少年报》"小虎子"栏目发表过文章。初中毕业以后就是"文化大革命"，那时候我就是咱们县里广播站的通讯员，经常写稿子，

每年挖河办《海河战报》，我当编辑。咱们山东出版社出版《宁津小说集》，收录了我写的《月儿圆的时候》。我当时是 1966 年考的初中，名义上在初中，这期间基本就算没有上学，天天出去，那时候整个学校都不上，这期间我学的画画和写作。

（画外）后来，李凭甲到县城的文化部门来学习画画和写作，一心想在文学创作方面有所建树。

（采访）李凭甲：那时候和写《大刀记》的郭澄清老师学写作，学了好多年。

（画外）1974 年，一个偶然的机会让他来到了尤集乡政府当了一名农业技术员。

（采访）李凭甲：我在尤集乡待了七年，又到大柳（镇）待了两年，开始当技术员、农业技术站长，也当过科协主任。

（画外）1984 年，党的十二届三中全会提出了有计划商品经济的论断，确认了社会主义市场经济体制的改革目标。看到这个消息的李凭甲做出了一个能改变他一生命运的决定——去北京闯出自己的一片天。

（采访）李凭甲：我预感到了在基层工作的危机性。咱们的工资常常拖一个月才发，赶上咱们财政上没钱了。这些都不是好的信号。当时三中全会以后接着又是四中全会，提出要进一步改革。当时我就认识到了，等待市场是下策，寻找市场是中策，创造市场是上策。我就是本着这种指导思想，到北京创造这个市场。刚开过三中全会，中央有个政策，引进地方传统名吃到北京来，有这么个政策。老家也有传统名吃，德州扒鸡、保店驴肉、长官包子、大柳面，算是"四大名吃"吧。德州"四大名吃"，当时北京这里还没有呢，正好这个会刚散，我就带着咱们老家的几个师傅到北京来了。

（画外）在 20 世纪 80 年代初期，放弃固定的工作选择自己出来打拼，是很难让人理解的，而且李凭甲根本没有经营饭店的经验，他的这个举动没有一个人支持。

（采访）李凭甲：每到一个历史的转折点，理性越强的人转变得越慢，越成功的人转变得越慢。搞文学的人思维比较活跃，一般能跟着时代的脉搏走，这是很关键的。（记者：从小积淀的文学基础，你认为是给你今后的创业提供了一个文化的积淀？）对，确实是这样，不仅是文化积淀，也是发展上的基石。我来（北京）的时候，领导也不同意来，也给我做了很多工作。家庭也不同意，亲戚朋友多数也不同意，不支持。但是我这个人性格比较（固执），想好的事情就得做。

（画外）就这样李凭甲不顾所有人的反对，带着东拼西凑来的两千元钱毅然来到了北京。

（采访）李凭甲：一边在这儿租房跟别人合作要盖饭馆，一边儿我就回家进点驴肉来卖。这么个事，从保店拉来一些驴肉，来到这以后，（人们）还不认。在门口写上驴肉，保店驴肉，人们根本不认。

（画外）天气热，如果这批驴肉不能尽快卖出去，时间长了这肉一变质，他就会陷入血本无归的境地。无奈之下，李凭甲做出了一个惊人的决定。

（采访）李凭甲：你要做广告也没法去做，咱没钱去做广告，还不认识人。我就故意在周围一喊，人们全上来了。我说垃圾站在什么地方，我把这肉扔了去。大伙那时候觉得吃肉挺困难，就问你怎么扔肉啊，我说我从老家拉了一吨肉来，现在卖不了怕坏了，我得扔了去，扔在大街上我怕影响（市容）。呼噜噜跟着一大帮人，一听说扔驴肉都跟着跑，这个尝那个尝。一尝，都是挺好的肉嘛！赶紧说，别扔了我全包了。这个说一块，一块五，自然就竞争了。那个说还有跟着的呢，那个说三块钱，最后价格比自己卖的价格还高。后来报纸都报道了"李凭甲扔肉"，《北京青年报》《中国青年报》《北京日报》《北京晚报》。我那时候就出名了。我的同行们后来说，李凭甲怎么出的名？李凭甲扔肉扔出名来的。

（画外）李凭甲异乎寻常这一招儿让人们认识了这个出奇制胜的山东汉子，然而接下来的困难仅靠奇思妙想是解决不了的。

（采访）李凭甲：就是刚到北京的那时候难，又是找地儿，又是筹备开饭店，又是进原料，那时候是最困难的。那时候没有什么资金，没有关系，肯定不行。在北京没有人气就没有市场。再一个，对北京人的喜好、爱好、吃什么口味，还不是真正了解，包括你这个菜的味道，包括你的服务方式，你经营的模式都不是那么准，对这个市场的捕捉不那么准，但是半年以后就缓过来了。干每件事都是有困难的，但困难都得要克服了，困难越多你的成功率越高。首先说你得要敢想，你要不敢想去做就做不成功。你光在想，不付出行动更是不行的。我这个人善于行动，想的事情就要去实践，失败了就再重来，就这样。

（画外）就是凭着这股子韧劲儿和敢闯敢拼的精神，半年后李凭甲的饭店红火了起来。随着顾客的不断增多，李凭甲的人气儿也越来越旺。1985年他遇到了又一个人生的机遇。

（采访）李凭甲：主要是无形资产增加了，北京人认可了德州扒鸡，认可了咱们的保店驴肉，认可了咱们这种传统技艺。海淀区政府的人到我们那儿去吃饭，认为我有这种管理能力，看上我们了，后来我就被海淀区政府聘请了，接着就让我管大事去了，成立了京钟肉类食品加工厂。一个大厂子，让我当厂长了。

（画外）京钟肉类食品加工厂是海淀区东升乡大钟寺村建立的一个村办企业,在这里富于市场开拓精神的李凭甲大展拳脚,把当时北京的肉食品市场这潭死水搅动了起来。

（采访）李凭甲:说实话,原来的北京市场比较保守。据我调查,市场的肉类产品很少,从我上来这一两年的时间,开发了二十多个品种,丰富了整个北京的菜篮子。当时北京是吃肉难,都要肉票,凭肉票去买肉。我当上肉类食品厂的厂长以后,全国各地的肉我都让它们进京,一年就进几千吨,为市政府解决了吃肉难的问题。通过我们搞肉类市场,带动了整个北京的肉类市场,当时冲击了(肉站),过去那叫肉站,一下子就没有了,也变成市场化了。

（画外）当时正是国家从计划经济转向社会主义市场经济的起步阶段,京钟肉类食品加工厂的成功,成为当时改革过程中一个经验。很快当地政府把包括大钟寺在内的几个自然村改制成为农、工、商并举的综合性经济实体,成立了大钟寺农工商公司,李凭甲出任了公司的副总经理。现在闻名全国的大钟寺农副产品批发市场就是这个公司的标志性企业,也是全国第一家由农民自己开办的批发市场。

（采访）李凭甲:市政府很满意,接着成立了农工商公司,搞了大钟寺农副产品批发市场,北京一天的成交额达几百万公斤。当时北京市一千万人口,北京市民每天都从我这市场里能吃上半斤蔬菜。当时蔬菜也有菜点,间隔几公里有菜点,人们发菜票去买菜。我这个市场搞起来以后,带动了整个北京市的蔬菜市场。人们买菜到市场去买了,等于又把菜站挤黄了。北京的菜站一下就没有了,也变成市场化了。盘活了一个蔬菜市场,解决了老百姓吃蔬菜难的问题。"中国菜篮子工程"这几个字是我们提出来的,我们经常给中央写报告,原来没有这个名词,是我们写报告写出来的"中国菜篮子工程"。

（画外）因为李凭甲的出色表现,海淀区政府破格为他办理了北京市的户口并录用为政府工作人员。

（采访）李凭甲:工资给我解决了,房子也解决了,全家户口都落到北京,成了北京的干部。我一直在学习。刚来到北京的时候上函授,在清华大学上了两年继续再教育学院,博士是在北大,我在美国普林斯顿大学读了一个硕士学位。

（画外）李凭甲在进一步的学习充电过程中,也在不断总结自己几年来管理企业的心得体会。

（采访）李凭甲:到了北京以后写了几本书,一个是《企业管理新方法》,还有《企业发展快速构思法》,这个方法就被列入国务院的发明了,我算发明人。

75

当时方法有几种呢,一个叫满负荷工作法,一个叫银行快速结账法,其中我写的方法列为六个方法之一。

(**画外**)1996年,不安于现状的李凭甲又做出了一个大胆的决定——停薪留职出来创办自己的企业。

(**采访**)李凭甲:公司有这个政策,可以自己再搞第二职业,签订了个协议,算是停薪留职。

(**画外**)李凭甲先是承包了中央电视塔上一个集观光餐饮于一体的流云厅。凭借中央电视塔的位置和名气,再加上完善的管理和经营,李凭甲的个人资产得到了快速膨胀。两年之后他成立了根远集团,经营的项目也开始不断向其他领域延伸。

(**采访**)李凭甲:当时我们这个集团有房地产、饮食、娱乐、保健、餐厅、综合的、贸易、经贸都有。

(**画外**)1999年,企业发展风头正劲的李凭甲投资一千六百多万元,建设了一个高档的集餐饮娱乐于一体的综合性大酒店——北京雁荡山大酒店。谁也没有料到,这个耗尽了李凭甲大部分资金的项目,竟然成了李凭甲的滑铁卢。

(**采访**)李凭甲:与我们的预测也有关系。那个地方的消费水平比较差,酒店的档次比较高,投资大,肯定是定位错了。大气候呢,国家整顿经济,反对大吃大喝,没人去(消费),总之大环境和小环境都不利。当时也是很(苦恼),受了一年的苦,顶了一年,东拼西凑,但是最后还是(倒闭了)。

(**画外**)李凭甲把根远集团的大部分资金都贴补到了雁荡山大酒店项目上,但仍是回天乏力。2000年,当人们都在庆祝新千年到来的时候,李凭甲却跌到了人生的谷底,雁荡山大酒店彻底垮了。

(**采访**)李凭甲:把原来挣的钱全赔进去,还有负数。外债倒是不多,一百多万吧,一般的人如果没有毅力,他就是不行了,跑了颠了或者不再想做事了。咱们山东人性格,不管怎么样得想法挽回这个损失,欠人家的账,天经地义应该还人家。最悲观的那一段就是搞企业失败了,我自己写过一首词。《醒》:"烟雨茫茫人生路,回首顾,青春误,苦闷彷徨寂寞朝与暮。烈火烧心心难死,仰天叹去何处。绝处忽得高君赋,真言吐,是正途,必须悟。激情重振,拂尘再起梦,任由歌岂无路。"就是重新找出一条路,当时有个信心,自己肯定还能起来。

(**画外**)李凭甲下定决心一定要重新站起来。他把集团下属的另外两家饭店和药店交给别人经营,自己到国外去谋求发展。

(**采访**)李凭甲:最早的时候给俄罗斯搞过皮衣、鞋,后来就把马来西亚的食

76

品在中国推销,就这一类的事情。东南亚对咱们中医很感兴趣,华人比较多,是听别人讲的,我就带着几个中医到那走一圈儿,挣点小钱之类的,就是等于东山再起,积累奠基资金吧。集团每年参加年检,不真正地经营了,集团是空架子了,下面有的实业还干着,饭馆还开着,烟酒专卖店还卖着。

(画外)2002 年,李凭甲用他的聪明才智和不懈的努力,让他的企业重新开始焕发生机。不但偿还了所有的欠款,他的国际贸易也从东南亚发展到了非洲,现在他正准备在尼日利亚开办一个大型的建材市场。

(采访)李凭甲:主要是开阔了眼界,再一个从意识上与国际接轨,现在又往非洲发展,准备在尼日利亚建一个大的建材市场,他们对中国的建材感兴趣,也到中国来考察了。那边没有好的建材,也没有形成市场。

(画外)2003 年,李凭甲的海德冠国宴食府和金汤楼两家饭店先后开业,他也因为多年从事餐饮业,对品尝各种菜肴有着自己独到的见解,被首都营养美食协会聘为副会长,并利用东南亚的社会关系成立了世纪国联美食文化交流中心,开始组织一些国际性的大型烹饪比赛。由于一些国际性烹饪赛事的成功举办,李凭甲的知名度越来越高。

(采访)李凭甲:我是"和平使者"的获得者,中国就十个,我算其中一个。我是新加坡亚洲大学聘请的教授,硕士生导师。

(画外)2007 年,北京名人美食保健协会正式宣告成立,李凭甲当选为会长。辛劳了大半辈子的他开始请人经营自己的企业,把个人的主要精力都放到了协会的工作上来。

(采访)李凭甲:名人协会的名人可多了,姜昆就是我们(协会)的人。上千个名人,哪个当会长都比我够水平,为什么我当会长呢?我善于和他们沟通,愿意为他们服务,愿意和他们经常联系。山东人为什么成功率高呢?我们山东人有四件宝:第一,我们有泰山的精神,能奋发向上;第二,我们有沂蒙山的传统,能艰苦奋斗,能吃苦;第三,我们有梁山英雄的精神,能见义勇为、主持公道、打抱不平;第四,我们还有孔子的文化思想,因材施教。这是一个总结,也是一个实际。山东人能吃苦,善于探索,捕捉市场。

(画外)采访中李凭甲一直说他并没觉得自己有多成功,因为未来的事谁也无法预测。

(采访)李凭甲:不管是一个成功的过去,还是一个成功的未来,都不会复制。一个人成功的过去,绝不会复制一个成功的未来,就是失败也复制不了一个失败。

（**画外**）离家二十多年，李凭甲仍是满口的乡音。

（**采访**）李凭甲：我离开咱们家乡也二十多年了，但是我从心里仍一直热爱咱们家乡的人们，我也愿意为故土生辉，会想办法为咱们家乡多做贡献。希望咱们家乡发展得更快更好。

（**画外**）现如今已经年逾古稀的李凭甲依旧热衷于各种社会活动——中国人民大学商学院博士生导师、北京大学政府管理学院研究员、中国文化旅游部老年大学教授、中国智慧工程研究会副会长、中国人民对外友好协会顾问、中国名人艺术家联合会执行会长、北京名人美食保健协会会长、世纪国联美食文化交流中心主任、中视旅协艺术顾问、中华炎黄砚文化促进会顾问、书画国际交易平台有限公司董事长——这一系列荣誉光环的背后，是李凭甲一生的写照。

冯国熙：清流汩汩润京华

（**画外**）他是中国水星 2001 年度风云人物,他是北京市自来水集团有限责任公司的第一任党委书记、董事长。在他的领导下,公司四年净资产增加了四十多亿元。将靠财政补贴度日的企业扭转为年创利税过亿元的公司,他走过了怎样的人生之路? 本期人物——冯国熙。

（**画外**）2002 年 11 月 8 号,党的十六大隆重召开,与会代表手里都拿到了一份当天出版的《香港文汇报》,报纸用了整版的篇幅报道了北京市自来水集团有限责任公司成立三年来的巨大成就,而这个创造了非凡业绩的人就是我们宁津人——冯国熙。

（**画外**）冯国熙,1942 年生人,曾任北京市公用局党委书记,北京市自来水集团有限责任公司党委书记、董事长,中国城镇供水协会会长。谈起家乡,冯国熙说印象最深的还是在故乡大曹镇西塘村度过的童年和小学的那段时光。

（**采访**）冯国熙:感受最深的就是,我们老家那个地方比较穷。那时候挣工分,待遇很低。我母亲是小脚,天天下地,一天挣不了几个工分。我父亲在外面工作,老人这么艰苦培养我念书,付出了很多心血,确实不容易。

（**画外**）20 世纪 50 年代,宁津县曾经隶属于河北省,和冯国熙的老家西塘村相距不远的吴桥县中学成了他小学毕业后的另一个选择。1955 年,冯国熙考上了吴桥县一中,他在那里完成了自己的初中和高中学业。

（**采访**）冯国熙:我从五年级开始住校,一直到大学毕业。从小学一年级开始就是大队长,到了五

六年级当班长,到初中高中也是班长,到大学第一天报到也是班长,后来到系学生会。自己就想好好学习,将来学到本事以后,要改变这种面貌。

(画外)1961年,冯国熙如愿考上了北京钢铁学院,也就是现在的北京科技大学,在那里学习金属矿山开采专业。

(采访)冯国熙:当时我们学校报北京的不少,考上了六个人。

(画外)从农村一下子来到了北京这个大都市,冯国熙的眼界和学识在这五年的大学生涯里得到了极大的丰富和提高。然而就在这个靠发愤苦读走出黄土地的学子面临毕业准备大展身手的时候,"文革"开始了。

(采访)冯国熙:"文革"期间学校比较乱,我就回咱们老家了,回老家帮我母亲干活去了。地里的农活我都会干。那时候挣工分,替我母亲挣工分。

(画外)1968年4月,冯国熙再次回到了北京。没多久他就拿着那份迟来的大学毕业分配书,来到了驻地在吉林山区的冶金部887厂。

(采访)冯国熙:大学毕业后到基层去,到实践当中去,到最艰苦的地方去,去锻炼自己,磨炼自己。

(画外)在这个远离城市的山区矿场里,在这个有着四千多人的冶金部直属企业里,冯国熙用努力和付出开始逐渐崭露头角。很快,他从一线技术员成为一名后勤机关干部。1972年他被调到了北京铁路分局。

(采访)冯国熙:那时候提的口号就是到一线去,到最艰苦的地方去,到国家最需要的地方去,到基层去。1973年年初,北京市委、市政府向各个局要干部,比较年轻的,有学历的。我们局就把我推荐到北京市委。那时候叫市委、市革委会,北京市委和市革命委员会。当时是到了工交城建组,后来又到北京市计划委员会、北京市经济委员会、北京市市政府研究室、市政府办公厅,后来给常务副市长韩伯平当秘书。他是市委常委,北京市常务副市长。那时候住单身宿舍,特别是到市委市政府以后,几乎每天晚上都要自己学习。

(画外)在北京市委、市政府工作期间,冯国熙一直从事有关工业经济方面的工作,对当时企业的一些发展方向和内部管理有着自己独到的见解。

(采访)冯国熙:实际上我的工作和企业联系比较紧密。1980年,薛暮桥,就是咱们国家最著名的经济学家,那时是国家计委副主任兼经济研究所所长,来北京市搞经济体制改革。我跟着他两三个月,专门陪着他一块搞调研。我从那时候开始进一步认识到咱们国家改革的重要性,特别是国民经济体制改革的重要性。

(画外)1979年,冯国熙在《光明日报》头版发表了一篇题为《扩大企业自主权》的文章。在当时计划经济体制的大环境下,他的这篇文章引起了很大反响。

(采访)冯国熙:大学毕业以后我一直在企业,对这方面有所研究。从70年代初,我发表了四五十篇文章,关于企业管理、国民经济体制改革这方面的文章。

(画外)1986年,冯国熙被调到了北京市公用局,先后任副局长、党委书记。当时的北京市公用局就是整个北京乃至中南海以及中央各部委的一个大后勤部,供水、供暖、供气等一系列工作繁杂而艰巨。尤其是北京市的供水系统,是从1908年清政府时期就开始兴建的工程,由于历史久远,各个时期的管网共同存在的状况让维护工作非常困难。

(采访)冯国熙:那时是改革开放初期,"文革"期间基本上没有大的发展。从1985年开始到1995年,十年期间,自来水建了好几个水厂,其中有一座是亚洲最大的水厂。

(画外)在改革开放初期,尤其是80年代末90年代初,正是计划经济向市场经济的社会转型期。人们的价值观和社会道德观开始有一些模糊,社会上的一些现象让冯国熙感触很深。

(采访)冯国熙:坐车也不排队了,上车以后不让座了,互相强调个人利益,个人主义泛滥,社会风气不是那么理想。在这种情况下,作为一个社会来讲,作为一个国家来讲,作为一个民族来讲,不提倡雷锋精神,是不行的。改变整个社会我没那个能力,但改变我这个所属单位,还是有这个能力的。就从我们单位开始,逐步辐射到社会上去。

(画外)呼家楼液化气供应站是当时北京市公用局的一个居民供气点。冯国熙注意到这个普通的液化气供应站吹拂着一股清新的风。

(采访)冯国熙:比如说给用户无偿送液化气罐。对家庭有困难的,光剩下老头儿老太太的,买液化气自己没法搬,就无偿给你送去。

(画外)为了让这股清新的风成为影响整个公用局的风气,冯国熙把呼家楼液化气供应站的做法作为典型在整个公用局的所属单位中推广。

(采访)冯国熙:先是解决那些孤寡老人、残疾人,我们组织一些年轻人给他们理发,给他们采买东西,换液化气罐。这样的活动,公用局系统普及到百分之四十的单位,实现了呼家楼精神。自来水、煤气、天然气、供热都要学习呼家楼。《人民日报》《北京日报》报道多了,呼家楼供应站作为全国的典型,中宣部给定的是《人民日报》头版头条加评论,全国学习后要反馈学习经验。

(画外)为了加快国有企业改革,建立现代企业制度,1999年,北京市自来水集团有限责任公司正式成立,冯国熙走马上任公司的党委书记、董事长。当时全国很多的企业和单位都在进行"减员增效",作为一个有一定历史的国有企业,自来水集团的人员富余情况非常严重。

(采访)冯国熙:自来水集团有六千多人,将近七千人,富余人员最少一半。大家都人心惶惶,不知道什么时候下岗。

(画外)自来水集团成立后,还面临着财政补贴会逐年减少的压力。面对这么多的富余人员,冯国熙却做出了一个出人意料的决定。

(采访)冯国熙:我提出职工转岗不下岗。北京市就我这一家企业提这个口号。我的职工是有富余,而且富余的数量很大,富余几千人,为什么不搞下岗呢?第一个考虑的社会的稳定,职工下岗以后,端了他的饭碗以后他要闹事,考虑的是别给政府添麻烦。第二个就是我考虑到下岗的话,大部分是什么人下岗,大部分是上山下乡知识青年,这部分人由于国家的原因,上山下乡,不是个人因素,所以不应该这样对待他们。如果搞下岗那是很容易的,但是职工力争转岗不下岗,这就等于给自己出了一个难题。

(画外)谁也没有料到,这个"自找的麻烦"一公布却产生了意想不到的效果。

(采访)冯国熙:我宣布这个政策以后,我们集团职工队伍稳定下来了。那些调皮捣蛋的,也不调皮捣蛋了。我给大家做报告的时候,我和职工代表讲的时候,我说谁没有亲戚,谁没有朋友,谁没有同学,你们打听打听,哪个企业不搞下岗。在座的给我报告,没一个,都有下岗的,都在下岗,我们没搞。那些调皮捣蛋的,他觉得要珍惜这个岗位,不搞下岗是对我们的信任,要再调皮捣蛋,就对不起我们集团了,对不起我们企业了。他们都很自觉了。

(画外)有了一个稳定的局面,接下来冯国熙的一个个改革举措就逐步展开了。

(采访)冯国熙:开始竞争上岗,就是在职的竞争上岗,竞争上了就在这个岗位,竞争不上的转岗,转岗主要是第三产业,搞一些比如说服务公司,比如家政服务,给老百姓搞点维修,开个商店,利用富余的地方搞餐饮,类似于这样的工作。外部开辟新的就业岗位,就等于增加收入了。

(画外)随着集团多元化经营的不断发展,冯国熙又对一些子公司进行剥离改制,实行独立核算、自负盈亏,并以收购兼并、股权投资作为运作手段,通过控股、参股上市公司、水厂和高科技企业,为集团搭建起收购、兼并、股权投资的操作平台。

（**采访**）冯国熙：我去的前一年，是政府每年补贴八千五百万元。我去了以后，从 2000 年开始不要补贴了，减轻政府负担，自负盈亏。而且我每年给职工涨工资，年年涨。

（**画外**）四年后，北京市自来水集团从靠财政补贴度日的企业转为年创利税过亿元的公司。

（**采访**）冯国熙：我 2003 年 9 月 30 号离任。我干了四年零两个月，净资产由三十二个亿增长到七十四个亿，增长了四十二个亿，翻了一番还要多。总资产由七十多个亿增长到将近一百一十个亿，职工收入翻了一番还要多。

（**画外**）2003 年冯国熙退休后，在中国城镇供水排水协会中担任顾问、常务理事和企业文化工作委员会主任。已是花甲之年的他谈起自己的人生历程来非常淡然，仿佛以往的精彩和辉煌都已经归于平淡。但对故乡，冯国熙却始终有一份希冀和期盼。

（**采访**）冯国熙：我离开我们老家时间比较长了，从 1961 年到现在四十多年了。咱们中国有句古话叫叶落归根，落叶归根的思想说到底，就是岁数越大的时候越想念家乡，越想念家乡的父老乡亲。我们来北京工作的这些老乡，也经常聚会，聊起来都非常关心家乡，也都愿意给家乡做些实事，做点好事。祝福我的老乡们，祝我们家乡人民越来越富裕，过得越来越好。

杨金亭:诗书做伴　笔墨飘香

（画外）送过鸡毛信,当过儿童团教导员,小学时通读四大名著,十七岁任中心小校校长。他是《诗刊》杂志的副主编,中华诗词学会顾问、北京诗词学会的副会长,从峥嵘岁月中走来,这位老共产党员,走过了怎样的诗书为伴的人生路? 本期人物——杨金亭。

（画外）《乡情》:渤海风来惹梦频,秧歌婉转觅童音。红缨花鼓消息树,长剑大刀炎汉魂。蜜枣花香军旅醉,青纱帐暖老区亲。十年磨难乡情在,哪管鬓丝缕缕新。

（画外）这是北京诗词学会副会长杨金亭在他的诗集《虎坊居诗草》中收录的一首名为《乡情》的古体诗。诗中字里行间流露着杨金亭对儿时的记忆和对家乡的眷恋。

（画外）正如诗中所言,杨金亭的童年是在老家宁津镇皮家洼村,同那些颇具时代特征的红缨枪、青纱帐一起度过的。1931 年生人,早已过古稀之年的他,对生命中的那段历程仍是记忆犹新。

（采访）杨金亭:咱们县的斗争是相当残酷的,日本鬼子 1938 年占领县城。咱们有几个大镇叫四大镇,让日本鬼子全给占了,都修的炮楼,最厉害的时候,平均五里地就有一个岗楼。我上学是抗日小学,就是儿童团。那时候没有铅印课本,都是解放区的课本,油印的。我当过儿童团的指导员,村的指导员。

乡是一个营,儿童团营,营里面是营长、教导员,我后来是教导员。我们那时候站岗放哨,送信,鸡毛信,像电影里一样,那个我们都经历过。另外唱抗战歌曲,我们先学,那时候还有妇救会、识字班,我们学会了再教给他们唱。

(画外)杨金亭的祖辈是教书先生,家中颇有藏书,这让从小就喜欢读书的杨金亭如鱼得水。

(采访)杨金亭:我上小学时,四大名著全看过了。我看《三国演义》的时候,也就十一二岁,那时候有好多不认识的字,就硬冲过去。喜欢读书,也开始喜欢诗,旧体诗。我的启蒙老师是我奶奶。我奶奶没有上过学,但是听会了很多七言绝句。我大概五六岁的时候,她就教给我二三十首,上小学的时候我家的《唐诗三百首》《千家诗》我都看了。

(画外)宁津县是革命老区,抗日战争胜利后,作为当时我党我军的后方,宁津县人民在党的领导下开展了土地改革、发展生产等群众运动。已经小学毕业年仅十四岁的杨金亭,也成为一名小学教师。

(采访)杨金亭:开始是读小说,另外有很多说唱文学。1945年咱们那儿就土改了。土改以后,原来我们的一些老师,有很多家庭出身是地主,或者有别的原因,有的是国民党员,那些人都不用了。不用了没人教学了,我们儿童团小学毕业的差不多都分配(教学)工作了,我当时还是最小的。都是十七八岁的,当时的青救会员,或者是村里有点文化的,基本上都是小学水平。

(画外)1946年,杨金亭光荣地加入了中国共产党,凭借着扎实的文学功底,他在众多小学教师中脱颖而出。1948年杨金亭开始担任小学校长。

(采访)杨金亭:小学校长我干了八年。我带的村子只有两个班,一个校长,一个教员,但是我这个校长是管一个乡的,十几所小学,做小学校长。那个时候我很轻松的,但我的工作做得很好。我当小学校长的时候,曾经当过全县的模范。

(画外)1949年新中国成立后,杨金亭总想着通过高考再进一步深造。但是当时人才匮乏,几次参加高考的申请都没有得到批准。

(采访)杨金亭:考学的时候我是每年申请,每年都说工作需要不能去,到以后还挨过批评,说不安心工作。

(画外)虽然高考无望,但杨金亭始终坚持自学,不断地充实自己。

(采访)杨金亭:我应当算自学最勤奋的,十二点前没有睡过觉,中午也不睡。不少人都比我学历高,有的是上过中学的,但是文史、政治这方面我都比他们强,不客气地说,当时我的文学和历史水平是超过高中毕业的。

（画外）从小就对诗词歌赋有着浓厚兴趣的他，在工作之余开始从事一些歌谣体的诗词创作。没有料到，当初这些并不完全合格律的即兴之作，却成了他走上创作之路的开端。

（采访）杨金亭：我发表那种歌谣式的诗，在《渤海大众》《山东大众》这两个报上，都发表过。

（画外）1956年，二十五岁的杨金亭已是四个孩子的父亲了。在完成了娶妻生子这个在父母看来的人生大事之后，杨金亭的高考梦也逐渐地淡去了。然而这时候他却迎来了梦想已久的高考机会。

（采访）杨金亭：1956年高等学校大发展，高中学生不够，就是全招去本届高中毕业（生）还差十万人。《人民日报》发社论，欢迎同等学力的在职干部考学，包括县的干部、教师在内。一个县里有五十个名额，去了满满的一大卡车。在沧县考，在沧县检查身体，考上三个人。

（画外）就这样杨金亭考上了河北天津师范学院，成为中文系的一名学生。1958年，河北天津师范学院被拆分合并，刚刚毕业的杨金亭跟着学校的三个系来到了北京。

（采访）杨金亭：1958年毕业，毕业以后就留校了。因为院系调整，河北天津师院整个拆散了，三个系分到北京。北京有个师专，也是河北省办的，师范专科学校，中文系、历史系还有一个政治系，一块儿跟过来了。

（画外）从此杨金亭在北京又开始了三尺讲坛上的辛勤耕耘。当时在京津地区鼓曲艺术非常盛行，这种广为大众喜爱的说唱艺术也让杨金亭产生了浓厚的兴趣。他利用业余时间创作了十几篇京韵大鼓、梅花大鼓的唱词，并在《北京文艺》《人民文学》等杂志上发表。

（采访）杨金亭：我写过十几篇唱词，有四五篇传唱开了，由名演员唱的。一篇叫《杨母坠楼》，杨小东的母亲跳楼，有些慷慨悲壮的唱篇，还有一个《银环探监》。这两个都唱开了，京津两地十来个演员唱这两个段子。那时候我就开始发表评论文章了，在《人民日报》《光明日报》都发表过，评论不是很多，但（还）是有一些影响的，知道我这个人了。

（画外）60年代初，杨金亭来到南开大学进修中国文学批评史，回校后一直从事文学评论课的教学工作。

（采访）杨金亭：当编辑在创作上就很难发展了，编、改、加工，主要是为他人做嫁衣。任务就是写评论，自己刊物需要评的。

（画外）创刊于1957年的《诗刊》杂志是以发表当代诗人诗歌作品为主，刊发诗坛动态、诗歌评论的国家级诗歌刊物。毛泽东、朱德、陈毅等老一辈无产阶级革命家都曾经在这个杂志上发表过作品。"文革"期间，《诗刊》遭到停刊。1976年1月，在毛主席的亲自批示下，《诗刊》重新开始恢复发行。就在这一年，杨金亭作为评论编辑被调到《诗刊》编辑部工作。

（采访）杨金亭：我去了以后正赶上中央一些写诗的老同志去世。陈毅、陶铸、董必武去世以后我们集中发他们的诗，发他们的诗要配评论的。

（画外）从评论编辑到作品组长再到《诗刊》的副主编，杨金亭在这里一干就是十八年。1994年，杨金亭离休了，但他的生活却仿佛更充实了，他先是担任北京诗词学会的副会长兼《北京诗苑》杂志的主编，后来他又担任了中华诗词学会顾问、《中华诗词》杂志的主编。岁月的痕迹早已爬上了他的鬓角眉梢，而这时候他却迎来了创作上的春天。

（采访）杨金亭：那时候别人对旧体诗不太懂。我的旧体诗基础比较好，那些都交给我写。旧体诗发表的大概有七八百首。我主编的书有十几本，有四十来万字的评论文章，一共七八十篇。

（画外）在杨金亭家里触目可及的大多是书，满满的几个大书架都已经不能容纳，以至于墙角上都堆满了。杨金亭说90年代初他曾给宁津图书馆捐赠过一批图书。他说如果家乡需要他还能再捐赠一些。

（采访）杨金亭：准备今年要出书，给宁津装了四大麻袋的书，估计有三千来册，就是给咱们县的图书馆，好像是文化局牵的线。他们来了个车拉走了。我确实也没什么用处了，又没处放。

（画外）杨金亭的诗作，清快流畅，朴素天然，既有山川礼赞，又有对乡情、友情、亲情的真切流露。读来有的倍感意蕴悠远，有的又仿佛似一幅幅水粉风景画。

（画外）《回故乡》：风雨飘摇忆小村，归来疑梦复疑真。碱洼惊见瓜畦绿，阡陌谁开渠网深？照眼苹花初识面，傍墙老枣旧芳邻。机声盈耳涡轮唱，春满家园处处新！

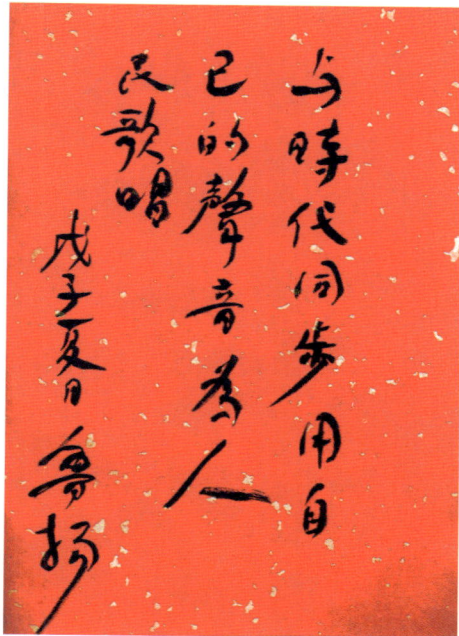

（**采访**）杨金亭：我出生在宁津，而且在宁津工作过十年，对宁津县很有感情。我回去以后变化很大，经济建设发展还是日新月异的。宁津过去一直在文化上，特别是在业余创作上，"文革"以前，五六十年代，在咱们山东省是数得着的，出了一大批业余作者或者业余作家。希望这个传统能够继承下去。

（**画外**）字幕：《无题》：青鸟无期云渺渺，幽人何处月娟娟。罗浮梦冷千山雨，蓬岛魂归一缕烟。《哭妻》：雪柳萧萧冷月哀，虎坊夜夜旧楼台。相逢怕惹痴夫泪，寻梦千回未敢来。

刘淮松：人生机遇　超越梦想

（**画外**）学生时代的"铁第一"，工作中的领头羊。三十三岁就担任国企的当家人，做中国最优秀的 IT 服务商是他的愿景和志向。八年的时间，他从一位普通员工成为国有企业的总经理，他经历了怎样的成长之路，面对着怎样的机遇和挑战？人生机遇，超越梦想。本期人物——刘淮松。

（**画外**）今年 8 月，我国第一个专门用于环境与灾害监测预报的小卫星星座将发射升空。这是我国第一个多星多载荷民用对地观测系统，能有效地应用于我国灾害监测与预报，大大提高环境与灾害监测预报能力。承担这个小卫星星座环境应用系统工程总集成的就是我国 IT 产业的开路先锋——太极计算机股份有限公司，而这个公司的总裁刘淮松就是宁津人。

（**同期声**）刘淮松：奥运场馆的中央管理系统，所有的场馆都是通过这个系统进行统一管理。太极服务奥运的团队有一百多人，为奥运做开发、做保障。我们参与了十几个项目，其中最重要的是我们承担了奥运会的开幕式、闭幕式的导播指挥监控系统。

（**画外**）这位刚刚四十岁出头的年轻人，就是刘淮松———一个年实现销售收入十二亿元、拥有员工一千多人的国有企业的领军人物。1967年，刘淮松出生在宁津县刘营伍乡刘旺言村的一个普通农民家庭。一生和庄稼地打交道的父亲在辛勤耕作之余，还经营着一个香油作坊。诚恳

朴实的经营之道,让刘淮松在耳濡目染中积淀下了人生的第一课。

(采访)刘淮松:我的品格受我父母的影响是非常大的。我父母还是非常要强的。当时咱们家里有劳力挑河,我父亲几乎每年都会去挑河,每次都有挑河比赛。他推车都是冲在前面的,每次评比下来都是优秀的农工。他就是要强,他很要强。再比如说诚实,我们家的小磨香油,在我们周边都是有品牌的,刘大个的小磨香油就是香! 为什么香呢? 不是说你的手艺比别人好多少,而是有很多做香油生意的掺假,他们把卫生油煮完以后掺进去了,可以多赚钱,但是我父亲从来不做假的,从来不掺假。他的香油就是香,他的香油到春节就是排队买。为什么? 那就是品牌,那就是讲诚信。他的言传身教,自然就给孩子们打下了非常好的做人做事的品德基础。

(画外)在这种环境下成长起来的刘淮松,从小就秉承了父亲的一些优良品质。聪明好学的他从读高中开始,就在当时的李架子中学奠定了他学生标兵的地位。

(采访)刘淮松:我在李架子中学读书的时候,当时有个外号叫"铁第一"。每次考试都是第一名,高三的时候基本上跟第二名的成绩就拉开了很多,就遥遥领先了。我的高考成绩比我们县里的第二名,高出差不多四十分,所以才有机会在德州地区排第二。我还曾经获得过山东省中学生物理竞赛的前十名,也获得过全省的"新长征突击手"称号。

(画外)1985 年,刘淮松在高考中以宁津县第一、德州地区第二的优异成绩,考上了南开大学计算机专业。

(采访)刘淮松:(记者:1985 年的时候,计算机对很多人来说是一个陌生的专业。当时为什么选择这样一个专业?)说起来还是因为邓小平在 1984 年的一个讲话,我记得小平同志在 1984 年去日本考察高科技,回国后讲到"电脑要从娃娃抓起",所以电脑在那个时候非常热,是个热门专业。高考后填报志愿时,干脆就报一个在一类大学里面比较好的专业,所以当时选择了南开大学的计算机系。

(画外)从农村来到城市,没有其他业余爱好的刘淮松,在教室、食堂、图书馆这三点串成的学习生活圈子里,认真而饱满地度过着每一天。

(采访)刘淮松:非常有幸选择了南开大学,因为南开的学风非常好。南开学生的学风没有浮躁的因素,学习都非常踏实,都非常勤奋,学习的氛围非常好。

(画外)四年的大学生活在充实和丰富多彩中很快走到了终点。大多数同学在下海经商和参加工作之间徘徊犹豫的时候,刘淮松却暗下决心要进一步深造。

（**采访**）刘淮松:我们那时候毕业了找工作非常好找,并且很多人都选择不再读研了,直接参加工作。学生从商经营很火热,电脑专业确实容易赚到钱。天津大学研究生院院长有两次跟我聊天,他说年轻人要多读书,对你人生还是非常有帮助的。

（**画外**）当时北京和济南有三家机关单位都希望刘淮松能够留下来工作。家庭条件并不宽裕的他,在人生的十字路口上也着实踌躇了一番。

（**采访**）刘淮松:考研究生呢,实际上我准备得并不充分。那年春节前,我伯父在老家病逝,我回家后春节就在家里过的。我记得很清楚,当时咱们从宁津到天津,在刘营伍那儿有一个汽车站,那个汽车站既有开往济南的汽车,也有开往天津的汽车。当时我就在选择,是回学校继续考研,还是去济南找工作。

（**画外**）也许是巧合,也许是命运使然,开往天津的那辆班车,先到了车站。于是刘淮松便义无反顾地登上了那辆能带他驶向另一种人生的班车。

（**采访**）刘淮松:我记得考研是在春节过后,大年十二考研究生。大年初五回到校园,就开始冲刺,用了几天时间冲刺。比较艰难的是政治课,因为政治没有准备。我记得疯狂地背了整整四天政治,二十四小时在教学楼不出来,就是封闭地背政治。最后考了六十分,因为平常的成绩不错,所以后来还是比较顺利地考上了研究生。

（**画外**）1989年,刘淮松考上了当时的电子工业部第十五研究所的硕士研究生,主修计算机网络专业。三年后,刘淮松研究生毕业了,他选择留下来,继续从事一些国家重点攻关课题的研究。

（**采访**）刘淮松:我们当时的网络研究室力量非常强,在国内也算最强的研究团队,有很多题目都是国家的重点攻关课题。我参加了一个国家攻关课题,直接和我的导师一块儿做研究。

（**画外**）1993年,国家一个部的新办公大楼开始动工修建,电子工业部第十五研究所承担了大楼的办公自动化信息系统的设计建设任务。当时办公自动化信息系统还是一个新生事物,在第十五研究所里几乎没有人熟悉这项技术,但刘淮松是个例外。

（**采访**）刘淮松:这个网络系统涉及的很多工程化技术。我在读研究生期间已经在承担其他项目时干过了,当时研究室里只有我承担工程任务最多,这样就把这个项目交给我了。就是说,你的超前学习能力是非常重要的。

（画外）第一次单独牵头，就接下了当时所里最大的项目，初出茅庐的刘淮松用吃苦耐劳和高度的责任感诠释着自己的价值。

（采访）刘淮松：1994年，当我爱人在医院临产生我儿子的时候，那一天我还在工地现场呢！当时和我一起搭档的张迎红张处长跟我说，你老婆都在医院临产了，你还在我们这儿，你怎么不赶快陪陪你老婆呢。他就非常感动这种敬业精神，这种投入精神，然后让用户感觉到信任。他一定感觉不一样，所以我们和对方合作这么多年，他们几乎所有的信息化项目，都是由太极来做，就是因为人家看到太极的这种精神。

（画外）太极计算机公司是1987年以电子工业部第十五研究所为依托建立起来的一家国有企业，这家公司曾成功研制并批量生产太极TJ-2000系列超级小型计算机系统产品，彻底打破了我国小型机市场被国外产品垄断的局面。但是90年代初，太极计算机公司遇到了严峻的挑战。

（采访）刘淮松：1994年以后，PC个人计算机已经成熟了，同时网络时代来临了。而太极计算机原来是做大机器，是做主机系统的，就是很多人来一块用这个机器，是主机计算模式。到了PC来了，PC很便宜，然后你的很大、很贵的机器就卖不动了。产业发展趋势整体发生了巨大变化，所以太极就开始搞分灶吃饭。因为养不活这些人了，大家就开始搞承包制，八仙过海、各显神通，大家能干什么干什么，所以太极整体上就陆续分成了很多的部门。

（画外）当时刘淮松没有想到，公司在艰难的转型中却给他创造了一个难得的发展机遇。1994年，太极计算机公司把刘淮松所在的研究室改组为网络系统事业部。

（采访）刘淮松：当时，我们研究室的赵小凡主任被抽调到联通的前身华通，中华通信，去做副总经理；我的导师马如山老师被抽调到吉通公司做总工程师。都是被电子工业部直接点将，点走了。他俩走了以后就没有人来领军了，后来选来选去，他们就选择了我，让我来领军，负责这个部门。

（画外）就这样，只有二十七岁的刘淮松走马上任网络系统事业部总经理，成了公司里最年轻的中层干部，而且他在这个部门中年龄也是比较小的。一直从事研究工作的刘淮松面临的是一系列的新挑战。

（采访）刘淮松：当时是从事研究和工程设计岗位，然后就让你做一把手，让你做领军人物。当时带的人不多，我们带了也就是二十个人吧。做这个部门经理，确实还有很多挑战。你不懂管理，也不懂用人，就迷迷瞪瞪被放在这个位置上了。比我高四届的大师兄给我做副手，也是同一个导师带的，结果选的是让我做一把手,让他做副手。当时我在太极做部门经理,是最年轻的,是享受正处级待遇的部门负责人。

（画外）网络系统事业部是一个独立核算的部门,经营的好坏直接牵涉到员工的切身利益。刘淮松说上任的第一天感觉最多的就是责任。

（采访）刘淮松:当时最大的挑战就是不懂市场,不懂经营。你不会做市场怎么去签单子,合同签不进来,你怎么养活这些人?面对困惑怎么办呢?自己不会干,没关系啊,你可以找人来干,你可以物色人。我记得在1994年部门成立以后,首先我就把所里面会搞市场的挖进来,让他们到我们部门来做市场。

（画外）就这样,刘淮松带领着他的团队激情饱满地上路了。

（采访）刘淮松:网络系统事业部的定位就是用我们积淀的网络技术,去为社会服务,专门面对政府、金融、教育等行业,面对一些企业,承担网络工程。

（画外）为了提高自己的管理能力,1997年刘淮松准备报考北大的工商管理硕士班,也就是MBA班。本来平常的工作强度就很高,再加上紧张的复习,就在临考前几天,刘淮松病倒了。

（采访）刘淮松:1996年就开始拼命地复习,拼命地复习准备考试。当时因为工作压力很大,同时又要去复习,所以就突发高烧,突发急性肝炎住进了医院。临近考试前一天,我跟医生请假的时候,医生就审问我,你还去考试,你还要不要命啊?我说已经复习三个月了,我不去参加考试,岂不是前功尽弃了。所以当时请了三天假,头发晕,带病在考场上考下来,考了三天。那一年是第一年全国MBA联考,报考的很多,报考北大光华管理学院的考生有八百多人,只录取一百人,我很荣幸地被录取了。

（画外）就是凭着这种锲而不舍的精神和不轻言放弃的人生态度,刘淮松带领着他的团队很快发展壮大起来。1997年他们的业务开始进军上海。

（采访）刘淮松:上海文汇新民联合报业集团,新盖一个办公大楼。我们参与竞标,争取把整个的智能化、信息化项目全部都由太极来承担。但是那时的上海还是比较排外的,是不愿意外地的企业到上海去做的。当时项目投标现场是在青浦的一家酒店,一共四家公司,IBM、江森是国外的,还有上海本地的长江集团加太极。当时,专家问我第一个问题,你们北京的公司到我们上海来干吗来了?（记者:您当时是怎么回答的?）我就说,我们太极是全国性的公司,我们前面没有北京市,你看我的名片,没有北京市,我们在全国各地都有项目,我们的足迹遍布全中国,你说我是北京的公司,我不是,我是中国的公司。他就没话说了。针对专家组问的几个问题,我对我们的团队说,咱们先不回市区,我们把专家关注的问题全部整理出来,把答案一、二、三、四全部作答。当时打印机还没有这么发达,我们跑到专门的打印店去打印。我们在下午一点半又赶到答辩现场,将问题应答送给每个专家一份。专家是看你的态度。你的态度太敬业了,太认真了。别的公司答辩完就跑了,你对他们很尊重,他们专家的问题你们全回答了,并且一点半开始评议之前,全部送到他们手上了,你说他对你太极什么认识,那个项目我们就在激烈竞争中拿下来了。

(画外)1998 年,网络系统事业部成立四年后,员工由当初的二十人发展到将近九十人,年营业收入超过了一个亿,占整个公司利润总额的一半以上。

(采访)刘淮松:我总是主张一个原则,就是我在任何一个岗位上,我都要把我岗位的职责做到极致。我在任何一个岗位上都要发光,我不去想我下一个岗位是什么,因为机会总是留给有准备的人。如果说你有充分准备了,你在现有岗位上也发光了,你业绩非常突出,那就意味着你可能有更多机会,承担更重要的责任。我认为就是要尽职尽责、不辱使命。一直以来,是一种深刻的责任感、深刻的使命感在驱使自己,要把企业做大做强。

(画外)2000 年,在举世欢庆新千年到来的时候,刘淮松也面临着一个重要的人生选择,太极计算机公司总经理这副重担自己是承担还是不承担。

(采访)刘淮松:接手太极(的时候),实际上也是经过一个非常痛苦的选择(过程)。2000 年我才三十三岁,一下子走到这个位置上,感觉压力很大。那时的太极是一个烂摊子,我是一直不想接的。太极部门林立,经营潜亏,我接手的时候经营规模一个多亿,整体上很惨。我们太极当时的状况,1999 年的财报是入不敷出的,员工的士气非常低落。我们晚上进到当时的公司总部办公楼,灯光都是一闪一灭的,整个快要倒闭企业的形象。我当时是期望把网络部单独搞成一个很大的公司,自己可以发展,自主发展成立太极网络(公司),太极网络会发展得很健康、很好。领导也是反复跟我谈,谈了三个月,最后没办法,给我用激将法,说你不干的话,别人干你服气吗?

(画外)就这样,2000 年初,三十三岁的刘淮松被任命为太极计算机公司总经理,全面主持公司的经营、管理工作。然而这个 80 年代末 90 年代初曾一度辉煌的公司应该何去何从,成了刘淮松心中的困惑。

(采访)刘淮松:2000 年 12 月份,我们开了一次非常重要的会议,现在看是里程碑式的会议,形成太极公司董事会第一号决议,就是决定了要重组改制,后来我们说是"2000 年的第一场雪"。

(画外)当时公司里有大小四十七个部门,由于实行的是独立核算的运营体制,所以每个部门都有自己一套独立的运作系统。要进行合并重组,很多岗位势必会出现重复,一些富余人员直接面临的就是下岗。公司的改制就在这种阵痛中开始了。

（采访）刘淮松:最大的阻力实际上是来自转岗和分流。原来的干部全换完了,换了一遍了,换的时候他能没有意见吗? 他在那个位置上可以享受副处待遇、正处待遇,可以分到大一些的房子,和待遇都是挂钩的。你说不让他当了,别当一把手了,那他能不跳起来吗? 他肯定跳起来! 因为你影响他的利益了。确实是利益再分配,确实是利益调整,没办法。我们现在的干部全部年轻化了,全部都是硕士以上。如果说干部不换,我的团队还是那个团队,我肯定没戏啊!改革过程中必须要有这种阵痛,这种阵痛没办法的,任何一个企业改革都是这样。我们的十多位财务人员待岗去了,其中的两位跑到我的办公室,把所有的文具全给砸了,然后跟我说,她哥刚从大狱里出来,说把她哥叫来,意思就是给你施加压力。她说你不改革,我一点事也没有,你一改革让我没饭吃了。那你怎么办呢,来就来吧,我也不怕,不是我一个人的事,这是企业的组织行为。当时我很坚定地抱有这么一个信念,就是我是为了企业的发展,我是为了把太极做好,做成和过去不一样的太极,当时就没想那么多,真的没去想那么多的压力。

（画外）面对改制,刘淮松当时的阻力不但有这种无理取闹,还有一些善意的劝阻。

（采访）刘淮松:当时我们一个老职工跟我说,你干什么呀,甭干了,太极没戏了。我们班子的一位副总比喻很恰当:太极已经翻炒了多少遍了,换一个领导就开始折腾,这盘饭已经炒煳了。(记者:就是从 1994 年之后?)对啊,一直炒嘛,饭炒煳,你还干什么? 后来我说既然让我在这个位置上了,那我得想法带队往前跑啊,跑不动了咱再说跑不动的事,那我得往前跑,跑完以后咱们再看结果。

（画外）2002 年 3 月,经国务院批准,在原信息产业部直属四十六家电子类科研院所及二十六户企业基础上组建了中国电子科技集团公司,太极计算机公司就是其中的一家。在经历了重组的阵痛后,2002 年,一个由国家控股、民营资本参股的太极计算机股份有限公司成立了。公司改制六年来效益和利润都大幅度攀升,2007 年公司的销售收入已达十二亿元。

（采访）刘淮松:目前我们在国内这个行业里面排位,应该排到前五位,我们一直要做国内最好的一家做 IT 服务的公司。现在北京市的信息系统是我们负责运行和维护,刘淇书记、郭市长他们用的桌面办公系统,所有的日常维护运营全都是我们做的。

(画外)作为一个一千多人的企业的总裁,作为一个国有企业的当家人,刚刚四十岁出头的刘淮松无疑是成功的,但对于成功他却有自己的认识。

(采访)刘淮松:成功背后(的因素)是多方面的,它跟经济社会的发展阶段、咱们国家的改革的进程,都是紧密关联的。虽然成功的背后,有我个人的作用在里面,但更多的实际上也是整个社会的变革,市场经济的浪潮。当时国家大力推动国有企业脱困,推动重组改制,这与大的环境是紧密关联的。所以历史就是这样,在这个情况下,你才可以实现自己的价值,抛开了这种社会的大背景环境,抛开了企业提供的事业平台,你就没法谈个人的价值。就像我本人,我没有太极这个事业平台,我就没有机会做今天所做的一切,所以你要感谢前人给你搭的台子。如果你没有前人给你打的基础,你会干得怎么样很难说。我经常和大家讲,平台、团队、个人三者关系,平台最重要,其次是团队,再次是个人。个人是通过团队发挥自身价值的,而团队又是在事业平台上干事情的。我也经常跟大家讲,每个人都是铺路人,我也是铺路人,历史地看我是一个阶段,我是这个阶段的铺路人,在这个阶段我就要承担这个责任和使命,在这个阶段我希望把路铺好。

(画外)刘淮松在太极担任总经理(总裁)的十八年零十个月任期内,主导完成了太极公司股份制改造,并于2010年3月成功上市,实现了太极公司由系统集成商向IT服务提供商的战略转型,带领太极股份发展成为中国软件产业领军企业。他个人还长期兼任国家电子政务专家委员会委员、中央企业青联常委兼副秘书长、中关村管委会企业家咨询委员会委员、中关村人才协会理事长、北京软件与信息服务业协会会长等职务,并先后获得了"北京市高聚工程领军企业家""中关村二十年突出贡献企业家""北京市优秀青年企业家""CCF优秀企业家"等荣誉称号。

2018年10月,刘淮松走马上任华东电脑股份有限公司董事长,这也是一家中国电子科技集团旗下的企业,而且是中国大陆IT行业首家上市公司。在这里,他致力于开创我国新一代信息基础设施建设运营新模式、新业态,通过与上海市战略合作,成功打造了城市治理"一网统管"新标杆,带领华东电脑成为智慧城市建设的领军企业。

2021年9月,刘淮松来到中国电子科技集团旗下的杰赛科技股份有限公司出任董事长,他带领企业一班人致力于成为网络与信息行业的排头兵,数字时代 ICT 融合服务的引领者,为推进"数字中国"建设进程贡献了智慧和力量。

中国电子科技集团是中央直接管理的国有重要骨干企业,是中国军工电子主力军、网信事业国家队、国家战略科技力量。拥有电子信息领域相对完备的科技创新体系,在电子装备、网信体系、产业基础、网络安全等领域占据技术主导地位,肩负着支撑科技自立自强、推进国防现代化、加快数字经济发展、服务社会民生的重要职责。2022 年,刘淮松回到了中国电子科技集团总部,担任产业部(国际合作部)主任。作为国家信息服务产业和数字化转型的领军人物,刘淮松先后主持完成了多项国家科技攻关课题、国家级重大工程项目,是科技创新型企业家的杰出代表。

(画外)"征夫怀远路,游子恋故乡。"刘淮松说家乡宁津始终是他不变的情怀,能为故乡尽一份力是他的心愿。

(采访)刘淮松:我非常感谢宁津的父老乡亲,包括我的老师,包括我的前辈对我的培养。因为我是吃宁津的水长大的,这种养育之恩是终生难忘的。宁津是我人生的最开始,包括童年、小学、中学,有了这种养育、这种培养,我才能奠定人生的价值观、我的本身品德的基础,所以这是我受用一生的最大的财富。

杨殿文:编译人生

(**画外**)他是新华社驻国外编辑,他是优秀的西班牙语翻译。从教师到编辑,四十岁又转行的他有着怎样的人生历程? 在远离故土的日子里,他又有着怎样的难忘经历? 本期人物——杨殿文。

(**同期声**)杨殿文:在别人看来是重大事件,在我们看来都是这些东西。天天都是重大事件,对我们来说已经不是重大事件了,我们自己都很麻木了。天天报道中东地区的自杀式爆炸,每天都要报道这些东西,过去的"9·11"事件、伊拉克战争,这都是我在那儿赶上的。

(**画外**)他叫杨殿文,是新华社驻拉美总分社的西班牙语编辑。二十多年的从业经历,让他看惯了国际的风云变幻。诸如波黑战争、伊拉克战争以及中国神舟系列飞船成功发射等这些国内外的重大事件,都是由他和几位同事翻译成西班牙文向拉美国家发布的。

(**采访**)杨殿文:比如说"嫦娥一号"发射成功,当然心里很喜悦,很高兴。但是在工作的时候不允许你高兴。你只能把我们的消息,从英文尽快地翻译成西班牙文,尽快地发出去,让外国媒体尽早地知道你这个消息,他才会尽早地采用。拉美国家的媒体是很发达的,他有很多

直播,而且有英国的 BBC,还有美国大量的广播公司,很多重大事件都是直播的。我们要和他争时间,你想想紧张到什么程度。

(画外)杨殿文的故乡是宁津镇杨提青村。他的父亲早年在北京从事印章刻字的生意,因此 1946 年杨殿文就出生在北京。1948 年杨提青村实行了土地改革,为了让家人都能分到赖以生存的土地,杨殿文跟母亲一起回到了老家,在奶奶和伯父这个大家庭里生活了十年。

(采访)杨殿文:我记得很清楚,1958 年在村前边成立集体食堂,有人做饭,吃白面馍馍,吃着吃着吃没了,玉米面也吃光了,山芋面,就是白薯面也吃光了。后来一看实在不行,我父亲就把我接到北京来了。

(画外)当时已经开始读六年级的杨殿文,被父亲接到了北京继续学业。在北京求学的日子是杨殿文生命中一段难忘的经历,北京四中、北京第二外国语学院都留下了他求学的脚步。1968 年,杨殿文在北京第二外国语学院学习了三年西班牙语专业后,就随着"上山下乡"的热潮去"接受再教育"。

(采访)杨殿文:应该 1969 年毕业,但是赶上"文化大革命",1968 年搞了"五七干校",所有的单位、学校、政府机关都在农村有干校,我们整个学校迁到河南干校。

(画外)北京第二外国语学院是在周恩来总理的亲切关怀下创立的,是一所为国家培养外事方面的国际性应用型人才的学校。1968 年上山下乡运动导致的学校停课状况也引起了周总理的关注,1970 年在周恩来总理的亲自过问下,北京第二外国语学院的学生又重新回到了校园。

(采访)杨殿文:毕业是 1972 年年初,就是说我们这帮学生,在学校待了八年了,也该毕业了,所以毕业后我就留校了,留校教西班牙文。

(画外)从学生到老师,杨殿文始终保持着一份认真严谨的治学态度。尤其是留校任教以后,他严谨的学风也贯彻到了他日常的教学中。

(采访)杨殿文:那时候没人敢在工农兵学员面前说什么,有的老师也不敢严格要求他们,也发生过说老师迫害学生的事。我没有管这一套,上课的时候该怎么样就怎么样。有一次我曾经把一个女学生骂跑了。一个词我连问她三天,她不知道,我当时就发火了。我对工农兵学员,该怎么要求还是怎么要求,我是老师啊。

(画外)1985 年,新华社招收记者编辑,当时的杨殿文也正在为工作和家庭无法兼顾而伤脑筋。

(采访)杨殿文:我爱人在北京大学(工作),北京的西北角,我在北京第二外国语学院工作,北京的东边,快到通县了。孩子也渐渐地大了,所以家里总得有一个人,稍微挤出一点时间来关注一下孩子的教育。后来有人跟我说新华社要人。我说新华社就在宣武门,离我们家很近嘛,我说行啊。他说考试。我说考吧。我就来考试了,根本就没当回事。不是说像现在我要调工作,我一定要千方百计地努力,没有,就是很随便。考完了以后呢,结果说要我。

(画外)就这样,1985年,已经快到不惑之年的杨殿文转行来到了新华社当了一名西班牙语编辑。然而他却没有料到,这次工作调动并没有缩短工作和家之间的距离。1990年,杨殿文就开始不断地出国,常常是一年甚至是几年不回家。

(采访)杨殿文:所有驻外机构里,最累的就是新华社。黑天白夜地干,国内的假日我们不能休息,国外的假日我们也不能休息。有重大的事件二十四小时发稿,你耽误不得,漏不得,你漏报还行吗?那就不叫新华社了。而且还要抢时效,所以新华社是最累的。我赶上最紧张的一次,就是咱们的载人宇宙飞船的回收,还有嫦娥一号发射,这都是滚动发稿,就等于现场直播,我们是一个人值班,一下午发了一百多条稿子,脑袋已经麻木了,饭都不想吃了,就想睡觉。

(画外)杨殿文先后在新华社驻联合国分社和新华社驻拉美总分社工作,很多时候他们要编发的都是一些国际国内的重大事件,既要抢时效又要确保准确无误。

(采访)杨殿文:新华社的职业要求和外国通讯社还有区别。我们要严谨,要讲真话,要讲实话。猜测的不行,像外国媒体讲话很随便,我们就不行,我们发出的消息必须是真实的。(记者:既要慎重还要快速,这是一个矛盾。)对对对。(记者:就是这样高强度的工作,有失误的时候吗?)有,小的失误有,但是我好像没有什么重大失误。

(画外)二十多年的编辑生涯,杨殿文用严谨和高效率,认真地度过着远离故土的每一天。他翻译的文稿用词精准,这让他在同事中威信很高。

(采访)杨殿文:有的时候一个词你还要斟酌,不能走样。有时候中央领导人看了你的东西,马上打电话来了,为什么这么翻,这是什么意思?提出疑问啦,外国人是不是这么讲的,你得有答复。到我这里,我不用再查阅了。我就电话告诉他,原文如此,也就是说任何人拿过原文来,重新校对一遍,就是这个意思。我们反映的是外国人的反应,外国人真实的反应,我不能修改外国人对我们的反应,要不然我们的参考就失去意义了。所以用词方面还得注意,一定要很严格,特别是给《参考消息》的东西,有的时候我甚至连小标题都写好了,到了《参考消息》,一看是谁的,老杨的,就直接排版了。(记者:一个字都不用动?)

就这样,甚至包括标题,你说这是什么原因呢?(记者:用现在的话就是免检产品。)对,就是这个意思。

(画外)杨殿文优秀的西班牙语水平,让他在到新华社工作仅五年的时间就被评为副译审。

(画外)2001年,杨殿文被派到新华社驻拉美总分社工作,单位的驻地在墨西哥。在这个高原城市他一待就是六年多。

(采访)杨殿文:虽然说习惯了,但是也想家。想家的时候怎么办?没办法,一点办法也没有,只有克制。

(画外)谈起家庭,杨殿文满是愧疚。长期在国外工作,家里的大事小情都指望不上他。

(采访)杨殿文:我儿子叫杨桦,他的成长,我几乎没出什么力。就是结婚,他们结婚也是配合我,看看我什么时候能回来探亲。

(画外)最让杨殿文自责的是母亲去世他也不能在身边,为人子却不能尽孝的伤痛成了他一生的遗憾。

(采访)杨殿文:2003年(我母亲)去世的。因为我每天都要和家里通电话,我们有专线电话,我打电话问(孩子的)奶奶怎么样了,当时(我爱人)已经知道,(孩子的)奶奶去世了。(我爱人)说以后再说,我忙着呢。我早晨睡醒坐在床上打电话,我的早晨,这里是晚上了。我爱人已经从北大下班了,已经是晚上了。她说我今天早晨没敢告诉你,怕你睡不好觉,她说告诉你肯定睡不好觉,她说(孩子的)奶奶走了。我当时坐在床上,坐在那半天,然后就哇的一声大哭出来,我这辈子还没这么哭过,我没有尽孝啊。

(画外)然而远在墨西哥的杨殿文也只能用眼泪来告慰母亲的在天之灵。

(采访)杨殿文:那时我没有办法回来,眼泪只能往肚子里咽。我可以在自己的宿舍里哇哇大哭,但是我不能去办公室哭,更不能当着我的外籍雇员哭,这就是我的工作。从这一件事情,你就知道我的工作和我的难处。

(画外)2008年初,杨殿文终于结束了这种常年在国外的漂泊生活。已过花甲之年退休在家的他,对故乡宁津的印象更多的还是停留在他的小学时代。对家乡的一些故事也仍然记忆犹新。

(采访)杨殿文:我爷爷在北京他给我讲过,说哪一届的县太爷特别好,然后走的时候脱靴留名,就在那个西湾那,过去有一个庙。很少回老家,偶尔回去呢,时间也不允许多待。看到宁津变化很大,印象最深的就是公路,发展也很快。祝愿宁津能够有更大的发展。

李秀芬:情系梨园　戏里春秋

（画外）她是李桂云的第一个亲传弟子,她曾经三赴中南海为国家领导演出,她是宁津县走出来的河北梆子表演艺术家。几十年的舞台演艺生涯,她有着怎样的非凡经历和戏曲人生？本期人物——李秀芬。

（同期声）李秀芬:三次到中南海演出,那时候周总理、朱委员长经常看我们演出。

（画外）她叫李秀芬,是北京市河北梆子剧团国家一级演员,中国戏剧家协会会员,已故艺术家李桂云的亲传弟子,北京市劳动模范,享受国务院津贴的国家有突出贡献专家。20世纪五六十年代她曾多次为毛主席、周总理等国家领导人演出。

（采访）李秀芬:经常回宁津,变化挺大的,尤其是县城。现在都修到南三环了,咱们这儿村村都修公路了,回来都不认识了。咱们宁津的变化真挺大的。

（画外）李秀芬是宁津县柴胡店镇二马苏村人,1937年出生。她的祖父是一位戏曲艺人,早年为生计所迫在胶东莱州闯荡,李秀芬就出生在那里。1945年抗战胜利后,宁津实行了土地改革,他们一家也终于结束了在外漂泊的生活。和戏曲打了一辈子交道的祖父,在农闲的时候还总是念念不忘他的老本行。

（采访）李秀芬:我爷爷原来唱京剧,后来就唱梆子。老头儿什

102

么都会,我们都叫他戏篓子。他就在我们村里组织一些人,一些小孩儿,唱着玩儿。唱着唱着,他觉得我这个孙女声音还挺好,后来就请了个老师。

(画外)唱的日子久了,学的戏也渐渐成型了,他们这些小学员就跟着一些业余的戏班儿到处演出。

(采访)李秀芬:唱着唱着就成了业余剧团了。那时候是小张六、小缸子这些老艺人,他们演出我们就跟着他们,一到逢年过节就到处唱去,等着地里忙了就种地去了。

(画外)就这样,李秀芬在农村的土戏台上播撒着自己的快乐。然而她却没有想到,在一次次的演出过程中,一个能改变她一生的机会正在向她走来。

(采访)李秀芬:前水庄有一个老革命叫张福晨。他是戏曲研究院的一个工作人员,回家探家,看了一下这个业余剧团,他说我,这小孩儿唱得好,你怎么不上北京、天津报考去?

(画外)这个建议让李秀芬豁然开朗。1954年,他们听说北京市新中华河北梆子剧团招收学员,李秀芬的父亲就带着她和三个小伙伴一起去了北京。

(采访)李秀芬:考试的时候主考官是梆子大师李桂云。她主考,我唱了一段《三娘教子》。后来她说,这孩子嗓子怎么这么好啊,说你们山东出大白菜,你是不是在家卖大白菜喊出来的?逗得大家都笑了。当时不知道考上没考上,住了三天,第三天一看榜,第一名就是李秀芬,我们三个人全考上了。

(画外)从此李秀芬开始了在新中华河北梆子剧团的学员生活,她的戏曲人生也就此拉开了帷幕。

(采访)李秀芬:那时候四点半准起床,不管春夏秋冬。在陶然亭那儿有个城墙,唱京剧的都上那儿去喊嗓子。我的启蒙老师就是韩金福,这个老师课徒甚严,那是相当严格。我们就是口传心授,老师唱一句,我们就唱一句,一个动作一个动作地学。第一个戏,难度很大的戏,我学了八个月。

(画外)就这样,在老师的精雕细琢下,李秀芬的艺术表现力逐渐成熟。1955年,北京市新中华河北梆子剧团在大众剧场进行了汇报演出。

(采访)李秀芬:我刚一出场,三个字还没唱完呢,"出门来"三个字要唱三分钟,底下,"哗"就(响起了)掌声。这三个字当中鼓了三次掌,因为唱得起伏特别大。演出完了之后,这些领导、首长,戏剧研究院的张庚、马少波、薛恩厚都说这个小孩(真好),这样梆子就不愁后继无人了,这样是真有人了。

(画外)从此新中华河北梆子剧团的学员们开始了四处奔波各地演出的生涯。1958年,李秀芬正式拜京梆子的代表人物李桂云为师,成为李桂云的第一个亲传弟子。

（采访）李秀芬：她讲究字正腔圆。我老带点山东的方言，跟着她学习可费了劲了，错一点也不行。比如说今天跟她说话，说完就走了。回来！刚才你怎么说的？那就是带点山东方言了。重说！那就得重说。她在字正腔圆方面要求特别严格，要求我平时说话当中，经常地重说。

（画外）在李桂云老师的悉心教授下，李秀芬逐渐形成了自己的演唱特点。她把韩金福、李桂云两位老师各具特色的演唱风格融为一体，形成了既高亢激越，又委婉细腻、刚柔相济的艺术风貌。为了不断提高李秀芬的表演水平，李桂云老师还带她向梅兰芳大师、马少波等艺术家求教。后来她又参加了由梅兰芳大师等艺术名家亲自授课的中国戏曲研究院表演讲习班，这些经历让她的表演上升到了一个新的高度。

（采访）李秀芬：张君秋看了戏以后，他说这个孩子唱得挺好的，化妆不行，不会化妆。那时候是我们自己化妆。后来张君秋几次到后台指导我化妆。还有一个他给我化妆的照片呢。通过人家指点，再化出来就不一样了，大家也说，老师也说，李秀芬的扮相算是找到了，（多亏了）高人指点。

（画外）在各地舞台上的不断演出中，在观众热情的掌声中，李秀芬的知名度越来越高。她的表演也得到了京剧四大名旦之一的程派创始人程砚秋和戏剧家张庚等人的积极评价。

（采访）李秀芬：程砚秋看了我的《秦香莲》以后，也特别喜欢，说这个孩子稳稳当当的大青衣，声音真好，她要唱程派也错不了。他说他要收我做徒弟。那时候我们就巡回演出去了。1958年的时候，我们正在邯郸演出呢，程砚秋就去世了，挺年轻的，我还没拜师呢他就去世了。

（画外）1959年的元宵节，李秀芬度过了一个不平凡的夜晚，因为那一天的经历足以让她难忘终生。

（采访）李秀芬：我正演《蝴蝶杯》呢，演完了之后，说李秀芬快点快点。我说怎么了，他说有事，有任务。也没卸妆，穿着彩鞋，穿着大棉袄。说车在门口等着呢，哪坐过小卧车啊，大车还没有的坐呢。上去了，我说这是干什么去啊，不说，别说话，不让说话，结果这时候就一道岗一道岗，特别严格。

（画外）后来李秀芬才知道他们去的地方竟然是中国的政治中心中南海。

（采访）李秀芬：我说这是什么地方啊，后来那个局长说，你认识那个人吗，那是毛主席呀。那个呢？我说不认识。我当时就傻了，也不敢说话，后来说那是刘少奇。

（画外）在20世纪五六十年代那个充满激情的火红岁月里，能见到毛主席是多少人梦寐以求的幸福和自豪。而面对这突如其来的场面，李秀芬已是紧张得不知所措。

（采访）李秀芬：唱一段《大登殿》，化好妆站在那儿唱。唱完了我还在那儿站着呢，后来说你唱完了没有，我说唱完了。唱完了鞠躬啊，我就鞠了一大躬。然后还在那儿站着，没人叫我走。这时候毛主席就摆手，摆手叫我过去。我就坐在他身边。毛主席问，你们剧团有多少人，老师的身体怎么样啊，生活水平怎么样啊？我说都挺好的。这时候说着说着话（台上）就开始跳舞了，毛主席一边看跳舞一边嘱托说你好好地继承河北梆子，好好学习，好好地照顾你的老师，要做一个有出息的接班人，一定要把这个剧种演好。就在同年，我三次到中南海演出。每次中央领导、中央首长一有大的活动，准点我们这帮小孩。

（画外）也是在 1959 年这一年，李秀芬演出的剧目还参加了国庆大典。她们的《蝴蝶杯》剧目彩车在天安门前接受了党和国家领导的检阅。就在李秀芬处在自己艺术人生巅峰的时候，"文革"开始了，所有的传统戏全都停演，李秀芬也由青衣改唱老旦。

（采访）李秀芬：那时候就根据你这个人的形象，能不能唱阿庆嫂。我就适合这个老太太，我长得就像老太太，就这样改了个行演老太太了。

（画外）"文革"结束后，随着河北梆子传统剧目的恢复，李秀芬又迎来了她艺术上的春天。然而由于常年奔波，随着李秀芬年龄的增长，她的身体也大不如前。

（采访）李秀芬：年龄大一点了，腿压了，压完了没踢开，所以现在有病了，一边治着一边还是在演出排戏。后来又排了个《秦香莲》。秦香莲杀庙的时候，一出场，我个儿矮，穿那种高跟（鞋），穿上这就排戏，一跑圆场就摔在那里了，把大家也吓坏了，这腿就肿着排不了戏了。

（画外）1993 年，李秀芬离开了她一生为之奋斗的舞台。近几年她一直在集中精力总结自己的表演艺术。2006 年 11 月，中央电视台《名家名段》节目中录制了她的河北梆子《捡柴》《大登殿》等精彩唱段。谈起家乡，李秀芬非常激动。退休后她曾几次回到故乡。对于她来说，宁津始终是一份依依的牵挂和难舍的眷恋。

（采访）李秀芬：提起家里来心情就特别激动，特别愿意每年回去看一看。虽然家里没人，但还是觉得在那块故土上长大的，还是挺想念的。用这个机会露个面，能够跟父老乡亲们说几句话，我是特别高兴的。祝愿你们都保重身体，延年益寿，健康地生活，长命百岁。我有机会一定去看你们。

杨金池：人生境界　将军本色

（画外）他是解放军少将，他是南京陆军指挥学院的副院长。从士兵到将军，他走过了怎样的人生之路，含蓄内敛、低调平和的他有着怎样的人生态度？本期人物——杨金池。

（同期声）杨金池：我这个人，平时和别人讲笑话，我说我长了一对牛眼，我的眼睛是牛眼。为什么叫牛眼呢？那么大的大黄牛，一个三岁的小娃娃就可能牵着它走，为什么？它的眼睛把人放大了，它认为三岁的小孩也是很高大的人，它就对他是这个看法，很尊重他，很听他的，牵着哪里走到哪里。

（画外）这个有着这样一种人生境界的人是一位将军，是曾经的南京陆军指挥学院的副院长，解放军少将。含蓄内敛、低调平和是记者初见这位将军时最深刻的印象。

（采访）杨金池：我总觉得我是平平淡淡的。我第一句话就讲，平平淡淡，做了一些平淡的工作，都是正常的工作，对我认识影响最大的，我认为也是平常的工作。

（画外）杨金池说他这种人生态度的积淀是源于她的母亲。1942年，杨金池出生在宁津县相衙镇大刘普村，从小就聪慧伶俐的他，有着一个个性张扬的少年时代。

（采访）杨金池：我上学的时候就爱参加文艺活动。我们村里敲锣打鼓，扭秧歌，踩高跷，我都爱参加，参加回来就张扬张扬。

我的妈妈就不行,她指着我的鼻子就说,你就是骄傲,你就是自满,你将来成不了气候。老人的教育,从小的教育,确实能起很大的作用。

(画外)一心想通过读书寻找自己人生出路的杨金池,在中考时却鬼使神差地被宁津一中的师范班录取。在 20 世纪五六十年代,民间有句俗话说"家有三斗粮,不当孩子王"。人们都觉得当教师是没什么出息的。同样不喜欢这个职业的杨金池,在 1960 年宁津一中师范班毕业后,也无奈地走上了三尺讲台。当时正值三年困难时期,人们的生活非常艰难,仅仅当了两年教师的杨金池决定参军入伍出去闯荡一番。

(采访)杨金池:当时的那个年纪,看到在农村没有什么作为,整天吃糠咽菜,一遇到灾害就不行了,干脆出去晃一晃,闯荡一下子,当兵去!正好那年在宁津招兵,招了三百多人,还不错,验收合格。

(画外)就这样,1963 年,已经二十一岁的杨金池开始了军旅生涯。他却没有料到,这身军装一穿就是一辈子。

(采访)杨金池:我光想着在部队要混出个样儿来,就是这么个指导思想。在部队上这几年也确实体会到,吃不得苦就当不得兵,必须要诚信、忠厚、老实,必须守纪律,听招呼,指到哪里打倒哪里,坚决完成任务,要经得起部队的摔打。

(画外)军队这个大熔炉进一步完善和历练着杨金池的品格和意志。在绿色军营里,在一次次的摸爬滚打中,铸就了他坚韧不拔的军人本色。

(采访)杨金池:一年一度的千里野营拉练,千里,要走千里以上。年年搞拉练,要拉得动,一天要走五十公里,五十公里就是一百里地。不容易啊,满脚都是泡,累得吃饭睡觉,走着路都睡觉。

(画外)尖刀班是部队的精锐,是冲在最前面的军人。入伍不久杨金池就成了连队中尖刀班的成员。

(采访)杨金池:在连队的时候,我是尖子班的一个战士。所谓尖子班就是打起仗来走到最前面的,打得准,投得远。投手榴弹要投得远,要投五十米以上。尖子班有很多的标准,从训练时间上来看,那就是别人睡觉我要练,别人没起床我要练,都是那样的。

(画外)既是部队的业务尖子,而且还当过小学教师,杨金池很快就成为连队的文书。1964 年,全军开展了声势浩大的大比武活动,杨金池以他的出色表现诠释着自己当初的誓言。

(采访)杨金池:大比武,整个部队都要参加,层层筛选。文书这个专业,我去比赛,是搞子弹的识别,就是每种子弹,半自动步枪、手枪、冲锋枪、高射机枪,一分钟要识别几百发子弹,识别几种,要把它区分开,而且是闭着眼睛,把眼睛蒙起来,就靠摸。当时就是三百发子弹,看谁摸得快,一拉溜几十个人,看谁摸得最快。我用了大概五十秒左右,我是第三名。

(画外)这次大比武让杨金池不但收获了荣誉,也让他进一步得到了部队的肯定。1965年,杨金池作为优秀士兵被直接提干,调到团部作训股当了一名参谋。两年后因为工作出色他又被调到师部的作训科。

(采访)杨金池:整个我们的师,一八八师,到内蒙古去执行任务。我们住在吉宁的北边,那儿的冬天,零下四十度,比北京的风多多了,又下着雪,又刮着沙子,那叫"黄毛糊糊"。吃饭时米饭里都是沙子,睡觉不能脱鞋,不能摘帽子,很苦。"四皮"——皮帽子、皮大衣、皮靴子、皮裤子。(记者:为什么不能脱鞋摘帽子?)冷啊,那时候就在帐篷里面睡。一直干了七个多月才回来,很受锻炼的阶段。在师团这两级里边,对我来讲组织能力有很大的提高。

(画外)1971年,杨金池被调到解放军总参军训部,在总部机关他一干就是二十四年,从参谋到副局长再到局长,杨金池用脚踏实地和认真勤勉默默地奉献着、耕耘着。

(采访)杨金池:副局长干了七年,局长干了四年,一共干了十一年。刚才算的是二十四年,减去十一年,前十三年当参谋,当参谋是一个很寂寞的事情。作为一个军人来讲,(如果)要考虑自己的得失,要考虑自己的官位高低,这个东西过多了,恐怕你干不了。军训部,部下面设局,局就是正师级单位。我当过的局长太多了,工厂局、电教局、组织计划局、院校局、训保局,五个局我都干过。

(画外)1995年,杨金池被调到南京陆军指挥学院任副院长。

(采访)杨金池:当时院校缺人,院校的领导干部缺人,再加上我这边是管军队院校教学的,所以就把我调过去了。我是分管后勤工作的,我一辈子也没搞过后勤,我从当兵就是搞训练,搞教学,我说你让我来管后勤工作,给我出了一个难题。

(画外)当时南京陆军指挥学院经费非常紧张,而很多后勤保障问题又需要解决,刚上任杨金池就和一大堆困难打上了交道。

(采访)杨金池:有四个问题就摆在人们的面前。我一去了人们就讲,吃水难,打电话难,住房难,还有一个用电难,那就叫"四大难题"。我们这儿一天吃水,三次放水,不放水没水吃,为什么,因为没有水,要节约水。总的讲,要扑下身子,要干一点事业。第一个工作就是了解情况,怎么个难法,难到什么程度了,要解决这个问题。第二个问题就是找经费,要为这些干部解决一点困难。

吃水问题,我全天供水,二十四小时供水,我一年解决了这个问题。电话过去都是师级干部有电话,团级以下都没有电话,宿舍没有电话,办公室没有电话,都是公用电话。我说人人都要安电话,每个团以上干部都安,每一个部门都要安。两年以后也把这个问题解决了。解决一些干部的住房问题嘛,就盖了几栋大楼。我在那儿盖了大概十几万平方米,我还盖了一个很大的教学楼,在院内盖了几栋宿舍楼,在城里盖了四栋宿舍楼。我去了这五年,基本上把这四个难题缓解了。

（**画外**）随着一个个难题的破解,杨金池也到了退休的年龄。2001 年已是解放军少将的杨金池退休回到了北京。离开故乡宁津已经三十多年了,他依旧乡音未改,对家乡的发展也一直非常关注。

（**采访**）杨金池:感谢宁津老家对我的培养,感谢家乡父老乡亲对我的支持,对我的关心。每年回去一次,每年一个样子,我们县的改革开放的步子我认为是不慢的。也希望也愿意给我们宁津县做一点事情,只要县里面用得着的时候,尽管通知我,我能做的,会尽力去做,尽力做好。

王宴青:广播情缘　百味人生

（画外）他是享受政府特殊津贴的国家级专家,他是中央人民广播电台副总编,他是中国新闻奖资深评委。三十二年的记者生涯,他有着怎样的非凡历程?这位从下乡插队知青中走出来的大学生又经历了怎样的人生之路?广播情缘,百味人生。本期人物——王宴青。

（采访）王宴青:虽然是从小在天津长大,但是我到现在为止,不管谁问起我来,我都很自豪地说我是山东人。

（画外）他叫王宴青,是中央人民广播电台副总编、高级记者,宁津县杜集镇王廷府村人。虽然他生在天津、长在天津,但对宁津老家却有一份与生俱来的牵挂与眷恋。

（采访）王宴青:我第一次回老家是1963年的时候。当时自然条件很艰苦,生活条件也很艰苦。吃不上白面,全家人就给我弄一点白面,其他人连粗粮都吃不上,这给我幼小的心灵留下的印象很深。我也就是十几岁,印象特别深刻。在天津时老家经常来人,从小对宁津印象极深刻。

（画外）1950年,王宴青出生在天津。同那个时代的孩子一样,他们是生在新中国、长在红旗下,和共和国共同成长的一代。他们的生命中有很多难忘的记忆。

（采访）王宴青:我是"老三届",就是66届的初中生。1966年、1967年、1968年,这三届的初中生,一般都称为"老三届"。本

110

来我们 1966 年的初中生,应该按部就班地中考了。1968 年,毛主席一声号令:知识青年到农村去。我们大批的知青就下乡了。

(画外)在"知识青年到农村去"这响亮的口号声中,王宴青报名去了当时的黑龙江生产建设兵团。

(采访)王宴青:它的全称叫沈阳军区黑龙江生产建设兵团。我当时在二师十团六连。它是带有解放军建制的,当时叫不扛枪的解放军,或者说不戴领章帽徽的解放军。我说这个好啊,从小就想当解放军。"文化大革命"也没这个机会了,上学考高中也打乱了。当时要去黑龙江,当不戴领章帽徽的解放军也好啊,所以我们都很高兴。

(画外)当时王宴青还不满十八岁。在人们的眼中还是个稚气未脱的孩子,然而他却是三十多个知青的带队长。

(采访)王宴青:都是十几岁的孩子,一下火车,到的是鹤岗。当时感到很灰心,因为当时一般的地方经济条件都比较落后,鹤岗那种城市的规模和天津市相比,那肯定不行。怎么到了这个地方,没想到。继续再坐车,那还不是终点。又坐了半天的路程,接着分配。马不停蹄,也没有休息,又把我们分配到一个马车上。坐着马车分我们到连队。天气特别寒冷,安排好了基本天就黑了,很多女生就哭了,感到一种很无助的感觉。我当时的年纪还不到十八岁,考虑到我还是一个带队的人,只能故作镇静,还劝说那些女生。其实回忆起来,当时自己也没有想到这以后将怎么生活,也没有感觉。

(画外)就这样,带着无奈和期待,王宴青和几个天津知青落户在了这片肥沃的黑土地上,开始了一段令他们难忘的人生历程。

(采访)王宴青:到了黑龙江就是战天斗地,动员很多人到地里去割麦子。割麦子和山东可不一样,东北的地一眼望不到边,从这头到那头,一天都走不到头。就是累,因为我们都是一帮孩子。弯着腰去锄地、割麦子,的确很辛苦。但是也通过这种艰苦的磨炼,磨炼了我们的意志。当地的老百姓真好,就是王震带领开垦北大荒的时候,有那么几个来源,一个是解放军,还有就是从山东、河南过去的开荒的队员。我们那儿就是山东人特别多,跟老百姓细聊起来,一听我老家是山东的,那就特别亲切。再加上我们当时年纪也小,他们对我们无微不至地关照。虽然当时条件不是很好,但是他们还是尽其所能地帮助我们。经过一段时间的磨炼之后,想一想,那个地方还是留下了很多留恋的地方。

(画外)在江滨农场插队的几年,让王宴青加深了对农村的了解和对基层甘苦的体验,也在王宴青的人生中烙下了深深的印迹。下乡插队一年后,王宴青当上了所在连队的文书,开始从事文字方面的工作,新闻也从此走进了他的生命。

（采访）王宴青:到连部当文书,天天跟着连长、指导员,帮助写东西、写发言稿。如果说接触新闻工作,可能那是我最初的启蒙。给连长、指导员写稿子。因为我们当时属于连,有时候给团部供稿,写点宣传鼓动的稿子。谈不上通讯、消息,就是瞎写呗。有时候下雨,战胜涝灾。动员很多人到地里去割麦子,那叫战地动员。搞一个小的广播站,写个小稿子,鼓动性的。如果说第一次接触新闻,还是在连队里头。

（画外）当时的王宴青没有料到,新闻竟然从此在他的生命中深深地扎下了根。1972年,全国各高校开始全面恢复招生,一个能改变他人生的机遇,正在悄悄地走近插队已四年多的王宴青。

（采访）王宴青:到了1972年,大学要招工农兵大学生,到我们江滨农场的团部来招生。事后才知道,就招两个人。

（画外）当时的工农兵大学生是要经过组织推荐才能获得考试机会的。各方面表现都很优秀的王宴青,自然就成为团部推荐的人选之一。

（采访）王宴青:很多人对上大学的概念还不是很深的,突然有一天告诉我,要我到团部去,北京的中央广播事业局(广播电视总局的前身叫中央广播事业局)要到我们团部来招生,然后叫我去,我就去了。当时也有不少人呢,都在那儿面试、考试。我也没当回事,完事就走了。半天的时间我们就回连队了。

（画外）正是这一次不经意的考试成了王宴青人生的转折点,在众多的推荐人选之中,王宴青和一名上海知青脱颖而出,而这名上海知青,也就是后来成为王宴青的夫人、中央国际广播电台的主持人朱娟华。

（采访）王宴青:我印象中没过几天,就正式通知我了,要到师部——宝泉岭农场。正式通知我们上学。我是上海复旦大学,她是上海海运学院,就招我们俩。

（画外）就这样王宴青成为上海复旦大学新闻系的一名学生。在这个著名的学府里,他如饥似渴地吸收着知识的营养,用勤奋和刻苦充实着自己的大学生活。

（采访）王宴青:当时我们这一代人基础确实比较差。因为我终究是一个中学生,又下乡待了几年。进入了复旦大学这个高等学府的时候,用现在的话来讲,有一种责任感。就觉得既然给我这么一次机会,我就应该很好地不分白日黑夜拼命地去掌握知识。因为我们基础比较差,所以就是起早贪黑。除了上误之外,就蹲在复旦大学的图书馆,就好像进入了知识的海洋。对我来讲,什么都是没有见过的东西。就是看,各方面的。因为我们知道搞新闻必须是全才,不是光懂一点东西就行。

(画外)到工作第一线去实习是当时大学生的一项重要学习内容。从大学二年级开始,王宴青就开始到各媒体去做实习记者。理论和实践的紧密结合,让他迅速成熟起来。

(采访)王宴青:当时《文汇报》的一个老记者,手把手地教我写通讯。我印象特别深。我的代表作、成名作叫《我看林业这十年》,是一个广播通讯,在中央人民广播电台分为上下两篇、将近十分钟的时间播的,新闻和报纸摘要前面半小时播送的,影响很大。播音员是方明。那篇成名作跟我在《文汇报》实习很有关系,人家手把手教我写通讯。我们在上海上学的时候,《解放日报》、《文汇报》、上海广播电台、上海电视台,都去实习过。我还在新华社的上海分社实习。我们的接触面很广,广播电视、平面媒体,我们都接触。那时候实习和现在实习不一样,真能学到很多东西。

(画外)三年的大学生活很快就在王宴青的孜孜以求中画上了句号。1975年,他被分配到中央人民广播电台工作。

(采访)王宴青:我1975年到了中央台。一开始当编辑,就是新闻和报纸摘要的班,每天要半夜起来。以后就当记者,我负责农业部、林业部、水利部。到现在我跟农业部、水利部还有着特别好的关系。

(画外)在连续十年负责农业、林业、水利领域的采访报道中,他的足迹遍及全国绝大部分省、市、自治区的田间地头、林区草场和水利枢纽。一年中绝大部分时间奔波于基层。王宴青说:"只有沉下去,才能看出门道,发现问题。"20世纪70年代为了加强对大庆和大寨的宣传,在这两地分别设立了记者站。王宴青就是大寨记者站的三个成员之一。

(采访)王宴青:当时在大寨待了一年,如果说实习是对新闻更进一步的了解,到了大寨之后,对农村便有了更深入的了解。知道农民每天怎么生活。因为我们天天在一起,观察他们是怎么生活的、基层生活状况怎么样、基层的农村干部是怎么运作的。我们了解比较深一些。

(画外)很多将会载入中国农业发展历程史册的如大寨、凤阳、华西村等,它们蜚声大江南北的背后都有王宴青的笔墨和声音。

(采访)王宴青:我见证了整个中国农业改革的这段历史。我从七几年就开始跑农口。我记得最早报道联产承包责任制,我们真是鼓与呼。农业部部长我经历了好几个。作为新闻记者来讲,我们就敏锐地感觉到:三中全会已经开过了,只有改革才能救农村。

(画外)1981年,长江葛洲坝水利枢纽工程大江截流举世瞩目。这次的采访报道任务就落在了王宴青的肩上。

(采访)王宴青:当时我第一次感觉到要发挥我们广播的优势。葛洲坝大江截流是一个全国都关注的事情。当时我在现场,一边看一边想。这样的事情,全世界都在关注,老百姓都在关注。我们应该在第一时间发出去。当天我们早晨四点多钟集合到现场,五点多钟截流成功。我用电话传回了这个消息,六点半就播出去了。现场的施工的都听见了,备受鼓舞。我也感觉到很自豪。因为当时广播普及率是很高的,工地都有大喇叭。我们老台长出了一本书,他讲了这个例子。老台长讲到葛洲坝大江截流,我们最早发的消息。(记者:记者采访用电话传回稿子去,当时有先例吗?)不敢说没有先例,起码在当时很少。当时秦部长在一线也特别高兴,从那以后我们也都很熟悉了。为什么很多部长跟我关系很熟呢?可能就跟我们发稿的及时有关。

(画外)在年复一年的新闻报道中,王宴青每次采访都有新主张,有新突破。在80年代广播盛行文章体的时代,他采制的节目中多次尝试口播和录音报道,注重引进创新元素。在2003年"两会"宣传中,首次采用"进行式"的直播报道,创造了"两会"直播的新模式。1989年,王宴青调任总编室副主任,后来又先后担任采访部主任、总编室主任。1995年,他开始担任中央人民广播电台副总编。

(采访)王宴青:从一线到管理,我始终没有离开过第一线。重大的报道我都是亲临带队的。当年的曼谷亚运会,我最早带队去的,是1998年。然后四年后的多哈亚运会,还有雅典奥运会,还有每年的"两会"。跟我们国家政治生活有关的重大事件,几乎我都要带队去。

(画外)到现在,由他组织策划现场指挥的国内外重大事件的采访报道和现场直播已有上百次。每次遇到重大新闻报道,王宴青同志不仅担任着报道的组织者、策划者,而且还是参与者、记录者和报道者。杰出的统筹策划能力、一次次魅力独特的广播现场直播,让王宴青成为中央电台重大新闻报道的领军人物。

(采访)王宴青:比如说香港回归,因为我们去的时候香港还没有回来呢,还属于英国的总督管理着呢。采访的形式、流程,跟内地不一样,交涉也比较难。因为我们是跟香港当局交涉,香港还没有回归过来,那就跟境外的外方交涉。因为我们是多点直播,而且是多场直播,部队换防还有宣誓仪式,还有一些交接,包括港员当局怎么离港的,都要报道出去。需要报道的点很多,所以记者下去都要到各个点去看,派的记者有三十多个,有四五个点。然后点和点之间的联络、联系,还有他们地方当局的配合,可以说是错综复杂,千头万绪。用咱们广电的行话,要做到万无一失,不能因为技术性的差错,造成政治上的影响。总要经过无数次的协调,研究每一个过程、每一个流程,遇到困难再去协调。包括我们去雅典,雅典这个地方跟我们国内奥运会的热情和准备工作不一样。人家认为我们按部就班就可以了,到时候肯定让你开幕就是了,所以我们去的时候,我们直播的场地都得现看、现联系、现定。国外的国情和国内不一样,挺复杂的,所以我们在雅典经过很多的磨难,才顺利地完成任务。

(画外)繁忙的工作和重大新闻报道现场直播的巨大压力,让王宴青付出的不仅是心血和汗水,有时候还是自己的健康。1998年第十三届亚运会在泰国曼谷举行,率队采访的依然是王宴青,而临行前他就已经感觉到了身体上的异样。

(采访)王宴青:当时我走之前就已经感觉到身体不太好,四肢无力,胳膊也抬不起来,腿走楼梯都不行。当时也年轻没有把这病当回事,再加上那是我们第一次派出最多的报道队伍,所以我就义无反顾地去了。

(画外)王宴青奔波于各大赛场和新闻中心之间,他很快就感觉到,身体开始不听使唤,力不从心的感觉越来越重。

(采访)王宴青:没想到,到了那里以后病情发作,所谓四肢无力那是真的无力了。连车我都坐不了,连大的面包车的台阶我都走不上去了。

(画外)回国后经过检查才得知王宴青患的是医学重症——"皮肌炎"。

(采访)王宴青:回来之后就住院了,住了半年。

(画外)一线的勤奋工作换来的是一流的工作业绩。到现在王宴青已经十一次荣获全国好新闻和中国新闻奖,七次荣获中国广播奖和中国广播电视新闻奖,多次获得行业评选特等奖,并获得过国际奖。1988年,王宴青被国家防汛抗旱总指挥部聘请为中央新闻单位特邀联络员;1990年,被全国绿化委员会授予全国绿化奖章;1998年,被评为国家级专家,享受政府特殊津贴;2006年,荣获中国广播电视协会"做出突出贡献个人"称号。

(采访)王宴青:现在我已经成了获奖大户了,成了中国新闻奖的资深评委了。我觉得这个荣誉一方面是对自己成绩的肯定,如果你碌碌无为,到一线跑了不少,但是没有得到认可,也是一种悲哀。另一方面,不能把它看得太重。

(采访)王宴青:祝愿家乡人民生活越来越美好,家乡的父老乡亲身体健康、幸福美满。

张鲁新：天路奠基人

（画外）他是青藏铁路建设总指挥部的首席科学家，他是"全国五一劳动奖章"获得者。三十六年的执着坚守，出生入死的科考生涯。这条苍茫的天路，融入了他多少青春和记忆。是怎样非凡的人生历程，成就了这位破解中国高原冻土问题第一人？本期人物——张鲁新。

（画外）2006年7月1日，青藏铁路正式通车。对于这条世界上海拔最高的铁路，很多国外媒体报道称这是一项世界工程学的奇迹。而创造了这个奇迹的关键人物——青藏铁路建设总指挥部的首席科学家张鲁新就是宁津人。

（画外）张鲁新，1947年出生，宁津县保店镇张定村人。他1970年毕业于西南交通大学，三十六年坚持在青藏高原研究冻土，现任青藏铁路总指挥部专家咨询组组长，中国科学院研究生院博士生导师。2006年6月，中华全国总工会追加一枚"全国五一劳动奖章"给这位为青藏铁路建设做出重大贡献的科学家。

（采访）张鲁新：从我的经历来讲，我不光是经历了若干种专业，我还经历了地质勘探、工程设计、工程施工、工程管理和科学研究，每个步骤我都是亲历者。比较自豪地说，全中国就我一个人，再没有第二个人了。为什么让我做青藏铁路的专家组长，就是因为我这种特殊的经历。

（画外）究竟是怎样的经历，成就了这位破解中国高原冻土问题第一人？在他的生命长卷中，究竟镌刻着怎样难以磨灭的印记？还是让我们从头来感受张鲁新的人生故

事。1947年,张鲁新出生在宁津县保店镇张定村。在他很小的时候,全家就搬到了济南。对于家乡的记忆,还是儿时的张鲁新跟着母亲回老家探亲时留下的。

(采访)张鲁新:那时候自然环境非常好,感觉还有好几条小河,从我(出生的)这个村庄到我母亲(出生的)那个村庄,好像每个村庄都有一条河。那时候感觉特别美好,现在环境变化非常大了。

(画外)中小学时代的张鲁新不但学习成绩优异而且爱好广泛。他曾经是山东人民广播电台红领巾合唱团的独唱演员。张鲁新的人生理想是做一名核物理学家,上高一时他曾在莫斯科全球物理大赛中获得第五名。但是命运的安排却让他在高考时与理想擦肩而过。

(采访)张鲁新:我的家庭比较复杂。又有共产党,又有国民党的;出身有中农的,还有地主的。所以无论你学习成绩有多么好,限定了你只能报考几种专业。这里面有一个阴差阳错的事情,过了几十年我才知道。其实根据上面对我家的掌握和批示,我可以报考任何一类专业,包括重点学校,包括保密的国防院校。但是学校给我下的结论是只能报考那么几类。

(画外)1964年,张鲁新考取了西南交通大学,也就是当时的唐山铁道学院,在那里学习工程地质专业。1970年,二十三岁的张鲁新毕业了。

(采访)张鲁新:为什么上了六年?那时候搞"文化大革命",晚毕业一年,实际上六年。那时候是包分配,但是分配得非常差。我记得叫作面向工厂、面向农村、面向基层、面向边疆,叫"四个面向"。我当时是分配到齐齐哈尔铁路局的最远的叫大兴安岭有一个加格达奇分局,然后又分到加格达奇分局再往下有一个工程段,工程段再往下有一个工程队,叫作大杨树东。大杨树本来是个小地方,还在大杨树东边,更不是个地方了。毕业以后全是做工人。我们很多大学毕业生都是在那儿劳动很多年,就在这个工区里面。我也劳动,包括扛枕木、抬钢轨、打道砟这些铁路上的活。

(画外)就这样,张鲁新在铁路上从事着简单的体力劳动。白天挥洒着汗水,晚上就和三十六名工人挤在一顶帐篷里休息。

(采访)张鲁新:那时候能有个工作干已经很不错了,没想这么多。但不可能让我永远这样做,因为很多技术工作需要人去做,所以自己还是继续努力。哪怕白天劳动再累,晚上还要在工棚里拿出书来看一下。这在我一直到后来的几十年里,一直就是这种思想。当时想,不可能没有机会,关键看你怎么去做。机会是留给有准备的人。

（画外）几个月后机会来了。当时铁路上的技术人员缺乏，张鲁新被临时借调到技术室工作。虽然是临时借调，但他很珍惜这次来之不易的机会。

（采访）张鲁新：实际上干的都不是我学的，我一点都没学过。比如当时让我设计一个站场，要出道岔什么的。我学的地质专业，这个我都不知道怎么去做。我赶紧拿本书来看。还有一次，让我设计一栋房子。我根本不是学这个的，我就找书，很有限的书，然后就到处去问。为了体现自己的工作能力和水平，得千方百计地抓住这个机会。都是干的我从来没有接触过的，根本就不知道。

（画外）他所在的大兴安岭地区是多年冻土区。来到技术室后不久，张鲁新就接触到了一个在当时看来非常奇怪的问题——冻土。

（采访）张鲁新：正好交给我两个工点，就是病害工点，让我来整治，带着一些人来整治。后来我知道这是冻土的工点，但是并不很明白这个事。当时查书也查不到，不管是中文的、外文的都查不到。然后我跑到齐齐哈尔去问，问一些曾经干过的人，毕竟一直在从事技术工作的人还是知道这些东西的。这是我最早接触冻土，知道是一个很奇怪的东西，大家都叫翻浆冒泥。

（画外）冻土是一种特殊的土壤。高寒地区土壤中含有冰，在温度升高和降低时，冻土会出现冻胀现象，尤其是在外界温度升高时，土壤中的冰融化，地基就会下沉，这就会直接影响铁路的运行安全。

（采访）张鲁新：我整治的那两段，每一段都是将近七八百米长，两段就是一公里多。就在大兴安岭嫩江的附近。我记得当时用草皮子护坡，挖排水沟，这些都是后来整治冻土病害的最基础的方法，当时这样做成功了。后来整治过几个这样的病害工点，我又给当时的生产建设兵团设计施工了一条三公里长的专用线。就是因为这个有了点名气，知道我很年轻但是很有能力，就把我正式抽调上去了。

（画外）1973年12月，毛泽东主席在中南海菊香书屋会见尼泊尔国王比兰德拉。他在和比兰德拉交谈时说，我们不仅要把铁路修建到拉萨还要修到尼泊尔边境。这个消息很快就传遍了全国。

（采访）张鲁新：这个时候铁道部又想起了我们这批流落在大兴安岭深山老林里劳动的技术人员，这帮大学生。他就开始在全路动员，但是在抽调我们的时候，所有人都不愿报名，基本上谁都不愿意来。我是主动去报名的。

（记者）当时报名时知道去干什么工作吗？

（采访）张鲁新：知道，这些情况都非常清楚。知道单位在兰州，肯定是要到唐古拉山去,到昆仑山去,到这些地方去,这都清楚。

(记者)对工作的地点是个什么概念?

(采访)张鲁新:那时候对青藏铁路的认识,就是咱们国家的版图、地图,就是棕黄色的一片,感觉到非常可怕。觉得那个地方去了以后可能九死一生,人能不能活下去都是个问题。

(记者)既然知道要去这样一个地方工作,为什么还义无反顾地报名要去呢?

(采访)张鲁新:人很想选择一条路,在这条路上走下去能获得一种成功。用当时那种话来讲,就是一颗红心全部献给党,献给人民。其他人采访我的时候,我也说过。我很坦白地说,这种成名成家的思想在我内心还是一直潜在的。比如说,我要是唱歌,我希望做一个歌唱家;要是跳舞,希望做一个舞蹈家;做冻土工作,我就希望成为一个冻土专家。

(画外)由于青藏高原存在多年冻土、高寒缺氧和生态脆弱的特点,给铁路建设带来了很大困难。有人说,青藏铁路成败的关键在路基,而路基成败的关键就在于冻土问题的解决。我国早在 1958 年 9 月就动工修建青藏铁路,但是在施工两年之后的 1961 年,工程全部停工。甚至国外有人说,只要昆仑山在,铁路就永远到不了拉萨。1974 年,三万多铁道兵开进青海,停止了十三年的青藏铁路建设工程第二次开工了。而此时已经二十七岁的张鲁新正面临着结婚这个人生大事。

(采访)张鲁新:那时认识以后并没想结婚,想再过上一段时间。后来因为要到兰州,大家说得非常可怕,就好像到天涯海角一样。家人说,你们结了婚再走吧,万一好几年见不到呢。后来结婚大概七天,结婚七天我就走了。然后过了三年我们才见面。

(画外)就这样张鲁新怀揣着人生的理想,走上了他的冻土研究之路。但是当他真正面对青藏高原的时候,他才认识到他选择的究竟是一条怎样的路。

(采访)张鲁新:先到了格尔木,中间经过青海湖,经过茶卡盐池,第一次到这地方。曾经在书上看到过的,终于自己来到这个地方了,当然还是很兴奋的。3 月 25 号就住在五道梁那个地方。格尔木海拔是两千八百多米,五道梁是四千八百六十米。一路上大家都说有高山反应,说怎么样难受。我感觉还没有特别难受,但是到了昆仑山,海拔是四千七百八十米,这个时候就开始有感觉了。翻过昆仑山以后很快就到五道梁。五道梁这个地方有一个俗语:"到了五道梁,不喊爹就喊娘。"为什么呢? 这个地方海拔高,缺氧气,气压又低,很难受。而且这附近小气候特别差,局部气候非常差。到了五道梁以后就头疼,就是头疼欲裂,真是觉得脑袋涨得要死,疼得就是要翻跟头打滚。非常难受还喘不上气来。住在兵站,解放军在沿途有一些兵站,像接力一样,接待运输车队。兵站就是那种大通铺,上面光光的,什么也没有。然后给你一条军用被,军用被很薄的。一半铺在那儿,另一半盖在身上。零下二十度就这么过,而且你还要忍受高山反应非常剧烈的疼痛、恶心,特别难受。

(画外)他们要去的目的地是建在海拔四千七百五十米的风火山冻土定位观测站,这个属于中铁西北科学研究院的观测站,是世界上唯一一座高海拔定位观测站。

(采访)张鲁新:再难受你也要下车去采土样,要在那里做一些基本的地质工作,还要做一些描述什么的,还要拿铁锹去挖坑。那时候不准雇民工,只能靠知识分子自己做。为了思想革命化,改造知识分子,我们全都自己挖坑。其实当时有一种很悲壮的、牺牲的那种感觉。

(画外)张鲁新和同事们的主要工作是调查多年冻土在青藏铁路上的分布范围。在人烟稀少、条件艰苦的生活工作环境中,他们需要经常离开风火山这个大本营外出考察。

(采访)张鲁新:你首先要弄明白冻土分布在什么地方。你不知道冻土在什么地方,你怎么去修这个铁路?你想,你怎么能知道?那时候没有这么先进的条件,但是再先进的条件,你也要脚踏实地地去落实才行。我们等于是从昆仑山这个地方一直翻过唐古拉山到达那曲,总共有五百多公里。我们要用自己的双脚一段段地量下来。我们几天就要搬一次家,扛着帐篷来回搬,一个星期搬一次家。每天早晨发给你两个饼或者两个馒头,一包榨菜。然后那个午餐肉罐头,切两片,每个人只能分到两片。当时就是这么困难的条件,还有五块奶油糖,一个军用水壶,一壶水,每天就是这些东西。就是沿途往前走,做一些物理勘探实验,做一些挖坑实验,做一些基础的冻土实验。辛辛苦苦这么三年,填成了一张青藏高原上的冻土分布图。然后给铁路修建,他才知道哪个地方有冻土。

(画外)青藏高原上很多地区的含氧量只相当于内地的一半,稍微一活动就会呼吸困难。恶劣的自然环境让这个二十七岁的年轻人吃尽了苦头。

(采访)张鲁新:我记得很清楚,那天风非常大,都喘不上气来。搭着搭着帐篷,那个帐篷就"哗"地吹跑了。我们去追那个帐篷,跑几步是根本受不了的。后来我们追上了那个帐篷,大家都躺在那个帐篷上面,都走不动了。

（画外）为了沿线考察，张鲁新和他的同伴经常深入到无人区做勘测，甚至有时还会遭遇死亡的威胁。有一次张鲁新和他的两个同事外出，由于当时带的地图出现了错误，走出去三十多公里后，大家迷路了。

（采访）张鲁新：本来是一个山谷他给画成山包了，那么我们就找那个山谷，这就多走出去三十多公里。离开驻地，走出去三十八公里，来回就是七十多公里。在高原上七十多公里可不是小事，那都是人的生理极限了。我们一直走，开始走不知道。我们一开始又说又笑又唱歌，还挺乐观的，觉得今天干工作也挺顺利的。把这个图弄完以后怎么越走越远了，走不回去了。走到一条大河前，我说坏了。这条河我知道是什么河，我知道这叫赤曲河。我一想这条河离驻地近四十公里了，我说咱们走错了。

（画外）就在张鲁新和同事努力寻找路线返回大本营的时候，天上下起冰雹，冰雹下过之后又下起了大雪，这时天也要黑了。

（采访）张鲁新：这个时候开始想要往回走，不管怎么样，错了也要往回走。先把资料包起来，我就开玩笑地说："咱们要是牺牲了也要有所值，要不咱们今天干什么去了？我说咱们把资料包好。"苦笑着，我们都是学地质的，辨别方向还是有一定的基本功，所以就拿出指南针找了个方向往回走。走到最后一点劲儿都没有了，最后是一点都走不动了。那时候已经半夜一两点钟了，我们就找了个背风的地方，三个人在那儿依偎着避风，想等天亮再说。那两个人比我年龄大一点儿，他们比我还有经验，说千万不能睡着，睡着就死了，死过去了。我说你越吓越害怕，那时候真感到一种绝望，觉得有可能真有生命危险。如果到第二天白天还是回不去怎么办？爬也能爬回去。可是这个晚上怎么过去呢？很难说能不能过得去。

（画外）住在风火山观测站的同事们发现张鲁新一行三人天黑后还没有回来，按照经验判断他们一定是遇险了。于是马上组织人员打着火把四处搜寻，营救张鲁新他们。

（采访）张鲁新：考察队的队长带着所有的人举着火把，漫山遍野地在找我们。其实就在我们头顶上走过去的，他们喊我们的名字，我们答应。但是那个时候你就想象不到，我们的声音像蚊子一样。因为饥寒交迫，非常虚弱，真是使足了劲也喊不动了，人家也听不着。这时候我们其中的一个队员，他会抽烟，他有一个纸烟盒，还有几根火柴。就把那个烟盒裁成三条。图纸你不能裁啊，今天工作的成果不能裁下来烧了。后来点了一条，没看着。我说完了，咱们生的希望又少了三分之一。又划了一根，还是没看着。我说咱们完了，还剩下三分

121

之一活的希望。划了第三根火柴把它点着,后来他们说,看到了,他们在那儿呢。他们知道了这个方向,一下子就找到我们了。其实已经很近了,他们在山顶上,我们在山底下。不过在高原上,山顶和山底下碰到一块儿还是很困难的。最后大家见面以后,女同志就是一阵抱头痛哭,把我们抬回去了。

(画外)这次逃离死亡的经历只是张鲁新多年遭遇中的一次。他和同事们在一次次的死亡经历中努力坚守着观测站的工作。

(采访)张鲁新:我觉得人生当中克服困难的过程和克服困难的整个经历,对你的人生是一笔宝贵的财富。这种财富就是下一次你再碰到这样的事情,第一你不会绝望,第二你会变得更加聪明起来,想出解决问题的办法来。在高原上也是这样:你经历过这么一次,然后你生存的能力就更强。

(画外)有一次外出考察,正碰上下大雪,张鲁新他们的车辆发生了意外。

(采访)张鲁新:我是住在西藏境内的那曲附近,坐车跑到唐古拉山的北面,就是青海的境内,来观测一些数据。我们沿途布置了很多观测孔,观测完了以后我们再回西藏境内。

(记者)您的驻地离观测点有多远?

(采访)张鲁新:四百公里吧。大概在半夜一点多钟,走这一个叫摩天岭的地方,刚刚翻过唐古拉山一个很险峻的山脉,下起了大雪,雪非常大,路很滑。走到一个弯道的时候,车翻了。翻车以后,一点事也没有,一点擦伤也没有。可是车轱辘没气了。当时都喘不上气来,在那躺着。可是不走不行,不走就死在这里了。在高原上就是这样,越碰到风雪天你必须走,你要走出去。你这个车要开出去,不开出去在这里坐以待毙,就要等死了。可是我们的车轮没气了,在山上什么情况呢? 不像现在有充气的那些设备,你就靠打气的气管子。咱们三个人,每个人打多少次能把备胎打起来? 在山上半夜一点钟,每拔五千米,还迎着大风雪。你打一下就喘不上气来。我们是一人打十次,不打就死在这里了。打了十次以后脸就憋得发紫,喘得很厉害,躺在那儿喘半天。真有要死过去的感觉。一人打十下,然后歇会儿,实在不行了就有人先顶着点,别撒气。其他两个人躺在地上歇会儿。就这样折腾到早晨四五点钟,我记得是打了四百三十五下,我记得很清楚。这真是感到生死之际的那种恐怖了。

(画外)在居住条件简陋的风火山观测站,同事们克服了常人难以想象的困难,每次出门远行,大家都相互鼓励,因为每次远行都意味着和死亡靠近。然而就在张鲁新经历着这种生死考验的时候,他却不知道远在山东的母亲,也正在和死神做着最后的较量。

（**采访**）张鲁新：1975 年的时候，我母亲得了癌症。1975 年年底，我母亲去世。我回来正赶上我母亲去世，但是她一直也没有告诉过我。她挺支持我的工作的，很通情达理的。其实我母亲五十五岁就去世了，很年轻。我记得 1975 年我调走以后，我只是在医院里看到过她。她正在得病，做手术。我在医院里看护了半个月就走了，回来以后她基本上不省人事了，然后就去世了。不过每个人好像都有类似的经历，谁也不可能守在家里，守在家里就不可能再成功了。还是都有一定的牺牲，有牺牲才能有成功。那个时候实际上不允许你选择，只允许你去工作。

（**画外**）在孤独的风火山上，这些喜欢热闹的年轻人满怀激情地度过了四年时光，就在他们执着地做着高原冻土研究的时候，1978 年 7 月底的一天，在青藏铁路做勘测的工作人员接到指示，定测桩打到什么地方，就停在什么地方，青藏铁路又一次停工。

（**采访**）张鲁新：当时一听说要下马，很多人卷起帐篷，第二天马上就撤下去了。

（**画外**）在大家纷纷离去的时候，张鲁新的选择是留下来，继续探索中国高原铁路科学，为青藏铁路再次上马积蓄力量。

（**采访**）张鲁新：正好借这个缓建（实际上学名叫"缓建"，俗名叫"下马"）期间我们可以踏踏实实地做一些实验和观测工作。每年仍然还是六七个月、七八个月在做。这个工作一直持续到了 1984 年左右。到了 1984 年国家就真的一分钱再也不给了，就没法再坚持了。

（**画外**）1984 年，坚持了二十三年的风火山观测站面临着生存的考验，甚至有人建议撤了观测站。由于科研经费不足，有的工作人员迫于生活的压力离开了研究多年的冻土专业，但张鲁新还是决定留下来，他四处呼吁保住观测站不被搬走。

（**采访**）张鲁新：我们就认为很多观测不能停止，比如说我们风火山，全世界唯一一个冻土的野外观测站，从 1960 年建立起来，到 1984 年已经有二十四年了，到现在已经四十多年了，快五十年了。这一点不能中断，谁要是把观测站关掉了谁就是历史的罪人。大概有一百一十个人都离开了，没什么希望就赶紧干别的。剩下的人，被他们看成太傻了，还在干这事。因为有一个人能坚持下来，他其实就是一个火种，而这个事一旦断开的话，便是很不好搭界的一块。所以从科学的角度来讲，必须有人坚持下来。

（**画外**）在没有课题经费的情况下，张鲁新又坚持了四年。1988 年，山东修建机场遇到难题,邀请张鲁新到指挥部工作,帮助解决地质方面的技术问题。他接受了邀请,并很好地解决了这个国家重点工程的重大技术问题,因此他被评为山东省科技先进工作者。省里希望留住张鲁新这个难得的技术人才,当地政府为他全家解决了户口,分了房子,还为他的孩子安排了学校。但是一年后的一天,张鲁新在一家宾馆开会,无意间看到了一个名叫《西藏的诱惑》的电视专题片。

(采访)张鲁新:我一看到青藏高原,音乐一起来再加上整个画面,我立刻眼泪哗哗地流下来了。我就想着,还要回去。在山东待了一年,我老觉得整天好像心神不定的样子,不知道为什么,看到这个以后,我才知道,还是所谓的青藏情结,还在吸引着我。曾经做过了这么多年,虽然说离成功还比较遥远,但我感觉从90年代开始,从各方面分析我觉得青藏铁路不修是暂时的,我断定早晚是要修的。那么我还是想回去再做这些事情,实际上我是一直坚信青藏铁路一定能修,要不然不可能坚持下来。你一旦确定了一个人生目标以后,不是那么太容易动摇。当时也想,即便是青藏铁路不修,用我的工作为今后修青藏铁路能打下一个基础也好。

(画外)1990年,带着修建铁路的希望,张鲁新回到了他离别一年多的青藏高原。这时的风火山观测站比他在的时候还要困难。在没有经费保障的前提下,他们还仍然坚守在风火山上观测数据。这期间张鲁新一方面通过创办高科技公司把他们的科研成果转化为生产力,为科研所缓解经费紧张的压力,一方面他又开始进一步研究世界各国有关冻土方面的学术成果。

(采访)张鲁新:1995年,曾经让我给国家计委汇报过一次,汇报青藏铁路过去曾经做的一些工作。这个时候青藏铁路就逐渐有点眉目了。为什么说有点眉目呢?我从1995年开始,又可以从铁道部申请到课题了。我能申请到课题,说明他是有这种想法了。

(画外)1994年7月,江泽民在中央第三次西藏工作座谈会上,提出"抓紧做好进藏铁路前期准备工作"的明确要求。这些苦苦坚守在青藏高原上的科技人员终于又看到了修建青藏铁路的曙光,而此时更加紧张地奔忙在唐古拉山之间的张鲁新,在一次外出考察回来的路上又遇到了危险。

(采访)张鲁新:1996年,我跟俄罗斯的一个科学家一块到青藏铁路上去。我还做我的课题研究,他主要是去拉萨那里。回来的时候,从安多那边,西藏的境内安多,在唐古拉山脚下。往回走,往青海方向走。下午三点多钟,我们在兵站里刚吃了点饭,我一看远处的唐古拉山,太阳当时很毒的,当时我就已经有经验了,我说不好,可能要有暴风雪。他们说你胡扯,我说真的,咱们快走。如果说不赶在七点钟走出唐古拉山山区,肯定完蛋。我这个车是租的,那时候条件很差,租了一辆招手停。我们还有一个好一点的吉普车,外国专家坐小吉普车。那个车开过去了,我这车跑不快,中间还抛了一次锚,只能慢慢地走。五六点钟,正好在山区,唐古拉山区的核心部位,海拔最高的地方,在那山洼里面。当时正在修公路,乱七八糟的。下暴风雪,非常大。就好像一大片棉絮往下撕一样,很密。咱俩这么近的距离,雪下得我都几乎看不清你的脸,就下到这个程度。这个时候已经根本看不见路了,我对这个路比较熟悉,我知道路。司机是我们雇来的开中巴的司机,他都吓哭了,不敢走。我说不行,必须走,不走的话咱们今天就死在这里了。这个暴风雪你不懂,在这里不能过夜。过夜你的汽车马上就要冻住,人就要死掉。我们车上什么东西都没有,后来我就在车下面走着。我走十米,摇晃着让他走,我探路走过这十米,一步步地往外引他。就这样,弄到半夜两点钟,走出唐古拉山区。如果说没有前面那两次经历的话,我也没有这么镇定,也不会那么坚定,那就有可能会出现一些危险。

(画外)在张鲁新和同事们常年的坚守中,在生死一线的科考生涯中,把青春和大半生的记忆都留在了风雪昆仑的科技人员,终于等到了修建青藏铁路的喜讯。2001年6月29日,朱镕基在格尔木宣布青藏铁路全线开工。

(采访)张鲁新:这时候我的眼泪"哗"一下就出来了。因为什么呢?我当时看到了那个红旗。想起来,这几十年的努力没有白白付出,我终于坚持到这一天了。

(画外)张鲁新和他的同事们出生入死得到的一千二百多万个数据,为铁路施工提供了重要的技术支持。张鲁新作为青藏铁路总指挥部专家咨询组组长,为修建中很多难题的解决发挥了不可替代的作用。

(采访)张鲁新:正因为有了我,类似一个活的百科全书一样,才给青藏铁路解决了很多很多的问题,敢拍板。只有我才敢拍板,很多大的问题,别人拍板,拍了也没人信。因为你没有根据,你没有那个经历,你没有那个资历。那么我的科学研究,整个的实践的经历,给别人一种很可相信的依托。所以说坚持下来还是对的。从科学的角度来讲,必须得有一个人坚持下来,有我在坚持。如果都不坚持下来的话,接起这个断层是很难的。

(画外)针对施工队伍对高原冻土施工知之甚少的实际情况,张鲁新编写了二十多万字的培训教材,举办了十多次冻土工程技术培训班,向两千多名施工企业领导干部和技术人员传授高原冻土的科学知识,并且他还在青藏铁路建设

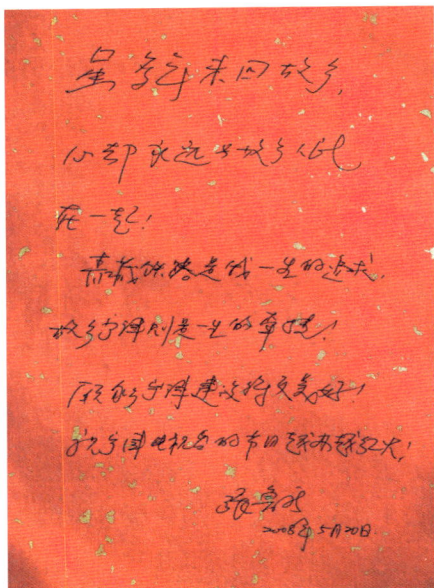

工地招收了包括施工单位指挥长在内的博士研究生。

（采访）张鲁新：在青藏铁路上我共给咱们国家带出了二十六个博士研究生，这二十六个博士研究生现在都是我们中国铁路建设各个大局的总工程师以上的技术干部。一边工作一边带研究生。

（画外）经过五年的艰苦施工，2006年7月1日，青藏铁路正式通车。因为它是世界上海拔最高的铁路，人们崇敬地称它为"天路"。《地质队员之歌》：是那狂暴的雨，洗刷了我们的帐篷，我们有火焰般的热情，战胜了一切疲劳和寒冷。背起了我们的行装，爬上那高高的山岗，我们为了祖国的事业，把青春献给青藏铁路……

（采访）张鲁新：家乡的父老乡亲们，我是家乡的游子。非常想有机会回去见见家乡的父老乡亲们。在这里借这个机会，向家乡的父老乡亲问好。很希望能回去看一下。

王恩德:从装卸工到董事长

(**画外**)天津港:中国的第二大港也是中国最大的人工港,货物吞吐量现居世界港口第六位,拥有世界上规模最大、现代化程度最高的煤炭和焦炭泊位。它的集装箱泊位在全国沿海港口中是现代化程度最高的。这个位居中国企业五百强、年营业收入达一百亿元的国有大型企业的当家人——王恩德就是宁津人。本期人物——王恩德。

(**同期声**)王恩德向胡锦涛介绍情况:我们这里有两个物流中心,一个是散货物流中心,一个是集装箱物流中心,配合国际航运中心而建设的,散货物流中心和集装箱物流中心就是"南散北集"。

(**画外**)这位正在向胡锦涛总书记汇报情况的就是王恩德。这是2005年10月份胡锦涛总书记视察天津港时拍摄的镜头。

(**画外**)王恩德,天津港集团有限公司党委书记、董事长,高级经济师。

(**采访**)王恩德:天津港是中国第二大港,也是中国北方最重要的一个枢纽港,今年天津港的吞吐量要超过三亿吨了,集装箱要超过七百万标准箱,吞吐量要超过三亿吨,这是今年的一个奋斗目标,同时,今年我们还有一个双百亿的目标。双百亿,就是说营运总收入超过一百亿,港口的建设投资超过一百亿。

(**画外**)今年六十二岁的王恩德出生在宁津县大柳镇王壕村的一个普通农民家庭。从小就勤奋好学的他,在班里的学习成绩一直名列前茅。到了中学时,王恩德对外语产生了浓厚的兴趣。也许这个生在农村、长在农村,一直想见识一下外面世界的农家娃明白,这是一种能让他见得更多、走得更远的语

言。而正是因为这个爱好,让王恩德在高考时选择了一个对他来说遥远而陌生的学校和专业。

(采访)王恩德:当时在咱们宁津县,每年有两个高中班,带一百个高中毕业生。从咱们县考大学的情况看,每年考的人数都比较少。我们那届还算都比较幸运,我们班有五十几个人,考上了三十几个人,对宁津一中来讲,应该说是历年来考生考上大学最多的一届。(我)考入上海海运学院远洋运输专业,现在叫作国际航运专业,当时叫作远洋运输专业。(当时)为什么要选择这个学校,(因为)我们处在农村,远离大海;为什么要选择这个专业呢,因为对外语比较爱好,这个外语专业,能和外国人交朋友,做生意,还是一个比较神秘的事情,非常神秘的事,是(我)比较向往的事情。就从北向南选择了这样一个专业。

(画外)带着那份对大海的向往和对外面世界的憧憬,1965 年王恩德来到了上海海运学院,开始了五年的大学生活。然而刚刚熟悉了这个陌生环境的他,就像那个年代的每一个中国人一样,被卷入到了影响整整一代人命运的洪流之中。1966 年春夏之交,"文化大革命"开始了。

(采访)王恩德:"文化大革命"以后的专业学习就比较松散了。本来好好的一个班分成了两派,学习也不在一起,专业大多是靠自觉去学习。老师上课的时候,上课的方式、授课的方式、学习的内容都与过去正常的学习是有差异的。大学最少得耽误有一年的时间。

(画外)虽然身处在这个非常的年代,但是王恩德还是很快就调整好了心态。

(采访)王恩德:1967 年下半年开始,我们感到作为学生来讲还是要学习些东西。迫于当时的环境,我们组织了不同的小分队,到外国理货公司学习一些业务,到中舶公司学习一些业务,到中远的轮船上跟班实习学习一些业务。我们又和学校配合,举办了几期中远船员的英语学习班。在那种情况下,一面是我们学习英语,另外也是和学员们共同学习英语。在那个氛围当中,有这几次机会,对自己的专业学习有了一定的提高。

(画外)1970 年,踌躇满志的王恩德大学毕业了。当时的大学生可谓是时代的骄子,然而这个人们眼中的社会精英却被分配到了天津港第三作业区当了一名普通的装卸工人。

(采访)王恩德:大家都看过样板戏《海港》吧,就是装卸工啊,搬搬扛扛,扛麻袋。按照当时的要求,大学生都要接受再教育。我在装卸队做装卸工,干了一年多一点儿。

（画外）从王恩德平和的语气中，我们似乎感受到了这个当年的大学生放低姿态适应社会的心境。而正是这种人生态度让王恩德脚踏实地地一步步走来。

（采访）王恩德：因为装卸工是三班作业，白班是八点到十六点，中班从十六点到夜间零点，夜班是从零点到八点，四个白班然后倒四个中班，四个中班然后再倒四个夜班，当中休息一天，然后再开始工作。这个班次正常人的生活规律来看有一定的影响，还是比较辛苦的。有时候一天吃五顿饭，甚至六顿饭，应该说装卸工是比较辛苦的。作为一个青年人，无论在什么岗位上，首先要对国家负责任，对工作负责任，在这个基础上对家庭负责任。这十几年我认为收获最大的就是增强了自己的责任心。

（画外）从1982年开始，王恩德逐渐走上了领导岗位。从第三作业区副主任到天津港埠五公司经理再到天津港务局党委组织部部长、党委副书记，王恩德一直不懈地努力着，在不同的岗位上展现着独特的人格魅力，尽情地施展着自己的才华。1993年，四十八岁的王恩德走马上任天津港务局局长。

（采访）王恩德：这段时间正好我们国家实行大发展。港口的发展不是孤立的，是和我们国内的经济、区域的经济紧密相连的。（按照）天津港当时的情况看，天津港是人工港，它和一些天然港口相比还是有一些劣势。国家港口的一些分布，是深水深用，浅水浅用，深水港就是泊大船，水比较浅的地方就停泊中小船。天津港基本属于浅水浅用，这么一个条件。要为区域的经济发展承担重要的责任，这个浅水港很难适应。我们当时确定了，天津港的发展战略之一就是一个深水港、深水枢纽港的发展。当时因为资金比较紧缺，投入大量的疏浚工程，提高航道的等级，确实很困难。

（画外）实施深水战略，拓展天津港的发展空间，调整港口结构，使港口功能日臻完善，布局结构更趋合理。王恩德上任以来，本着求真务实、锐意改革、开拓创新的发展思路，带领全局两万多名员工不断加快港口的建设。天津港的生产很快呈现出跨越式发展的态势。

（采访）王恩德：从1952年开港，到（年）吞吐量达到一千万吨，经历了二十二年。到1974年，天津港的（年）吞吐量超过了一千万吨。从1974年到1988年一共是十四年，天津港的年吞吐量才超过了两千万吨，1993年年吞吐量超过了三千万吨，1994年年吞吐量超过了四千万吨，1995年年吞吐量超过了五千万吨，1996年年吞吐量超过了六千万吨。天津港的吞吐量总是按照百分之十五的比例递增。这样发展的港口在历史上来看是绝无仅有的。

（画外）2001年，天津港（年）吞吐量突破了一亿吨，成为我国北方第一个亿吨大港。仅仅三年以后天津港再创奇迹,实现(年)吞吐量翻一番,2004 年再次率先成为北方第一个两亿吨大港。

(采访)王恩德:一亿吨大港是天津港几代人的心愿。当时大家对一亿吨大港很是向往,也是天津港几代人的心愿,全港干部职工拥护这个奋斗目标,同时各个工种、各个岗位,都为实现一流大港的目标做了很大的努力,包括各种各样的劳动竞赛,各单位的相互协作,相互支持。在天津港的发展问题上,领导和职工的心事是一致的。多年来形成一套比较好的工作制度和工作程序,在天津港工作,每个岗位上应该说基本上能达到人尽其职,各尽其能。天津港有一条理念:发展港口,成就个人。

(画外)王恩德已经在天津港默默耕耘了三十七个春秋,从一个初出校门的大学生,到普通的装卸工人、作业区副主任、分公司经理、天津港务局局长、天津港集团有限公司党委书记、董事长,王恩德一步一个脚印地实践着自己的人生价值,用努力和拼搏谱写着人生的华彩乐章。

字幕:1995 年,王恩德荣获天津市"优秀企业家"称号;1999 年,被国务院评为中青年有突出贡献专家、全国优秀质量管理推进者;2003 年,被评为中国创业企业家;2004 年 8 月,获得全国企业首批高级职业经理资格。

杜智：一生一事

（**画外**）命运的安排让他走进了医学殿堂。

（**采访**）杜智：我那个年代不是说自己选择专业的时候，那个时候是党叫干什么就干什么。

（**画外**）他用八年的时间，拿下了两个硕士学位和一个博士学位。

（**采访**）杜智：在英国的时候，他们想把我留在那里。

（**画外**）留学英国的他面对导师的极力挽留和优厚的待遇，毅然如期回国。

（**采访**）杜智：我不愿意做让人戳脊梁骨的事情。

（**画外**）面对设备陈旧、效益下滑、人心思变的医院，他临危受命勇挑重担。

（**采访**）杜智：这个医院经济状况非常的不好，职工凝聚力也不行。

（**画外**）一个又一个的改革创新举措，从手术台上到院长办公桌前，他究竟面临着怎样的境遇和挑战？本期人物——医学博士、肝胆外科专家杜智。

（**画外**）这几天卢继芹的心情是又激动兴奋又忐忑不安。被肝海绵状血管瘤困扰了八年之久的她，终于可以接受手术了。卢继芹的病情已经相当严重了，巨大的血管瘤使得她看起来就像一个待产的孕妇，严重的右心衰竭，贫血，呼吸困难，腹壁和下肢水肿，让她不能从事任何活动，甚至不能平躺在床上，只能半坐着睡觉。

（**采访**）卢继芹的丈夫：走了几

个大医院,还有几个相关的权威医院也去过。把病人也带去了,人家(医院)说不接收,人家明确地讲,我做不了。

(画外)卢继芹的身体已经是每况愈下,腹内肝血管瘤已经开始出现破裂,导致瘤体迅速增大,仅仅十天,瘤体已从原来的直径二十厘米增大至三十四厘米。如不能尽快手术,随时都有生命危险。绝望之际,卢继芹夫妇俩来到了天津市第三中心医院。这里的医生决定收治这个病人。

(采访)杜智:这个病例,是一个占满了整个肚子的十六公斤重的巨大的肝脏血管瘤。按照道理来说,这么大一个血管瘤,应该切除。但是这个病人呢,她又存在着非常严重的手术的反指征,就是说它不应该切除。为什么不应该切除?就是因为她的心脏病太厉害了,心衰非常厉害,肺功能又非常非常的不好。两年以前,她还有过脑出血的历史。心、肺、脑都不好,所以风险自然就非常大。

(画外)敢冒风险决定为卢继芹动手术的这位医生叫杜智,是宁津县时集镇前仓村人,现任天津市第三中心医院院长、卫生部人工细胞工程技术研究中心主任、医学博士、肝胆外科专家、主任医师、博士生导师。在医学界杜智是个响当当的名字。他是全国有突出贡献的中青年专家,也是享受国务院特殊津贴的专家,中华医学会理事会理事、中华外科学会委员、中国生物医学工程学会常务理事。然而这个有着一大串荣誉称号和学术职务的医学专家,他和医学结缘却是人生中的偶然。

(采访)杜智:那个年代,还不是说自己来选择专业的时候。这也是碰巧进了这个专业。在中学里就说,保送你去学医。自然来说很高兴。还都没有毕业的时候,就把我选拔出去了。

(画外)作为宁津人,杜智对家乡的印象更多是停留在童年时代。当时他和爷爷奶奶住在时集镇前仓村的老家。九岁那一年,杜智跟父母去了天津。说起当时的情况,他仍然记忆犹新。

(采访)杜智:那时候没有这么多的饭吃。我是在全家野菜中毒之后离开的家乡的。说句实在话,当时吃树皮、榆树叶、榆钱,什么都吃,野菜中毒也是因为能吃的野菜都挖光了,最后吃的是一种没有吃过的野菜,使得我们全家野菜中毒。我呢,没有中毒,因为那天的饭太难吃了,没有吃那么多,吃了几个半生不熟的枣,所以我逃脱了。我们全家其他人都昏迷了。后来倒是都救过来了,县医院都去了。当时的(年代)就是比较贫穷。

(画外)这一次杜智收治的这个病人卢继芹,病情相当复杂。由于她体内的肝血管瘤已经存在了八年,并且还有严重的心脏病。如果做手术,病人的这种身体状况很可能坚持不到手术结束,但如果不手术,患者的生命就危在旦夕。

(采访)杜智:因为有心脏病的(患者)是不能做手术的,你不要说做大手术,去给他拔个牙都不可以。但是对于这个病人来说,她的心脏病加重了肝脏的血管瘤,使血管瘤疯长,肝脏血管瘤长大之后,又加重了心脏的负担,使得心脏病又更进一步加重。所以在这个时候,血管瘤就成了一个主要矛盾,不把它切除掉,最后病人将死于更加恶化的心脏病。

(画外)杜智是国内在肝胆外科领域有特别建树的专家。1996年,他曾远赴英国留学,在利兹大学攻读医学硕士。当时他在中国已经是硕士研究生了,并且正在攻读博士学位。在英国,杜智只用了一年的时间就完成了硕士的全部学业,并以优异的成绩通过了论文答辩和考核,甚至取得了多少人梦寐以求的英国国家医学委员会批准的临床从医资格。

(采访)杜智:在英国的时候,他们想把我留在那里。他们说你可以继续在这(学习),我们再继续给你掏钱,你继续念博士,再一步一步地往下走。

(画外)在留下与回国之间,杜智没有丝毫的犹豫。他毅然决然地踏上了回国的班机。

(采访)杜智:我在走的时候,好多人都认为我不回来了。我就一直还是说要回来。要回来的意思就是说,我不愿意做让人家戳脊梁骨的这种事情,这是一个方面。还有一个更为重要的原因,我一直是在这个医院成长起来的,在这个医院工作了多少年,我对这个医院有着很深厚的感情。(记者:在做出这个决定之前,征求过家人的意见吗?)这个没有,这个谁也做不了我的主。

(画外)当时的天津市第三中心医院,各项基础建设由于没有经费无法开展,病人越来越少,医院的效益很低。这些杜智都非常清楚,他知道他选择了回国,就是选择了艰苦和责任。

(采访)杜智:我对当时的这个医院并不满意。在天津市来说,还是一个处在二流偏下的医院。作为我来说,我很想按照自己的意愿,来改变这个医院改造这个医院。

(画外)为了救治卢继芹,抢救这个挣扎在生死边缘的生命,杜智决定动手术。他会同医院心脏内外科、麻醉科、重症监护中心等科室进行讨论,对患者采取一系列稳定生命体征,特别是稳定心功能的治疗。病人的情况终于有了一些好转。经过反复思考,结合自己多年的临床经验,一个周密的手术方案终于在杜智的脑海中形成了。两天后卢女士被推进了手术室。

(采访)杜智:有危险也要做(手术)。解除这个危险,她的心脏就能够好起来,这也是我从医这么多年来经历的唯一的一个这样的病例。这样的病例非常少见。

（画外）1998 年,也就是杜智回国之后的第二年,他挑起了天津市第三中心医院院长这副重担。如何摆脱医院的困境,让医院步入良性循环发展的快车道,成了杜智面临的一大难题。

（采访）杜智:这个医院的职工,心态也不是很理想,凝聚力不行。那么作为病人,他就更加不会到这个医院来就诊。这就是一个恶性循环,当时就是这样一种状态。

（画外）就在杜智刚刚上任天津市第三中心医院院长那一年,他又一次去了英国,在那里他萌生出了一个能改变医院现状的奇思妙想。

（采访）杜智:1998 年的时候他们邀请我再去一趟,他们提供我所有的费用,就是参加我授学位的仪式,当然也有别的意图,把我当时在英国做的那些工作,能够给后来的人传授传授。这样我就去了。我的脑子一直就没有闲着,医院里面这些事情,令我很发愁的事情,在逛超市的时候有好多的联想——什么时候也能像逛超市一样,我就想到了病人选医生。

（画外）但是要让病人选医生,这在全国都没有先例。这个办法能挽救天津市第三中心医院吗？很多医护人员都心存这样的疑问。

（采访）杜智:当时,刚一开始大家肯定觉得不是很理解。

（画外）病人卢继芹有严重的心衰,并且肺功能差,血压波动大。这个手术让所有的人都揪着心。上午八点三十分手术开始了,医生在病人的腹部切开了一个巨大的 T 字形刀口,以便能够有足够的空间将直径三十四厘米的大瘤子暴露出来,让医生们能够看得清楚,在尽可能少的时间里切下来。时间在一分一秒地流逝着……

（画外）手术现场:游离血管瘤,这是手术中时间最长、最需要谨慎和耐心细致的工作。在进行膈肌和瘤体分离时,杜智遇到了麻烦——由于粘连严重,他几乎没有下手的空隙。

（采访）杜智:血管瘤潜在的一种危险,就是血管瘤突然破裂,破了之后就相当危险了。

（画外）为了能说服大家接受"病人选医生"这个办法,杜智摆下了擂台,用问答的形式来解除医护人员心中的疑惑。

（采访）杜智:如果说把我问倒了,这个事情我们就不做;如果说你问不倒,这个事情你觉得也挺好——也算是一个擂台,我在这,我是擂主,打擂,你打不赢我——那这事情就得做。

（画外）1998年9月1日，杜智在全国首开"病人选医生"的先河。这个制度一出台，很快就赢得了广大患者的赞同，并得到了社会各界的认可，成为医疗卫生服务改革的突破口。国家领导和市领导也高度重视，多次来三中心视察，对他们的做法给予了肯定。各地乃至中央媒体——中央电视台《新闻联播》《焦点访谈》等节目纷纷以"建立以病人为中心的医疗服务模式"为题进行了报道。三中心的名字不胫而走，传遍了千家万户。三中心的改革成功了。

（采访）杜智：结果是非常理想、非常好的。通过病人选医生，这对于我们医生是一种客观考核，再加上我们医院一种内在质量的考核，两个一结合，最后起到了非常好的作用。这样大家的积极性就提高了，病人的数量很快就上来了。

（画外）本来手术前计划打开膈肌，但杜智还是放弃了这个计划。为将病人的创伤缩到最小，他在仅有一个厘米的间隙里，放入电切和手术钳，进行血管结扎。经过四个小时的紧张工作，血管瘤终于游离成功。但是手术中更精细的一关——解剖第一肝门和第二肝门还在等着他，由于肝门受挤压变形弯曲，使解剖工作难度增大。

（画外）经过整整八个小时的奋战，下午四点半，一个罕见的巨大血管瘤从患者腹部取出，整整十六公斤，同时还为患者切除了肝左叶一个八厘米的小瘤。手术成功了！

（采访）杜智：手术以后快两年了，现在这个病人挺好的。过去脸色都是青紫，现在脸色非常红润。

（画外）"病人选医生"制度的成功，让杜智的管理才能开始释放出来。随后他在全国又率先提出并一一实现了"住院患者包餐制""住院病人取消家属陪伴制"等一个个创新举措。2003年，五万平方米的门诊病房大楼拔地而起，无论是宽敞明亮的诊室，还是宾馆一样的病房，还有那些国内一流的先进的医疗设备，都体现着一个具有世界现代化水平医院的风采。到2006年，天津市第三中心医院的规模和效益都比改革前翻了四番。

（采访）王毅军（天津市第三中心医院主治医师）：杜院长是一个非常有智慧的人，这是第一个。第二个是非常严谨的人。杜院长锲而不舍的精神，不是一般人具备的。

李强（天津市第三中心医院副院长）：他不光是一个医疗专家，而且是一个管理方面的专家，非常有经济头脑。有这样的一个领导，对我们每一个人来说，在通往成功的路上，算是搭建了一个非常好的平台；另外呢，他自己在为人和做事方面,又给我们树立了一个很好的榜样。

田丽(天津市第三中心医院护士长):从个人的这种人格魅力上,他做事的这种规范严谨,包括待人的这种坦诚,让我们觉得有这样一个好的领导,真的非常幸运。

(画外)从医院的档案资料中可以看到:从1998到2002这五年当中,杜智就成功地为五百多名患者进行了手术,其中有复杂的肝门胆管癌、胆囊及胰腺癌、中晚期肝肿瘤、十二点五千克巨大肝肿瘤等疑难复杂手术,无一例死亡。五年中五百多次手术无一例死亡,即使是外行人,也能想象出这句话后面蕴含着什么。

(采访)杜智:作为一个医生,我觉得第一个还是一个责任心,对病人必须得高度负责。我现在要参加的一些手术,都属于一些比较疑难的手术,也就是说大家容易碰到困难的手术。就是说去参加手术,也能了解到我们临床当中好多实际的问题。

(画外)现在杜智还承担着三项国家863攻关课题和多项省部级科研课题。由他主持的再生医学疾病与生物治疗工程研究中心被列为天津市重大高新技术产业化项目。他的科研成果获得了天津市科技进步二等奖、三等奖,国家发明家协会银牌奖等多个奖项。而且他还是全国劳动模范、全国优秀院长、全国先进科技工作者、"全国五一劳动奖章"获得者。每当说起这些,杜智都很淡然。

(采访)杜智:如果我还被认为是一个比较不错的医生,当然我会有一些自豪,但是更多的,说句实在话,我也不觉得这个能怎么怎么样,我觉得其实也没什么。作为人的一生,作为我来说,就想做好一件事情。其实这一件事情,就是我服务的那些职工,也包括病人们,他们都满意,他们都幸福,我觉得就可以了。

张宪:教员·专家·军旅情

（**画外**）带着对绿色军营的憧憬和向往,他开始了漫漫的军旅生涯。擦肩而过的对越自卫反击战,让他感受到了动人的爱情宣言。三尺讲坛默默耕耘,他在平凡中演绎着人生,在周而复始里品味着人生百味。本期人物——张宪。

（**同期声**）士兵:全体起立,稍息,立正。教员同志,学员四队上课前准备完毕,应到六十人,实到六十人,请指示。

张宪:上课。

士兵:是,坐。

（**画外**）这是军事院校特有的课堂氛围。严谨、规范是这里给人印象最深的感受。他叫张宪,是中国人民解放军军事交通学院基础部的教授,文职师级干部,基础部专家委员会委员,军事交通学院首批学科带头人,教学督导员。

（**画外**）今年五十三岁的张宪是宁津县保店镇红庙李村人。张宪的父亲解放前是我党的地下工作者,解放后就一直在济南工作。1956年,只有三岁的张宪跟随父母去了济南。在那里张宪度过了自己的小学、中学时代,1970年高中毕业的张宪被分配到了一家工厂成了一名工人。

（**采访**）张宪:在那个年代,当兵是最光荣的。虽然我当时分配到一个军工厂里工作,但是我依然渴望参加中国人民解放军,保卫国防,献

身祖国的国防建设,能够贡献我自己的一点力量。

（画外）就这样只当了几个月工人的张宪,怀着对绿色军营的憧憬和向往,开始了他的军旅生涯。

（采访）张宪:我一入伍就在通讯部队工作,从事报务员工作。报务员就是和电台打交道的,有收信机、发信机。报务训练很严格,年龄比较小,接受能力比较快,而且通过一定的考试才能选到报务分队里头。当时我在报务训练分队的时候,还拿了第一名。那是1971年的5月份。

（画外）1973年在部队表现出众的张宪,获得了一次改变人生轨迹的机会——考军校。

（采访）张宪:由中国人民解放军通讯工程学院择优录取的。那时候全国没有统一高考,是由各个招生院校分别到每一个部队、企业、单位去选拔,招生院校直接录取。

（画外）毕业后,张宪回到了原来的部队当了一名助理工程师。不久,他原本平静的生活就被打破了。1979年2月17日,中国人民解放军边防部队在广西、云南边境地区发起了自卫还击战。战事很快就波及了张宪所在的部队。

（采访）张宪:1979年,我们国家和越南发生了摩擦,我们为了捍卫自己国家的主权,进行了自卫反击战。我们所在的部队,也应召到中越边界上去了很多人。

（画外）当年的对越自卫反击战,不但使中越边境硝烟四起,中苏边境也成了军事态势非常紧张的地区。在中苏交恶的六七十年代,苏军对我国北部地区(施加的)压力很大,如果此时这个军事敏感地区发生摩擦,后果将非常严重。

（采访）张宪:在没有接到命令之前,我们每个人都写了请战书和决心书。为了应对这样的紧急状态,从各个部队抽调了一批比较优秀的通讯专业技术干部到新疆,充实到部队里头了。

（画外）政治、业务素质都过硬的张宪被部队第一个选中,成了他所在部队唯一一名远赴中苏边境的通讯干部。

（采访）张宪:我是作为第一名到新疆的专业技术干部抽调的,这既是组织上对我的信任,又是对我的考验。我考虑了一晚上,几乎无眠。第二天我愉快地服从组织分配,赶赴新疆边界前线去了。那是准前线,我们当时就是抱着去打仗这么一个思想去的。

（画外）张宪在家里是独子,要去中苏边境,父母能支持吗?

（采访）张宪:我当时给家里打了一个电话,我父母也比较支持。当时的条件,部队离家乡还有一段距离,只能通过电话联系。

（画外）张宪要去工作的地方是部队的发信台,这可是通讯部队最危险的部门。

（采访）张宪:发信台是通讯部队的大功率发射的一个单位,对于一些敌方电子对抗的侦听,或者是侦探,它是一个重点打击的目标。如果一旦发生战争,敌方摧毁的首先是我们这样的军用电台,尤其是发射区域,是他们重点打击的目标。

（画外）当时张宪已经有了女朋友,在天津工作的韩凯鸽和他已经相恋很长时间了。在去新疆的途中张宪在天津做了一下短暂的停留,在这里他向韩凯鸽提出了一个出人意料的提议。

（采访）韩凯鸽(张宪妻子):他说,我要上前线的话,有可能(发生)什么情况就说不准了,咱们两个就散了吧,像我这个情况有可能牺牲,要是那样的话,不会对你有什么影响,如果真的残废了的话,那怎么办呢?

（画外）韩凯鸽的母亲也是一位宁津人,解放前曾在庆云县任妇联主任。韩凯鸽的父亲韩天伦是一位老革命,1938年参军,曾参加过抗日战争、解放战争和抗美援朝战争,经历过无数次战场的洗礼,是我军第一个入朝作战的高炮师政委,解放后曾任中国人民解放军军械学院政委。在这个革命家庭成长起来的姑娘,对军人有一种特殊的情愫。

（采访）韩凯鸽:当时我就说,只要是你不当逃兵,哪怕你只剩一条腿、一个手指头,咱们还是一家人,我会照顾你一辈子的。

（画外）就这样,张宪带着这真挚的爱情宣言,踏上了前往中苏边境的征程。

（采访）张宪:当时新疆的一些老百姓,大部分都是从新疆往内地流动。火车和飞机都是挤满了的,往新疆去的人几乎是没有。我到乌鲁木齐去的时候,整个的火车上基本没有多少人。

（采访）韩凯鸽:当然是盼着千万别打起来,一方面有他在前线这个考虑,另外要是发生战争的话,最起码来讲,咱们国家也是要受损失的。当然是不希望发动战争,希望和平。

（画外）虽然张宪没有遇到战争,但是他却经历了一次全军范围的技术大比武。

（采访）张宪:1979年年底,全军组织了无线电专业技术干部的考核,要求五十分钟之内维修两个故障,如果提前一分钟(完成)增加一分,结果我五分钟就修了两个故障。当时我理论分考了一百分,一百分是满分,实际操作分总分是一百四十五分,名列全军第一。

（画外）没过多久,张宪和韩凯鸽就结婚了。1983年,因为工作需要,张宪从新疆调到了中国人民解放军军事交通学院,当了一名教员。

（采访）张宪:因为我在部队从事专业技术工作,经常搞一些技术理论上的研究,到了学校,从事理论教学方面的工作,还是比较对口,而且适应情况也比较快。

（画外）为了进一步适应工作的需要,张宪先后到天津大学和城市职业学院学习了计算机专业和工业自动化专业。很快他在教学方面就取得了突破。

（采访）张宪:1985年,我在我们教研室里编写了一部电工学实验指导,那是我（写的）第一部书,是为学校编写的。第一部作品出版的时候,我心里非常高兴,自己写的东西终于变成铅字出版了,这是我们比较值得庆贺的一件事。

（画外）这次本来是为了学校教学而编写的教材出版后,张宪开始一发而不可收,出版社和他的交往越来越密切。

（采访）张宪:这些都是我编写的书,一共三十多本,其中这一本电工技术,是我们现在大学本科用的教材,从1997年开始编写以来,已经用了十年。经典教材用的时间就比较长。以前基本上是一年写一本书,最近这几年,约稿的多了以后,一年大概出两到三本吧。

（画外）这种专业性很强的教材,编写起来非常烦琐,尤其是校对,更需要作者一丝不苟。

（采访）张宪:校对的时候也是非常烦琐的,我们在编写过程当中,由于专业技术性比较强,对一些英文字母的大写和小写,或者是有点儿没点儿,这样的具体要求很多,校对一遍大概需要一周的（时间）。

（画外）很多时候他一个人忙不过来,妻子韩凯鸽就过来帮忙。现在妻子已经成了张宪编写书籍时不可或缺的得力助手。

（采访）张宪:最烦琐的就是一些图表的绘制,我爱人原来是搞机械工作的,对一些机械制图或者图形的绘制比较熟练。这样有些图就由她来完成。

（采访）韩凯鸽:他实在忙不过来,就是说夜以继日也忙不过来的时候,我就帮他完成。我是学机械的,我们专业不同但是能够互补。

（画外）一天的接触,张宪给我们最深的感受就是温文尔雅、性格温和。但是在书籍的编写校对上,他有时候也会大动肝火。

（采访）韩凯鸽:有的时候在对他的图的时候,（按照）过去的说法就是都行,这样我就给放过去了。他拿过来我对的稿子,有的时候（说）,你看看你整

140

个一个马大哈,这样的书如果编出去的话,要让人家笑掉大牙的。我就觉得非常非常认真了,他还是不满意,有时候我真的挺生气的。我说这是怎么说的呢,帮人却帮出麻烦来了。可是后来一想他这样要求也是应该的。

(画外)很多时候张宪就完全沉浸在他自己的书籍编写中,放弃了业余时间,没有了节假日休息,但是他却说这其中的快乐外人是很难理解的。

(采访)韩凯鸽:我感觉他就是一个特别坐得住的人,特别是后来这些年写书的时候,学校里都吹了午休的号了,我们是左等右等还不见人,再一打电话,哟,几点了,根本就不知道。要是没有外来人影响的话,这一天他都不知道过了多长时间了,甚至中午不吃饭。

(画外)他编写的书籍很多都成了学校使用的教材,他的课也深受学员的喜爱。三尺讲坛上,在为一批又一批学生传授知识的同时,他以自身的行动和严谨勤勉的教风深深地感染着学生。

(采访)军事交通学院学员:上课的时候,张教授能够抓住我们学生的心理特点和实际情况,把一些难的问题讲得更加简单化,让你容易接受,学起来特别容易,从开始上课到下课,整个思路都是跟着张教授的思路在走。

(采访)军事交通学院学员:在工作方面,张教授是一个非常敬业的人;在生活方面是一个非常慈祥的长者,严肃而不严厉。上课的过程当中,放松而不放纵。

(采访)军事交通学院教员:在教学上非常严谨,确实是我们年轻教员学习的楷模。他要经常听我们一些课,然后对我们提出一些批评,还有一些辅导。这些对我们来说,少走了很多的弯路。

(画外)多年来,张宪先后编写出版了三十二本著作。由于出版作品多,发行量大,他被化学工业出版社聘为专家委员会委员,并成为天津市高校电工学教学研究会理事。正像张宪自己说的那样,他的一生并没有大风大浪,但宁静中并不平淡。在日复一日年复一年的传道授业中,在笔耕不辍的专业教材编写中,张宪在平凡里演绎着人生,在周而复始中品味着人生百味。

2014年退休后,张宪被南开大学滨海学院特聘为教授,从事本科生数电、模电等理论与实践教学。他指导的学生多次获得国家、省级电子竞赛一二等奖。

崔治凤:籍贯特殊的宁津人

(**同期声**)崔治凤:你如果问我老家是哪里的,我说宁津的也行,东光的也行。

(**画外**)特殊的历史原因,造就了这个籍贯特殊的宁津人。

(**同期声**)崔治凤:从部队的首长意识转变为公仆意识。

(**画外**)三十年的军旅生涯,十七年的地方官员,他经历了怎样的人生之路?

(**同期声**)崔治凤:在哪里干好一件事都不容易。

(**画外**)退休后赋闲在家的他,回首人生又有怎样的感悟和对家乡的期盼?本期人物——崔治凤。

(**画外**)他叫崔治凤,曾历任解放军某师政委、天津市河东区区长、政协主席等职,2006年退休。崔治凤的老家是现在属于河北省东光县的张彦恒乡崔达村,过去这里曾经是宁津县的一个乡镇。1965年,张彦恒乡被划归河北省东光县管辖。这种特殊的历史原因,让崔治凤有了一个双重身份。

(**采访**)崔治凤:你如果问我老家是哪里的,我说宁津的也行,东光的也行,现在咱德州有什么活动、宁津有什么活动都找我。

(**画外**)1942年,崔治凤出生在一个普通的农民家庭。由于解放后他才开始接受学校教育,崔治凤1958年小学毕业时已经十六岁了。

(**采访**)崔治凤:考中学(学校)离家太远,那时候家里困难,我父亲也不愿意让上,离着学校十二里地,又交钱,

又弄粮食,咱不上了,那时候困难嘛。

(画外)虽然只是小学毕业,但这在当时崔治凤已经算是村里的文化人了。

(采访)崔治凤:原来我们村里没有学校,校长说这样吧,安排你教书吧,在你村里。这样就在村里教书。

(画外)然而当教师却不是崔治凤的理想。1959年,在参军入伍的热潮中,他怀着一份朴素的信念踏上了从军的路。此时,张彦恒乡崔达村还属于宁津县管辖。

(采访)崔治凤:那时候用咱的土话来说,教师也比较艰苦,当兵能够锻炼锻炼。那时候当兵不都转业嘛,就是出来锻炼锻炼,将来能安排个工作。那时候朴素的想法就是这些。

(画外)就这样,十七岁的崔治凤成了一名解放军战士。然而真实的部队生活和他的想象却大相径庭。

(采访)崔治凤:当时想的部队就是学习文化。部队上非常艰苦,第一年在天津修八一礼堂,修地下室,完全靠人挖平地坑,没有机械,完全用人把大框挖开。也搞过生产,搞过训练,部队非常艰苦,但是也觉得部队非常锻炼人。

(画外)艰苦的体力劳动并没有阻挡住崔治凤对知识的渴望。只要一有闲暇,崔治凤就抓紧时间自学。

(采访)崔治凤:我决心好好地学习,好好地干。我当战士的时候没有睡过午觉。别人睡午觉,我自己拿着书在树底下、房楼底下学习。我当战士的时候字写得特别好,我给全团刻蜡版,给团里的机关刻蜡版。

(画外)机遇总是眷顾那些有准备的人。1964年,崔治凤迎来了他生命中的一个转机。

(采访)崔治凤:1964年春天招军官考试,我就考上了。那时候有文化的人少啊,提干了三四个月我就到团里当干事。当干事,整天写材料,搞调查。后来在团里当股长,到师里政治部当组织科副科长。

(画外)由于工作出色,政治业务素质过硬,二十七岁的崔治凤从师部来到基层部队任营教导员,开始了一段更为忙碌的日子。

(采访)崔治凤:我在组织科当副科长下来当营教导员。师政委和我谈话说,你去,这个营一年死了五个人,现在就是改组这个营。因为搞生产、施工,死了五个人,师首长们研究,让你当教导员。师首长亲自和我谈话让我去,我说,行,可以。我这个人一个最大的特点,第一务实,第二不甘心落后。

(画外)凭着求真务实、不甘落后的工作作风,他深入调查了解,寻找问题根源,很快就找准了工作的着力点。

（采访）崔治凤:我来了以后,首先造生产基地,抓生产,抓生活,把我的物质基础弄好。过去的战士吃不饱有意见,我就到汉沽造生产基地,找一个单位要地,搞生产,这样用了一年多,我们营的水稻产量达四五万斤。部队的工作就是紧张,正规:两眼一睁,忙到熄灯;两眼一闭,提高警惕。这是部队上首长的特点。

（画外）在崔治凤和全营官兵的共同努力下,这个营的二作有了很大的改观。

（采访）崔治凤:一年,我这个营就上来了。就用了一年,我这营训练在全师第一。打靶、射击,全是第一,一个人都没死,各种文化体育活动都拿上游。

（画外）从营教导员到团政治处主任、团政委,崔治凤一直不懈地努力着,在绿色的军营里用汗水和拼搏,展现着军人的风采。1983 年,崔治凤迎来了他军人生涯中最辉煌的阶段,四十一岁的他走马上任解放军某师政委。

（采访）崔治凤:在部队上纪律严格,要求严格,整齐划一,实际上这些就是要求你怎样做人,怎样做一名合格的兵,这是我的第一个收获;第二个收获就是,部队干部做事比较果断,说干就干,雷厉风行;第三个收获就是确确实实人民的军队为人民,这个观念树立得比较牢固,为了人民的事都得干,积极地去干。我觉得这些年这是最重要的。

（画外）在师政委的位置上他一干就是六年。1989 年,他所在的部队发生了一次重大的变革。

（采访）崔治凤:我从国防大学学习回来,就(赶上)部队撤销。部队撤销我的六十六军得撤,我那个师得撤,部队出来多少干部啊。

（画外）从此,崔治凤的军旅生涯走到了终点。1989 年,他转业到了天津市任河东区副区长。

（采访）崔治凤:要从部队转变适应地方工作,要从部队的首长意识变为公仆意识。在部队讲首长,到地方讲公仆,把这个意识得变过来。我师政委到哪个团,都管我叫首长。到地方不能是首长,你是公仆啊,你得和老百姓摆到同等的位置。在部队上说干就干,雷厉风行,在部队上政委讲话是指示,到地方就变成协调商量了。

（画外）突然转换到了一个相对陌生的工作领域,崔治凤也经历了一个从不适应到熟悉进而得心应手的过程。

（采访）崔治凤:我当时也有压力啊。从部队来了以后,区委政府让我管工业商业。我上来就管工业商业,这不是咱外行吗?对吧。最大的问题就是咱外行,还让我管经济,因为区的重头戏就是经济啊,工业商业都是一个人管,咱慢慢地熟悉吧,向下边学。用了半年多,半年多我就入门了,我管经济的时候是我们区发展势头最好的时候。

(画外)在河东区,崔治凤一干就是十七年,从副区长到区长再到政协主席,在工作角色的不断转换中,他也在不断地调整着自己、丰富着自己。

(采访)崔治凤:我懂得了经济领域的一些学问,学到了很多东西。你现在说工业我觉得不外行,你说商业我也不外行,你说城市管理我觉得也不外行。我管工业、商业的时候,经济上我批的项目,没有丢过一分钱。当政协主席的时候,我的政协工作,在天津市,在全国政协,应该说还是挂点号的。全国政协在每个省、市选一个信息直报单位,天津市就选了河东区政协。我的信息在天津市十年来都是优秀,都是先进。全国政协信息直报点,我的信息直接报全国政协。

(画外)2006年,崔治凤从河东区政协主席的位置上退了下来。经历了人生这许多次的角色转换,他时刻拥有着一颗平常心。

(采访)崔治凤:在哪里干好一件事情都不容易,特别是我现在搞一些学习研究,搞一个天津市老年健康协会,搞一个中国易经养生协会,下半年民政部就批下来了。

(画外)崔治凤,这个有着河北省籍贯的宁津老乡,谈起宁津,谈起今后宁津的发展,他还是那样充满热情。

(采访)崔治凤:我们宁津县应该借助滨海新区发展的机会。因为滨海新区是环渤海的一个中心,我们宁津也是环渤海圈里面的。如果将来能对接,对接得好,对我们宁津的经济发展确实有促进作用,有着非常重要的作用,将来的合作我觉得很有前景。宁津地域的优势、土地的优势、劳动力的优势、基础的优势,我们都有了。滨海新区从环渤海来讲,不仅是环渤海地区,而且国际上都看好这个地区。将来滨海新区的发展,肯定能带动我们宁津的经济发展,这一点我们都非常高兴,我们也会尽心尽力地、千方百计地为我们宁津的经济发展牵线搭桥,搞好服务。

阎东：追寻着父辈的足迹

（**口播**）我县在抗日战争时期曾属于冀鲁边区根据地，是革命老区。在那个战火纷飞的年代，宁津的无数革命先烈创造了可歌可泣的英雄业绩。但随着岁月的流逝，有些故事已经淹没在时间的长河中。我们的记者在天津采访时，就了解到了一段宁津老革命身上鲜为人知的历史。

（**画外**）公审威虎山的座山雕，求援苏联红军火箭炮兵团，阎玉森历经炮火硝烟洗礼的峥嵘岁月。生在东北长在北京，依旧对家乡宁津关心期盼。组织筹备世乒赛，提前退休经商下海。本期人物——阎东。

（**同期声**）"穿林海，跨雪原——"

（**画外**）这段耳熟能详的京剧名段，大家一定都很熟悉。对于《智取威虎山》中的杨子荣和座山雕等人物更是妇孺皆知。其实小说《林海雪原》是根据真人实事演绎创作的，杨子荣、座山雕等在历史上都果有其人。大家也许不知道，在真实的历史中土匪头子座山雕被俘后，审问并宣布处决这名顽匪的就是我们宁津人——阎玉森。

（**采访**）阎东：当时我父亲是牡丹江军分区政治部主任兼宁安县委书记。他主持这个大会，并且最后对他（座山雕）进行宣判。

（**画外**）这张照片就是当年在座山雕的公审大会上，有人给阎玉森拍摄下来的。

（**采访**）阎东：公审，我爸爸主持大会，（把座山雕）押到军分区的所在地，就是宁安

146

县的东京城,进行公审宣判。因为他在这一带(很猖狂),他有一个地下联络网。这一带土匪比较多,在这里震慑他们,给老百姓出气,宣判完了就拉出去枪毙了。

(画外)阎玉森,宁津县杜集镇闫庄村人,抗日战争时期曾任中共宁津县委书记,八路军一一五师

阎玉森

挺进纵队五支队党委委员、第六团政治处主任、党总支书记,曾参与创建冀鲁边根据地,并先后到延安的中央军政学院和中央党校学习。1945年,中国共产党第七次全国代表大会在延安召开,作为山东代表团成员,阎玉森出席了党的"七大",成为五百四十七名"七大"正式代表中的一员。

(采访)阎东:8月27号离开延安之后,本来是往山东这边走,没走多远就接到军委的通知,凡是山东军区的干部,全部往东北走。这样又日夜兼程往东北赶。到沈阳以后,去沈阳博物馆——当时叫东北民主联军总部——报到。找谁报到呢?就找罗荣桓。罗荣桓是政委,他们师以上的干部都上那儿去报到。

(画外)阎玉森在东北工作期间,先后任中共宁安县委书记兼县大队政治委员、中共牡丹江省委组织部部长、秘书长等职。在那个非常的年代,在当时东北地区复杂多变的环境下,阎玉森经历了一个又一个传奇故事。

(采访)阎东:刚去的时候只带了一个警卫排。为了扩充力量,就动员苦大仇深的贫下中农参军,愿意投靠的就收你。因不计成分,一些土匪成员混进这里头,这都是混进来的。扩编部队,扩编出一个独立团来。(土匪)马锡山三千多人把东京城包围了。(记者:就是那个土匪?)对,土匪。要全歼牡丹江军分区。当时只有司令和主任,军分区没有其他领导。司令员任双全就说,我去哈尔滨搬兵去。

(画外)当时宁安县的总部就设在东京城。由于刚到东北,武装力量还不强大,和攻城的土匪力量相差悬殊。面对凶悍的土匪,东京城危在旦夕。

(采访)阎东:外头攻城攻得很厉害,三千多人围着城打。我们守城的九百多人,打了一天一夜,后来说再这么打就危险了。因为咱们人员本来就少,土匪

的枪打得很准,部队有伤亡。我父亲和团长、作战参谋研究,在东京城城东有一个苏军的部队,但当时是苏联军队不干预中国内战。不行就试一下吧,也没有别的路子了。怎么办呢,谁去呢?谁去人家也不相信你啊!我父亲说,我去。

(画外)在东京城东面二十里外驻扎着一个苏联红军的火箭炮兵团。如果苏军能帮忙,就能立刻解东京城的燃眉之急。

(采访)阎东:雪下得很厚,有一尺多厚。早晨三四点钟的时候,跟着一个老百姓的一辆大车,出城门没走多远,就被土匪的哨卡截住了。干什么的?赶大车的说,老总,我们到牡丹江的,离得很远,得早走。搜,摸得可细了,哪都摸,但是唯独没有摸我父亲的手。我父亲手里攥着一把小手枪。举起手来了,摸吧。就这么摸,天黑啊,土匪摸了半天,啥也没摸着,走吧。我父亲故意在袄袖子上洒点水,一洒水马上就冻成冰,一摸是很硬的,实际上他有一个七大代表证,就在这个硬的冰下面缝着呢。

(采访)阎东:在大雪原上自己走,走到苏军的驻地了。到了苏军的营地以后,(我父亲说)我要求和你们的最高指挥员见面。那人说,你有什么事情?(我父亲)就把这事说了,我们被包围了,现在需要你们支援我们。你怎么能证明你是牡丹江军分区的领导呢?(我父亲)把袄袖子撕开,拿出七大代表证,打开。他一看,说,好,我相信你。马上就跟苏军的司令说,这个人是真正的共产党,刚从延安过来的,这得相信他,我们得帮他一把。

(画外)在苏军的炮火支援下,东京城转危为安。

(采访)阎东:紧接着搬兵也搬来了,后援部队也来了。我父亲向张闻天汇报情况,张闻天特别高兴:老阎你还真行啊!连苏军你都能调动,我们都调不动,你还能调动。

(画外)阎玉森的儿子阎东说,他父亲可谓身经百战,历经了炮火硝烟洗礼的峥嵘岁月。解放后阎玉森先后任铁道部人事局副局长、铁道部监察室总监察、国务院中财委直属党委常委等职。抗美援朝战争爆发后,历任东北军区兼志愿军后勤部油料部副政委、政委、党委副书记、书记等职,1955年5月被授予大校军衔,荣获二级独立自由勋章。1956年转业到地方工作,历任石油工业部干部司司长、人事司司长,石油工业部党委常委,参与领导大庆石油会战。"文革"期间受到迫害。1978年12月调天津工作,历任天津市农林局顾问、中共天津市委顾问委员会委员。1998年11月26日病逝于天津。

(画外)阎玉森的儿子阎东,生在东北,长在北京,虽说他是宁津人,但他对家乡的印象却是残缺模糊的,很少回家乡的他,对家乡的发展却一直非常关心。

（采访）阎东：我特别希望宁津有大发展，这也是老人的心愿，应该把宁津人的精神、优良的品德和作风弘扬下去。

（画外）阎东过去是天津市政府的国家干部，2005年他提前退休下海经商。现在正在和南非、朝鲜等国家从事一些有关贸易往来的工作。

（采访）阎东：这事关宁津今后千秋万代的大事，人的问题是对一个地区最重要的，蒙古、朝鲜，特别是巴西，预计还要在一些国家开展其他活动，像俄罗斯、韩国。

（画外）比起他的父亲，阎东的人生经历要简单平淡得多。1969年，他高中毕业后当过工人，1970年又参军入伍，在他父亲战斗过的部队度过了二十年的军旅生涯。从一名战士到后勤装备部门的处长，阎东用勤勉和拼搏书写着自己的青春年华。1990年，阎东转业到天津市政府，先后在农工部和二处工作。1994年被调到大型活动部任副部长。在那里，他留下了一生都难以忘却的经历——1994年到1995年他参与了组织筹备在天津举办的43届世乒赛。

（采访）阎东：整个世乒赛的策划、前期筹备、比赛方案，我都参与了，到落实的时候把我安排到大型活动部，就为了搞开、闭幕式，因为开、闭幕式会引起世界的注目。

（画外）在1995年举办的43届世乒赛开、闭幕式上，阎东是内场总指挥。开、闭幕式的节目从排练到正式演出都由他组织安排。

（采访）阎东：我不光组织这节目，还负责转播。当时是对世界转播，我负责协调中央电视台、天津电视台。前期开始为开幕式做准备，开幕式完毕之后就考虑闭幕式了。人家在那儿比赛，我们哪有心思看比赛啊。我们得考虑闭幕式，夜深人静的时候进行闭幕式的彩排。（记者：这段时间有多长？）世乒赛整个前后半个月，然后加上半个月以前的，前后一共二十天吧。

（画外）在一千多名演职人员的不懈努力下，43届世乒赛开幕式和闭幕式都获得了圆满成功。

（采访）阎东：高度的责任感，不断地在考虑可能有什么不足、有什么问题、有什么漏洞，哪个环节上可能要出事。刚完的时候光思考这个了，比赛完了，我还让大家再挑挑，我们有什么毛病没有。人家说你挑什么，比赛都完了，你还想怎么着，人都毛病了已经。（记者：当时因为高度紧张，一直这种状态，平静不下来？）因为一直在研究、彩排、排练，排练完了再研究，找不足，再修改，再完善，一直在这个过程中，这成惯性了。

（画外）43届世乒赛后不久，阎东被调到天津市政府研究室任办公室主任，开始从事政策研究工作。2005 年,阎东提前退休下海经商。

(**采访**)阎东:搞政策研究养成了一个习惯,就是老在研究,老在建议,就没有亲身去干,这次就是想亲身去干一干。更特别的就是给当公务员的做示范,如果可能的话,我认为就是你可以有第二种、第三种选择,对发挥自己才智有好处。

(**画外**)今年 4 月份,天津市有关部门组织在天津市工作的中共七大代表的子女,赴延安去追寻父辈的足迹,阎东就是其中之一。沿着父辈走过的路,他们要追寻的不仅仅是父辈战斗生活过的地方,更重要的,他们是要感受和继承父辈一生所坚守的信念和崇尚的精神。

新疆篇

日出渤海照天山

（口播）2008年9月，我们栏目记者奔赴新疆进行为期一个月的采访拍摄，带回了二十六位宁津人在新疆的故事。过去我们只知道新疆的宁津籍干部很多，但到底有多少呢？新疆的宁津籍离休干部王春文老人说，在新疆仅他知道的副厅级以上离休干部就有将近三十人。在逐步深入的采访中，我们发现，新疆的宁津籍离休干部追根溯源大都是因为一支在宁津组建的部队，而这支部队的背后是一幅辉煌壮丽的历史画卷。为了让更多的宁津人了解这段在县志中没有记载的历史，我们栏目制作了一个特别节目，再现那段弥漫着硝烟战火的峥嵘岁月和艰苦卓绝的军旅生涯，给人们留下一段不朽的记忆。

（画外）这是一篇没有载入史册的历史，这是一段不能让后人忘却的记忆，

步兵第六师（独六旅）参加战役战斗示意图

转战渭北示意图

152

这是一首用血与火绘制而成的壮美诗篇。不论历史的大浪淘尽多少岁月的风尘,这都应该是沉淀在时间记忆中的血色画卷。

（画外）《天南地北宁津人》节目组西行新疆,在新疆生产建设兵团见到了很多宁津籍的老领导。在逐步深入的采访中,记者惊异地发现,我们竟然触摸到了一段鲜为人知的历史和山东省革命历史档案中遗漏的部队——山东渤海军区教导旅。这是一支怎样的部队? 这些经过血与火的洗礼、九死一生而幸存下来的老战士又经历了什么? 故事要从1946年开始讲起。

渤海建军

（画外）传唱几十年的经典红色歌曲《南泥湾》,让三五九旅名扬天下。1946年,三五九旅经过了历时两年被后人称之为"第二次长征"的"南征北返"行动,他们转战陕西、山西、河南、湖北、湖南、江西、广东、甘肃八省,行程二万七千余里,作战一百六十多次。全旅五千多人出征,返回时还剩下不足两千人。三五九旅在延安经过短期休整后,全旅东渡黄河,来到了晋西北的离石县。此时,内战已经全面爆发,部队急需补充。然而,晋西北的兵源非常有限。为此,王震向中央提出:到人口稠密的山东解放区去扩军。这一请求获得了批准。中央经过与山东军区协商后,命令三五九旅抽调部分干部到山东的渤海军区去扩军,要组建一支兵力为万人的旅级部队。当时宁津县正属于渤海军区。

（采访）王传文(宁津籍离休干部 时任宁津县王千村民兵):鬼子投降了,人们都高兴。热火朝天地搞生产,搞互助合作社。咱们那个地方,从鬼子投降以后一直是共产党领导的解放区,国民党一发动内战,要来占咱们这个地方。翻身农民就要受苦了,刚刚解放又要打仗了,就动员参军。

（采访）刘双全(宁津籍离休干部 时任宁津县东关村村长兼联防队长):讲的就是翻身农民保卫胜利果实,打倒蒋介石。保卫胜利果实,就动员参军。

（画外）宁津县是革命老区,动员参军的消息经各级党委、政府广为宣传后,一张张"一人参军,全家光荣"的标语贴满了城乡的大街小巷。土改后翻身的农民怀着翻身不忘共产党的激情踊跃报名参军。一时间宁津县呈现出了母送子、妻送郎、踊跃参军上战场的动人景象。

（采访）刘双全:一个是农民还是有积极性的,不是当国民党,而是当八路军,当解放军。

（采访）王传文:那时候农民觉悟(很高),一说是跟着共产党打国民党,保卫家乡,不光是年纪轻的,四五十岁的都参军。那时候是一人参军全家光荣。戴红花,家家门上挂对子。打锣敲鼓欢送解放军。我刚结婚一个月,我和老伴说的最亲的话就是"我要走了。我要死了,你也别在这儿守着我。我要回来可能不是这个样子了"。那时候有志气,反正不开小差。当兵在家庭会上这么说的,当兵不怕死。我弟兄好几个,有的弟兄一个两个(都参军),我叔伯弟兄五六个,我弟兄三个,我死了一个还有好几个呢!你们就放心好了。

(采访)张守勋(宁津籍离休干部 时任宁津县小曹村民兵队长):把大家带出去,心里明白,带出去将来是组织野战军,组织正规部队,不是地方县大队、游击队,是正规部队。正规部队是九死一生啊。

(画外)当时大家心里只有一个想法,那就是"打老蒋,保家乡"。在这样一个非常朴素的信念支配下,他们拿起了武器,准备用鲜血和生命保卫来之不易的胜利果实。当时的宁津县东关村村长兼联防队长的刘双全是独生子,按照政策规定独生子可以不参军,但他还是带头报了名。

(采访)刘双全:我们这个村里有十二个民兵。这十二个民兵就是大家评,说谁该去、谁不该去。有个民兵,他父母一个是瘫子,一个是聋子。他走了这一家就没办法过了,所以就把他留下了,其他人都参军了。村里面年轻的都走了。

(采访)张守勋:那个时候小曹家是周围的中心村,内部叫中心村。1946年12月带着大家参军的。动员大家参军,乡里乡亲的都看着你呢!我那时候当民兵队长,三四十个民兵,人家瞪着眼看着你啊,你去大家就去,你不去就都不去。我和大家关系都很好,我一报名带出二十八个来。其他人现在没有了。

(采访)井挹净(宁津籍离休干部 时任宁津县保店区武装部政治干事):参加主力军,主力军就是解放军,参加主力部队,要动员民兵参加。我就负责动员参军,我动员了大概四五百人。整个其他区也有,可能有一千多人吧。我这个区动员最多,我被评了个模范人物。组织完了以后交给接兵的,就组织成正式的连、营、团。我们这些人就组织成一个营。

(画外)对于这段历史,宁津县志中只记载了这样一句话:"1947年有八千民兵参军,参加了保卫延安、保卫党中央、保卫解放区、解放全中国的战斗。"

(采访)王传文:就咱们宁津来说,当时我大概知道的情况,有四千多人,将近五千人(参军)。

(采访)刘双全:我记得宁津县有七八千人参军。

王传文:有宁津、商河、临邑、惠民,组建起来的时候大概一万多人,整个这个旅,张仲翰是旅长,曾涤是政委。

（**画外**）1947年2月25日，宁津、商河、惠民等地的新兵集结到阳信县进行集训，山东渤海军区教导旅宣告正式成立。

（**采访**）王传文：（记者：入伍之后分到哪个班？）我分到一团三营八连当战士。在山东庆云县大练兵的时候，我调到营部当文书。

（**采访**）张守勋：教导旅分三个团，一团、二团、三团。我们是一团，一团二营五连。我一参军就是正排干部，当司务长。

（**采访**）刘双全：原来我们在地方的时候，党员是保密的，不公开的，到了部队公开了。公开以后一开始我就当副排长。

（**采访**）井挹净：编完了以后我就是十六团（一团）三营八连指导员，我就当八连指导员。

（**画外**）部队先后在阳信县和庆云县进行了大规模的军训。这些刚刚放下锄头扛起枪的新战士，从投弹、刺杀、射击等每一个军事动作开始苦练杀敌本领。全旅上下开展了大规模的练兵竞赛，涌现出了以宁津人刘华顺为代表的练兵典型。

（**采访**）刘双全：那时候练兵很辛苦，大家热情很高。朱德投弹手、贺龙射击手，都去争这个称号，争这个名字。

（**画外**）1947年5月16日，孟良崮战役结束，华东野战军消灭了敌整编七十四师，缴获了大量武器，其中很多重型武器就调拨给了渤海军区教导旅。

（**采访**）张守勋：孟良崮（战役）打下来以后，我那时候住在惠民，到南面接枪去，接的都是重武器。连队里都配了轻机枪，配了六挺。成立了炮兵营，给了几门炮。

（**采访**）刘双全：旅部都有一个炮兵营，团里都有迫击炮连，营里面都有重机枪连。连队里当然武器不是很全。

（**采访**）井挹净：那个时候我们八连有一百四十五个人，只有三十八条枪。给了一挺机枪，当时是这样的。

（**画外**）有了重武器的装备，再加上几个月的艰苦训练，部队很快形成了战斗力，军政素质也有了明显提高。1947年10月，渤海军区教导旅从庆云县出发向西北挺进。部队长途跋涉千余里到达河北武安县后，根据军委命令，由华东军区划归西北野战军。1947年11月部队番号改为独立六旅，一、二、三团也按照序列改为十六、十七、十八团，从此这支部队和三五九旅同属西北野战军第二纵队。

（**采访**）张守勋：陈毅司令员讲话。陈毅讲道："将来解放济南我再把你们调回来。"这句话我们记得很清楚。大家都鼓掌啊。解放自己的家乡啊,谁不愿解放自己的家乡啊?然后王震就讲话了,讲得很客气,感谢陈毅司令装备了重武器,但是大家有些意见,轻武器没给你们。王震讲了:"司令员,我向你表态,不要了,我们部队的轻武器向敌人要。"一次战役,到山西装备起来了。打下城市来,那枪都用不完了。

(画外)部队在武安县交接后,随即翻越太行山,直奔晋东南,去参加解放运城和安邑的运安战役。

(口播)第一次参加战斗的宁津子弟有着怎样的表现,在以命相搏的战场上,宁津人又演绎了怎样的传奇?请继续收看《日出渤海照天山》之"首战运安"。

首战运安

(画外)运城位于山西省黄河拐弯处的三角地带,依山靠水,被国民党视为山西南部重镇,防御设施完备,抗日战争时期被日寇作为军事要地构筑。有胡宗南部三个团和阎锡山的保安团等共计八千多人防守,加上距运城不远的安邑县还有敌人的两千五百多人驻守,两地互相策应,形成犄角之势,可谓易守难攻。我军曾两次攻打没有结果,是我军西进的一颗钉子。

(采访)井挹净:打运城过去打过两次没打开,我们去是第三次。国民党司令员叫"雷横横"。

(画外)为了攻克运城,军委决定由西北野战军二纵队协同太岳八纵及晋绥独立三旅,组成临时野战兵团,先取运城,再克安邑。独六旅十六团奉命在运城东南角配合攻坚,十七、十八团则参加对安邑敌人实施的包围。为了保护这支刚刚成立的部队,让他们逐步在实战中锻炼,轻武器装备还不齐全的独六旅担任的不是主攻任务。但十六团还是积极参战,扫清了运城外围的一些据点。

(采访)井挹净:运城有个盐湖,出咸盐的。我这个连把盐湖解放了,负责包围运城。结果我们包围了,枪没有。全集中起来三十多个人,敌人就出来冲击我们,有一个营的兵力冲击我们。我们连着出击三次,出击三次都打回去了。

(画外)攻城的战斗打得非常激烈。敌人借助坚固的城防拼死抵抗,但在我军英勇顽强的一次次强攻下,敌人的战斗意志很快被瓦解。

(采访)井挹净:后来其他部队就挖地道,往城墙上挖,挖了以后往里面放炸药包,把城墙炸开。我们就守,守了可能有三天三夜,最后打开了,打开了,跑了不少人。"雷横横"这个司令逃跑,装死,往外运的时候躺在棺材里面,让守城门的人发现了,把他弄出来了,把棺材打开,抓活的了。

(画外)运城的攻克让安邑的敌人非常恐慌,参加包围安邑县城的十七、十八团,利用敌人的恐慌心理,开始采取攻心战术。

(采访)郭书森(宁津籍离休干部　时任独六旅十八团宣传队宣传员):团长政委要动员安邑县的张司令投降。给张司令写了一封信,让我在附近动员国民党部队里面的连长、排长或者是战士的家属,把这个信送到敌人方面去。

(画外)在安邑县附近的村子里,郭书森找到了七名国民党军官家属,并争取到了她们的支持。

(采访)郭书森:我当时把家属组织起来,七连连长崔乐亭配合我向敌人喊话,说双方停止打枪,你们的家属给张司令员送信去,双方都不打了。敌人不打枪,我们也不打枪,我就负责把这几个人送到敌人碉堡跟前。碉堡里面出来人把她们接收过去,我就回来了。一回到部队里面就冒了一身大汗。假如说敌人把我抓去怎么办?我回来的时候敌人冲我背后打枪怎么办?都没想这个。但回到部队出了一身汗。崔乐亭说——那时候管我叫小郭——小郭你真勇敢,你还是不怕死。

(画外)利用我军抽调兵力部署围攻安邑县城的间隙,敌人连夜突围,向临汾方向逃窜。独六旅的十六、十八团轻装兼程,一路围追堵截。

(采访)靳志忠(宁津籍离休干部　时任独六旅十六团一营营部书记):咱们打运城打得厉害,打得很激烈。我去往前方送东西,闻到烟味可大了,老远就看那烟起来了,打得很激烈。把敌人打怕了,一见着解放军就害怕了。

(画外)仓皇而逃的敌人已经丧失了斗志,甚至组织不起有效的抵抗,一听到风吹草动,他们就草木皆兵。

(采访)靳志忠:一营三连的一个副班长傅炳申,带着七八个伤病员。伤病员不是打伤的,是脚上起泡,泡擦泡,走起来疼,就慢慢地在后面走。他们的枪都是打不响的枪,打响的枪都拿去追击敌人了。到了汾河边上,这时候来了四十个敌人。跑也不行,那怎么办呢?这七八个人就分开了。一分就一二十米远,就招呼:缴枪!大伙都举着枪,打不响的枪你举着,他害怕。这个招呼营长,那个招呼连长。(敌人)也弄不清多少人,结果没放一枪,四十个敌人投降了。投降过来以后,让他趴下,把枪缴了,子弹缴了,手榴弹缴了,到那边坐着去。这时候正好有一个机枪手,就是国民党的机枪手。叫他趴在那儿,把轻机枪支上,摁上十发子弹,冲着他们,谁要动(就开枪),他就乖乖的。一上午就这样抓了三百三十多个俘虏。机枪就有好几十挺。就是这七八个人,就是傅炳申。这个部队里都有名单的,叫"孤胆英雄"。

(画外)后来这位名叫傅炳申的宁津籍战士被授予"特等战斗英雄"称号。参加运安战役的解放军部队来自几个不同的军区,军装的颜色也不统一。在这次追杀逃敌的过程中,求战心切的部队指战员还让我吕梁军区的首长做了一次"俘虏"。

(采访)井挹净:打安邑,我们连长牺牲了。当时战士就为连长报仇,追敌人。我负责这个连,我就代替连长指挥。追了半天敌人不见了,吕梁军区的赵守山司令骑着马来了。来的时候没联系,不知道。是敌人吗?是自己人吗?不知道。通过吹号联系,没联系上。没联系上,我们就开枪打了。他就从马上跳下来,我们认为可能把他打死了,后来就追,把他活捉了。我们穿的都是一样的衣服,他穿的是灰衣服,我们是黄衣服。但是(胸章)都是一样的,解放军。哎,这不是解放军吗?自己人打自己人,帽徽是五角星。你们还厉害得不行?你们司令呢?我是谁,你知道吗?王震呢?他知道王震。你找王震干什么?我也是司令。哎哟,打错了。他说敌人跑了,跑到那边去了,你追吧。

(画外)在吕梁和太岳部队的配合下,运城和安邑的出逃之敌被围歼在汾河北岸,运安战役大获全胜。运安战役是部队成立以来的第一次真刀真枪的战斗,对于这些从来没有真正经历过战斗的新战士来说,心情是复杂的。

(采访)彭作庆(宁津籍离休干部 时任十六团三营八连战士):老百姓没有打过仗嘛,第一仗有点胆虚。

(采访)靳志忠:第一次参加战斗,害怕是不害怕。跟你说不害怕,打仗下来以后有点后怕。

(采访)刘双全:到了那个时候什么也不知道怕了。

(采访)张斌(宁津籍离休干部 时任独六旅十七团宣传队宣传员):接近敌人,打冷枪的时候你听的枪声很少。啪,打一枪,啪,打一枪.这个时候说老实话,心中有点慌。因为这个时候没接近敌人呢,离敌人很远,但是这个冷枪很厉害。真正冲上去,冲到那儿了,见到敌人了,刺刀见红了,根本就不害怕了,不是你死就是我活。

(采访)井挹净:那时候也不知道打仗是什么样子,没有害怕的现象。战士看着也很好玩儿,第一次打仗,正规打仗。战士训练的还都可以,那时候没有发现怕死的。

(画外)运安一战独六旅初露锋芒,但很多当年的老战士在讲述这段经历时都说,运安战役对于独六旅并不算是真正的战斗,真正的战斗是从瓦子街开始的。

(**口播**)运安一战独六旅不是主攻部队,伤亡也非常小,但部队却打出了士气。然而在更为残酷的战斗中,很多宁津子弟却永远地倒下了。那些经历了九死一生幸存下来的战友,为我们还原的将是一幅怎样的血色画卷呢?请继续收看《日出渤海照天山》之"血染西征路"。

血染西征路

(**画外**)1948 年 2 月,我西北野战军对陕北宜川实施战略包围,诱使胡宗南二十九军前来支援,我军则在敌人援兵的必经之路瓦子街设伏,集中主力歼灭增援的敌人。包括独六旅在内的西北野战军第二纵队需要迅速渡过黄河赶到瓦子街。

(**采访**)刘双全:从山西的河津渡口过黄河,到现在讲的陕北。光行军就走了三天,从山西到瓦子街走了三天。那时候雪刚化,从山上下来的时候,没办法往下下,坐着雪往下滑,从山上滑下来就过河。大家穿着鞋子就这么过去了,水很深。解放军使用的绑带,一沾上水就更沉了,干脆都解掉了。

(**采访**)张斌:咱们赶到以后,敌人从山上滚的滚,爬的爬,都往下逃跑了。咱们抄了个后路,在山底下等着呢。缴枪不杀,把枪一举,敌人那就是缴枪了。

(**采访**)张守勋:瓦子街那仗打得太好了。国民党胡宗南第一军的军长刘戡让我们打死了,参谋长活捉了。给胡宗南报告,说山东来的部队参战了,他们很怵山东部队。我们来的时候穿的是黄衣服,西北是灰衣服。他在飞机上一看,穿黄衣服的部队参战了,不知从哪儿来的。胡宗南知道从山东华北调来的,说这伙子人很厉害,能打硬仗。

(**采访**)张斌:十七团缴了五百多个俘虏,轻重机枪缴了三十多挺,还有六〇炮、八二迫击炮二十多门。战士高兴得很,感觉这个仗挺好打的。还没有怎么狠打,咱们还没有流血牺牲呢,抓了这么多俘虏,缴了这么多枪,缴了这么多炮,士气特别高涨。

(**画外**)西北野战军取得宜川大捷之后,鉴于当时西北敌我两军的态势,为了进一步歼灭胡宗南部的有生力量,我军发动了黄龙山麓战役,先后解放了白水、韩城、合阳。在一次次的战斗中,在血与火的历练中,独六旅逐渐摔打成了一支能打硬仗的铁血团队。然而战斗的胜利都是用鲜血和生命铺就的,黄龙山麓战役中的坡底岭阻击战就满是宁津战士的英魂。

（采访）刘双全：从黄龙山下来以后，第一仗就是打的坡底岭，是我们和国民党广东的部队打的。这个部队很能打。我们下黄龙山以后，天刚亮，前面枪响了，枪响了就赶紧进入阵地。一个军事哨，军事哨是一个班，阵地失掉了，让国民党抢了。咱们小周庄一个叫周安桂的，他那时候是三排的副排长，叫他带着一个排把阵地夺回来。阵地是夺回来了，但是他牺牲在那个地方了。

（画外）也许是出生入死的经历早已让他看淡了生死，也许是半个多世纪的时光磨砺让记忆已经不再清晰，刘双全对于那一次战斗的经历没有更多的描述。但在纪念渤海军区教导旅建军六十周年的专辑《巴州文史》中，我们找到了有关这次战役的一段文字。其中描写的十七团二营五连正是刘双全所在的连队。

（记者读文章中的片段）敌人采取轮番轰击、波浪式推进的战术。开始是一个排一个排地冲锋，接着是一个连一个连地冲锋，最后是整营整营地冲锋，战斗进行得愈来愈残酷激烈了。轰隆一声，一颗炮弹在三营副营长的脚下爆炸了，他倒在了指挥岗位上。这时五连长陈连科也负了重伤。当担架抬着他从谢营长面前经过时，他挣扎着从担架上坐起来，殷红的鲜血从雪白的绷带上渗出来，他用颤抖的手向营长谢高忠行了一个军礼，断断续续地吐出了他最后一个要求："营长，周安桂同志牺牲了！他……牺牲……得很勇敢，我……我……介绍……他……入党。"谢高忠目送着远去的担架，泪水滚动。"打！狠狠地揍他们，给受伤和牺牲的同志们报仇！"

（采访）刘双全：那时候一挺轻机枪都是两千发以上的子弹，一支步枪都是二百多发的子弹，我一挺轻机枪都是两个枪管，把这个打红了就把那个换上。广东的这个部队很能打，以后都成了仇了，说抓到他的人一个都不留。

（记者读文章中的片段）战斗进行到下午，已整整十多个小时了。我方前沿阵地被敌人的排炮不知轰击了多少次，到处是累累弹坑，随手抓一把土，里边可以找到一两块碎炮弹皮。马来义端着机枪，从战壕里一跃而出，向着敌人最密集的地方扫射起来。敌人一个个在他面前倒了下去。不幸，从敌阵中飞来一颗子弹射中了他的胸膛。双方手榴弹的爆炸声中，二营战士上起了刺刀。已身负重伤的索来生，四五个敌人上来围住了他，轰隆一声，索来生拉响了身上最后一个手榴弹。这个出生在渤海湾的新战士，在西北的黄土高原上洒尽了他最后一滴鲜血。

（画外）同为一方水土养育的乡亲，都是千里远征的战友，当他在你身边倒下的时候,那种痛失手足的感觉真让人揪心的痛。第一次失去战友和牺牲战友最多的那次战斗,往往是老战士心中最深的那道伤痕。

(采访)刘双全:这一仗下来以后,咱们宁津人死不少,十六七个都是宁津人。我表哥牺牲在那个地方了,他是被打了腿,流血过多,没止住血就牺牲了。死了十五六个人,都是在连队里很有影响、很活跃的人。他们一死,感觉这个连队死气沉沉的了。第二天早上到连部里开会,很多人都哭开了,很不自觉地就哭开了。平常大家在一块儿很好,他们都牺牲了,连尸体都拿不下来。

(画外)黄龙山麓战役后,我军发现胡宗南的后方空虚。西北野战军司令员兼政委彭德怀亲自率领第一、第二、第四、第六纵队直捣胡宗南的后方物资供应基地——宝鸡,此战战史称之为"西府战役"。战役初期我军大胜,攻克了宝鸡,收复了延安。但国民党军队迅速组织反击,并对我部分西野主力部队形成战略合围,企图以优势兵力聚歼我西野主力。形势十分危急。独六旅奉命和二纵五旅在荔镇阻击敌人,为西北野战军首长和主力部队死守这条唯一的退路。

(采访)王传文:在宝鸡的一个地方,叫荔镇,名字叫荔镇抗击战。我们和三十六师相遇,打抗击。国民党的三十六师,这是他的王牌。就和华东七十四师一样,王牌,美国装备的。在这里抗击的时候,打了两天两夜。这时候为什么拼这个地方? 全死光了你也不能走。解放军的总指挥部、彭德怀还有各个纵队的大部队都是从这儿走的,别处没路了,就是这个路了。打得残酷到什么程度,你打过来他打过去,为了夺阵地,巩固阵地,十八团牺牲最大。

(采访)彭作庆:我们的任务就是掩护总部路过,安全路过。不惜一切代价把总部的人掩护过去,保总部,保彭德怀。他们过不去我们不能撤,从早晨开始,一直到十二点,我们是三下三上,(敌人)冲了三次,冲上来。阵地被占领了,占领了不行,我们的死任务,又冲上去又占领。来回地往返三次,我们才占住这个阵地。那真是比较残酷的仗,下来之后,一个连剩了二十几个人,不到三十个人。我们连里面,两个排长牺牲了,一个副连长也牺牲了。

(采访)王传文:十八团的团长牺牲了,几个营长牺牲了。十六团这边,三营七连的连长牺牲了,老红军。八连的连长张万海,咱们宁津人,他牺牲了。还有两个排长牺牲了,也是宁津人。我亲自经历的就是往下抢伤员,战场上子弹打过来打过去的,在这里面抢救伤员,有些人都抢不下来,背都背不下来。有的背着伤员那个又倒下了。荔镇抗击战,宁津第一次死人死得那么多。

(画外)彭德怀司令在率部通过荔镇时,下马脱帽向英勇牺牲在这里的指战员默哀致敬。

161

（**采访**）彭作庆：彭德怀到了这个地方，看到我们之后就问，你们是哪个部队？我们是六旅。好，你们好。

（**采访**）王传文：彭德怀对张仲翰亲自说的，张仲翰的功劳大，这个部队要多出干部，这是个好部队，好好培养干部，以后就从这个部队出干部。

（**画外**）西府战役后，独六旅在韩城附近休整，兵员得到了补充，很多经过教育的国民党部队俘虏成为我军补充兵力的主要来源。

（**采访**）王传文：这时候，我们的兵已经不是咱们山东老兵了，我们也不到解放区招兵去了，而是国民党的兵。抓过来教育几天就编上，实在顽固的，再训练去，表现好的就跟着拿着枪去打仗了，咱们的部队成这个了。

（**画外**）在一次抗击战中，王传文所在的十六团三营实施节节抗击，边战边退，在重创敌军后的撤退途中，遭到了敌人增援部队的三面围攻。

（**采访**）王传文：一看我们被三面包围了，从后面、左面、右边来了，（敌人）发觉我们了，我们也发现他了。我们也没处退了，往后就是大平原，沟了，就是背水一战。敌人的部队多，人多，机炮多，这一个连算啥，咱们的子弹已经快舍不得打了，因为打一个少一个了，咱们的供应都断了。刚把营长送走，掩护过去，枪林弹雨，和下雨一样的。眼看着一些同志被炮炸伤了，我在二排这里，连长在一排那里，我们两个就碰了个头，连长说咱们不能都死在这里，跑出一个去就是胜利。副连长说，你俩一块走，我在这里。连长说，不行，我和你一块儿在这里。我说不行，你先走。我舍不得那两个人。（连长）急了，下命令了：我命令你，带三排迅速过这个沟。我们真是难舍难分啊。

（**画外**）危难之时他们都想把生的希望留给那些出生入死的兄弟，自己却义无反顾地要留下来掩护战友们撤退。

（**采访**）王传文：那儿有打着的，这儿有退着的，我们从那里过这个沟的时候，真是天命，我就没挂上花。敌人的炮弹有一个落在沟里了，眼看着有四五个战友就躺在那儿了。排长在这边挨了重机枪了，一看就根本不能动了，一打好几个枪眼子。那一个排过来以后连一半也没有了。有的同志扛着枪，快爬到沟边上了，中枪了，把枪扔到沟上面去，自己就滚到沟里去了。就这么个环境。

（**画外**）而已经越过深沟的战士也不愿独自脱险，在深沟的另一侧架起武器继续战斗。

（**采访**）王传文：我们在这里组织两挺重机枪，掩护我们后面能过来的活着的人，给敌人杀伤也不小。

（**画外**）后来王传文记录整理了很多战场上的回忆录，其中这次战役他的印象最为深刻。

（采访）王传文：我们这里一百八十几个人，剩了六十几个人。都是咱老乡，都是宁津老乡。一开会的时候根本就不敢说这话，都死了。我写这稿子的时候我就流泪，像那些战斗，都是成百成百死人的地方。

（画外）1948 年 8 月，我军准备发动澄合战役。要取得这次战役的胜利，首先必须拔掉驻守壶梯山的敌三十六师二十八旅。独六旅承担了主攻任务，全旅上下誓要歼灭这个刚刚在荔镇阻击战中交过手的死对头。经过十四个小时的激战，守敌大部被歼，少数向南逃跑。

（采访）张守勋：部队打下壶梯山，敌人跑到王庄镇，部队追到王庄镇。我那一个连，从山东来的时候一百四五十个人，一共剩了二十几个人。那一次打了一个恶仗，我那一个连的人（死）光了，都是前后村的人。一个连，不到十分钟没了。这时候六连就上去了。六连上去一会儿，一个连也没了。四连来了，四连一看这样，连长也很能干，没等上级说话就带着一个连上去了。大部分也都是宁津人。他刚上去，正在打得惨的时候，一营营长来了，刘三多，红军。团长也来了，一看刘三多，给我上！刘三多带着一个营上去了。跟敌人拼刺刀了，子弹就上不了膛了。这时候，援军在敌人的后头上来了。把敌人整个地吃掉了。那次战役太惨了，死人摞死人，摞了那么高啊。也有敌人，也有我们的人。一个机枪班长，我们一个村的。他是我带出来的，他牺牲了。他家就他一个儿子，他父亲把他的（尸体）起回去了。那老头儿真可怜，通过地下组织、通过政府步行找到那里，找到了（把尸体）用布一裹，背着，还有枪，又走到宁津。宁津县里面知道他是烈士，买的棺材，给他安葬了。还有几个家里没有人，都没来起。连长死了，没人来起。副连长是黑魏村的，和敌人拼刺刀，把枪都驳断了。插到敌人肚子去，抽不出来了，（刺刀）驳断了。敌人上来也把他捅死了。我一个通讯员也牺牲了，我伤心死了。我每回写信都给他带一句话，他叫殷寿生。我说殷寿生还在，一直跟我在一块儿，他很好。安慰他的父母。（殷寿生）死了好多年了，我还写这信。这件事情让我心里面很难过。

（画外）那次战役虽然已经过去整整六十年了，但张守勋对很多战友牺牲的场面依然记忆犹新，他的诉说好像就刚刚发生在不久前。记忆的闸门再次打开那段惨烈的经历，这些幸存的老战士仿佛又看到了那些同生共死的战友倒在他身边的瞬间，是悲壮、是伤感抑或是思念，那种心情真的难以言表。

（口播）逝者已矣，生者戚戚；亡者犹存，生者不息。那些为国捐躯的烈士，将是后人心中永远的丰碑和精神财富。随着解放战争胜利的曙光越来越近，部

163

队中的宁津人也越来越少。1948年11月,决定中国命运的三大战役之一的淮海战役拉开了序幕,西北战场上的宁津人又打响了怎样的战役?请继续收看《日出渤海照天山》之"壮士战尤酣"。

壮士战尤酣

(画外)澄合战役后,在西北战场我军已形成了对敌战略进攻的态势。1948年10月,在荔北战役中,独六旅同兄弟部队合围攻击敌三十八师一一七旅,战斗持续到黄昏,部分守敌向西逃窜,十六团三营迅速追击,一直追到五六十里外的东高塬背日村。当时已是半夜,八连指导员井挹净带领一个排钻到了敌人休息的营地。

(采访)井挹净:冲到(敌人的)炮兵营里去了,黑乎乎的,炮碰到头上,才知道是炮。(天)黑嘛,国民党的兵都在那儿坐着,他们集合准备逃跑。我们跑到人群里头去了。他们有电把子,有手电筒,那时候叫电把子。他们照我们,我们没东西照他,他一照我们就看出来了。我说你们不许动,缴枪不杀。(敌人)也弄不清楚,我们的战士都是灵活得很,有装连长的,一连、二连、三连、四连包围,叫他缴枪。他也闹不清楚我们多少人,实际我们一个战士装一个连。天一亮,那么多炮、那么多人,将近一千多人了。我们俘虏的兵就摆了三公里长。

(画外)在随后赶来的十六团三营等其他队伍的配合下,敌三十八师炮兵营和特务营全都做了俘虏,并缴获了几门重炮和大量武器。

(采访)井挹净:王震是第一个见的我。我缴获的驳壳枪,身上挎了四个。子弹袋,四个袋子,都是大皮袋子。王震认为我可能是个警卫员。警卫员,你贵姓?我说,我姓井,我是八连的指导员。一说这个他知道。我认识你,听说过你。我说(把俘虏)交给你。这帮俘虏兵当官的、不当官的,我都弄清楚了,就交给王震了。

(画外)1948年11月,决定中国命运的三大战役之一的淮海战役正式拉开序幕。在西北战场上,我西北野战军也发起了冬季战役,配合我淮海战场上的军事行动。11月23日,我军佯攻铜耀,威胁西安。胡宗南急调七十六军增援,遇我军伏兵,于是准备固守永丰镇。我西北野战军第二纵队奉命围歼永丰镇的敌七十六军。当时我军一个纵队的编制相当于国民党部队的一个军,也就是说,永丰镇之战敌我双方的兵力是旗鼓相当,一个军对战一个军。

(采访)刘双全:最残酷的就是永丰镇,解放军一打,(国民党)都龟缩到永丰镇里面去了,一个军。

(画外)永丰镇是陕西蒲城县的重镇,镇内明碉暗堡星罗棋布,城墙四周都是开阔地,防御阵地坚固,易守难攻。战役打响后,独六旅主攻永丰镇北侧,十七团在左,十八团在右,并排向永丰镇突击,扫清完外围据点后,随即发起正面进攻。

(采访)刘双全:我们到了指定的地点以后挖工事,连长把我们三个排长都找去,说工事怎么挖。说一遍,他还认为我们听不懂,又说了一遍。我说,连长你说完了没有?他说完了。说完了我们赶紧走。我刚离开,一个炮弹落下来了,当时连长在这儿挂花了,下去了。

(画外)在瞬息万变、危机四伏的战场上,很多时候生死就在一线之间。与死神擦肩而过的经历,几乎每个幸存下来的战士心底都有相似的记忆。

(采访)靳志忠:打永丰镇的时候,我这个连往永丰镇挖交通沟,挖了一晚上,挖了二百多米,眼看就快到城墙底下了,这时候天明了,别的连队上去了,我们就下来休息,就在一个慢坡底下。一排长李红旗过来了:指导员你抽烟。我说我不会抽烟。他又说抽烟。一摁我,嗖地过来一个东西。我如果不低头正好在(脸)这个地方,一低头就飞过去了。等我拿刺刀挖出来以后,是这么大的铜山炮皮子,就是炮弹皮子。我说要不是你摁我这一下子叫我抽烟,脑袋瓜子两半了。

(采访)井挹净:我这帽子也打穿了,皮带也给我打断了,就是没打着肉,头发没有了一缕,子弹贴着头皮飞过去了。我(胸口)挨了一枪,有个烟盒。子弹刚穿到我的肉上,穿进去这么一块,当时我就打了个跟头。幸亏那个烟盒。打了个跟头我倒下了,我也不知道(怎么回事),还认为地下什么东西把我绊倒了。也没疼,打完仗才知道。

(画外)各攻击部队一边攻城一边实施坑道作业,准备用炸药对城墙进行爆破。当天夜里,我军使用自己发明的重武器"棍棍炮"攻击,让敌军损伤惨重。

(采访)靳志忠:棍棍炮是什么呢?就是八二炮、六〇炮上面捆上炸药送出去,使棍子送出去。因为底座高嘛,再加上炸药,装不进炮筒子里去。底座就搁在木头棍子上,装进去以后,嗖的一下射出去。射出去以后到那里要打上几秒钟的转,转几秒钟,然后再爆炸。开始咱们打进去以后,他们当官的说,穷八路,没有炮弹了,木头棍子都打进来了。木头棍子一响,这一爆炸,二十斤炸药的话,人的骨头也没有了。

(画外)第二天黎明,独六旅的炮兵首先发起了攻击。

（**采访**）刘双全：这时候我们第一次用山炮和野炮，开那个城墙。

（**采访**）付坤儿(宁津籍离休干部 时任十七团二营炮连副班长)：军里面决定用山炮打，就把围墙打了个洞。

（**采访**）刘双全：炮就打城墙的垛口，垛口上站满了敌人。这一炮打过去就把垛口掀掉了，看着敌人就跟着垛口飞。一炮一炮地挨着打，这时候大家都站起来，也不在战壕了，都站起来拍手，高兴得很。

（**采访**）付坤儿：炮弹都打光了，只要打进这个村就行，打进永丰镇这个镇子里面就行。我们的炮弹都打得没有了。

（**画外**）永丰镇的城墙被我军炮兵打开了一个突破口，总攻开始了。

（**采访**）刘双全：城墙下面还有个交通沟，有个壕。把（城墙的）土打下来，壕沟还没填满。炮打的城墙的土都是暄土，人踩下去都是很深的暄土，爬那个坡，爬不上去。敌人反攻上来了，我带着一个机枪班，三挺轻机枪。一会儿，我这个机枪班一个都没剩。

（**画外**）在城墙的突破口几次反复的争夺中，在打退了敌人的多次反冲击之后，鲜血已经染红了这里的土地，在满是尸体的战场上，我军终于把永丰镇踩在了脚下，而独六旅也付出了伤亡五百多人的惨重代价。

（**采访**）靳志忠：咱们这个华东子弟兵，打永丰镇的时候都端着机枪打。这样打实际（容易）伤到自己。我有个弟弟就是这样死的，他叫靳志文，烈士祠里有（他的名字）。

（**采访**）刘双全：永丰镇战役，是最残酷的一次战役。我们排还有七八个人。

（**采访**）付坤儿：说到这里，我心里很难受。我们那一个团，大部分同志都牺牲在那个地方。当时这一个团牺牲了多少人？具体数字（讲不清），下来以后，仅剩了一个营的人，这一个营是什么呢？伙马夫、炮兵，大部分剩下这些人。

（**采访**）王传文：我一谈这个，就想到咱们山东老乡的革命精神，不怕死。现在一说这个，我就想到战争年代风风雨雨的现场环境，就在我的脑子里头。我一想到死去的烈士、战友，很感动。这英勇牺牲的精神鼓励我们这些人，进新疆过和平的日子，都是他们给奠定的基础。没有他们，我们哪有今天啊！

（**画外**）永丰镇战役是山东子弟兵西征途中最壮烈的一次战斗，创造了攻坚战中一个军歼敌一个军的模范战例。

（**采访**）靳志忠：我们一个军消灭敌人一个军。我们是二军（二纵），消灭敌人的七十六军。整个七十六军被消灭了，把军长也活捉了。

（**采访**）张斌：消灭敌人一万三千人，光咱们的六旅就俘敌两千四百多人。

（画外）1949 年 2 月，中国人民解放军实行了统一编制，西北野战军番号改称为第一野战军，第二纵队改称为第二军，独立第六旅改称为步兵第六师。随着第一野战军在西北战场上的节节胜利，就要走到尽头的国民党部队在做着最后的挣扎。

（口播）永丰镇一战打得极为惨烈，以至于许多年以后一些老战士又重游故地，在永丰镇烈士陵园依旧是神情激动、血脉偾张。这支西征万里的劲旅一路血战打到了甘肃，进而就要解放新疆，在新疆他们又经历了什么？请继续收看《日出渤海照天山》之"扎根边疆"。

扎根边疆

（画外）1949 年 4 月下旬，人民解放军开始向全国进军，相继渡过长江、占领南京、攻克太原、威迫武汉。第一野战军在西北战场上也是捷报频传。在经历了陕中、扶眉、陇青战役之后，步兵第六师夺咸阳、取西宁、翻越祁连山、西出阳关、直叩新疆大门。1949 年 9 月，国民党新疆警备司令陶峙岳和新疆省主席包尔汉宣布起义，新疆和平解放。

（采访）刘双全：到了甘肃的西部，全国已经基本上解放了。跟着我们部队的民兵、担架队就陆陆续续回去了。因为有一部分担架队是随军担架队，这部分人非常好，部队打到哪里，他就跟到哪里，伤员及时给抬下来。战斗没有了，这些人都要回去了。部队敲锣打鼓，还奖给他们枪、战利品。他们高高兴兴地回去了，对部队影响很大，部队也想着回家了。

（画外）当年渤海军区教导旅踏上西征路时，战士们大多怀揣着这样一个信念——"打败老蒋就回家。"然而"老蒋"已经被打败了，他们却没能踏上东归的路程，而是接到了继续向西进军新疆的命令。

（采访）刘双全：在甘肃就动员了，就是在张掖、酒泉、玉门这地方，动员到新疆去，新疆的老百姓要让我们去解放，要到新疆去给新疆人民办好事。动员了，让大家定计划。有的人定三年，有的人定两年，最多的定五年。（记者：当时你定计划定了几年？）五年，我们是长的。

（画外）"服从命令"是军人的天职，后来那些按照自己定的计划已经到期的士兵，谁也没有再提回家的事。很多战士都是离家十多年后才有探家的机会，但他们却想不到，真的回家时，等待他们的除了喜悦，还有深深的愧疚和一生的遗憾。

（**采访**）王传文：出来以后，我就没再见过我母亲。快进新疆时，我母亲病了。母亲想儿想得眼都哭瞎了。我这辈子最伤心的就是没再见到我母亲。

（**采访**）刘双全：1957年，我回家一看，人也没有了，房子也变了，整个的都变了，和我十年前在家时完全不一样了。当时控制不住（自己的感情）。这是我最伤心的一次。

（**画外**）很多有着类似经历的战士此后再也不提"回家"两个字，因为那是他们心头永远的痛。新疆和平解放后，一野的二军和六军挺进新疆。为了迅速布防，清剿国民党残余反动武装和叛匪，步兵六师新组建的骑兵团和五师的独立团从敦煌走南路进疆进驻若羌、且末，步兵六师主力部队走北路从哈密进疆进驻焉耆。

（**采访**）王传文（时任骑兵团组织股长）：从敦煌进了若羌以后，行军那个艰苦劲儿，天上不飞鸟，地下不见草，给我们大家感觉太难了，连飞鸟也不见，吃的自己背着，毛驴、骆驼驮着，没水，艰苦，太艰苦了。从敦煌到那里，走了三十几天，快四十天，一边走路，一边修路。

（**采访**）彭作庆（时任特务连副连长）：若羌当时没有菜，没有水，是最干旱的地方，一年的降水量是十三毫米。基本上不下雨，干旱，风沙大，一年有六七个月的风沙。那不是一般的风沙，那个风沙来了以后，伸手看不到五指，远远地就看到遮天蔽日地就来了。（风沙）来了以后，白天要点灯，房子里面不点灯看不到。

（**画外**）步兵六师主力部队历经三个多月戈壁荒漠的艰苦跋涉，于1950年3月抵达当时的焉耆专区，胜利完成了进军新疆的历史任务，担负起屯垦戍边、建设新疆、保卫新疆的神圣使命。

（**采访**）彭作庆：新疆主要是维吾尔族。当时对人民解放军非常好，夹道欢迎，非常拥护。

（**采访**）王传文：部队进新疆之后，新疆没有当地组织，也没有政府。新疆是和平解放的，有旧政府、国民党那一摊子。部队进到哪里，就负责那个地方的地政建设。我们的部队负责两个县，若羌县、且末县。这两个县是由我们六师骑兵团负责地方政权建设。

（**画外**）部队进驻新疆以后，建立革命政权、实行民主改革、恢复发展生产的任务非常繁重。部队选派了大批团、营、连干部到地方工作，加强地方政权建设，改善人民生活。

（**采访**）井挹净（时任尉犁县委书记）：1950年到尉犁县当县委书记、县长、第一任县委书记、县长都是我。我是最年轻的一任县委书记,二十六岁。

(采访)王传文(时任若羌县委书记):最困难的就是语言。因为语言不通没办法(工作)。再有本事(也不行),他听不懂。他说的你听不懂,你说的他也听不懂。只得动员汉族干部学习维语。

(采访)靳志忠(时任且末县委书记):在且末带着一个连打过土匪。土匪一个是抢老百姓的东西,一个是杀人。在且末县独立团的一个指导员,带着五个战士,叫(土匪)给抓住了,就杀了,眼睛都挖去了,很残忍。打了四五次了,把乌斯满(匪首)抓住了,打死了,最后打得他实在没办法了,他们就跑到了甘肃那儿,就全部出来了,出来以后就等于投降了。那时候不管怎么样,当县委书记首先把粮食抓上去,老百姓有吃的,咱再说别的话,老百姓没吃的不就麻烦了嘛。

(画外)"建立政权,发展生产,屯垦戍边。"是进疆部队的主要任务。当时新疆经济十分落后,百业凋敝,物资奇缺,新疆军区每月派飞机去北京运一趟银圆,购买粮食以供军用。

(采访)刘双全:新疆解放以后,解放军就来了十万人,还有国民党的起义部队,十万人。那时候不光是口粮,服装都供应不上。

(采访)张守勋:新疆没吃的。一下子进了十万部队,吃什么,穿什么?从西安到新疆来一趟汽车,得走四十天,没路。这么多的部队吃什么,穿什么?

(画外)为了西陲边疆长治久安,党中央毛主席决心在新疆实行屯垦戍边。在驻疆部队中开展大生产运动,从根本上解决部队粮饷问题。但是在茫茫的戈壁滩上一手拿镐、一手拿枪,开荒种地、兴业安家谈何容易。

(采访)张守勋:最艰苦的时候是没吃的。再就是工具,没工具使什么生产啊!一开始当兵发的有小铁锹,做工事用的小铁锹,使那小铁锹开始种地。那么多的人,哪有那么多的(工具)。几十万,你上哪里买去?那就是老乡打铁的时候打出来的。买个几百个、几十个可以,买一二十万,谁给你打得出来啊?不是像现在的工业给你制作,不是的,是手打的。后来就是学着老乡做木犁。哪有牲口,都是当兵的拉犁,我拉了。没有绳子,把当兵的绑腿拿下来,搓成绳子,拴上。都拉碎了,一节节的,到最后用草,把草搓成绳子拉犁,把肩膀拉得出血,能说疼吗,那真是不容易。

(采访)刘双全:部队来的时候一个小背包,(里面)有一套衣服。棉衣穿成夹衣,夹衣穿成单衣,棉裤穿成裤衩。供应不上,没有啊。热了就光膀子,早晨起来就披着破棉衣,就那样。

(采访)张守勋:1950 年,我们到地里去开荒。没粮食,一个班分一缸子麦子,煮,在锅里煮熟了,分一茶缸子。平平的,用筷子一拨,一缸子麦子,你拿过去往嘴里拨两口,他拿过去往嘴里拨两口,十来个人就这一缸子麦子。没有筷子,就在地里拾个棍儿拨着吃。

（采访）张斌:有个同志叫柯大刚,他是个劳动模范。有人说"人是铁,饭是钢,一顿不吃饿得慌",这个劳动模范说"人是铁,饭是钢,不吃饭也要开荒"。我们到了哈尔莫墩以后,那个芨芨草一人多高。我们开荒在那地方,住的是草棚子。

（采访）刘双全:那时候连部也是这么一个草棚。我们从河坝里面砍的木头,打了四个桩子,搁上一个横木头,把芨芨草往上一铺,这叫单人铺。

（采访）张斌:那时候蚊子多得很。说句老实话,都不敢解手。解手的时候,蹲在那个地方,后面得打着。不打着,蚊子就叮上了。脸上、手上叮得到处都是疙瘩。

（采访）靳志忠:从且末到若羌,中间有一站地,老百姓写了一首诗:"行路之人到此庄,蚊虫甚多把人伤,幸亏每日佳风有,一路平安到若羌。"佳风就是刮大风,风一大(蚊子)就没有了。我骑着马,戴着纱布罩子,穿着皮袄,马身上,用马鞭子一胡噜,就像流血一样,蚊子大。

（采访）张守勋:去了以后,头几天是露营,就睡在地下。周围都是草啊,虫子、老鼠多得很。住下以后就开始挖地窝子。挖窝子,山沟里面有树,野树,砍野树。砍回来以后就搭在上头,住地窝子。

（画外）他们所说的地窝子,就是在地上挖个大坑,上面用芨芨草铺在架子上做顶棚的简易住所。在这种简陋恶劣的环境中,他们用吃苦耐劳和顽强拼搏默默地耕耘着。

（采访）张守勋:黑天有月亮,带着月亮干。天一亮就起来干,就睡到地里面,一睁眼就得干。(记者:为什么这么急呢?)没吃的,就是说要赶快建起来,建成我们的家园,在这个地方站住脚。

（采访）刘双全:开荒生产,连长、指导员、连部的人,都一样去劳动,去开荒。那时候什么官什么兵啊,都是一块去干活。

（采访）张守勋:像我们这样的人,劳动就很满足了。为什么? 天下我们打下来了,国家掌握在我们的手里了,说句老百姓的话,我们打赢了,胜利了。打日本十四年,打国民党三年,虽然伤亡很大,但是最后打赢了,胜利了。现在我们建家建国了,吃苦算什么,恨不得赶快把它建起来。大家都是这么一个心情。

（画外）就这样,他们在荒无人烟的茫茫戈壁滩上拉开了屯垦戍边的序幕。

1954 年 10 月,经中央军委批准,新疆军区生产部队成立"新疆军区生产建设兵团",后改为新疆生产建设兵团。这批万里西征的山东子弟集体转业留在了新疆,成为新疆生产建设兵团中的一支。

(采访)张守勋:三年生产,解决了吃饭问题。而且是粮食吃不了,上交国家。毛主席、周总理非常满意。

(画外)屯垦是手段,戍边是目的。这些一手拿镐、一手拿枪的兵团人成为我国边境线上一支不穿军装、不拿军饷、永不复员的特殊部队。

(采访)张守勋:一进新疆,毛主席就给新疆部队发布了一个命令。你们是生产建设部队,需要你们转业,一手拿枪,一手拿镐。在国家需要的时候再召唤你们。武器都在仓库里放着,枪炮弹药满满的。白天生产去,有了事,仓库门一打开,一人一条枪扛着,就是部队。直到现在还是这样。

(采访)刘双全:新疆的边防线有六千多公里,兵团的边防线占了两千四百多公里。兵团的边境线都是交通很方便的地方,边境最前线是兵团的农场,边境农场。有一些国防军的边防哨所就在边境农场的团部或者后面一点,所以戍边的任务是很重要的。

(采访)张守勋:说新疆兵团,外面不知道,不知是怎么回事情,说实在的,对保卫祖国的西北边疆起了很大的作用。

(采访)张斌:最大的问题就是成家问题,因为那时来的都是一些老干部,都是咱们山东来的,安心边疆、建设边疆、保卫边疆,要扎根边疆,这个根怎么扎下来? 就要解决这个婚姻问题。后来动员了好多山东妇女、河南支边青年、上海学生、湖南学生,当然不是说今天来了明天就结婚,不是那样。来到这儿先工作,都是领导给你介绍介绍,说一说,给你创造一个条件,谈一谈,愿意不愿意,愿意的话两个人见个面,见个面两个人就结婚了。所以这个部队就稳住了,就安心扎根边疆、建设边疆、保卫边疆。

(画外)多少年过去了,这些开辟沙漠绿洲的兵团人用艰辛付出和无私奉献换来了新疆的发展和繁荣。"献了青春献终身,献了终身献子孙。"在这句广为兵团人传诵的话语中,包含了多少艰辛、血汗和几代人的苦辣酸甜。

(画外)这些当年浴血疆场、风华正茂的铁血将士,现在都已经是白发苍苍、年过八旬的老人。半个多世纪的岁月沧桑,当年的几千宁津子弟,而今已经所剩无几。在这本纪念渤海军区教导旅建军六十周年的册子上,我们找到了那些仍然健在的西征万里的宁津老革命,但当我们去采访时才得知,书中的人有的不久前又离我们而去了。几千宁津子弟现在只有一百多人。本片中采访的九位宁津籍离休老干部,后来在新疆或建设兵团都担任重要职务。他们分别是:新疆生产建设兵团原司令员刘双全,新疆生产建设兵团原兵直党委书记张守勋,新疆生产建设兵团原检察院检察长郭书森,新疆维吾尔自治区工程建筑总公司原工会主席王传文,新疆维吾尔自治区原纺织品总公司、五交化总公司书记、经理靳志忠,原巴州政协副主席张斌,原巴州常委、纪委书记彭作庆,原巴州工商局局长井挹净,新疆维吾尔自治区八钢原工会副主席傅坤儿。这些出生在渤海湾的优秀宁津子弟,用他们的血汗辉映着天山南北、戈壁荒原。正可谓:

> 日出渤海照天山,万里西征人未还;
> 铁血丹心今犹在,望乡情浓意绵绵。

(画外)半个多世纪过去了,那些西征新疆的宁津人在故乡几乎已经没有亲人,很多人也并不知道宁津人这段辉煌壮烈的历史画卷。拂去历史的尘埃,再现那段弥漫着硝烟战火的征程岁月和艰苦卓绝的军垦生涯,为的是让这些亲历了血与火考验的耄耋之年的老人,留给后人一段不朽的记忆。不论历史的大浪淘尽多少岁月的风尘,这都应该是沉淀在时间记忆中的血色画卷。

刘双全:赤子情怀　传奇人生

（**画外**）他是西征万里的老革命,他是新疆生产建设兵团的司令员。经历了军垦创业的艰辛,走过了十年浩劫的磨难。传奇的人生历程,让他在生命中烙下了怎样的印记? 新疆生产建设兵团的发展史上留下了他怎样的跋涉之旅? 本期人物——刘双全。

（**画外**）刘双全,1928年出生,宁津县宁津镇东关村人。1987年至1993年期间任新疆生产建设兵团司令员。出身贫苦农民家庭的刘双全是家里的独生子,他的少年时代是在抗日战争年代度过的。当时宁津县城和周边的几个村镇是日伪军集中活动的地区,那里群众的生存环境也最为艰苦。

（**采访**）刘双全:县城解放得晚。日本鬼子在的时候,咱们那儿叫村长,不叫保长。村长经常挨打,一会儿汉奸去了问你要人,一会儿汉奸去了问你要车,一会儿汉奸去了问你要民夫,你办不到或者一慢了,耳刮子就上去了。所以我们讲的,好人不当,孬人当不了。

（**画外**）1945年,抗日战争胜利后,宁津县成为共产党八路军控制的解放区。旧政权被推翻,新政权建立,村里也应该有个带头人作为一村之长,但受到解放前当村长总是挨打受气的影响,东关村竟然谁也不愿意干村长这个差使。挑来选去东关村村长这个职务最后落在了当时只有十七岁的刘双全身上。

（**采访**）刘双全:解放了,要建立新政权,要选村长,选一个跑一个,选一个跑一个,当时人们还是害怕,认为这个村长是不是还和国民党汉奸

村长一样,所以大家都不敢当。这样的话,我当了村长。那时候我是十七岁,我们副村长十八岁。我1946年入党,以后我就当了联防队长。

(画外)1946年年末,三五九旅派干部来组建渤海军区教导旅,宁津县掀起了"打老蒋,保家乡"踊跃参军上战场的热潮。刘双全是家里的独生子,按照政策规定独生子可以不参军,但他还是带头报了名。

(采访)段丰英(刘双全老伴):政策上宣传,送儿送女到前方。到了前方就要牺牲的,好多不愿意参军。他不带头不行。他是独生子,他爸爸四十岁生的他,亲得不得了。在那种形势下他就报名了,就把六十岁的父母亲撂下,独生子就去参军了。(他)这一参军,全村符合这个年龄的都出来了。

(采访)刘双全:咱们宁津县原来出烧酒,酒坊多。那时候酒坊里面有五套大骡子车,把这个大骡子车戴上花,然后用车把我们送走的。村里面年轻的都走了。

(画外)部队先后在阳信县和庆云县进行了几个月的艰苦训练。1947年10月,渤海军区教导旅从庆云县出发向西北挺进。刘双全跟随队伍一路浴血奋战,先后参加了运安、宜瓦、黄龙、西府、澄合、荔北、永丰、陕中、扶眉、陇青等十大战役,相继攻克了安邑、白水、韩城、咸阳、宝鸡、眉县、天水、西宁等十六座城市。1949年9月,新疆和平解放,他所在的部队番号改为步兵第六师,奉命进驻新疆。1954年10月,经中央军委批准,新疆军区生产部队成立"新疆军区生产建设兵团",后改为新疆生产建设兵团,刘双全和这些万里西征的子弟兵集体转业留在了新疆,担负起屯垦戍边、建设新疆、保卫新疆的神圣使命。

(采访)刘双全:1955年,我就当了二营的副营长。1956年,我就当了(团)办公室主任。以后我就到了机耕队当队长。

(画外)1958年,刘双全被选送到八一农学院,学习农业经营管理。对于只读过三年乡村小学的刘双全来说,这既是一个机遇也是一个挑战。在为期一年的学习中,刘双全用刻苦和努力,丰富充实着自我,使自己的实践经验得到了理论的升华,从而也进一步夯实了工作的根基。

(采访)刘双全:1959年春天到1965年,这段时间我在二十一团当副团长,在那里管农业、机务,这些事情我都管着。1965年以后,我在二十一团当团长了。

(画外)刘双全参军入伍前在宁津老家就已经结了婚。1951年,妻子路莲梅不远万里到新疆来找刘双全。夫妻见面没有久别后的喜悦,有的却是对于母亲深深的愧疚和遗憾。刘双全在后来写的回忆录中,对于母亲的不幸留下了这样的一段文字。

（编导读《刘双全回忆录》）我当兵走后，妻子路莲梅生了个儿子。母亲有了孙子，非常高兴。不料孩子突然生病，不治身亡，对母亲的打击非常强烈，精神失常了。甚至孩子埋葬五天之后，她又把孩子抱了回来。妻子路莲梅没有办法，为安慰老人，只好又抱养了一个小男孩，不料这个小男孩也病死了。接二连三的沉痛打击，终于使母亲精神崩溃了。1951 年母亲去世，妻子路莲梅从老家来到新疆，告诉了我这一切。我悲恸欲绝。遥望老家，关山万里，身许革命，忠孝难全。

（画外）当年渤海军区教导旅踏上西征路时，刘双全和大多数战士一样怀揣着这样一个信念——"打败老蒋就回家。"然而，谁也不会想到回家的路竟是那么的远，那么的长。1957 年，离开家整整十年后，因为接到父亲病重的消息，刘双全赶回了家。

（编导读《刘双全回忆录》）1957 年父亲病重，我当时任机耕队队长，工作非常繁忙。等我后来回家，父亲已永远离开了我，临终时还轻轻呼唤我的小名。

（采访）刘双全：人也没有了，房子也变了，整个的都变了，和我十年前在家时完全不一样了。当时的（心情）控制不住。这是我最伤心的一次。

（编导读《刘双全回忆录》）我心里非常难过，但是想起我们一起当兵的弟兄，一个个倒在解放西北的战场上，想起无数老红军老八路在大漠戈壁屯垦戍边，谁无父母，谁无妻儿亲情。与我们伟大的革命事业相比，与那些献身革命的英烈相比，我个人的痛苦再重、苦难再多也能承受，而且必须承受。

（画外）然而苦难并没有因为刘双全的坚强而离去，1965 年他的结发妻子又突遭变故。

（采访）刘双全：1965 年，我带着人去挖渠，不在家，她在家摔到板凳上，摔死了，现在讲的就是高血压、脑溢血。那时候我就有四个孩子了，没办法工作啊。

（画外）当时刘双全一心扑在工作上，家里的事都由妻子操心。她这一去，刘双全一时间竟不知道该如何应对。

（编导读《刘双全回忆录》）四个孩子最大的十一岁，最小的只有五岁。大孩子很懂事地说：爸爸，我不上学了，我来照顾弟妹们。我鼻子一酸，几乎掉泪：你好好上学，家里的事有爸爸在。那时工作紧张，家里又照顾不过来，但革命事业总要继续干下去，家也要好好撑下去啊。在党和人民面前我是个领导干部，事业重于泰山；在幼小的孩子面前我是个父亲，是个堂堂七尺男子汉。这个家总得有人撑下去啊,不能因为遭受了这次沉重打击,人垮了家也跟着垮了。

(采访)段丰英:他是我的副团长。我是连里的指导员。他就来找我,我的老首长来找我,我怎么办?

(编导读《刘双全回忆录》)我与她见面,不知怎么说才好,心里有许多想法也有许多顾虑。我只说了句:帮帮我,这个家要撑起来。孩子小,需要妈妈。

(采访)段丰英:我又不是嫁不出去,谁愿意给他做后啊!你想想这个事,他比我大那么多,放下架子来求我,我无法拒绝他。反正我自己感觉压力很大,好像地位一落万丈,给他做后,多难听啊,压力非常大,又没办法拒绝他,就答应了,帮他忙。

(编导读《刘双全回忆录》)段丰英很难为情地答应了。后来她告诉我,看到十一岁的孩子给弟妹洗衣做饭,看到我双眼熬红又黑又瘦,还要早出晚归,她深深地被感动了。

(画外)1965年6月,段丰英在刘双全最困难的时候加入到了这个家庭中。谁也没有料到,一年后,"文革"开始了。当时任团长的刘双全受冲击,成了"三反分子"和"走资派"。全家被赶进了一间草屋,刘双全则住进了"牛棚",而且还要接受批斗、游街、戴高帽子等一系列的迫害。

(采访)段丰英:挨整,受冤枉。那三年,整他的时候我都快得神经(病)了。我一回家睡觉,孩子饿得哭,孩子缺钙缺得厉害。不知道喂孩子,喂奶也不吃,最后给他点水喝。刚生了小孩,我也不会带,那时候精神上已经崩溃了。孩子刚一岁半,到幼儿园去。保姆把我的孩子推到中间,让大家喊:打倒刘双全,打倒刘双全。第二天,我的孩子说什么也不到幼儿园去。

(采访)刘双全:受批判了,都打倒了。那是非常残酷的一段(经历)。我当"老牛",她(段丰英)也当"老牛"。我住牛棚,她在家里带这些孩子。

(画外)对于那段人生最灰暗的阶段,刘双全只有轻描淡写的寥寥数语,但在他的回忆录中我们却看到了,当时他是如何用铮铮铁骨和宁折不弯的信念挺过来的。截取其中的一小段文字,也许可以由此感知他当时的处境。

(编导读《刘双全回忆录》)我进牛棚被游街批斗。为了不伤害孩子,我叫段丰英把最小的儿子接到他弟弟家生活,管舅舅叫"爸爸"。一年多后,我们把儿子接回来,孩子见了我,怯生生地叫"舅舅"。段丰英一听流下了眼泪,我也忍不住鼻子酸了。

(画外)1968年,为加强新疆的战备工作,稳定新疆大局,中央决定给兵团派遣现役干部,团以上的领导班子都以现役干部为主。这批干部进入兵团后,开始制止武斗和乱批乱斗,并提出解放老干部。刘双全夫妇先后被解放出来。1970年,上级党委决定恢复刘双全的职务。

(采访)刘双全:1970年2月,我就调到现在的二十九团当团长去了。

(画外)二十九团的所在地叫"吾瓦",维吾尔语的意思是这里走兽不来、飞鸟不落,是当时的苏联专家口中无法种植庄稼的地方。虽然经过兵团二十年的开垦经营,但仍然是"农场负债累累、职工生活困难"。

(采访)段丰英:那个地方也没有水,就是一个大碱滩,那碱很厚,黑碱。

(采访)刘双全:一到了夏天,太阳一升高,热气出来,全是臭鸡蛋味。开始认为这个地肥得很啊,实际上那是碱臭,根本不是肥料,结果一亩地什么也收不了,撒下去连种子都收不回来。

(采访)段丰英:苏联专家说的,世界上罕见的盐碱地区,根本就不能种地。

(采访)刘双全:为了种地有收成,盐碱地开出来,第一年种水稻,叫种稻洗盐,种了水稻以后种棉花。要解决的矛盾就是首先要有苗,种子埋得深,出来苗,才能谈到别的。有了棉花苗,你才有培养和丰产的基础。

(画外)通过条田改建、平整土地、种稻洗盐、挖渠排碱等一系列艰苦的农业基础建设,土地盐碱问题有了很大的改观。70年代初在"文革"中"左"的思潮的影响下,推广应用先进的科学技术是要冒很大政治风险的。刘双全顶住压力不断探索先进技术。在他的带领下,二十九团创造了两项新疆的科学新技术:飞机播种和化学除草。他们改革了当时计划经济体制下最为敏感的分配制度,推行"评工计分"制度,极大地调动了农场职工的积极性。

(采访)段丰英:不管上面怎么样,他看准了这个事情,只要对国家集体有利(他就去做)。他能干大事,他有开拓精神。

(采访)刘双全:以后盐碱危害逐渐减轻了,粮食和棉花单产都上来了,所以二十九团后来成为农业大寨先进团,在全国挂号了。

(画外)1975年,中央决定撤销新疆生产建设兵团及各师建制,所属企事业单位全部移交地方管理。1978年,刘双全调任巴州革委会副主任兼巴州农垦局局长。在他的带领下,很多经营亏损的团场逐渐走出了困境。巴州农垦局在新疆一枝独秀得到了稳步发展。

(采访)刘双全:从1980年开始,我就给他提了个口号,就是"吃饱肚子种棉花"。一开始大家种棉花没有什么信心,一亩棉花定四十公斤皮棉(产量)还不接受。第一年勉勉强强种上了,收成不错,第二年、第三年(越来越好)。以后农二师的棉花最高产都在塔里木,一亩地三百公斤皮棉,不是籽棉。好像那一年

177

在二十九团开了一次全国棉花先进会议,后来他们才知道新疆棉花的优势。原来他们都不知道。

(画外)兵团作为新疆稳定、边防巩固的重要力量,在打击和抵御境内外分裂势力的破坏和渗透活动、保卫祖国边疆的稳定和安全等方面,发挥着不可替代的特殊作用。1981年12月3日,兵团撤销六年后,中共中央做出《关于恢复新疆生产建设兵团的决定》。

(采访)刘双全:1982年12月,叫我到索马里当专家组长去,这个农场叫费诺力农场。

(画外)从60年代起,中国就先后帮助一些非洲国家建设农业技术试验站、推广站和农场,帮助他们发展水稻、茶叶、甘蔗等作物的种植。特别是70年代末,中国援建的一批规模较大的农场,对解决当地粮食短缺、发展受援国地方经济发挥了重要作用。地处赤道的索马里费诺力农场就是其中之一。

(采访)刘双全:这个农场的规模很大,有七千公顷。七千公顷就是十一万亩地。这个农场的建设、开荒、生产都由专家组管。咱们在那儿开荒,国家投入很多钱。我去了以后,这个农场每年都是种三百公顷地。我说开了这么多地,我们不种,老是种这么一点点地,怎么回事啊?我问他们,他说种多了以后怕单产掉下来,脸上不好看。我说,你光脸上好看不好看,一年两年这么种,三年四年继续这么种吗?我说开这么多荒都荒了,国家投入这么多钱,这个地不种,开荒干什么?我去了,我说不管你单产不单产,因为在二十九团我就种水稻,种水稻我还是比他们好一些,我们能种多少算多少,多种。

(画外)在刘双全的坚持下,农场的种植面积第一年就扩大了七倍,而且单产也由原来的三四百公斤达到了五百多公斤,总产量达到三千三百多吨,占索马里粮食总产量的四分之一。当时的索马里总统西亚德专程到费诺力农场视察,感谢中国人民对索马里的贡献。

(采访)刘双全:原来索马里是个军政府,军队的粮食他都控制。后来到我回来的头一年,一年我种了四五千公顷地,(总产量)那就两万四千吨,比(过去)多十倍多,粮食仓库里也盛不了了。这个农场一下子就有了名了。

(采访)段丰英:《人民日报》采访中国驻索马里专家组长刘双全,称他们是非洲灌木丛中的开拓者。索马里那年赶上大旱,最困难时候解决了他们部队吃粮食的问题。

(画外)过去索马里专家组只是对农场提供技术援助,并不参与农场管理。从刘双全任专家组组长之后,费诺力农场的管理权和中国提供的援助开发资金全都交给了专家组管理使用。

（采访）刘双全：咱们是专家组，以后叫咱们管这个农场的粮食、开支，都由中国人说了算。

（画外）1984 年底刘双全回国，任农二师代师长。1987 年 4 月 30 日，他被任命为新疆生产建设兵团司令员，成为兵团恢复之后的第二任司令员。

（采访）刘双全：一些领导都关心兵团，恢复了兵团，但是兵团的体制没有解决，业务上还属于农业部领导。兵团在财政部没有户头。比如说技术改造吧、你需要点产品吧，那时候还是计划经济，其他部门不通过计划就拿不到。不单是拿不到钱，连设备也拿不到。那时候我到财政部去找人，都进不去，好多的部门都不知道兵团，兵团（是怎么回事）都不知道。

（画外）在刘双全司令的努力下，在一些老领导的关心和中央的支持下，1990 年，兵团国民经济和社会发展在国家实行了计划单列，为兵团经济发展创造了良好的外部环境。

（采访）刘双全：兵团全面单列了，而且是加在各个省市自治区中间，真正地排到省一级单位的行列里了，可以和各个机关直接挂钩了，得到了和各个省同等的政策待遇了。从单列以后，兵团进入了一个快速的发展时期。可以这样说。

（画外）1987 年到 1993 年，刘双全在任兵团司令员的六年里，不断推进改革，加快发展，新疆生产建设兵团的各项事业都得到了长足的进步与提高。

（记者）现在刘双全司令虽然已经年过八旬，但他依旧精神矍铄，步伐矫健，完全看不出已是耄耋之年的老人。在我们到达新疆的第二天，他就到宾馆来看望我们这两个来自万里之外的家乡人。浓浓的乡音和着心底流淌出来的亲情，让我们感动不已。我想也许对于他来说，宁津是他的根，是他永远的家园。

（采访）刘双全：我生长在老家宁津。虽然说我离开老家好长时间了，但是这个感情还是很深的。虽然说我的父母都不在了，我的亲人都不在了，但是地还是亲的，人还是亲的。只要有机会我就想回家看一看。我回去以后政府对我非常热情，我很感动。我出来以后虽然做了很多的事情，但是给我们老家没办什么事情，我感觉在我思想上这是一个放不下的事情。我到家一看，我们宁津县发展得确实不错。我们宁津从地理条件来讲不是很好的，不是一个很发达的地方。我们宁津的发展，从自然条件来讲还是不行，但是宁津县这几年发展还是不错。我看大家开放的思想还是很好，所以我对宁津的工作还是很佩服的。

农七师的宁津人

（**画外**）1997年，刘双全司令离休了，赋闲在家的他每年都要去原来工作过的基层团场走一走，看一看。在记者到达新疆后的第二天，就正逢刘双全司令要到农七师去考察，并邀我们同行，于是记者欣然前往。那天同去的还有曾经的兵团副司令员和办公厅主任等十多位老领导，为了避免我们和那些不熟识的人同车的尴尬，刘司令让他的老伴和别人一起坐吉普车，安排我们坐在了他的奥迪轿车中。

（**同期声**）刘双全：县医院就在张秀村。（记者：对家乡的村名和地名还都记忆犹新？）这个忘不了。

（**画外**）乌鲁木齐市距离农七师的驻地奎屯大约有三百公里，在新疆人的概念中三百公里是比较近的距离。在车上刘双全司令热情地为我们介绍着新疆的概况和沿途的风光。在交谈中我们得知农七师的宁津人非常多，农七师的师长刘德峰就是其中的一位。

（**同期声**）刘德峰：我原来不知道这段历史。我在兰州出生，小的时候，回去待了三年，又回（新疆）了。

（**画外**）他就是刘德峰，现任新疆生产建设兵团农七师党委副书记、师长，新疆维吾尔自治区人大代表，中央党校研究生学历，高级国际财务管理师，大校军衔。他的父亲和刘双全司令一样，也是一位西征万里一路血战打到新疆的老革命。

（**采访**）刘德峰：1954年，我出生在兰州。我的祖籍是山东宁津保店

镇庞庄村。生在兵团,长在兵团。我很小的时候在老家待过三年,从小对家乡就有特殊的感情。1995年在二十九团当团长的时候回去过一次。那时候就立志给家乡做点事,就想给家乡把路铺通,当时我们那个村还是泥泽路,但是等把钱筹好了,所有的事情弄好了,一问家乡,说镇上和县上已经修了。我今年又回去一次,看到家乡变化很大。村村通了柏油路,家家户户都盖的一砖到顶的明亮的大瓦房。

(画外)作为万里西征的宁津子弟兵的后代,成长在革命家庭中的刘德峰从小接受的就是红色革命教育。父辈们九死一生的战争岁月和艰苦卓绝的军垦生涯,对刘德峰的影响非常深刻。1974年,刘德峰高中毕业后,和当时的很多学生一样,作为"上山下乡"的知青开始到基层农场锻炼。

(采访)刘德峰:劳动锻炼了不到一年,就提拔为副连长。副连长、连长我干了十年。转战南北,可以说是我人生当中打下最牢的基础的一页。然后我从1984年提为副团级,从副团长到团长又是十年。我曾经在二师任过一年副师长,在一师,就是阿克苏任过三年的副师长。在喀什三师当过五年的师长。到七师现在已经当了三年的师长。我从1996年提为副厅级,至今副厅、正厅已经是十三年。我爱人也是山东德州宁津县人。

(画外)在刘德峰师长的陪同下,刘双全司令一行对农七师的优势产业进行了参观考察。新疆现有十四个地、州和市,而新疆生产建设兵团则有十四个师,每个地区级的行政区划中都驻有一个新疆生产建设兵团的农垦师。农七师就是其中的一支。农七师总面积达五千九百零六平方公里,耕地面积九万七千公顷,是北疆重要的优质商品粮棉基地和瓜果之乡。刘德峰从2005年开始担任农七师党委副书记、师长以来,全师的各项事业都有了快速的发展和提高。

(同期声)郭仲林:开发区这里有两座大油厂,年产两万吨油,后面这个高的是饲料厂,是年产二十万吨的。

(画外)这位在车上为刘双全司令一行沿途讲解的人叫郭仲林,现任农七师副师长,也是一位宁津人。他的老家在时集镇郭家寺村。和刘德峰师长一样,他也是万里西征的宁津子弟兵的后代。

(采访)郭仲林:我的祖父和(刘双全)司令都是1947年参军的。他们是一边打仗一边到了新疆。到了1960年,咱们老家发大水,这样就打电报回去,就说到(新疆)来。一家人就跟着来了,就进疆了。我进新疆时才六岁,来了以后就在这儿上学。

(画外)郭仲林一直在祖父工作的农二师五团学习生活。1969年初中毕业后,他和大多数同龄人一样成了一名下乡知青,但命运的安排让他走上了另外一条人生之路。1974 年他考上了西安地质学院成为一名工农兵大学生。

（采访）郭仲林:到西安地质学院念的书,念完之后留到学校教书,教了一年。教了一年以后就回来了。回来的原因一个是喜欢新疆,再一个在西安那个地方工资收入也比较低,还是感觉在新疆生活得更好一点。一个是熟人多一点,一个是经济上要好过一些,再一个也感觉这个地方能发挥自己(的能力)。

（画外）就这样,郭仲林又回到了农二师五团,在这里开始了新的打拼。

（采访）郭仲林:回来以后最早我是在老五团,也就是(刘双全)司令当副团长的地方。司令一进疆就在老五团。回来(我)就在机关里头基建科,基建科搞农田水利基本建设,后来就到建筑公司当副经理。1984 年,市里筹建湖光糖厂,把我抽去搞筹建,我就去筹建那个糖厂。糖厂是国家大中型项目,五千万元投资,是农二师一次性投资最大的一个项目。等把厂建完以后,领导感觉我干的还可以,有培养前途,就把我留在那儿当厂长。当了两年厂长,因为对糖还是不太熟悉,以后又到大连轻工学院上了一年学,专门学制糖,回来还在那儿做厂长,一直做到 1993 年。

（画外）1995 年,农七师要建设一个大型糖厂,既熟悉建筑又是制糖业行家的郭仲林成为筹建糖厂的最佳人选。

（采访）郭仲林:1995 年筹建糖厂,把这个糖厂建完以后,1997 年投产,投产完又在那儿干了一年厂长。兵团现在四座糖厂,两座糖厂是我亲自筹建的。1998 年就走到现在的工作岗位上来了。

（画外）第一天的参观活动很快就结束了,我们和刘双全司令在宾馆附近散步时,又意外地发现一个宁津老乡。

（同期声）张毅:听到家乡话了,是宁津的。刘双全:你父亲是宁津哪个乡镇的? 张毅:是双碓的,(我父亲)知道你,因为你是司令员,大家都比较熟悉。

（画外）他叫张毅,是农七师检察院的检察长,今天是准备来看望刘双全司令的,没承想却在这里偶遇。

（同期声）张毅:你在营里当副教导员的时候,我父亲从部队过来,从焉耆过来,接管编到起义部队里了。郭仲林:他父亲还在呢。

（画外）在农七师我们一路看到的是大片丰收在望的棉花、辣椒、甜菜等经济作物,参观的是棉纺、针织、煤炭、发电、乳制品加工等规模以上企业。在兵团人的努力下,农七师各项事业蒸蒸日上,而在这蓬勃发展的背后,同样也有宁津人的心血和汗水。

（采访）刘德峰：这几年是打牢农业的基础地位。近三年来，我们向七师的农业投入了十个多亿的固定资产，完善了农业的基础设施和基础投入。用现代农业技术，全面改造提升传统农业技术，为向现代农业迈进打下坚实的基础。七师党委提出了明确的目标，抓煤业、上电力、重化工、兴食品、扩建材、强纺织。我们七师的电力，到今年年底具有四十二万千瓦的发电能力，成了自成体系的发电和供电网络。我们还有两条河流的主管权，年径流量在十个亿（立方米）。我们还有六座水库，为农业的旱涝保收和灌溉农业（提供保障）。同时我们现在实行设施滴灌农业，就是把所有的农业条田里面都安装完了滴灌设施，全部是用自动化来控制农业的灌溉用水，使农业的基础进一步打牢。我们已经拥有年产二百五十万吨的煤炭开发能力。我们的职工收入每年以百分之十五以上的速度在递增，真正使职工这几年的收入得到了实惠，就是改革的成果直接惠及广大职工。

（画外）看到兵团目前的发展状况，刘双全司令感到非常欣慰。这些开辟沙漠绿洲的老军垦用艰辛的付出和无私的奉献换来了现在的发展和繁荣。

（采访）刘双全：我们进疆的时候满地都是芨芨草、戈壁滩、盐碱滩、芦苇滩，这么多年也没白辛苦，经过几代人的努力，戈壁变良田了。

（采访）郭仲林：这么多年下来，老一辈打下的天地，把新疆的戈壁滩变成了

照片左起：刘文浩、刘德峰、刘双全、郭仲林、张涛

183

现在的绿洲,也是中国现在最重要的一个地方。没有老一辈,就没有我们今天的幸福生活,也没有今天整个的万里良田。有时候在外面说起来,也可以自豪地说我们是山东人。这里面有我们山东人的贡献。你还可以把一部电视剧带回去,在我们农七师拍的一部电视剧,叫作《戈壁母亲》。它这里面有很多形象,就是反映第一批老一代山东人精神的。怎么过来的,怎么进疆的,怎么开垦边疆然后一代一代怎么成长的,真实的一个写照。而且这个故事就是描述我们七师。我们第二代人,一个是要继承他们的光荣传统,艰苦奋斗,艰苦创业,还有一个保国为民、富饶边疆的这么一个信心。我们第二代更重要的责任,应该是推进农业产业化,推进城市进程,推进兵团率先在西北走上小康,使兵团的生活过得更好。

(画外)记者陪同刘双全司令在农七师参观了三天。除了看到发展潜力巨大的西部沃土之外,有一种植物给我们留下了深刻的印象。这种植物叫红柳,在荒凉的戈壁滩上是最常见的一种植物。它不畏干旱和盐碱,深深地扎根在了毫无生机的莽莽荒原上。据说红柳扎根最深可达三十多米,它就是靠吮吸地下残存的那一点点湿润得以生长和繁衍,日复一日,年复一年。当记者震撼于这种植物顽强生命力的同时,也深刻地感受到,那些"献了青春献终身,献了终身献子孙"开辟沙漠绿洲的兵团人就像这戈壁滩上的红柳一样,吃苦耐劳,顽强拼搏,用牺牲和奉献屯垦戍边,从这种意义上讲红柳正是兵团人的精神象征。

(采访)郭仲林:(记者:有没有想过把宁津和兵团之间这种经济发展找一个结合点?)那要看机遇、看条件了。兵团有兵团的优势。兵团在农业上有很大的优势,在土地开发、矿产资源上有很大的优势。我们也在想,毕竟都是山东宁津人,也想给咱们老家宁津能够做点贡献。你们这次来,也希望能搭起这座桥梁。由双方看一看,也欢迎咱们宁津的企业家和领导到这个地方来看看,然后我们回(宁津)走一走,这样可以找到结合点。

(采访)刘德峰:我很高兴家乡人民到新疆来检查指导工作,同时我也很高兴,我们和家乡人民联合起来走资源共享的道路,发展我们家乡的事业。我的生命里面有山东人的血脉,所以我很热爱家乡。

(采访)郭仲林:我还是宁津人,也希望有机会能为宁津的发展做点贡献,也欢迎咱们宁津的老乡,到宁津人工作的新疆观光,过来看一看。

张斌:岁月足迹　跋涉人生

（**画外**）少年时代的经历，成就了他一颗火红的心。硝烟战火中的磨炼，让他西征万里屯垦戍边。从小孩班班长到巴州政协副主席，他走过了怎样的人生路？本期人物——张斌。

（**画外**）张斌，原新疆巴音郭楞蒙古自治州政协副主席，宁津县刘营伍乡河北张村人。1933年，张斌出生在一个普通的农民家庭。在那个日伪军横行、民不聊生的年代里，日本鬼子的暴行是张斌幼小的心灵中最深刻的烙印。

（**采访**）张斌：日本鬼子把我们村包围起来以后，就把男女老幼都赶出来，叫我们给他送粮食。叫咱们趴在地下，（日本鬼子）坐在（人）上面。他休息好了，用皮靴子一脚踢得好远，村民惨叫了一声就断气了。我们村里的人都是恨得很，都跺着脚说日本鬼子太可恨了。那个时候我就立志长大了以后一定要打日本鬼子，把日本鬼子从中国赶出去。

（**画外**）当时宁津县是抗日游击区，很多地下党在这里活动。张斌在村办的学校里读书时，授课老师就是一名地下党，因此张斌从小接受的就是红色革命教育。

（**采访**）张斌：1940年，我七岁的时候，在本村村办学校读书。学校请了一个老师，是魏家庄的，这个人叫齐尚玉。白天给我们学生上课，晚上给我们讲革命故事。讲九一八事变的真相，给我们教唱革命歌曲。

（**画外**）后来张斌又来到八路军的抗日高小学习。这里的学习环境比村里的小学要艰苦得多。

（**采访**）张斌：晚上日本鬼子从县

城出发了,我们就背着书包,光着脊背,不敢穿衣服。你要穿上白衣服,老远一看(就被发现了)。就跑到高粱地里、苞谷地里去,跑到老坟茔地里去。第二天就坐到老坟茔地里,老师给上课。那时候哪有桌子,就两个人并着,拿着本子记一记,就是那样学习。

(画外)1945年,侵华日军无条件投降,抗日高小也搬到了大柳,改称为大柳完小。成绩优异、工作积极的张斌被推选为学校青年联合会主任。

(采访)张斌:这时我受的教育就更多了。因为经常接触县上、镇上、区上来的青年联的干部。

(画外)1946年6月,蒋介石集团向中原解放区发动进攻,解放战争由此拉开了序幕。

(采访)张斌:到了1947年3月,咱们县里有一个青年联主任,这个人叫时希周,给我们做了形势报告。当时他就告诉我们,他说:"我现在已经不在青年联当主任了,政府叫我带着咱们区上、镇上的青年到前线去。"

(画外)听到有人要上前线去的这个消息,张斌马上意识到,这是实现他多年来夙愿的一个大好机会。

(采访)张斌:我们早就想参加革命了,这个思想早就有了。听到这个我挺高兴,我说多年来的愿望这要实现了。我就赶快跟他讲。他说我年龄小,不要去。我就再三讲,我非去不行,我多年来的愿望就是参加革命。后来他说,好吧你去吧。结果我就跟着他到了区上去报到。消息也传得很快,我到了那里还没有报到呢,我父亲就去了,说什么也不叫我当兵,家里反对。我说决心已定,我非去不行。我父亲看我决心很大,他说好,你去吧,回家准备准备。回家以后他又变了思想了,又不让我去。母亲也不让去。当时我也没有办法,年龄小嘛,我就哭,哭了一晚上,哭得眼睛也红了肿了。后来我父亲就生气了,算了,不管你了,你要走就走吧。我说好,我就走。我就赶紧简单地准备准备,赶快回到区上去了。到了区上以后,跟着时主任就参加革命了。

(画外)此时山东渤海军区教导旅已经宣告成立,正在阳信县进行大规模军训,只有十四岁的张斌被分配到了宣传队,当了一名宣传员。部队宣传员除了必要的军事训练外,主要是排练节目,到基层单位和兄弟部队进行宣传演出,以提高部队指战员的政治觉悟。

(采访)张斌:当时那个节目很多,《小放牛》《夫妻开荒》。当时我们演了一个最重要的节目,就叫《小铁山》。节目中主人公小铁山有十来岁,他父亲被国民党抓兵了,母亲以后被地主恶霸霸占了,后来活活被打死了。

（画外）《小铁山》这个节目有很强的教育意义。部队非常重视,对节目的主角小铁山这个人物也是再三筛选,最后宣传队决定这个角色由张斌扮演。

（采访）张斌:我那年十四岁,张波股长再三地讲,叫我演这个小铁山,跟我讲这个节目很重要,这个角色也很重要。演好演不好,成功不成功,能不能对部队达到阶级教育,就看你演得怎么样。我当时想,这个担子很重,压力也很大,怎么才能演好呢?晚上反复想,睡不着觉,翻来想,覆去想。想来想去,干脆把这个节目当中的父母都当成自己的父母。如果是自己的父母,被日本鬼子活活打死是个什么样的心情。我这样想着想着,晚上自己就掉了眼泪。我每次演这个节目的时候,演到(小铁山的)母亲被地主恶霸打死,就悲痛万分,泪流满面,泣不成声,哭得很厉害。这样这个节目演得很成功。

（画外）渤海军区教导旅在阳信县和庆云县进行了几个月的艰苦训练后,1947 年 10 月,从庆云县出发向西北挺进。作为部队宣传员的张斌则在行军途中和作战间隙进行鼓动宣传。每到一个宿营地,他们都积极向当地群众宣传党的政策和革命思想。

（采访）张斌:那时候我们宣传队跟着部队进行宣传,到敌占区进行宣传。我们的武器除了一支小枪以外,一个写标语的筒子,还(有)一个喇叭筒子喊话,叫作宣传群众,发动群众。

（画外）张斌跟随队伍一路血战打到甘肃。在历次战役中,他工作积极、认真负责、不怕牺牲。1948 年休整时,张斌被评为甲等工作模范。1949 年 9 月新疆和平解放,他所在的部队番号改为步兵第六师,奉命进驻新疆。1954 年 10 月,经中央军委批准,新疆军区生产部队成立"新疆军区生产建设兵团",后改为新疆生产建设兵团,张斌和这些万里西征的子弟兵集体转业留在了新疆,担负起屯垦戍边、建设新疆、保卫新疆的神圣使命。

（采访）张斌:我原来是在二十一团,1953 年调到师部去了。我调到师部是在文工团当指导员。1954 年就到师的宣传科,当俱乐部主任。到了 1956 年,我就担任农二师宣传科的副科长。1958 年成立共青团农场,担任政治处主任。1960 年把我调到塔八厂,当党委书记、副政委。那年是最苦的一年。在塔八厂干了两年,两年开荒两万亩,种了苞谷,种了麦子。第一年我们打了一百万斤粮食。

（画外）就在张斌来农二师八一中学工作后不久,"文革"开始了。作为学校的党委书记,张斌第一个受到了冲击。

（采访）张斌:因为那时候的错误思潮,不管你是好是坏,反正你是领导干部就是"走资派"。我在那里给闹成一个头号"走资派"，就打到"牛鬼蛇神"堆里去了。我两次被打成脑震荡，我的背被打得没个好地方。

（画外）1968年，为加强新疆的战备工作，稳定新疆大局，中央决定给兵团派遣现役干部，团以上的领导班子都以现役干部为主。这批干部进入兵团后，开始制止武斗和乱批乱斗，并提出解放老干部。

（采访）张斌：我是在咱们农二师第一批被解放的，是1969年元月份，被解放回来以后把我调到师里当宣传科长。

（画外）在那个红色的年代里能见到毛主席是多少人梦寐以求的幸福和自豪，张斌曾经三次受到过毛主席的接见。

（采访）张斌：1957年，我第一次到北京参加工会代表大会。全兵团一共三个代表，我是其中一个。闭幕的那天把我安排在前七排，离主席台很近啊。第七排，坐到中间。当天下午，毛主席要来接见。听了以后心都沸腾了。稍等一会儿，毛主席从后台出来了。（毛主席）出来以后，大家都鼓掌啊，鼓掌都鼓了有半个多小时。把手都拍疼了，也不觉疼，就光知道鼓掌，喊毛主席万岁。开完了会以后，我出来十年没回家了，我就回家看了看。

（画外）在离开家整整十年后，张斌才重返故里。然而还没从见到毛主席的激动中清醒过来的他，只在家乡留下了他匆忙的背影。

（采访）张斌：那时候脑子想的是什么呢？开了会了，赶快回去传达贯彻！想的都是工作啊。根本不是想在家里多住上几天，走走亲戚，看看朋友。到了家，住了一晚上，第二天我就回来了。

（画外）1975年，中央决定撤销新疆生产建设兵团和各农垦师的建制，张斌转到地方工作，先后任巴州宣传部部长、巴州政协副主席等职务。

（采访）张斌：1988年，第二次回宁津。这次回家一看，大变样了，道路也宽阔了，楼房也多了。1991年回来一次，2004年回来一次。每次回去都有新的变化。特别是最后这次，宁津县修了外环路，非常好。我看了以后很受感动。

（画外）1993年张斌离休了，热衷于老年体育事业的他又担任起了巴州老年体协主席的职务。由于他不辞辛苦、任劳任怨，巴州的老年体育事业得到了很好的发展。张斌也先后多次荣获"全国老年体育工作先进个人""新疆维吾尔自治区老年体育突出贡献奖"等荣誉称号。

（采访）张斌：作为我们宁津县的人，我们宁津县能发展这么快，我们很受感动。应该按照中央十七大的精神，把我们家乡，把我们宁津县，建设得更好，使人民得到更好的生活改善，早日实现全面小康社会。

井挹净:走过峥嵘岁月

（画外）抗战期间参加革命,出生入死几经磨难。从抗日青年先锋救国会的村主任到扛起武器冲锋陷阵的连队指导员,他创造了一个排俘虏了敌人一个营的辉煌战绩。从连队指导员到县委书记、工商局局长,他走过了怎样的革命生涯? 本期人物——井挹净。

（画外）井挹净,原新疆巴音郭楞蒙古自治州工商局局长,宁津县保店镇井庄村人。1925 年,井挹净出生在一个普通的农民家庭。他的青少年时代是在抗日的烽火中度过的。当时宁津县是沦陷区,百姓的生活水深火热。1942 年在抗日战争最艰苦的阶段,十六岁的井挹净参加了革命。

（采访）井挹净:那时候我是抗日青年先锋救国会的村主任。实际上是个地下交通员,送信,送鸡毛信。从参加抗日青年救国会以后,小青年们一般都是我负责管理。我负责训练,我是民兵大队长。后来就是带领组织民兵扒铁路。

（画外）当时抗日战争正处于相持阶段,日伪军在宁津县反复进行扫荡、围剿,意图摧毁我敌后抗日根据地军民的生存条件。在这种严峻残酷的形势下,我县的抗日军民采取灵活机动的战术与日伪军进行了殊死搏斗。在一次扫荡中,日伪军误打误撞地抓住了井挹净。

（采访）井挹净:(敌人)搞不清我的身份,对我有怀疑,抓我以后到谢集村要枪毙我。三个人,两个游击队队员和我,跪在谢集村一个湾边上要枪毙。把他两个人枪毙了,我当时估计差不多死了。枪响了嘛。最后他们用脚踹我,把我踹醒了,站起来

了。一端,醒了。其实那一枪没有打上,假枪毙。叫我陪绑,咱们那叫陪绑,抓起来就把我关在村里,有汉奸看着我。

（画外）由于敌人并不能确定井挹净的身份,而且假枪毙的手段也没能让他屈服,在家人的努力和地下党组织的帮助下,井挹净被营救了出来。

（采访）井挹净:我大哥在东北,我二哥正赶上回到家里来了。他原来在天津是个织袜子工人,回来了,他看我叫鬼子绑了,就托人把我赎回来。卖了二百半地,二百五十块大洋。找关系,找汉奸头子,就把我赎出来了,就是买回来了。保店区的政委、区长,他们就秘密给我们家里送了两斗小米,救济我们。

（画外）1945年8月15日,日本宣布无条件投降,作为当时我党我军的后方,宁津县成为共产党八路军控制的解放区。宁津人民在党的领导下开展了土地改革、发展生产等群众运动。

（采访）井挹净:后来就是万人大会,投苞谷豆选举我,把我选上了,叫我到区武装部当政治干事。我就经常到保店区的几个乡,管民兵嘛。就是到各乡去,宣传、组织、搞这个。

（画外）1946年6月,蒋介石集团向中原解放区发动进攻,国民党反动派挑起的内战风云再一次笼罩在了中华大地。也就在这一年,井挹净光荣地加入了中国共产党。1946年年末,组建渤海军区教导旅,宁津县掀起了"打老蒋,保家乡"踊跃参军上战场的热潮。当时任保店区武装部政治干事的井挹净,积极地投入到了动员当地群众参军的行列中来。

（采访）井挹净:我动员了大概有四五百人。我到了一个村里,村里就全部出来了。整个其他区也有,可能有一千多人吧。我这个区动员最多。我被评了个模范人物,组织完了以后交给接兵的,就组织成正式的连、营、团。我们这些人就组织成一个营。

（画外）作为一团三营八连的指导员,井挹净跟随部队先后在阳信县和庆云县进行了几个月的艰苦训练。1947年10月渤海军区教导旅从庆云县出发向西北挺进。他们一路浴血奋战,先后参加了运安、宜瓦、黄龙、西府、荔北、永丰等十大战役,相继攻克了安邑、白水、咸阳、宝鸡、天水、西宁等十六座城市。在1948年的荔北战役中,当时任十六团三营八连指导员的井挹净带领一个排在东高塬背日村,创造了一个排俘虏敌人一个营的辉煌战绩。

（采访）井挹净:我一个排不到四十个人,（敌人）一个营三百多人。晚上嘛,那也是冒险得很,我们也不知道敌人有多少。我说你们不准动,缴枪不杀,就这样。敌人也弄不清我们有多少人,我们的战士都灵活得很,有装连长的,一连、二连、三连、四连包围,叫他们缴枪,他也弄不清多少人。实际上我们一个战士装一个连,解放军有个啥好处,就是勇敢,不怕死。凭这一点就压倒他们。最后天亮了才知道一千多人,这是最漂亮的(一仗)。后来不是编的戏嘛,编的小节目、话剧,全军发的嘉奖令表扬我们。大小战役、战斗经历了二十八次。

(**画外**)1949 年 9 月,新疆和平解放,他所在的部队番号改为步兵第六师,奉命进驻新疆。部队进驻新疆以后,建立革命政权、实行民主改革、恢复发展生产的任务非常繁重。部队选派了大批团、营、连干部到地方工作,加强地方政权建设,改善人民生活。井挹净就在这个时候转业来到了地方。

(**采访**)井挹净:1950 年,到尉犁县当县委书记、县长。第一任县委书记、县长都是我。我是最年轻的一任县委书记,二十六岁。1954 年调到库尔勒专区专业公署,民政科的科长。那时候民政科管人事,民政、人事都管。民政科科长当了两年,就学习去了,到西安中共中央第二中级党校,学政治经济学、学哲学,学一年。后来就到手工业办事处,管手工业,就是后来的轻工业局。

(**画外**)"文革"期间,井挹净受到冲击。他在手工业办事处工作时提出的"多劳多得,按劳分配"的正确主张,被错误地批判。

(**采访**)井挹净:我是被打倒的对象,"打倒井挹净""火烧井挹净""油炸井挹净"。但是他抓不到我什么实事,我搞计件工资制,多劳多得,按劳取酬,男女同工同酬,这个他们也不干,不行。"走资派"硬批硬斗,后期把我弄到国酒厂,小厂子三十个人,把我降职使用。我去了以后,酒厂扩大,扩大成一个大厂,三百多人。中央首长、自治区主席到巴州都到我那厂子去参观。

(**画外**)不论从事什么工作,井挹净始终表现出一个共产党人全心全意为人民服务的作风和品德。"文革"结束后,井挹净调任巴州工商局局长,一直到1986 年离休。

(**采访**)井挹净:两次提拔我,第一次就是"文化大革命"前,我在手工业办事处,提拔我当副专员,结果来了个"文化大革命",就放下了。我说我参加革命不是为了当官,不是为了发财,我无所谓。我做的事情,对得起党、对得起人民就行了。我这个人嘛,水平不高,文化程度低,但是我有朴素的感情,朴素的道德。

(**画外**)从 1947 年参军到现在,井挹净离开宁津已经六十多年了。对于老家,他始终有一份依依的牵挂和难舍的眷恋。

（**采访**）井挹净:我很爱我们老家,我也喜欢我们家乡。就是多年没回去,感觉有些内疚。跟着我参加革命的人,牺牲的也不少,我也没有每家每户地去过,我也非常挂念他们的家属和老人。这些老乡跟着我,革命牺牲、奋斗,我也是记忆犹新,也忘不了他们。我今年八十三岁了,老了就爱想过去。(记者:年纪越大,对老家的这种思念越深。)对,也想(老家),经常想。

王传文:西进边疆的老兵

(**画外**)拿锄头的手扛起了枪,西征万里,舍生忘死,浴血疆场。曾在天安门城楼上受过毛主席的接见,曾在新疆建筑行业中名声远扬。这位二十五岁就出任县委书记的年轻干部,有着怎样的人生历程?本期人物——王传文。

(**画外**)王传文,原新疆维吾尔自治区工程建筑总公司工会主席,1927年生人,宁津县保店镇王千村人。作为一名西征万里的渤海军区教导旅的老革命,和他很多的老战友一样,王传文也是从翻身农民走上革命道路的。

(**采访**)王传文:我们参军的时候,是鬼子刚投降,正是国民党在鬼子投降之后发动内战的高潮。咱们家乡是什么情况呢?鬼子投降了,人们都高兴。热火朝天地搞生产,搞互助合作社。咱们那个地方,从鬼子投降以后一直是共产党领导的解放区,国民党没进过咱们那个地方,没进过宁津。国民党一发动内战,国民党要来占咱们这个地方。翻身农民就要受苦了。刚刚解放又要打仗了,就动员参军。咱们宁津县当时民兵建制很强的,打鬼子的那时候,从一般民兵到基干民兵,成分好的,年轻的,发枪啊。所有的年轻小伙子都编成民兵了,我当时就是咱们宁津王千庄的一个基干民兵。

(**画外**)王传文出生在一个普通的农民家庭,在抗日战争那个全民皆兵的烽烟岁月里,他是村里的一名民兵。抗战胜利后,

作为当时我党我军的后方,宁津县成为共产党八路军控制的解放区。宁津人民在党的领导下开展了土地改革、发展生产等群众运动。正当分到土地的翻身农民享受胜利果实的时候,内战爆发了。在"打老蒋,保家乡"的动员号召下,从小就和庄稼地打交道的王传文放下锄头扛起了枪。

（**采访**）王传文:那时候农民觉悟(很高),一说是跟着共产党打国民党,保卫家乡,不光是年纪轻的,四五十岁的都参军。那时候是一人参军全家光荣。戴红花,家家门上挂对子,敲锣打鼓欢送解放军。那时候出来十二个人,我刚结婚一个月,我和老伴说的最亲的话就是,"我要走了。我要死了,你也别在这儿守着我。我要回来可能不是这个样子了"。那时候有志气,反正不开小差。当兵在家庭会上这么说的,当兵不怕死。我弟兄好几个,有的弟兄一个两个的(都参军),我叔伯弟兄五六个,我弟兄三个,我死了一个还有好几个呢! 你们就放心好了。

（**画外**）1947 年 2 月 25 日,宁津、商河、惠民等地的新兵集结到阳信县进行集训,山东渤海军区教导旅正式宣告成立。

（**采访**）王传文:入伍之后我分到一团三营八连当战士。在山东庆云县大练兵的时候,我调到营部当文书。我说文化不行,我遇到好营长了,他就说,你文化低不要紧,我教你文化。一天(写)五个字,在大练兵当中那样忙,他帮助我学写字,每天准要写五个字。在庆云大练兵待了八个月,比那三年抗日战争我学得还好。

（**画外**）部队先后在阳信县和庆云县进行了几个月的艰苦训练,1947 年 10 月,渤海军区教导旅从庆云县出发向西北挺进。王传文跟随队伍一路浴血奋战,先后参加了运安、宜瓦、黄龙、永丰、扶眉、陇青等十大战役,相继攻克了安邑、白水、宝鸡、眉县、天水、西宁等十六座城市。1949 年 9 月,新疆和平解放,他所在的部队番号改为步兵第六师,奉命进驻新疆。

（**采访**）王传文:从战役、战斗上说,我大概算算有三十六次。我们十六团的三营和咱们解放的国民党的骑兵团合到一块儿,组成了六师骑兵团。我是团里的组织股长。从敦煌进了若羌以后,天上不飞鸟、地下不见草。给我们大家感觉太难了。连飞鸟也不见,吃的自己背着。毛驴、骆驼驮着,没水,艰苦,太艰苦了。从敦煌到那里,走了三十几天,快四十天。一边走路,一边修路。

（**画外**）部队进驻新疆以后,建立革命政权、实行民主改革、恢复发展生产的任务非常繁重。部队选派了大批团、营、连干部到地方工作,加强地方政权建设,改善人民生活,王传文就是从这个时候转业来到了地方。

（**采访**）王传文：部队进新疆之后，新疆没有当地组织，也没有政府。新疆是和平解放的，有旧政府，国民党那一摊子。部队进到哪里，就负责那个地方的地政建设。我们的部队负责两个县——若羌县、且末县。这两个县是由我们六师骑兵团负责地方政权建设。1950年的8月成立县委，大概10月份，就正式组成县人民政府。任命我当若羌县的副县长，我那时候二十三岁。1952年匪剿完了，我就是副县长兼县委书记。

（**画外**）当时新疆非常封闭和落后，而且王传文他们听不懂维吾尔族语言，开展工作的难度可想而知。

（**采访**）王传文：最困难的就是语言。因为语言不通没办法（工作）。再有本事（也不行），他听不懂。他说的你听不懂，你说的他也听不懂。只得动员汉族干部学习维语。县委十二三个人，工作队下乡土改，搞农村合作化，搞普选，都带翻译，凡是要工作都配翻译了。

（**画外**）当时若羌县全县总人口只有六千多人，而面积却将近二十万平方公里，著名的罗布泊就在若羌县境内。那里的荒凉和广袤是王传文他们所想象不到的，农业基础条件非常差，年均降水只有十几毫米。

（**采访**）王传文：若羌县二十万平方公里，有几个浙江大，两个河北大。我走过一个月的时间，逛这个县，我没逛完。若羌没水，那时候组织去爆破，开开口子，把水源扩大，为老百姓办好事，为若羌人民发展生产（办好事）。

（**画外**）1954年作为青年干部培养对象，二十七岁的王传文离开若羌到西北党校学习。一年后，王传文被调到了当时的迪化也就是现在的乌鲁木齐工作。

（**采访**）王传文：我在自治区党委机关审查办公室当主任，以后又到了轻手工业局当人事科长。那个时候机关老变，后来又改成轻工业局，一会儿分开了，发展了，一会儿又合并了，我就在这个地方待了八年。一直到1964年，在那儿当人事处长、办公室主任、党组成员。

（**画外**）1965年，王传文调任新疆第一建筑公司党委书记，当时这个四千多人的大公司正处于亏损状态。

（**采访**）王传文：总想把工作干好，我反正不能落在别人的后边。工作了一年多，转亏为盈。公司机构的地位在自治区大大提高。现在区党委的几个大楼都是我干的。新疆军区大楼也是我干的。完成这些工程就震动自治区了，都是优质工程，还是名牌工程。最早的一建的名牌是八楼，在人民会堂的对面。那时候没有这么多楼，都是四五层高，最高的还没有超过八楼。第一个大高楼标

195

志性建筑,任务完成得好,转亏为盈,我们企业在自治区党委和人民政府有点名气了。

(画外)第一建筑公司在王传文的手中红火了起来。新疆维吾尔自治区的主要领导也开始关注这个当时还不到四十岁的年轻干部。

(采访)王传文:正当公司开展劳动竞赛、热火朝天施工的时候,建工局的党委书记突然打电话告诉我:通知你个好消息。区党委决定要你到北京去。他说曾书记点名了。我一听是曾涤,曾涤是六师的政委,曾涤提名大家同意,你当1966年的国庆观礼代表团的团长。由你当团长,带着咱们自治区的工人、农民、劳动模范、先进人物到北京参加观礼去。能见到毛主席。那时候一听说能见到毛主席,那可不是一般的人,自己心里高兴,家里的人、公司的人都替我高兴。多少人见不到(毛主席)让咱去,你说能不高兴吗。

(画外)1966年国庆节,在天安门城楼上,王传文受到了毛主席、周总理等中央领导同志的亲切接见。

(采访)王传文:各省的代表团的团长留在台子上,和毛主席在那儿,毛主席在当中,我们在边上,在天安门城楼上参加观礼。心情说不出的高兴,心里想的都实现了,高兴。决心在建筑战线上当一辈子老黄牛,干一辈子建筑事业。

(画外)直到现在,王传文还一直保留着他见毛主席时穿的那件风衣。

(同期声)王传文:这一件是我1966年到北京参加国庆观礼穿的风衣。见到毛主席那个时候是新的,到现在已经几十年了。这都破了,我也舍不得丢,因为和它一块见到毛主席,一看到它就(等于)看到毛主席了。就是这个意思。一直舍不得丢,有感情。下雨、刮风我还穿着它。(记者:现在还穿吗?)穿,就这样。你们来了我高兴,见到家乡人了,见到亲人一样。那时候小伙子帅着呢,现在过上幸福日子了,留念留念。

(画外)当时正处在人生巅峰的王传文想不到,从北京回到新疆后,他的人生面临的将是怎样的坎坷。

(采访)王传文:我去了北京回来,10月份回来,不到一个月,新疆开始来红卫兵了,各大学的大学生冲进新疆来了,一下子掀起全国夺权的风暴。"文化大革命"就连续斗了我十年。

(画外)"文革"时期的遭遇不堪回首,王传文对此没有过多的描述。1975年,王传文被解放了出来。

(采访)王传文:1975年我在一建解放,1976年我调到二建。1979年底,地方局、建工局和兵团的工一师改成兵团的建筑总公司,我就当工会主席。

（画外）1988 年王传文离休后，开始着手把自己亲历的故事记录下来。到现在他已经写了十几篇共计五六万字的回忆录。对于记者此行新疆的采访，他非常激动，他说再次勾起那些尘封已久的记忆，真是别有一番滋味在心头。

（采访）王传文：特别高兴，感谢你们这么远跑来采访我。使我心里感到党的温暖，家乡人民的温暖，宁津人民对我的关爱。我又想起了出来的时候乡亲们欢送我，披红戴花、骑马披红、敲锣打鼓的。送我参军到保店，以后到宁津。跟我一块儿参军的一些老同志，现在有的早不在了，作古了，有的牺牲了。可以说有不少的比我更好的同志，比我贡献更大的同志，早些年走了，我很想念他们。在一块儿战斗了三四年，都是咱们宁津的好人、英雄、好汉。我今年已经八十一岁了，我忘不了那些牺牲的先烈，宁津老乡们。我可以这样说，我参军到现在，我没有辜负家乡父老对我的培养、教育，没有辜负这些烈士对我的希望。利用我晚年有好一点的身体和粗浅的文化，虽然写得不好，也写了不少的回忆录。宣传宁津，宣传宁津人，宣传我们牺牲的革命先烈们。我也应该这样做，我这样做一点工作感到心里很安慰。如果有灵的话，就希望他们能够安息吧，这些烈士永垂不朽！他的家庭，父老乡亲，他们的下一代，都不要忘了这些同志、这些英雄的革命精神。要学习他们，发扬光大。我个人想回（宁津），身体上也不好，心脏病，还是不敢走。如果我的身体能够恢复一些的话，我争取（回宁津看看）。

（画外）2007 年 8 月，他们这些万里西征的老战友，举办了一次渤海军区教导旅建军六十周年的纪念活动。六十年后重新聚首，几千宁津子弟兵已经所剩无几。

（同期声）王传文：2007 年 8 月份，我们在库尔勒搞了一个庆祝渤海军区教导旅成立六十周年活动。我们在那儿照了个合影留念，和以前我们参军的时候对比，从山东宁津出来的时候，全旅是一万人，咱们宁津最少是五千人以上，到现在，开庆祝活动合影留念的大概有三百四十八个人，在新疆的一百零四个人，也是这些县里面最多的。大概都进入八十岁了。现在咱们的山东人第二代的，都成了新疆又一代的建设者了，遍布全疆，各行各业，成了建设者的核心力量了。我还有两件很值得纪念的衣物，拿出来你看看，我是很留恋那段时光，我觉得很有意思。

（画外）这是陪伴他风风雨雨走过六十多年的一条军毯，作为一件永久的珍藏，这里面包裹了多少岁月的风尘和硝烟战火的印记，没有人能说得清。

（同期声）王传文：（记者：这是什么时候的?）这是 1948 年的。1948 年参军的时候就跟着我，六十年了，都是补丁了。这几个（洞）是破了补的，这个是在骡马上驮着的时候，一个炮弹皮子崩的。以后补了补，这个补丁最早。放着它，感情很亲，一看到它就想到战争年代艰苦奋斗的劲儿，一直保存着它，留着作为家庭纪念，儿女看看也很有教育意义。

（画外）从王传文珍藏的这些奖章中，我们也许还依稀可见他们当年血染疆场时的动人景象。王传文不仅仅是个人的付出，他们一家都为祖国做出了牺牲和奉献。

（采访）王传文：1947 年的时候，我的二弟就参军了，参加工作南下了，去了淄博这边了。我一个堂弟就是叔伯弟弟，他也是南下走了，后来过长江了。我的亲弟弟老三，在1950 年初的时候，参加抗美援朝了，我大儿子是唐山抗震救灾，到那儿去病死、累死了。

（画外）当我们离开新疆与王传文老人辞行时，他欣然为我们挥毫题词，即兴赋诗一首。从渤海湾到天山，为表乡情不怕难。风吹日晒跑路程，跋山涉水慰亲人。宁新花开红似火，边疆献身宁津人。——西进的一个老兵王传文

（采访）王传文：感谢家乡父老，不能忘记家乡父老对自己的培养。我之所以有今天，共产党培养教育了我，毛主席教育了我。不能忘记家乡父老对我的培养。我在(宁津)长大，家乡父老把我养大。我希望家乡父老能够紧跟县委、县政府的领导，跟上好形势，积极地拥护县委的领导，支持县里的工作，全县的人民能够努力团结一心，把咱们宁津县建设得更好。

从渤海到天山
表达乡情意更坚
不畏艰险争时间
采访任务提前完
宁津新变化一条
朵朵鲜花更美好

西进的一个老兵 王传文
二〇〇八.五.二五

靳志忠:往事经年

（**画外**）带领群众实行土改,出生入死浴血疆场;新疆剿匪他欲擒故纵,错失良机却与商业结缘。这位渤海军区教导旅的老革命,有着怎样的人生历程? 本期人物——靳志忠。

（**画外**）靳志忠,1922 年生人,原新疆维吾尔自治区纺织品总公司、五交化总公司书记、经理,宁津县宁津镇大付村人。同渤海军区教导旅的那些老战友相比,靳志忠的入伍时间比较早,抗日战争胜利前他就参加了革命。因此在 2005 年纪念抗日战争胜利六十周年的时候,靳志忠荣获了一枚党中央、国务院、中央军委颁发的金质纪念奖章。

（**同期声**）靳志忠:凡是参加抗日战争的都有一个,包括老红军。

（**采访**）靳志忠:我 1945 年参加工作。我当过民兵联防队长,当过村支部书记,当过小学教员。1945 年参加工作的时候,正赶上打宁津,解放县城。我那时候是民兵队长。打仗是县大队打的,县大队真枪真炮打的。我们带了二三十个人,都是本村的,负责(堵着)那条沟,(敌人)出来就打枪,不出来就算。我们那时候只有一把水连珠枪,只有一把枪,哪有这么多枪。实际上就是土造。后来鬼子就跑了,跑到德州去了。

（**画外**）1945 年 8 月 15 日,日本宣布无条件投降,抗日战争取得了全面胜利,宁津县也成为共产党八路军控制的解放区。宁津人民在党的领导下开展了土地改革、发展生产等群众运动。

（采访）靳志忠：我搞土改，参加土改，斗地主嘛。老百姓传出来了，就是势力庄子。"长官周家大柳苑，保店出了个吕和战；扒开西门往西看，张知县庄也不善"，这都是势力庄子，都是土豪劣绅。

（画外）实行土地改革后，农民都分到了土地，开始大力发展生产。正当人们盘算着今后和平幸福生活的时候，内战爆发了。在"打老蒋，保家乡"的口号声中，解放区的农民都踊跃入伍。作为民兵联防队长的靳志忠也带领着村里的民兵报了名。

（采访）靳志忠：参军的时候，我带着我们全村的民兵。一参军我就当了一个月的排长，以后当了一个月的文书，在三连当文书。教导员张启华到三连视察去，问你们这儿有多少人，有多少枪、多少弹，我就对答如流，说得很清楚。到了第二天命令下来了，调营部当书记。那时候新成立，营部也没书记，就调到营部当书记。

（画外）1947年2月25日，山东渤海军区教导旅宣告正式成立。同年10月这个以宁津人为主体组建起来的部队，从庆云县出发向西北挺进。靳志忠跟随队伍从渤海湾一路血战打到新疆，从他胸前的这些奖章中，我们也许还依稀可见他们当年浴血疆场的情景。

（采访）靳志忠：在打王庄镇的时候，五连全连冲上去了。一个连冲上去以后，剩下来只有几十个人了。开阔地冲锋，连长、副连长牺牲了，指导员苑德喜腿锯下去了，副指导员孙洪道脸上挂花了。王庄镇战役完了以后，就把我调到五连了。在五连当指导员，因为五连只有三十多个人，后来补充新兵，一个是解放兵，一个是子弟兵，思想就乱一些，面临巩固部队的问题。

（画外）在万里西进的征途中，在危机四伏的战场上，很多时候生死就在一线之间，一次与死神擦肩而过的经历，在靳志忠心里留下了深深的烙印。

（采访）靳志忠：打永丰镇，我这个连干什么呢？晚上挖队沟作业。就是挖交通沟，往永丰镇挖交通沟，挖了一晚上。敌人从寨子里面往外打炮，我们就弯弯曲曲地挖沟。到天明别的连队上去了，我们就退下来休息，就在一个慢坡底下。这时候敌人来了七架飞机，就扔武器弹药，扔吃的。战士要动啊，我就喊战士不要动。这时候寨子里面同时往外打炮，各种炮往外打。一排长李红旗过来了：指导员你抽烟。我说我不会抽烟。他又说抽烟，一摁我，嗖的一下过来一个东西。我如果不低头正好在（脸）这个地方，我一低头就飞过去了。等我拿刺刀挖出来以后，是这么大的山炮的铜炮皮子，就是炮弹皮子。我说要不是你摁我这一下子叫我抽烟，脑袋瓜子两半了。

（画外）大大小小经历了几十次战斗,但靳志忠从来都没有受过伤,这其中除了运气的成分外,更多的是靠战场上的灵活机动和战斗经验。

（采访）靳志忠:我们行军到东西马村的时候,路上碰到敌机了。一看敌人飞机来了,就告诉战士们,一溜长蛇阵,咱们冲着敌人的飞机头趴。谁也别动,冲着飞机头趴。(敌人的)机关炮就开了。哗就打过去了,那时候是螺旋桨在中间,机关炮离开螺旋桨打。一定冲着飞机头趴,别往别处跑,这样一个也没挂花。再一个就是孤坟、孤树不能待,孤孤的一个土包不能待,凡是有特点的、明显的地方不能待。你要是把兵力安在那儿就倒霉了,一个是炮,一个是飞机,那是他瞄准的地点。打大小壕营的时候,我守的是小壕营,我们连长派了一个机枪组三个人,带着机枪就到坟地去了,在那指挥。副营长说老靳咱们赶快离开这个地方。我们刚走出一百米去,敌人的炮弹就来了,就把那坟包炸没了。这都是总结的经验。

（画外）这些看似平常的战斗经验,是用多少生命和鲜血积淀下来的,没有人能说得清,然而也正是靠着这些越来越丰富的战场经历,靳志忠和他的战友们不断地从一个胜利走向另一个胜利。1949 年 9 月,新疆和平解放,他所在的部队番号改为步兵第六师,奉命进驻新疆。

（采访）靳志忠:到了新疆就住在焉耆,直接住在地里了。住了还没几天,就调我们到若羌县剿匪,辅助骑兵团剿匪。

（画外）解放初期的新疆时常有土匪出没,国民党残余反动武装和叛匪经常骚扰百姓发动叛乱。靳志忠先后在若羌县和且末县参加剿匪。

（采访）靳志忠:土匪一个是抢老百姓东西,一个是杀人。在且末县独立团的一个指导员,带着五个战士,叫(土匪)给抓住了,就杀了,眼睛都挖去了,很残忍。我们到那去一打就跑了。

（画外）后来靳志忠在且末县任县委书记时成功活捉了一个土匪,面对这个杀人越货的强盗,靳志忠却决定放虎归山。

（采访）靳志忠:(土匪)到我们且末县有个九个大板,到那抢老百姓东西去。抢羊,抢牛,叫我们围上了,这个家伙没跑了。他的马受伤了,没跑了,抓住一个头子。又把他放回去了,把他送回去大家有意见,好不容易抓住了,杀了我们这么多人。

（画外）当时很多土匪都是受蒙蔽而落草为寇的群众,为了最大限度地争取他们,让他们了解党的政策,从内部瓦解土匪。靳志忠欲擒故纵的办法达到了目的。

（**采访**）靳志忠：后来经过军区指示，叫我们进行教育。马不好，给他换了一匹好马，枪又给他。他一看来了以后又不打，又不骂，吃饭又吃得好，再一个给他换了个袷袢，就是羊毛衣服，给他换了个新的。经过教育，工作做得还是不错，放回去以后就再没回来，再没来抢。（都是）老百姓，真正的土匪是乌斯满，最后就把乌斯满打死了，打得他实在没办法了，最后他们就跑到了甘肃那儿就全部出来了，出来以后就等于投降了。

（**画外**）解放初期，新疆经济十分落后，百业凋敝，物资奇缺。实行民主改革、恢复发展生产的任务非常繁重。

（**采访**）靳志忠：不管怎么样，当县委书记，首先把粮食抓上去，老百姓有吃的咱再说别的话。老百姓没吃的不就麻烦了嘛。若羌人少，五千人，加上骑兵团的人，粮食吃不上。且末县人多一点，粮食丰收了。粮食多，仓库盛不下了，盛不下了就往若羌调。那时候是戈壁沙滩，没汽车也没飞机，就是毛驴驮，一共驮了一两个月，驮了二百五十吨。

（**画外**）毛驴和马匹是当时新疆主要的交通工具。由于新疆地域辽阔，从且末县到当时的专员公署所在地焉耆要走一个月。正是因为交通条件的极端落后，靳志忠与一次难得的学习机会失之交臂。

（**采访**）靳志忠：1954 年调我到西北党校学习，我从且末（出发），骑毛驴走到焉耆就一个来月，从焉耆到乌鲁木齐又得走一二十天，到了乌鲁木齐就三个多月。到了乌鲁木齐就考试，西北党校说学习一年，半年没有了，不行，别来了。区党委这就给我分配工作了。分配到了商业厅，要不怎么到了商业厅呢！

（**画外**）靳志忠从此和商业打上了交道。在商业厅他先后任干部处处长，新疆纺织品总公司书记、经理，新疆五交化总公司书记、经理。在当时计划经济的条件下，如何解决好一些生产生活必需品的分配问题非常重要。

（**采访**）靳志忠：1962 年、1963 年这个时候，全国正是灾荒的时候。我就给中央写报告，我说边疆多少县，靠近苏联，靠近巴基斯坦、印度，这个地方老百姓一年四季离不开棉衣，还离不开棉被，这都是用布的地方。这样的话，中央就没减（布票）。全国都减了，只有几市尺，新疆没减，还是八米。最大的问题是解决新疆老百姓穿的问题。为了不让生产出来的卖不出去，我们就搞了一个样品展览，就是先画的布的花色样品，叫各个地区的纺织品公司和外地老百姓来看。哪个花好，用哪个花，老百姓经常穿哪些花，老百姓喜欢什么样的，先定图形然后再织布。你不这样搞的话，你织出来，老百姓不喜欢就完了。

（**画外**）从 1954 年调到商业厅工作，靳志忠在商业系统一干就是三十年，为新疆的商业发展繁荣做出了积极的贡献。1984年靳志忠离休了。回想起几十年的人生之路,靳志忠更多的是一份从容和淡然。对于我们这两个万里之外的家乡人,他非常热情,而对于宁津老家,这位已经八十六岁的老人也只有遥望和祝福了。

(采访)靳志忠:感谢宁津县的父老养育了我。我们出来革命,也是过去父老的教育,没有父老的教育,哪有我们革命的坚定信心啊!我们应当感谢宁津县的父老对我们的帮助,我希望咱们宁津县越来越好,群众越来越富裕。

张守勋：岁月沧桑　心系故乡

（画外）经历了血与火的考验，走过了戈壁开荒的艰难，万里西征的老革命对故乡情意绵绵。从民兵队长到新疆生产建设兵团兵直党委书记，他走过了怎样的非凡历程？本期人物——张守勋。

（画外）1961年的一个冬天，正担任新疆生产建设兵团某部团政委的宁津人张守勋家里，来了两个不速之客。从参加渤海军区教导旅一路西征到新疆，已经十四年没有回宁津老家的张守勋，见到的竟然是两个来自万里之外的宁津人。

（采访）张守勋：就和你这个方法一样，他到新疆来找宁津县的人，他就知道宁津县的这些人在新疆，不管怎么样，都管点事，有点权力。赶快找宁津县的人，赶快去求援。

（画外）不远万里前来求援，家乡到底发生了什么？这两位从未谋面的老乡让张守勋着实吃了一惊。

（采访）张守勋：他一进门，到我家见了我就哭。他说咱们家受灾，老的少的挨饿没吃的，我们求援来了。豆腐渣也好，甜菜也好，饲料也好，粮食也好，你们能给多少算多少，救命啊！

（画外）当时宁津县正处于三年困难的时期。宁津县的剧团、杂技团都到各地演出求援，为县里讨要各种食品。宁津的很多干部也到各地寻求援助。然而作为团政委的张守勋却没有权力提供援助，无奈

204

之下,他带着这两个来求援的宁津干部去了师部。

(采访)张守勋:开会的时候我就说,咱们老家来人了,都是宁津县的。干啥来了?我说要饭吃来了,家里灾荒,没吃的,没喝的。这样啊。我说咱们大家给上级建议,来了,无论多少,咱们得支援啊,不支援过不去啊!大家这个说我应该救济,那个说我应该救济啊。师里的政委很难为情啊,下面这些政委的老家都是这样,都在那儿说话要求支援,他不答应也得答应一点。他就跟兵团请示了,兵团说尽可能给一些,冬天了打的鱼、白菜、萝卜、洋芋、油渣、油,能吃的东西都行啊!我那时候怎么办呢?我这是今天和你说实话,以前我没说这些话,我偷偷地给了一些粮食。上头不同意啊,不同意的时候怎么办呢,我就说是当作饲料用。事情已经过去,上头也知道你的心情,你没吃了,救了老百姓了,也就不加追究了,也就算了。我和地方的一个榨油厂联系,我说最近你们榨油了,能不能想办法给我点油渣。他说干什么,你种地啊。我说不是,我老家遭灾了,没饭吃来求援了,我说等于我求你们,给我些油渣,意思就是说不要榨那么干净,还是给的油渣嘛,对外好说嘛。这样给了一些,这样的。

(画外)如今这位 1927 年出生在宁津县张官镇小曹村的张守勋老人,已经八十二岁了。1988 年从新疆生产建设兵团直属机关党委书记的位置上离休,也已经二十多年了。回忆起人生往事,他说,1944 年,只有十七岁的他就参加了革命。

(采访)张守勋:那时候小曹家是周围的中心村,我在中心村里当民兵队长,有事出去,没事不出去。活动的时候也是很秘密的,都是黑天活动,白天不活动。长官有日本人,大柳有日本人,双碓有日本人,小王家有日本人,小曹家那个村也安的据点啊,我们都隐蔽起来了。咱们哪有子弹啊,就是想办法抓住敌人的汉奸,谁家给日本人当汉奸了,通过他的家庭做工作,这样敌人出来就抓住他,抓住日本人不容易,抓住汉奸,把他枪里的子弹退出来。你把枪给他下了以后,日本人就怀疑他是不是投降八路了。为了团结他,枪给你,把子弹退出来,我们就是为了要那个子弹,就这么来的。

(画外)当时抗日战争已经进入了反攻阶段,在世界反法西斯战争胜利发展的形势下,毛泽东发出"对日寇最后一战"的号召,全国各地立即布置动员一切革命力量,向敌伪军进行广泛进攻。

(采访)张守勋:1945 年的 8 月 15 日,日本投降,我在城后雒家正打宁津。我正在战壕里面观察敌情,看看城里有什么动静。城后雒家离城里很近,看有什么敌情。到了吃中午饭的时候,来了飞机撒了传单,当时咱们没这个知识,不知道是传单，就是红纸绿纸，雪花似的飘下来了。我那时候动员大家，注意，这是敌人用的阴谋，引导我们分散看飞机了，闹不好敌人进攻，大家不要看也不要拾，注意敌人利用这个机会要进攻我们。我正在讲着，有个同志就拾了一张，他说你看日本要投降了，我说那好啊，我看看，我一看是个宣布投降书。那时候我们还不相信，战场嘛，不能轻易相信敌人，到了下午，上头就来信了，说部队撤出阵地，日本宣布无条件投降。我们就撤回来了，带着自己的人，带着自己的民兵，就回各村了嘛。

（画外）出则为兵，入则为民。回到小曹村的张守勋拿起了锄头，准备安享太平生活。然而蒋介石发动了内战，张守勋再一次承担起守土保家的责任。

（采访）张守勋：到了1946年，西北解放的部队没多少人了，就到渤海来招兵扩军。那时候动员做我们工作的人，区上的、县里的，说动员起来部队走的时候，你再回来。我能干那事吗？把大家带出去，带出去是组织野战军，组织正规部队，不是地方县大队、游击队，是正规部队，正规部队是九死一生啊！动员大家参军，乡里乡亲的都看着你呢！我那时候当民兵队长，三四十个民兵，人家瞪着眼看着你啊，你去大家就去，你不去都不去。我跟大家关系都很好，我一报名带出二十八个来，其他人现在都没有了。

（画外）1947年2月25日，宁津、商河、惠民等地的新兵集结到阳信县进行集训，山东渤海军区教导旅正式宣告成立。参军后不久张守勋就被任命为一团二营五连司务长。这在部队可不多见。而这个任命却与张守勋在抗日战争期间的一段经历有着直接的关联。

（采访）张守勋：我为什么一当兵就当司务长，正排级？上盐山出征，1944年，出征，有一个人很聪明，大概是有点文化，叫他当司务长，那小子贪污。大家发的钱，够吃的，却弄得大家生活不好，大家提意见。提意见怎么办呢，他就说，我不干了，你们说我不行，看你们谁能干。他知道没人干，没人会写账。我就赌着口气，我说滚，你不干我干，我说离了你大家不吃饭了？我来干。大家就把我选上去，叫他下来。就这么干下来，干了大概一个多月，大家的生活搞得很好，供给的东西吃得很好，还有余。有余到最后怎么办呢？你也不能个人要，你给哪些人啊？剩也剩不了十块八块的，我就买些烟叶子，这个班里十个人就这样分开了，大家非常高兴。一参军，这一伙上头没司务长大家就说了在盐山的事，就这样上头任命我当司务长了。

（画外）司务长是连队里主管日常生活方面的军需主官，伙食、财务等连队的后勤事务都归司务长管。1947年10月，渤海军区教导旅经过几个月的艰苦训练后,从庆云县出发向西北挺进。

（采访）张守勋:部队到了德州,弄了骡子到德州去买菜,要过那个运河,要上船。那个骡子就是不上(船),后来上去了,买了菜回来,它又不下来,它害怕。我叫人在后头拿鞭子打它,我在前面拉着,它一蹦蹦到我脚上了,把脚踩坏了。那个时候又没有药,部队天天行军就这么瘸着,发炎很厉害,到最后腿肿得那么粗。卫生员给拿碘酒擦一擦,也没办法。后来发高烧,行军到了山西一个老百姓家。忘不了那一家老大娘,她一看,孩子你这烧得厉害啊!给我盖上几床被子,给我弄的面条,搁上醋,搁上辣子,搁上姜,喝完出了一身汗,到第二天早上起来头不疼了。感冒轻了。可是炎没消啊,到了进新疆的时候,那个伤疤还经常发炎,只得慢慢地(走)。年轻嘛,工作又忙,瘸着(走路),就这样吧,能坚持就坚持了。

（画外）虽然平时司务长不用参加战斗,但要保证连队的指战员能及时地吃上饭,张守勋也经常送饭到战场上。在壶梯山战役中,张守勋就经历了最惨烈的一次战斗。

（采访）张守勋:部队打下壶梯山,敌人跑到王庄镇,部队追到王庄镇。我那一个连,从山东来的时候一百四五十个人,一共剩下二十几个人了。那一次打了一场恶仗,我那一个连的人(死)光了,都是前后村的人。一个连,不到十分钟没了。这时候六连就上去了。六连上去一会儿,一个连也没了。四连来了,四连一看这样,那连长也很能干,没等上级说话就带着一个连上去了。大部分也都是宁津人。他刚上去,正在打得惨的时候,一营营长来了,刘三多,红军。团长也来了,一看刘三多,给我上!刘三多带着一个营上去了,跟敌人拼刺刀了,子弹就上不了膛。这时候,援军在敌人的后头上来了,把敌人整个地吃掉了。那次战役太惨了,死人摞死人,摞了那么高,也有敌人,也有我们的人。一个机枪班长,我们一个村的。他是我带出来的,牺牲了。他家就他一个儿子。他父亲把他的(尸体)起回去了。那老头儿真可怜,通过地下组织、通过政府步行找到那里,找到了(把尸体)用布一裹,背着,还有枪,又走到宁津。宁津县里面(知道他)是烈士,买的棺材,给他安葬。还有几个,家里没有人,都没来起,连长死了,也没人来起。副连长是黑魏村的,和敌人拼刺刀,把枪都驳断了,插到敌人肚子里去抽不出来了,驳断了。敌人上来把他捅死了。我一个通讯员也牺牲了,我伤心死了。我每回写信都给他带一句话,他叫殷寿生,我说殷寿生还在,一直跟我在一块儿,他很好。安慰他的父母。(殷寿生)死了好多年了,我还写这信。这件事情让我心里面很难过。

207

（画外）同为一方水土养育的乡亲，都是千里远征的战友，当他在你身边倒下的时候，那种痛失手足的感觉真让人揪心地痛。那次战役虽然已经过去整整六十年了，但张守勋对很多战友牺牲的场面依然记忆犹新，他的诉说好像就刚刚发生在不久前。记忆的闸门再次打开那段惨烈的经历，这些幸存的老战士仿佛又看到了那些同生共死的战友倒在他身边的瞬间，是悲壮、是伤感抑或是思念，那种心情真的难以言传。

（采访）张守勋：事情过了，难免（伤心），不光一个人，死的多，没多少了，现在活下来的在新疆没多少了。

（画外）张守勋跟随部队一路血战，先后参加了十大战役，解放了十六座城市。作为司务长，张守勋一直从事后勤工作。由于他的正直清廉和精打细算，连队的经费都最大限度地发挥了作用。

（采访）张守勋：我为啥搞得好呢？我不在集上买菜，去菜地里买菜，便宜嘛！吃肉了，我到村里，买活猪，请个老乡一杀，猪蹄、猪头给老乡拿走吃顿饭，老乡还很高兴。便宜多了嘛！大家说生活（很好），每个月还有结余，还分点烟叶子抽。

（画外）1949 年 4 月，部队正在和国民党马鸿逵的部队作战。一天，张守勋突然接到了一个命令。

（采访）张守勋：正在渭河边上，半夜了，部队换下班来准备吃饭。咱们在河这边，敌人在河那边，看到了，抽烟都看到火了。上头来一个通知，说调我到团部去报到，今天晚上趁着黑天赶快报到去。到了团部，山沟里黑黑的，是团里的教导队。在教导队上待了两天，上头的通知来了，说把你们调到师部教导大队去学习。上边一句话，背上行李就走了。

（画外）就这样，张守勋来到师部的教导大队，参加了政工干部的培训。1949 年 9 月新疆和平解放，张守勋肩负着一个特殊的使命赶赴新疆。

（采访）张守勋：后来上面指示了，军的教导团，师的教导队，团里的教导队，一律不准回原单位，统统进新疆。我坐飞机来的，就是赶快把这批干部插到新疆部队去。当时起义部队改成中国人民解放军二十二兵团，就划到解放军的系列了，因为起义了嘛，二十二兵团九军二十五师，我在二十五师七十三团战炮连当指导员。

（画外）起义部队情况十分复杂，政工干部到起义部队开展工作非常困难。

（采访）张守勋：部队就在乌鲁木齐老满城，就是国民党的军营。（陶峙岳）司令接见我们，给我们讲了话。国民党的总司令，介绍他这个部队的情况。他们会问你什么？会刁难你们。他就把情况告诉我们了。住到兵营里面，房子里炉子不好，冬天冷得很。人家都有皮大衣、被子、毡筒，我们没有啊，脚都冻坏了。你也不能说苦啊！有的人专门刁难你，解放军不是能吃苦吗，你们还怕冷吗？刁难你。有的战士很好，我说的战士大部分都是贫下中农，被国民党抓兵的，或征的穷人的孩子出来。我们为穷人办事为穷人着想，政策讲清以后，他的心和我们自然靠到一块了。后来就成立了革命委员会，拣着好的组织起来，把这伙人团结在我们周围。

（画外）由于起义部队尚未彻底改造，部队中仍然有一些国民党顽固分子，队伍潜在着发生兵变的可能。这让张守勋这些到起义部队工作的政工干部随时都有生命危险。

（采访）张守勋：昌吉一个营叛变了，一个营教导员四个连指导员，绑到马上堵住嘴给弄到山里去了。起义的一个副营长不同意这么干，被绑起来扔到菜窖了。一个起义的小军官、副排长，黑天穿着皮大衣、穿着毡筒解小便去，怎么一看房子里点着灯啊。在窗户这儿一看，几个指导员都在上头吊着。他就没回房子，拼命地往乌鲁木齐跑，跑到有电话的地方，告诉军区，昌吉这边叛变了。昌吉军区一调查是这么回事，出了坦克、飞机，第二天到了南山。那些事是有的，有的光穿着裤头让人绑起来，扔到草湖里喂了蚊子。明知道死你也得去，看你自己怎么做工作了。

（画外）就是在这种工作环境下，张守勋成功地改造了战炮连，很快融入到了驻疆部队开展的大生产运动中，开始了漫长的屯垦成边生涯。

（采访）张守勋：1950年，我们到地里去开荒。没粮食，一个班分一缸子麦子，煮，在锅里煮熟了，分一茶缸子。平平的，用筷子一拨，一缸子麦子，你拿过去往嘴里拨两口，他拿过去往嘴里拨两口，十来个人就这一缸子麦子。没有筷子，就在地里拾个棍儿拨着吃。后来就是学着老乡做木犁，哪有牲口，都是当兵的拉犁，我拉了。没有绳子，把当兵的绑腿拿下来，搓成绳子，拴上。都拉碎了，一节节的，到最后用草，把草搓成绳子拉犁，把肩膀都拉得出血了，能说疼吗，那真是不容易。

（画外）1954年10月，经中央军委批准，新疆军区生产部队成立"新疆军区生产建设兵团"，后改为新疆生产建设兵团，张守勋他们集体转业留在了新疆。

（采访）张守勋：一进疆毛主席就发布了一个命令给新疆部队。你们是生产建设部队，需要你们转业，一手拿枪，一手拿镐，在国家需要的时候再召唤你们。兵团的任务就是守土，新疆有地区、有专区的地方，我们都有一个师，每个县里面我们都有一个团。武器都在仓库里放着,枪炮弹药满满的。白天生产去,有了事,一个命令,你这一个团几点钟集合,团长、营长早配好了的了,打开武器库,一个团就出来了,一个连就出来了,说实在的对保卫祖国的西北边疆,起了很大的作用。

(画外)1970年,在离开宁津老家二十三年之后,张守勋借着在陕西疗养的机会,重新踏上了回家的路。

(采访)张守勋:正好快过春节了,我带着两个孩子,带着我爱人去的——我那时候自己不能动。好多人都不认识了。母亲不在了,父亲在,父子两个见了面都不认识了。那时候出来小嘛。

(画外)当年渤海军区教导旅踏上西征路时,战士们大多怀揣着这样一个信念——"打败老蒋就回家。"然而,他们当初谁也不会想到回家的路竟是那么的远,那么的长。

(画外)这位白发苍苍、年过八旬的老人在新疆已经扎下了根。他的子子孙孙以后也将永远生活在这里。半个多世纪的岁月沧桑,他已经融入到了新疆的戈壁草原、农场城乡。也许再过若干年以后,宁津对于他们的子子孙孙来说只是表格中的祖籍,是梦中都不会到达的家园。

(采访)张守勋:多年没有见过老家的人了,很想念老家。人生故土,叶落归根嘛。有时间再回去看看大家。祝我们全县的乡亲父老身体健康,日子越过越好;祝我们县里的各级领导同志,工作顺利,全家幸福。

郭书森:沿着岁月的足迹

（画外）他是渤海军区教导旅万里西征的老革命,他是新疆生产建设兵团恢复后的第一任检察长。峥嵘岁月中走来的他,经历了一段怎样的人生路？本期人物——郭书森。

（画外）郭书森,原新疆生产建设兵团检察院检察长,宁津县时集镇杨西川村人,1931年出生。和渤海军区教导旅的那些老战友不同,郭书森是作为一名初中学生参军入伍的。

（采访）郭书森:1947年4月份,我在乐陵县黄夹镇渤海第一中学,就是三十二个学生一起参军那个学校。我当时在那儿上中学二年级。我们村里面有四个学生在中学里面,就我一个人参军了,他们几个都回本地当小学教员了。

（画外）在郭书森四个同村的同学中,有一位就是远近闻名的《大刀记》作者郭澄清。在当时,初中生可以说是知识分子了,因此在部队里这些学生兵都非常受重视。

（采访）郭书森:一直没当过战士,去了以后开始当宣传员,后来又到特务连当文化教员,文化教员就是按照排级干部待遇了。当时部队里面主要是农民,把我们调来以后,等于把部队的文化素质提高了。

（画外）1947年10月,渤海军区教导旅从庆云县出发向西北挺进。在河北省武安县,部队由华东军区划归为西北野战军,并改番号为独立六旅,之后他们翻越太行山,直奔晋东南,去参加解放运城和安邑的运安战役。当时郭

书森所在的十八团参加了对安邑敌人实施的包围,本着先取运城、再克安邑的战略部署,其他兄弟部队率先打响了进攻运城的战斗。经过三天激战,运城解放。这让安邑的敌人非常恐慌。参加包围安邑县城的十七、十八团,利用敌人的恐慌心理,采取了攻心战术。

(采访)郭书森:团长、政委要动员安邑县国民党的张司令投降,给张司令写了一封信,叫我在附近动员国民党部队里这些连长、排长,包括他们的家属,把信送到敌人方面去。

(画外)在安邑县附近的村子里,郭书森找到了七名国民党军官家属,并争取到了她们的支持。

(采访)郭书森:我当时把这些家属组织起来,七连连长崔乐亭配合我向敌人喊话。说双方停止打枪,你们的家属给张司令员送信去,双方都不打了。敌人不打枪,我们也不打枪,我就负责把这几个人送到敌人碉堡跟前。碉堡里面出来人把她们接收过去,我就回来了。一回到部队里面就冒了一身大汗。假如说敌人把我抓去怎么办?我回来的时候敌人冲我背后打枪怎么办?都没想这个。但是回到部队出了一身汗。崔乐亭说——那时候他管我叫小郭——小郭你真勇敢,你还是不怕死。

(画外)郭书森跟随部队一路打到甘肃。1949年9月新疆和平解放,他所在的部队番号改为步兵第六师奉命进驻新疆,1954年10月,经中央军委批准,新疆军区生产部队成立"新疆军区生产建设兵团",后改为新疆生产建设兵团,郭书森和这些万里西征的子弟兵集体转业留在了新疆,担负起屯垦戍边、建设新疆、保卫新疆的神圣使命。

(采访)郭书森:1948年入党以后就调到政治处,担任组织干事和保卫干事。1949年我到六师连队当指导员,1955年又调到师里当保卫科科长、军事法院院长、党委纪律检查委员会的副书记。"文化大革命"就靠边了。"文革"以后,把我调到农二师工三团当政委。当政委修南疆铁路,三年多时间又调到自治区化工局,当副局长兼新疆化肥厂的党委书记。1982年兵团恢复以后,兵团点名要我回去工作。兵团成立公检法,我就调过来担任兵团检察院检察长。

(画外)1982年新疆生产建设兵团恢复以后,郭书森成为第一任检察长,在这个位置上他一干就是十年。

(采访)郭书森:1983年全国严打,把三万多犯人调到新疆兵团来。那时候公检法的主要任务是管这批犯人。

(画外)谈起人生的经历和故事,郭书森非常淡然。他说干了一辈子革命工作,没有什么轰轰烈烈的大事,也没有太多的非凡经历和传奇故事。回首一生走过的路,印象最深的还是认认真真地工作,尽心尽力地做事。

(采访)郭书森:1959年回过一次家。第二次回宁津县,宁津县已经搞了环城路。我觉得宁津县发展还是不错的。希望宁津县能够成为一个强县。

李春：我的人生　我的路

（画外）他是新疆维吾尔自治区农业厅副厅长，他是万里西征的宁津子弟兵的后代。从兵团到部队，从普通职员到县委书记、副厅长，他经历了怎样的人生之路？本期人物——李春。

（同期声）李春：老一代打下的江山，交到了我们这一代手里面。我们一定要把它守住，要把它建设得更好。

（画外）他叫李春，是新疆维吾尔自治区农业厅副厅长，宁津县柴胡店镇李道口村人。1957年出生在新疆的他，是在兵团里长大的。作为万里西征的宁津子弟兵的后代，李春从小接受的就是红色革命教育，父辈们九死一生的战争岁月和艰苦卓绝的军垦生涯，对李春的影响非常深刻。

（采访）李春：我们父辈那一代是吃了苦了，自己盖房子，自己开荒、造田、种地。我们从小就生长、生活在兵团里，在父辈的影响下，在艰苦创业那样一个环境里成长起来，受到老一辈的那种熏陶，应该说什么活我们都干过。过去叫开门办学啊，拿出一定时间参加农业生产劳动、社会实践，在实践当中边学边干，掌握一些基本的生产知识、技术。实际上我们在兵团里的这些孩子，很早就经受这方面的锻炼了，所以我们参加工作以后，不论在什么样的单位、什么样的工作岗位上，始终感觉到我们有这个责任，有这个义务，为维护国家的统一、边疆的巩固、各民族的团结，包括经济社会的和谐发展，尽我们的责任。

（画外）在农二师二十一团成长起来的李春，

高中毕业后和当时很多兵团的孩子一样,下乡参加了工作。

(**采访**)李春:高中毕业以后就下乡了,就分到值班连队里去了。我的第一份工作实际上也就是一手拿枪,一手拿镐,还是保留着兵团的生产队、战斗队、宣传队三队那样一个性质,就是军事化管理。

(**画外**)在兵团工作仅仅四个月后,李春报名参军成为一名真正意义上的军人,来到了绿色军营施展人生的抱负。

(**采访**)李春:适应部队生活,这是我们兵团子弟非常具有优势的。我们从小就是集体生活,接受的是军事化管理、教育,所以部队好像还是自己的家这种感觉。我在四年的部队服役时间里面,两年就入党了。

(**画外**)然而在部队工作的得心应手,却没有让李春的军旅生涯延续父辈的传奇。就在李春入伍的第四年,他的家里突遭变故。

(**采访**)李春:我父亲去世了,就感觉到还是(回家)吧。回来能更好地照顾自己的母亲和弟弟妹妹。要是长期在部队,作为老大,该尽的责任尽不好,所以我那时坚决要求退伍回来。当时部队不放我,我做了好长时间工作。

(**画外**)四年的军旅生涯就这样画上了句号。退伍后李春来到了当时的巴州民政人事局,在这里他一干就是十一年。

(**采访**)李春:1975 年,恢复成人高考,我就报考了民政干部管理学院,学的也是民政管理专业。五年的时间,提成副科长,后来(做)办公室主任。当时我在(巴)州民政局,整个全疆民政行业的业务还是比较熟悉的,民政部组织的民政业务知识百题竞赛,在全国我是获得了一等奖。当时在业务上很钻研,工作熟悉,适应角色比较快。1992 年,组织上决定将年轻干部放到基层,我出任博湖县县委副书记。

(**画外**)从 1992 年开始,李春先后在博湖县、和硕县担任县委副书记、县委书记,一直到 2003 年他调任新疆维吾尔自治区农业厅副厅长。对于这段历程李春没有过多的描述,只用"充实"两个字概括着那段为了富民强县而忙碌的日子。

(**采访**)李春:人生当中最充实的是在基层的这十几年,经受的锻炼最丰富最充实,确确实实也是有劲能使得上。干了一些事,是在县市。

(**画外**)作为新疆维吾尔自治区农业厅副厅长的李春工作非常繁忙,我们的采访只能安排在他会议的间隙进行。即使这样,采访期间也一直有人因公务来打扰,而李春却没有因此拒绝我们,对我们这两个万里之外的老乡非常热情。虽然他只去过一次宁津,但浓浓的乡情却让人感受到了他对故乡那份牵挂和眷恋。

（**采访**）李春：我土生土长在新疆，但是是咱们山东宁津人的后代。虽然没有在家乡成长，但是对家乡的这份眷恋，这份感情，还是非常深的。借这个机会给家乡的父老们代问个好。祝我们宁津家乡能够发展得更好，人民更加安居乐业，生活蒸蒸日上，各项事业都能够有大的发展。

（**补记**）2012 年，李春出任新疆维吾尔自治区移民管理局局长，2017 年退休。

彭作庆：往事钩沉

（画外）一路西征的艰辛，一次次与死神擦肩，相同的历程不同的故事。这位渤海军区教导旅的老战士，有着怎样的人生之旅？本期人物——彭作庆。

（画外）彭作庆，原中共巴州州委常委、纪委书记，宁津县相衙镇西彭村人，1926年生人。同渤海军区教导旅的那些老战友一样，彭作庆也是作为一名翻身农民参军入伍的。在经历了阳信、庆云大练兵之后，1947年10月，彭作庆跟随渤海军区教导旅从庆云县出发向西北挺进。

（采访）彭作庆：我打手榴弹打得远，能打四十五米。在山东惠民我们训练三个月，我是朱德投弹手，得了奖。到了部队上，这一个连队里，一打仗就组织一个投弹班。我就是投弹班的组员，以后当投弹班的班长。咱们攻坚一般都是晚上。我们悄悄地上去摸，摸到跟前之后（用）手榴弹打，一个人十颗手榴弹，打完了之后我们退下来，后边就是一个尖刀排上去，再后边就是火力排。我当了一年多的投弹班的班长。我受过两次轻伤，在1947年挂了一次（花），1948年挂了一次（花）。1948年的下半年，我就当了排长、副连长，再不参加投弹了。

（画外）打运安，战黄龙，守荔镇，走西府，一次次的浴血奋战，一次次的舍生忘死，半个多世纪的岁月磨砺，在彭作庆的心里留下的是沉甸甸的记忆。

（采访）彭作庆：西府战役从山西一直到陕西的宝鸡，历时三个月。宝鸡是胡宗南的心脏，他的军事工业都在那个地方。我们打宝鸡，就是把支援的部队吸引过来，就是咱们俗话说的调虎离山计。把他们的部队调过来，减轻瓦子街

的压力,这样瓦子街就好打了。我们去的时候敌人没有防备,很顺利。到了宝鸡之后,我们打了三天,基本上就是把他的工厂全部炸(掉)。连烧带炸,他们的工厂、他们的储备库,全部给他炸掉了。这样胡宗南就调了三个军过来,三个军追击我们三路,我们不到一个军。这就打得残酷了,一路打了一个半月,边打边走。一个半月不脱衣服,马不卸鞍,人不离枪,抱着(枪)睡。基本上也没有睡,就是边走边睡。我们部队有一个最大的优点,走着路可以睡觉。(记者:走着路怎么睡觉?)就是晕晕乎乎这样睡,前面一停下,背包后面有个小铁锹,做工事的,(头)碰在铁锹上(就)醒了。一个战士背两条枪,没人了,我那个时候当班长,扛着一挺机枪。脚上整个是大泡,血泡,也不觉得疼。

(画外)在一次抗击战中,彭作庆所在的十六团三营实施节节抗击,边战边退,在重创敌军后的撤退途中,遭到敌人增援部队的三面围攻,情况非常紧急。

(采访)彭作庆:在周至壶县那个地方,我就准备死了,准备牺牲了。敌众我寡,伤亡较大,我带的机密文件和资料全部撕掉扔掉。我就是一把枪一个手榴弹。

(画外)当时彭作庆任八连副连长,他带领一个排掩护全营的指战员撤退。

(采访)彭作庆:我是掩护营长撤退的,掩护了我们营里边半个营的人。撤退的时候和敌人相距大概也就是四五十米,喊口号都听得清楚。缴枪不杀,都听得清楚。在那种情况下,一个是准备死,一个是你打死(我)算你的,你打不死(我)跑出来算我的。

(画外)在一次次与死神的较量中,彭作庆终于迎来了胜利的曙光。1949年9月新疆和平解放,彭作庆跟随部队从西宁进驻新疆焉耆。

(画外)当时已调任特务连副连长的彭作庆,跟随先遣部队首先到达了焉耆,为大部队的到来做好准备工作。

(采访)彭作庆:新疆主要是维吾尔族,当时对人民解放军非常好,夹道欢迎,非常拥护。咱们大军到新疆,没有粮食吃,我就到军事工作队借粮。

(画外)部队进驻新疆以后,建立革命政权、实行民主改革、恢复发展生产的任务非常繁重。部队选派了大批团、营、连干部到地方工作,加强地方政权建设,改善人民生活。彭作庆从此来到了地方。

(采访)彭作庆:部队上都是集体吃饭,来到地方上之后没人管了,自己管自己,自己料理自己。当时也没有伙食,很不方便,很不安心,要求回部队。那时候地方上也开始进行教育。我们来到地方上要改造旧政权,建立新政权,我们不干谁干呢?半年以后开始适应了。1950年9月份调到库尔勒,我任库尔勒第一区区委书记。1954 年 4 月份,调任县委副书记。

(画外)当时新疆不但经济十分落后,而且自然环境恶劣,人口稀少。

(采访)彭作庆:若羌到咱们库尔勒只有一条老路,四百八十公里。中间整个是沙漠,汽车不通,骑毛驴要骑十三天到十五天才能到,中间也没有站,就在红柳包底下避避风,睡觉。若羌当时没有菜,属于最干旱的地方,一年降水量是十三毫米,基本上不下雨,自然条件艰苦。粮食也不够吃,油也没有,火柴也没有,老百姓一天用一根火柴,早晨做饭,用火柴点着做一顿饭,饭做熟了之后把烂草烂树叶子在灶火里面放上一灶火焖上,不叫它着。到中午吹一吹,火又引着了。晚上也是这样。就这样困难。我当县委书记到那儿去之前,州委书记跟我谈话:若羌边远,汽车去不了,生产比较困难,条件很差,到那个地方对你一个要求,去了之后千万不要饿死人,不饿死人就行,就这么个要求,就这么个条件。

(画外)从二十八岁开始,彭作庆先后在四个县任县委书记,在这个位置上他一干就是三十多年。

(采访)彭作庆:库尔勒是我的第一站,区委书记当了两年,县委书记当了十二年。1962 年到若羌,到了若羌当了十年,从若羌调到且末又一个十年,到了和静当了两年,就回到州上,到州纪律检查委员会当书记。1990 年退下来。

(画外)从 1947 年参加渤海军区教导旅离开故乡到现在已经六十多年了,其间彭作庆只回过一次宁津老家。虽然彭作庆的母亲在 1955 年就来到新疆和他团聚,但对于家乡,彭作庆始终有一份牵挂和眷恋。

(采访)彭作庆:我十八岁离开家,吃山东的饭,喝山东的水,跟我们山东同胞在一起生活了十八年,感情非常深厚。非常想念我们山东的老乡。希望家乡早早地富起来,都富起来。这是最大的希望。

井建新：我是革命者的后代

（**画外**）他是万里西征的宁津子弟兵的后代，他是在"文革"那个特殊的年代中成长起来的干部子弟。曾经的梦想，现实的无奈，给了他坚韧的品格。一路走来，他的人生中留下了怎样的足迹？本期人物——井建新。

（**画外**）渤海军区教导旅进驻新疆以后，全体官兵集体转业留在新疆屯垦戍边，部队也改称为新疆军区农业建设第二师，简称"农二师"。农二师的驻地就在新疆巴音郭楞蒙古自治州的州府所在地库尔勒，因此巴州的宁津人非常多，而且现在这里的宁津人大都是巴州经济社会发展的中坚力量。巴州政协副主席井建新就是其中的一位。

（**采访**）井建新：（记者：宁津人在巴州现在任职的，县处级以上的干部有多少？）起码有十几个人。我们三十多个局、办，起码有十几个（宁津人），大部分都是咱们各行各业的工作骨干，相当一部分都担任了县级和县级以上的重要领导岗位。

（**画外**）井建新的父亲就是我们在以前的文章中介绍的，曾经带领一个排俘虏敌军一个营的传奇人物井挹净。1952年，井建新出生在新疆，当时他的父亲正在巴州的尉犁县任县委书记。

（**采访**）井建新：母亲那时候也是在尉犁县，父亲在那里当县委书记。（记者：母亲是哪儿的人？）"八千湘女上天山"中的一位，在中国历史上

有重要一笔的。这是我爱人,我儿子、儿媳妇,儿子在县公安局当副局长。

(画外)谈起井建新的人生历程来其实并不轻松。身为干部子弟的他是在"文革"那个特殊的年代中成长起来的,当时他的父亲井挹净受冲击,遭受到很多不公正的待遇和迫害。那个人生中最灰暗的时期,成为他们一家最不堪回首的记忆。

(采访)井建新:"文革"(期间)我父亲也属于"走资派",蹲牛棚。从小就听父亲讲,(父亲)从小就参加革命,从小受好多苦。我父亲曾经被日本鬼子抓去,乡亲们又把他赎回来,从此参加革命,可以说是历尽千辛万苦。我就不太理解,这样一个父亲,这样一个革命形象,为什么在"文革"当中遭到这样的迫害、不公的待遇?这就促使了我强烈的(信念),想到用自己的行动来证实,我是一个革命者的后代。当时我的想法是朴素的——唯一一条出路,只有去当兵。

(画外)当时参军入伍的政治审查这一关是相当严格的,井建新的梦想遭遇到了现实的无奈。

(采访)井建新:在政审的时候就没有过关。身体各方面都过关了,只有政审没过关。后来又有了"上山下乡",我就想参军无望,用现在的话来讲,施展我自己能力的渠道途径,只有下乡了。

(画外)带着一份年轻人对人生的执着,井建新来到了焉耆县七个星公社接受再教育。在这里,他开始用锄头耕种自己的未来。

(采访)井建新:当农民我要当个好农民,不示弱。我想用我自己的实际行动证明,我总有出头之日。我也相信,总有还我们家庭清白的一天。尽管年龄小、体弱,但我劳动样样都干在前面,很快就被评为五好社员,被推举为生产队的会计,受到了当地农民群众的爱戴、认可。

(画外)由于在村里表现突出,下乡插队一年以后,一个招工的机会让井建新成为焉耆县邮电局的一名邮递员。

(采访)井建新:从农民进城当了工人,这应该是我人生的一个转折点。因为从小受的家庭教育,我知道这不是我最高的理想。我父亲也是从小从军的,我当兵的愿望比较强烈。

(画外)穿上绿色军装成为一名军人,一直是井建新的一个人生理想,而且当兵的愿望背后还有他不屈的性格中想证明一点什么的心思。

(采访)井建新:想当兵的愿望,强烈的愿望,一直没有打消。当时我就十七八岁,你说想当兵,要想干啥,具体我也很模糊。为了给父辈、给家庭争光吧,就是我们"文革"中失去的那些光荣,让它再回来。

（画外）能成为一名军人，是国家对一个人政治上信任的体现。父亲被错误批判蒙冤的经历也一直是井建新心里的一块伤疤。1972 年，父亲终于得到了平反，井建新也如愿成为一名军人。

（采访）井建新：尽管我那时候是个干部子弟，我仍然是抱着好好干的态度，当农民要当个好农民，当工人要当个好工人，当兵要当个好兵。

（画外）已经二十岁的井建新来到军营后才发现，愿望和现实是有差距的。

（采访）井建新：对军人很向往，真正到了踏进部队的那天，好像又不太适应。当兵以前我在邮电局工作，工资已经可以领到四十七块三毛钱了。当时来说工资非常高了。我当兵以后呢，第一年每个月的津贴是七块钱，七块钱呢，还要参加公基金五元，拿到我们手上的只是两元。有那种抱负，但是没有那种生活的准备，确实刚开始还是不习惯。印象最深的一件事情，请假两个小时，但我四个小时才返回部队。为什么呢？我中间去看了两场电影。回来就挨了一个礼拜的批评，做了一个礼拜的检查。从那以后，我慢慢地朝成熟的阶段发展。从第二年开始我年年受嘉奖，军事、政治各个方面，在我们连队都是名列前茅的。

（画外）随着人生阅历的不断增加，井建新在军营中不断地调整着、适应着，同时军人特有的素质和品格在他的身上也深深地扎下了根。

（采访）井建新：仅一年的时间，我就光荣地加入中国共产党，成为一名共产党员。在部队上从一个士兵到班长、排级干部、连级干部、营级干部。

（画外）井建新说，十六年的军旅生涯，坚韧是留在他身上最深刻的烙印。1988 年，井建新在喀什军分区教导队副队长的位置上转业了，等待他的第一份工作是巴州司法局法制宣传科干事。

（采访）井建新：从一个百姓到军人，这是一个转折；从军人特别是一个军官，再到地方一个干部，这又是一个转折。对我来说也是一种考验。不适应，来的时候不适应。一方面是对地方工作不太熟悉，第二方面是当时年轻。那就慢慢适应吧。新疆是一个多民族的地区，本身就是包容性很强的，山东人的包容性也是很强的。不论走到哪个省，走到什么地方，他都能和当地的人群一块生活，一起同甘共苦。这是山东人一个特点。我作为一个军人，又是山东人，很快就和地方干部融到一块儿了。到司法局半年的时间，把我调到（巴州）政府办公室当秘书，一年后我又被提拔为巴州政府办公司副主任。我从一个营职干部，很一般的一个转业干部，不到两年时间从科级干部到副县级岗位，我觉得也就是靠老老实实做事，老老实实做人。

（画外）后来,井建新又先后担任了巴州党委副秘书长、巴州机关工委书记、巴州政府副秘书长、旅游局局长、外侨办主任、接待处处长,巴州政府秘书长。2007 年,井建新被任命为巴州政协副主席。

（采访）井建新:从小耳濡目染,看到新疆从弱到强,经济一年比一年发展,社会一年比一年进步,民族一年比一年团结。这都是我们亲眼所见。在边疆能够尽一些微薄之力,我觉得作为一个山东子弟,也可以自豪地说,没有愧对父老乡亲,起码弘扬了我们山东人的这种精神,这种传统。

（画外）1997 年,井建新陪着已经离休在家的父亲回了一趟宁津老家。表格中的祖籍终于实实在在地展现在了他的面前,对于这片既陌生又亲切的土地,井建新感触良多。

（采访）井建新:第一次去,我觉得有寻根的感觉。乡亲、亲戚带我看了过去的老屋。奶奶就在这儿生活。我父亲小的时候很顽皮,上房、爬树,给我有这样的遐想。我可以用双手触摸老屋的墙壁,有那么一种眷恋。我看到什么都很亲切。作为一个山东宁津人的后代,可以说为新疆的发展,我也尽了一些微薄之力。我觉得这也是应该的,应该这样去做的。我最大的回报,对家乡人的回报,对父老乡亲的回报,就是好好在边疆工作,教育好自己的下一代,继续为边疆工作,为咱们山东人争光,为咱们宁津人争光。

和硕县的宁津人

（画外）他们的父辈是因为谋生存而到新疆来的宁津人，他们用努力和付出，在巴州和硕县的土地上用心演绎着各自的精彩。他们之中有县里的领导，有种田的农民，也有执法为民的检察官、警官。在人生的路上他们各自都经历了怎样的故事？本期节目——和硕县的宁津人。

（画外）位于巴州东北部的和硕县是一个宁津人相对集中的区域，我们离开巴州的州府库尔勒之后，就赶到了这里。和硕县位于新疆中部，天山南麓，南临中国最大的内陆淡水湖——博斯腾湖，是南疆、北疆、东疆的交会点，被称为南疆第一县。全县总面积一万两千多平方公里，总人口近七万人。在和硕县我们遇到的第一位宁津人就是李保胜。

（采访）李保胜：和硕的宁津人比较多，大人、孩子，凡是和咱宁津有关系的，娶的媳妇也好，嫁的姑娘也好，我觉得可能有千数口人。

（画外）李保胜，宁津县宁津镇李庄村人，现任和硕县人大常委会党组书记、常务副主任，1952 年生人。

照片左起：张涛、赵维山、王军生、吕永智、吴希来、李保胜、孙元辉、栾旺林、刘文浩

（**采访**）李保胜：我是1961年来的新疆，随父母自流来新疆。当时咱们老家闹灾嘛，又加上我们给苏联还债嘛，遭灾以后生活上就过不下去了，当时有的说是往东北去，有的说是往新疆来，反正在家饿也是饿死，出去吧，只要能活命，抱着这种态度这样闯出来的，自流来新疆。

（**画外**）他所说的自流，其实就是逃荒。1961年宁津县正处在三年困难时期，当时只有九岁的李保胜跟随父母背井离乡，不远万里来投靠和硕县的一个远房亲戚。

（**采访**）李保胜：我们出来的那天是1961年7月14日，整个儿从水里面蹚出来的，那时候水也大。说句实话，还是比较落后的，那是四十多年以前嘛，我们来了锅都买不到，碗也买不到，就是在家里带来一个钢种盆。母亲说，带着个钢种盆，洗菜、洗手、连和面、做饭就那一个盆，还得当锅（用）。

（**画外**）就这样，李保胜跟随父母落户在了和硕县塔哈其公社塔哈其大队。在宁津就一直靠种地为生的一家人，在这里依旧从事农业生产。

（**采访**）李保胜：说实话我连初中也没上过，我小学毕业证也没有，紧接着就"文化大革命"嘛，这一乱套，回到生产队就当记工员、班长，那时候都拿工分。十六七岁就开始当会计。

（**画外**）塔哈其大队成了李保胜的第一个人生舞台。1971年，十九岁的他在这里写下了人生的第一笔。

（**采访**）李保胜：在生产队当会计，在大队当会计，后来当民兵连长、团支部书记，又调到公社卫生院当会计。1977年调到公社当秘书，管委会秘书、党委秘书，办公室主任。到了1984年机构改革建乡的时候，就当了乡里的副书记。

（**画外**）和硕县的少数民族总数占全县总人口的三分之一，主要是蒙古族、维吾尔族和回族，因此要做好基层工作，就必须学会和少数民族打交道。

（**采访**）李保胜：我经常跟他们开玩笑，我说我能懂四种语，汉语、回语、蒙语、维语，我都可以说。在乡里当副书记、书记，十六七年的经历，我的一个最大的感觉就是，人嘛，心里头要有一杆秤，你最起码来讲，要对得起党和人民给的工资。乡里的工作比较苦，要想说树立威信，就是给老百姓要干实事，拿着一天的报酬要干一天的活，我们是农民的子弟，就得为农民多办事。那时候在乡里，我就没好好地在办公室坐过，一个礼拜，开会也好，研究工作也好，可能在办公室最多也就是两天，剩下的时间基本上我都在农村。

（**画外**）和硕县北倚天山，因此这里经常能遇到洪水。每当乡里组织抗洪抢险的时候，作为乡党委书记的李保胜总是冲在最前面。

（**采访**）李保胜：发洪水时，如果说领导你站到那个水边上，光在那儿指挥这是不行的。那一年我们要冬灌，冬灌就是为明年的生产打基础。这时候就没水了，没水就带着农民上山去堵啊！10月份山口那水是特别凉的，农民一个都不下来，没人（下水），这时候我们就把外面大衣一脱，光穿着裤头背心直接下水，（记者：那是几月份？）10月份，10月份山里的水真是刺骨。你这样一下去，没有不下的，所以说我就感觉到，遇到困难以后你要以身作则，你必须自己身先士卒。

（**画外**）1999年，李保胜先后荣获州、县两级抗洪抢险三等功，说起那一次抗洪的经历来，他仍然记忆犹新。

（**采访**）李保胜：我那时候任党委书记。我带着一个乡长、一个副乡长，整个地把老百姓（安置一遍），全乡步行整个地安排了一遍，到村里去已经没有路了，棉花地整个儿（被水淹）平了，最后蹚水，在水里头走，拄着棍子。中午了，肚子饿得实在是没办法了，水里面漂的那瓜，就捡上两个不管生熟的砸开就吃。维吾尔族老乡都抱着我哭啊，一看到我去了蹚着水那样子。那几天就累坏了，两天两夜我们基本上没有睡觉，连轴转，那就是累趴下了。

（**画外**）就这样，李保胜在乡镇基层一干就将近二十年，2001年，四十九岁的他调任和硕县人大常委会常务副主任。

（**采访**）李保胜：借咱们电视台采访的这次机会，祝我们宁津的父老乡亲身体健康、万事如意、全家幸福、天天发财。

（**画外**）李保胜告诉我们，和硕县的宁津人大多数是自己闯荡过来的，其中有很多宁津农民在和硕县开荒种地也都干出了名堂。

（**采访**）李保胜：光塔哈其这一个乡里面，属于咱们宁津的、种有上百亩（土地的农户）就有十几户。

（**画外**）听到这个消息我们决定到塔哈其乡去看一看。在塔哈其乡人大副主席栾旺林的带领下，我们赶往祖鲁木苏里村。过去栾旺林就是这个村子的党支部书记。

（**采访**）栾旺林：（记者：这个村里宁津人多吗？）现在全村也就二百五十多户人，宁津老乡就有二十户，能占到十分之一。好多都发财了，搬走了。后面这户到南疆去了，刚才在车上跟你说开了五千亩地的，在他后面住，也走了，开了五千亩地。

（**画外**）栾旺林也是宁津人，他的老家是宁津镇栾庄村，据说20世纪六七十年代栾庄村有半个村子的人都来了新疆。

（**同期声**）栾水林：这是我哥哥家，这是我嫂子。（我是）宁津的，我听你讲话就是宁津人。（记者：我是宁津电视台的，我们过来采访，采访老乡。）一听讲

照片左起：刘文浩、栾旺林、栾水林、吴希来、张涛

话就是宁津人，一听口音很亲切，对，来进屋。

（**画外**）他叫栾水林，和栾旺林是本家，也是宁津镇栾庄村人，是1980年才到新疆来的，在和硕县是属于比较晚到新疆来定居的宁津人。现在他已经是拥有一百多亩耕地的农业大户了。

（**采访**）栾水林：（记者：你1980年来的时候，当时是个什么机会？）打工，跟着我们老乡过来的。来的时候在砖厂打工，有一点积蓄了就自己开荒，自己种地，盖房子。（记者：一年能收入多少钱？）这一百多亩地的话，怎么也能收入十几万块钱。

（**画外**）看得出栾水林在新疆的生活富足而快乐，在他们的带领下我们走访了祖鲁木苏里村的几户人家。这个门店的主人叫栾俊坡，老家也是宁津镇栾庄村，除了这个门店，他在村里还有四五十亩耕地。

（**采访**）栾俊坡：我们1960年进新疆，四十多年了嘛，现在这日子过得挺好，比老家好，回到老家我生活过不惯，过不习惯。（记者：你现在一年能收入多少钱？）我们商店能收入一两万，地里再收入五六万，可以了。（记者：一家人日子过得挺舒服。）可以，蛮好的。早就说准备再回家看看，还没回，还没机会，家里这一摊子怎么办，撂给儿子吧，还不放心。他又种地，再种地我们也离不开。我说冬天抽个不种地的时候，儿子看店我们回家，到宁津再转一转，回家再看一看。

（画外）像栾俊坡一样，在和硕县的宁津人大都是20世纪六七十年代来新疆的，不论是躲避灾荒，还是投亲靠友，当年他们背井离乡就是为了养家糊口谋生存。

（同期声）李胜明：从咱站的这地方到那个树那里，这一片都是我的，那边一直到头，有个百十亩地，这都是我的，都是自己当时开荒开出来的，对。

（画外）他叫李胜明，是宁津镇码头孙村人，从1971年来和硕县，到现在已经三十多年了。

（采访）李胜明：（记者：当时怎么想到要来新疆呢？）当时家里赶上雨水大，有点困难，我叔叔在这儿，他来得早一些，就这样来到新疆了。那时候七几年还是大锅饭，集体制嘛，开荒是到了九几年才开荒，我种的有集体的地。

（画外）20世纪80年代末，国家政策鼓励农民开荒种田，李胜明和村里的几个农民率先加入到了开荒的行列。

（同期声）李胜明：原来我们的地都是这样的，都是碱土，根本不能长庄稼。这个我们已经整理过了，当时的基础比这还要差一些。（记者：都是这么高的草吗？）都是这么高的草，都是红柳。那就是开荒的时候，我们有几家合伙找机器，把地推出来。地里的碱厚啊，这么厚，特别是浇地，用水一浇，那个碱地一踩就是老深，碱土一部分推出去，一部分靠水压，还得要打井。

（画外）当初的盐碱地都变成了肥沃的良田。他开垦的一百四十亩耕地，如今全都种上了棉花。地里的农活忙不过来，李胜明就雇佣工人来帮忙管理。

（采访）李胜明：找的工人拣棉花的。（记者：你这是雇了多少工人？）这是一共十三个。（记者：雇了十三个工人，你现在就像农场主一样嘛！）呵呵，提不上。

（画外）李胜明有三个儿子、一个女儿，二儿子在家帮他管理地里的农活，其他两个儿子在县城做生意。

（采访）李胜明：现在地里的农活都不需要自己动手，基本上不用自己动手了，现在说来说去嘛，还是国家政策好，党的政策好，我的哥哥在阿克苏开了几千亩地，在下面有五百多亩地。（记者：你这一百四十亩棉花，一年能收入多少钱？）能收入十来万块钱吧，这一年能收个十来万块钱，就是开支去了，纯收入十多万块钱。

（画外）采访中李胜明一直都是乐呵呵的，生活的富足一直都挂在他略显沧桑的脸上。他说这两年一直准备回家乡看一看，时间久了难免有些思念。

（画外）在万里之外的新疆和硕县采访，我们恍然是在宁津，亲切的乡音和着浓浓的乡情让人感动不已。从塔哈其乡回到县城，李保胜主任早已安排好了晚宴,席间在座的也都是宁津人。

(**同期声**)赵卫东:非常高兴在新疆和硕见到我们宁津人,见到老家的人。也借这个机会,祝你们在新疆采访期间一切顺利,心情愉快。

(**采访**)赵卫东:1967年出生在新疆若羌县,上学的时候要填祖籍是哪里,山东宁津,很小的时候就知道,自己祖籍是山东宁津。

(**画外**)他叫赵卫东,是宁津镇东雒村人,现任和硕县检察院检察长。

(**采访**)赵卫东:1967年出生在新疆若羌,上学时就知道祖籍是山东宁津。

(**画外**)1989年,赵卫东在新疆政法学院毕业后,被分配到若羌县检察院工作,先后任办公室主任、副检察长。2002年,他调任若羌县政法委副书记、综治办主任。2008年5月,开始任和硕县检察院检察长。

(**采访**)赵卫东:宁津的父老乡亲,你们好!作为一个宁津人我非常自豪。在新疆,我们也特别想念家乡的父老乡亲,希望家乡的父老乡亲,日子过得红红火火,一天比一天好。

2016年后,赵卫东先后任和硕县政协主席、巴州人大法工委主任。

(**画外**)他叫王军生,是宁津镇后王村人,现任特吾里克镇派出所所长。和硕县的政府驻地就在特吾里克镇。

(**采访**)王军生:我是土生土长在新疆,父母亲是1961年进新疆的。

(**画外**)1985年,巴州师范学校毕业的王军生走上了三尺讲坛,开始了他八年的教师生涯。1992年,和硕县公安机关招考民警,王军生觉得这是一个人生的机遇。

(**采访**)王军生:当时公安局招人,面向社会招人,觉得是个机会,我说考一考,看一下。抱着侥幸心理,一考就考上了。

(**画外**)虽然生在新疆,长在新疆,但王军生对故乡宁津仍然有着一份特殊的感情。

(**采访**)王军生:我从三四岁就知道宁津,就知道宁津是我的老家。我的儿子叫王宁,我的女儿叫王津,永远不能忘咱们的家乡,所以起的名字叫王宁、王津,宁津。

(**画外**)也许正是因为这份浓浓的乡情,已经担任派出所所长将近十年的王军生,为那些来和硕的宁津人,都尽量提供力所能及的帮助。

(**采访**)王军生:现在还不断地有咱们宁津人,到咱们和硕县落户,我前两天刚办理了一个咱们宁津的,在这落户。(记者:这就是咱们一个宁津人是吗?)对,前两天我一听是咱们宁津人,马上就办理了。(记者:经你手办理的这种从

宁津迁到和硕来的大概有多少?)从原来我在塔哈其到现在,办理了三四十户了。

(采访)王军生:首先感谢宁津县电视台开办《天南地北宁津人》栏目,我相信全国的宁津人都会喜欢这个栏目,同时能加强宁津人的联系,最后祝《天南地北宁津人》节目越办越好,祝愿家乡父老乡亲身体健康,欢迎来新疆做客。

(画外)在和硕县的晚宴上我们认识了一位自称也是宁津人的维吾尔族老乡,他叫依江明·牙生,是和硕县人大常委会副主任。

(采访)依江明·牙生:1971年的5月份到1975年的9月份,在我们和硕二中队学修理自行车,当时我的师父叫苏旺然,他就是山东宁津人,后王公社栾庄村的人,所以一直说自己也是宁津人。我现在只要见到山东宁津人,好像是我的亲人一样,我是这么个感受。

(画外)虽然依江明·牙生的那位宁津师父现在早已不在人世,但他对师父却依旧有一份深深的感怀。

(采访)依江明·牙生:我现在是人大常委会副主任,能到这个位子上,和我师父的教育和培养是分不开的,所以我是非常感谢我的师父。

(画外)宁津人在和硕县究竟有多大的影响力,仅仅两天的采访我们找不到答案,但通过这位维吾尔族老乡我们发现,宁津人在和硕真的已经扎下了根。

马兰基地的宁津人

（画外）马兰就在和硕县境内。这是一个曾经在地图上没有标注也无法找到的地点，因为这里是中国核武器的摇篮，是曾经让无数中国人感到骄傲和最为神秘的地方。中国停止核试验后，马兰的神秘面纱开始被逐渐揭开。通过和硕县的老乡我们得知马兰基地的部队中也有我们宁津人。

（画外）他叫吴希来，刘营伍乡付家庙村人，1952年出生，现任和硕县检察院党组书记、副检察长。

（采访）吴希来：1969年12月12日，我参军到马兰部队。

（画外）1969年，初中毕业的吴希来应征入伍来到了马兰基地。当时这里

照片左起：刘文浩、栾旺林、吴希来、吕永智、记者张涛

231

是一个非常神秘的军事重地。

（采访）吴希来：（记者：马兰基地是一个保密性的地方？）对，是核试验基地，我们在部队主要从事一些钻井技术，机械工作。（记者：军队这六年的军旅生涯，你觉得在你人生中留下最多的是什么？）参军丰富了我人生的阅历，在部队的生活既有艰苦也有快乐，改变了我一生的命运。（记者：六年的军营生涯塑造了你军人的性格？）军人的精神、作风、纪律以及各方面的素质得到了一个全面的提高，可以说这六年是我一生中最难忘的，也是最珍贵的。

（画外）由于在部队的后勤部门从事打井工作，经常有到地方支援农村的机会，所以1975年吴希来退伍后，就直接到了当时的和硕县水利科打井队。

（采访）吴希来：没有这个技术的话，也不可能从事到地方的打井工作。在水利科是1975年、1976年，到了1977年我就考学去了。

（画外）1977年，全国恢复高考的第一年，吴希来顺利考取了巴州农学院，学水利专业。1979年毕业后又回到和硕成为一名乡镇的水利技术员。

（采访）吴希来：1979年到1982年期间，担任咱们苏哈特乡水利技术员和办公室副主任。1982年的8月份，因工作需要直接调到县委组织部当组织干事。工作了十四年，1994年提为组织部副部长、机关党委书记。

（画外）吴希来又先后担任了和硕县的教育局局长，县总工会主席，县法院

照片左起第二位为孙元辉

党组书记、副院长,2006 年调任和硕县检察院党组书记、副检察长。

(采访)吴希来:家乡的父老乡亲,你们好,我作为咱们宁津县一个土生土长的孩子,有今天的进步,是与大家的支持关心分不开的,希望我们家乡更美好。我在新疆几十年来,也是非常想念家乡,希望我们家乡更富裕更繁荣。

(画外)和吴希来退伍到地方不同,他的一些战友一直留在马兰。吕永智就是其中的一位。他是马兰基地 546 医院特诊科副主任医师、大校军衔。

(采访)吕永智:1971 年到现在三十八年、三十九个年头了。很快,时间很快,不知不觉我们在这里快四十年了。

(画外)吕永智,1954 年出生,柴胡店镇吕庄村人。在参军入伍之前,他是村里的赤脚医生。

(采访)吕永智:我那时正是上学的年龄,十五六岁,就闹"文化大革命"了,学校就上不成学了,就都回生产队了。上面要求每个村都要办村卫生室,都要有赤脚医生,这样开始走上学医这条路。推广针灸叫作新针疗法,从咱们公社卫生院学来的,看家的本事就是扎针。学了两个月就在村里建立卫生室了,很简陋,几乎没有药,就是靠一个酒精消毒棉球,靠一盒针灸针。就是这样开始的。

(画外)因为吕永智的这段经历,来到部队后,他就又干起了老本行,成为一名卫生兵。

(采访)吕永智:从小就想当兵,结果一当兵就是一个卫生兵。到卫生队接触的那些东西,和你学的还是有很大出入的,那就靠自己慢慢摸索吧。我自己感觉还是自学出身,就是土生土长的医生,没有牌子(学历),全靠后来个人努力,组织上的培养,工作中实践,实际工作中的锻炼,走到现在。我一直就是(在)特诊科,干这个干了很多年了。

(画外)作为副主任医师,一位大校,吕永智现在主要负责技术上的一些问题,为培养新人搞好传帮带。现在由他培养出来的技术骨干已经有十几位。

(采访)吕永智:向老家的各级领导问好,向我们老首长、老战友、同事们问好,祝他们身体健康,祝家乡建设蒸蒸日上,一步一个台阶,一年一个变化。

(同期声)宴会上宁津老乡共同说:为宁津人干杯,宁津人干杯。

(画外)在座的这些都是宁津人,在万里之外的新疆能有这么多宁津人团聚一堂,的确让人兴奋不已。

(画外)他叫孙元辉,是大曹镇东大孙村人,1965 年出生。现任马兰基地司令部后勤处长,中校军衔。

(采访)孙元辉:离开宁津应该是 1985 年底。高中毕业以后入伍,直接到马兰基地。当兵的目的原来很单纯,想到部队上个军校。原来想法比较简单。

（**画外**）如果说从军是孙元辉人生中一个新的起点，那么考取军校则是他命运的转折。入伍一年后各方面表现都很出众的孙元辉，考取了国防科技大学，从此他的人生和马兰基地就更加紧密地结合在了一起。

（**采访**）孙元辉：部队确实是一个锻炼人的大学校，人生的转折点几乎都是在部队这里，对自己影响很大。离开家乡独立生活，当兵对自己的自理能力、约束能力包括政治觉悟都是提高很大的，这一（点）很重要。当兵一年以后我上军校，毕业以后先后当过排长、连长、秘书、副处长、处长，（一直）到现在。

（**画外**）一路走来，孙元辉的人生之旅非常从容，虽然马兰距离宁津老家有万里之遥，但他却时常有机会回来看一看家乡。（2014年孙元辉转业到四川省公安厅工作。）

（**采访**）孙元辉：原来几乎每年都回（家乡）。我当秘书的时候出差机会比较多，经常回（家乡），也十分关注家乡。（感觉家乡这两年）变化挺大，特别是建设方面。我们上学的时候到县城去的不多，原先好像就一条路，现在好像三纵四横，变化挺大。到部队二十多年，如果说取得一点成绩，这都是家乡培养的结果。借此机会祝家乡的父老乡亲幸福安康、事事如意，也祝愿家乡建设得越来越美好。借这个机会向我的老师问好，祝他们身体健康、家庭幸福。同时借你们这个栏目向我的同学问好，祝他们工作顺利、事业有成。最后还请家乡的人到新疆来观光旅游，我们一定热情款待。

（**画外**）虽然马兰基地已经对外开放，但我们的采访仍然不能涉及很深，"艰苦奋斗，无私奉献"的马兰精神，我们只能靠这些画面去感悟了。

杨连勇:梦圆广电　情系声屏

（画外）生在宁津,长在江南,奋斗在大西北。他是南下干部的后代,他是新疆广播电影电视局党组副书记、副局长。人生的经历,事业的艰辛,他走过了怎样的人生之旅？本期人物——杨连勇。

（画外）杨连勇,原新疆广播电影电视局党组副书记、副局长,1945 年出生,宁津县时集镇杨西川村人。他的父亲杨秀章是一位 1937 年就参加革命的正军级离休干部,1949 年他跟随部队南下,因此,杨连勇很小就离开了宁津老家。

（采访）杨连勇:1953 年,我父亲到老家把我接到南京上小学,小学上到四年级又回老家了。我老奶奶特别想我,一定要把我接回去。在老家待了三年,1959 年又到南京去,（当时）快上初中了。

（画外）在江南成长起来的杨连勇,从小喜欢写作,中学时代就开始往报社投稿。1965 年高考时他顺利考取了上海复旦大学,然而自己喜欢的新闻专业却与他无缘。

（采访）杨连勇:考大学的时候填的还是新闻专业。但是录取的时候是国际政治系,是政治专业。那时候最想搞电影,我从中学的时候就开始给报社投稿,虽然没登,但是老是爱写东西。

（画外）1970 年杨连勇大学毕业了,在"知识青年到农村去"的政策指引下,杨连勇远赴西北边疆,被分配到了新疆阿克苏地区的阿热力农场。当时这个农场是属于当地驻军部队的。

（**采访**）杨连勇：劳动强度很大，除了劳动还军训，几乎天天干活，天天挖排碱渠。为了保护树苗，割一些刺，浇水。部队要求还比较严格。那时候是再教育，劳动锻炼还是很好的，学到了很多优良的作风。通过军训，部队的战士给我们训练，射击、投弹我们都干过，比较全面的锻炼。

（**画外**）两年的农场工作经历很快就在辛苦劳顿中走到了终点。1972年，农场锻炼结束后，杨连勇被正在招收大学生的新疆人民广播电台选中。他的广电梦就这样在不经意间变成了现实。

（**采访**）杨连勇：能进入电台是很激动的，进来以后又不太适应。当时二十几个人住一个房子，那么大的房子，大通铺睡觉。过了不久我就分到下面去了，我分到伊犁，一去就十个月采访。（记者：头一年是几月份去的？）四五月份去的吧，到第二年春节前才回来。（记者：这是你第一次采访？）第一次出去采访。

（**画外**）当时记者外出采访非常辛苦，尤其是在新疆，地域辽阔、交通不便、气候恶劣，很多时候他们要在荒凉广袤的戈壁滩上长途跋涉。

（**采访**）杨连勇：当时下去采访是很艰苦的，不像现在有汽车，都坐公共车。我们住宿都要自己带被子，带脸盆自己做饭。很多时候就是徒步，有时候也坐毛驴车、骑马。有一年到西边，我们骑马，下着大雨，走了两个多小时。特别是到南疆去，记者都是穿得破破烂烂的，农场的人（说）是不是要饭的，跑到我们招待所来干什么。我们说是记者。你的记者证呢？这样的。在新疆有这样的传说："好女不嫁记者郎，一年四季守空房。有朝一日回家来，臭虫虱子爬满床。"

（**画外**）就是在这样的工作生活条件下，杨连勇始终都保持着乐观积极的人生态度，用执着和敬业诠释着自己对梦想的追求和对"记者"这两个字的理解。

（**采访**）杨连勇：1975年到帕米尔高原，一个是采访塔吉克民族，一个是采访边防站。卡拉松边防站，我印象比较深。卡拉松边防站海拔四千多米，将近五千米。当时我是骑着马、背着一个老式录音机去的。那个录音机能放十节电池，为了录他们高原上边防哨卡打乒乓球的声音。当时他们说在下面录点声音行了，我说不行，一定要坚持新闻的真实性。下面的乒乓球声音和上面的乒乓球声音是不一样的，一定要录下来。真是拼了命的，一步三喘，头晕目眩、胸闷，很难受。后来马都爬不动了，我们自己爬上去，走"之"字形地爬上去。去了半个月，那时候三天高原反应，高原反应是非常难受的，吐啊，不想吃东西，晚上严重失眠。（记者：晚上睡不着觉白天还能采访吗？）那得采访，那时候年轻，照常采访，上去以后采访卡拉松边防站的解放军战士。他们在那么高的高原上打乒乓球、搞单杠、搞锻炼，后来我发了这个稿子。（记者：采访完了之后发现高原上的乒乒乓球声音和地下的乒乓球声音一样吗?)其实是一样的,但是我们没有那么做,我们老记者一定要坚持新闻真实性,在哪儿录的音就是在哪儿录的音,不能把在下面录的声音,说是在高原上打乒乓球的声音。

(画外)在一丝不苟的工作中,在克服困境的坚持中,在和同事们相互扶持、风雨同舟的协作中,杨连勇认真书写着自己的记者生涯,用心镌刻着人生的华章。

(采访)杨连勇:1978年我调到局办公室当党组秘书。当时党组秘书调到北京去了,负责人把我看上了,说你是老党员,党性强。我说我是搞业务的,喜欢搞业务。做秘书也可以搞业务啊。我说啥业务啊。你也可以写新闻嘛,也可以搞这些东西嘛。我说这种文章我不会写。你慢慢写就会了。我就任党委秘书,后来我在局里干了十年,我没有放弃笔耕,我一直写散文、写诗。

(画外)从党组秘书到办公室副主任、主任,杨连勇始终没有放弃自己钟爱的写作。后来他出版的个人文集《向阳坡》,收录了很多散文和诗歌,有相当一部分就是出自他当时的笔下。

(采访)杨连勇:后来领导班子发生变化了,(领导)一看我写了这么多东西,提拔我到电视台当分管宣传的副台长。1991年任电视台的党委书记。1994年又调到电台来当台长。

(画外)从新疆电视台副台长到新疆人民广播电台台长,再到新疆广播电影电视局党组副书记、副局长,杨连勇一直在新闻宣传战线上默默地耕耘着,奉献着。抓精品建设、抓理论建设,在他辛勤付出的身后留下了一串闪光的足迹。

(采访)杨连勇:我这一辈子搞业务,钻到书本里去了,钻到材料里去了,每天听广播,每天看电视,每天看报纸,这是每天必修的功课。现在又加了上网,每天上上网,看一看。另外我们抓精品建设,新闻精品,组织两台(电视台、电台)冲击全国新闻奖,所以这些年来新疆的中国新闻奖一等奖就有十几个,光电台就拿了六个,电视台拿了五个。一共就十二三个(奖项),我们电视台、电台就拿了十一个,大部分都是我们拿来了。

(画外)干了一辈子新闻宣传,平时紧张的工作已经成为习惯,即使退休后依然闲不住。

(采访)杨连勇:1997年又调到局里,当党组副书记、副局长,2005年快退休了,就是退居二线,成为正厅级巡视员。刚一退休,电台又把我聘过来,帮忙搞宣传,帮忙搞创优,帮忙搞策划,帮助他们在宣传上把把关,重大的创优稿件出出主意,策划一下。有时候还下去采访,我现在还采访呢。

(画外)从1959年离开家乡,杨连勇就再也没有回过宁津老家。对于故乡的记忆,他说印象最深刻的是几条蜿蜒曲折的小路。

(**采访**)杨连勇:到县城去的路,到姥姥家去的路,到学校去的路,到坊子去的路,这四条路。这是对宁津印象最深刻的,就是路,都是土路。当时觉得那些路都非常长,非常长,非常漫长。

(**画外**)半个世纪过去了,这几条在他心底已留下深深烙印的小路,依旧时常出现在杨连勇的梦中。

(**字幕**)《家乡的小路》:多少次梦中,踏上家乡的小路,闻着故乡泥土的芬芳。我顺着小路上深深的辙痕走着,仿佛又见到了一副淌汗的脊梁。那是父亲推车时宽厚结实的脊梁啊,像一堵黑红的墙移动在弯曲的小路上。这脊梁啊,对于生活,曾是淡淡的希望,而对于逆境,却是摧不垮的山冈……小时候,我跟着父亲来回跑啊,小路上,我拾到了许多父亲的词语:顽强不屈、慷慨无私、豁达粗犷……

(**采访**)杨连勇:家乡的父老乡亲们,非常想念大家。我离开咱们杨西川已经五十年了,五十年来我经常做梦,梦中想到老家。家乡变化得可能我都认不得了,我走的时候才十几岁。希望我们家乡能够越来越好,父老乡亲们日子越过越红火。有机会我一定回老家看一看。

东北篇

孙进:激情创业　杏坛放歌

（**画外**）走进长春这个素有中国汽车之都、电影之都美誉的国家绿化模范城市，触目可及的除了郁郁葱葱的城市绿地、鳞次栉比的高楼大厦以及熙熙攘攘的车流人流之外，更吸引我们目光的是随处可见的孙进技校这大大小小的广告牌。说起孙进技校的董事长——孙进这个颇具传奇色彩的人物，在长春可以说是家喻户晓。

记者：您知道孙进吗？

市民：技校啊。

市民：孙进，孙进技校啊，孙进谁不知道啊！我家孩子也要去呢。

市民：知道孙进，太知道了。

市民：培训各种技术的。

（**画外**）在采访孙进之前我们已经对孙进教育集团有了大致的了解。这是一个集学校、公司、职业介绍机构在内的大型教育实体，年招生量达一万人左右，拥有北京、上海、沈阳、济南、石家庄、哈尔滨等三十六家连锁学校。在教育界孙进可以说是声名远播，然而当我们来到孙进技校时，却是颇感意外，因为我们很难把这个不起眼的院落和孙进教育集团联系在一起。但是孙进教育集团的总部的确就设在这里。

（**采访**）孙进：到咱们学校的时候，你可能感受不到孙进集团的特色与特点，你要到我们实习基地里一看，就会感到我们孙进集团的特点和特色，因为咱们的重点资金，都放

240

到了基地的建设上,我们在教学上就是注重实际,追求实效。

(画外)追求实际、注重实效正是孙进技校的一个办学宗旨。走进他的实习基地,我们也的确感受到了这种一切从实际出发的理念。各种先进的教学器材和真材实料的实习设备,无不彰显着全国职业教育先进单位的水准和实力。

(采访)孙进:劳动部和教育部把我们作为一个比较成型的经验在全国推广,作为一个"孙进现象",进行推广。包括中央电视台《新闻联播》,以及中央的十三家媒体,都到我们学校来采访。我们在教学上以创业和就业为导向,注重实践,老师变师傅,学生变徒弟,招生变招工,课堂变车间,课本变工具,课桌变平台,学校变市场,学历变技能,让(学生)在短时间内毕业就能工作。职教的连锁,综合性学校连锁的,在全国就咱们这一家。

(画外)孙进,这位 1963 年出生的宁津人,用二十多年的执着进取和不懈打拼,开创出了属于自己的一片天。这位从黄土地里闯出来的山东汉子经历了怎样的艰辛历程,从宁津到长春,他走过了怎样的坎坷和崎岖?

(画外)宁津县柴胡店镇东葛勇村是孙进的老家,1963 年他就出生在这里。学生时代的孙进家境贫寒,但是从小他就是学校里的尖子生,是学校参加山东省数学竞赛的小组成员。1982 年他考取了天津大学自动化专业,毕业后在河北大学电教馆当了一名教师。然而没过多久,南下深圳的热潮开始扑面而来,怀揣着不同梦想的年轻人都涌向了特区,孙进也应邀去了深圳。

(采访)孙进:那时候正好赶上青春创业热潮,一般年轻人都上深圳。那时候我的一个老师在深圳,他是负责科技的副县长。老师说到深圳来闯一闯吧,于是就到了深圳,在一个大型文店园(里),就相当于现在的大型人力资源培训科,在那做培训工作。

(画外)来自全国各地的年轻人,一起创造了举世震惊的深圳速度。在深圳这块中国改革开放的试验田里,孙进感受到了一种前所未有的激情和创业的冲动。

(采访)孙进:那个时候内地非常贫穷。深圳发展得非常迅速,不仅仅是高楼大厦的崛起,更是一种思想、一种观念上的差异,所以你到了那里立刻就会变的。改革开放那种氛围,那种速度,那种朝气,激发起你那种斗志,那种心情,那种闯一下天下的意念。在深圳的这种想法促使咱回到内地创业,来干一番事业。当时深圳市场比较活跃,很多人到深圳去打工,打工时厂子需要培训的,不是到那儿就能工作的,培训还要交费用的。那时候在深圳办民办学校的已很多了,还有很多培训学校。我当时就想,既然内地来这么多人,何不在内地搞教育、办学校,通过学习直接就输送现成的人才。我跟我爱人商量,考虑回到内地从事这项工作。

(画外)权衡再三,最终孙进选择了他爱人的家乡——吉林省松原市作为他创业的开端。1985年秋天,他和相恋已久的爱人王雪来到了松原。

(采访)孙进:当时这种思维的方向是很清晰的,就是想来到东北做教育,职业教育。

(画外)但是深圳的思维方式和思想观念在东北能适应吗?而且当时只有二十二岁的孙进,并不清楚自己办学需要什么条件。

(采访)孙进:跟我爱人一起来到松原的时候,住在我的岳母家,一个普通的工人家庭。当时我就到了电视台,我就写了一个广告,一个招生广告。电视台感到很莫名其妙,他说你自己能办学校,能招生,那不反了你吗?自己怎么能招生啊,自己怎么能办学校啊?在他的脑海之中,在那个年代,学校就是国家办的,你个人是不允许招生的,你招什么生啊?

(画外)当时的孙进并没有意识到,他选择的创业之路会有着怎样的坎坷和泥泞。

(采访)孙进:我说我这广告要想(播出),需要什么条件。电视台说需要到工商局广告科,我就到市工商局。当时工商局广告科的窦处长也是莫名其妙,他说你自己办学校,我们从来没有自己办学校的,没听说过。我说深圳南方到处办学校,很正常嘛。他说你上南方办去,你找我们干什么。那时也是比较年轻,我当时跟他讲了一些大道理,国家的政策,改革的春风。我跟他一讲,当时他烦了,他说走,出去,哪能办上哪办去,我们这儿不批。

(画外)在当时计划经济的大环境下,人们思想观念中的学校只有国家才能开办,个人办学简直是天方夜谭。梦想和现实之间的差距让孙进很是无奈,但在他的人生字典里,"知难而退"这个词从来就没有。

(采访)孙进:当时继续通过各种关系找人,又找的科协的。科协的人说你如果想办这个学校的话,咱们应该取得一个(行业)认可的证件,他说我领着你到省科协。我们就跟他一起来到长春,见到一个电子学会会长,六十多岁一位老人,姓赵,我把证全给他,他说我光看见证不行,我给出几道题你做做。他给我出了些电子电工理论方面的题,我全给答上来,答得挺熟练。然后他说我们这儿有电子设备,出了点故障,简单的故障、常规的故障,能会排除吗?那没问题啊,我学这个的。他说小伙子行,不仅有理论,而且实践挺好,我们可以给你开这个证明。

242

（画外）拿着这一纸认证，孙进兴冲冲地又一次走进了工商局的大门。

（采访）孙进：（窦处长）说什么证啊，什么介绍信啊，他看了看，他说这不是电子学会吗，这不是团体组织吗，他们团体组织能管得着我们吗？我们听他的啊！我告诉你（办学校）不行就不行了。我当时高兴去的，又是失望出来的。

（画外）本以为这一次是峰回路转、柳暗花明，但结果竟然出乎意料。生性执着、倔强的孙进，又找了各种各样的关系企图说服那位工商局的窦处长，但很快就发现所有的努力都是徒劳。

（采访）孙进：因为（东北）这边的观念和深圳那边是完全不一样的，完全是两个世界、两个概念、两种思维、两种模式。在这种情况下，（深圳）的工作已经辞掉了，这边还办不成，当初那种火热的心、那种青春追求的热情，到这儿碰了壁，是非常难受的，没法表述自己那种心情。

（画外）是沮丧？是无奈？几个月的努力换来的竟然是此路不通。现实的无奈没有让孙进放弃，反而更激起了他的斗志。在爱人王雪的全力支持下，在和亲朋好友们不断的讨论中，对于如何迈出创业的第一步，孙进的想法逐渐清晰起来。

（采访）孙进：在这期间出什么主意的都有，有很多同学、亲属出主意，他说咱们先自己开一个电子电器维修中心，就跟修理部似的，然后咱们再去招徒弟。

（画外）很快，在松原市的一个偏僻街道上，科普电子电器维修部开张营业了。20世纪80年代，从事电器维修的技术人员并不多见，所以孙进的维修部真可谓生意兴隆。

（采访）孙进：房子也不大，当时也就二三十平吧，在一个三类街道上，人也不是太多，很偏僻。开了科普电器修理部以后，活还不少。当时就修理电视机，他们技术还不是十分高，有些疑难故障都修不上，我就是学电子电路、工业自动化的，又在电教馆待过，对这方面我比他们还强，所以活就比较多。

（画外）随着维修部知名度的不断提高，孙进开始谋划着要招收学徒。

（采访）孙进：招生就是整张大红纸，就是最普通的那种广告宣传模式，用毛笔字写上，科普电器维修部招收电子电器维修学徒工，晚上写，白天贴。东北的寒冷真的受不了，因为路很滑，我骑着自行车拐弯快的话不小心就摔倒，摔倒数次，摔倒以后再起来继续贴，第一天去贴就骑得非常远，大约有一百多（里）。

（画外）坚韧不拔的意志和不懈的坚持，让孙进终于迎来了他的第一个学徒，而当时的情景却是他始料未及的。

（采访）孙进：他是挂着双拐来的，进屋就（跪下）磕头。我当时就蒙了，这磕头干啥啊,他就哭着说我就想学习。

(画外)原来这是一名身患残疾的孤儿,家境窘迫又无依无靠的他想学一门能自食其力的技术。

(采访)孙进:我从小的时候家庭就非常贫困,也是在最贫困的农村的家庭当中成长起来的孩子,从小就有一种强烈的同情心。看到他这种情况,我就想起我小时候,所以我对他是发自内心的想帮助他的那种情感。

(画外)就这样,这位名叫苏立志的残疾孤儿成了他的第一名学徒工。很快,孙进的电器维修培训班开课了。重新走上讲台,面对着自己的第一批学生,孙进心中颇有感触。

(采访)孙进:那一期一共来了二十多人。刚开始讲课那会儿,前边是维修部,后边是小窄凳子,大家坐窄凳子上,没有什么桌子,每个人就坐在小窄凳子上拿着本,我在上面整一个简单的黑板。当时彩电太少了,我是教的黑白电视机(维修)。前边有维修部,后边又有学理论的课堂,有时候还让学生把前边修理的电视机拿到后边,一边修着一边让学生看着,一边讲着,到了最后一个多月的时候还让他们自己动手。通过四个多月的学习,学的基本的维修方面还是不错的。刚给这些学生讲课的时候,看到那帮孩子渴求知识的那种目光,就感到压力、责任、激动、向上,心情难以用语言来表达,心想必须教好这帮孩子,必须把他们教出来。

(画外)在孙进的培训班里,他力求让每一个学生都能学有所成,不论是正常人还是残疾人。

(采访)孙进:给我印象最深刻的,是吉林德惠市的一个小孩。他是小儿麻痹,脚不好使,手也不好使,当时都是给他全免的学费。到了过年的时候,快毕业了,每个人装一台黑白电视机,在装的过程中,他由于手脚不太好使,就把集成块烧了。别人都回去了,他回不去,内心比较难受,因为他自己把件烧坏了。腊月二十九,起早四五点钟,我坐着火车就来到长春,把件买到,回到家都(晚上)九点多了,那个小孩和我爱人都等着我吃饭呢,我饭都没吃,帮那孩子把集成块给焊上,就是为了小孩高兴嘛!让他自己感到学习成功。焊上以后,小孩高兴得哭着蹦起来了。

(画外)就这样,科普电子电器维修部在孙进的悉心经营下,知名度越来越高,在他这里毕业的学员运用所学的技能,在社会上也都有了自己的一席之地。

(采访)孙进:第一期的学生,毕业以后都自己创业去了,效果不错,毕业学员的口碑的传播,品牌出来了,对学校招生也做了一些宣传,所以学校的招生

（效果）非常好。

（画外）随着我国改革开放的不断深入和一些相关政策的陆续出台，1987年，孙进终于拿到了他梦寐以求的办学执照，他的办学规模也随之迅速扩大。

（采访）孙进：由于学生逐渐增多，就把整个供销学校的房子全部租下来，然后又租了一个党校的房子，后来又把一中和晨光学校租下来。学生越来越多，一个学校不够，就租下一个学校。1987年，1988年，1989年，1990年，学生已达到七八百人。

（画外）凭借良好的招生状况与教学模式，科普家电维修中心主讲孙进开始在北国春城声名远播。这时，一个大胆的想法开始在孙进的脑海中萌发。

（采访）孙进：科普培训中心主讲是孙进，所以说孙进这个名字，要比科普这个名字知名度还高，后来干脆用孙进这个名字命名学校。

（画外）然而他没有料到，在他公布了自己的想法后，听到更多的却是反对的声音。

（采访）孙进：用名字命名，干好也得干好，干不好也得干好。在责任上，在质量上，甚至于个人的人格上，一旦出现偏差，那么这个学校也就不行了。因为用名字命名，就是把你推到了前沿，对自己没有退路。

（画外）对于孙进来说，也许只有学校、学生才是他最在乎的，为了他们，他甚至可以不顾自己。

（采访）李树和（长春市孙进技校副校长）：（孙进）在我看来是一个非常有能力、非常有事业心的人，为了工作可以付出一切，他不计较个人得失，可以全心全意投入工作。

（画外）与学校、学生紧紧地连在一起，对他来说不仅是一种责任、一种压力，更是一种情感、一种自豪。

（采访）孙进：全心全意投入工作，用自己的尊严命名，这是一种责任，这是一种态度。做教育本身就是做责任、做诚信、做人格，你是什么样的人，你就会做出一个什么样的学校来，所以我觉得用名字命名，也是一种对社会的承诺。

（画外）孙进就是用这种理念实践着对社会的承诺，而事实证明孙进的坚持是正确的，用孙进命名后的学校开始步入了发展的快车道。这一切对于他来说都是莫大的欣慰与支持。

（采访）孙进：我是山东人，我认为只要你讲诚信做企业，讲责任做学校，我相信用什么命名都是无所谓的，到最终还是看你对社会的价值、社会的责任。通过这件事情证明，用我名字命名不但没有副作用，还对我们学校发展有促进作用。

（画外）然而孙进并没有满足,他继续找寻着自己事业的更大发展空间。他试着把目光投向了更大的城市。

（采访）孙进:在松原那时候,在地级市,我们就感觉到,黑龙江的、辽宁的、吉林的、内蒙古的,都去(孙进技校)学习,所以我们又对整个市场进行了调研、调查,当时我们也到了沈阳,也到了哈尔滨,也到了长春,发现他们在教学模式上、在实践量上和我们还有差异,感觉他们教学的模式很滞后。80年代末90年代初,我去过四次德国,还去过日本、韩国、香港,我把国内外的职教进行融合,我们当时那种教学模式是非常先进的。1998年、1999年我们闯进了吉林省会长春,要实行连锁。

（画外）"连锁"这个在当时还十分新鲜的词汇,是任何一个和孙进技校具有同等规模的企业想都不敢想的事情,然而孙进却在一步步为此努力着。我们惊异于他的魄力与远见,从总校李校长的口中我们得知,早在松原,孙进就曾以这样的远见为学校抢占了先机。

（采访）李树和:VCD还没普及的时候,董事长就跟我们讲,我们一定要研究VCD维修技术,买了相关资料让我们学。当时想学这个干什么,也没有修的,但是后来不到半年的时间,VCD普及了,维修市场就跟上来了,这时候就需要维修VCD的技术人员,我们已经学了半年了,已经掌握了技术,所以抢占了这块市场。

（画外）李校长的讲述,再次加深了我们对于这个传奇式人物进一步深入了解的迫切心情。究竟在他身上还有多少故事,多少奇迹,我们期待着在接下来的采访中能听到更多。

（采访）孙进:由于长春这边办得不错,然后又把它扩展到沈阳、哈尔滨、北京。松原一个小小的城市,为什么有这么大的影响力? 我个人认为是综合性因素造成的,但是一个最重要的因素,还是质量、信誉,归根结底就是一个品牌,因为品牌是信誉的积累。

（同期声）:全体起立,我们的校训是:爱我技校,兴我中华,孙进技校,争创一流。

（画外）带着以他名字命名的技校,孙进实现了他实行全国连锁的梦想,但他认为他对社会所做的还远远不够。

（采访）孙进:中国的经济和工业的发展,不仅仅需要高级的知识分子,各行各业更需要这种高素质的工匠式的人才,所以说教育报国是非常重要的,这帮孩子可能初中毕业没有考上高中,或者高中毕业没有考上大学,你不给他一技之长的话,他就不能就业,就业是最基本的民生。

(画外)孙进用自己质朴的理解去诠释着民生,在他心里,也许只有给更多的人提供帮助、创造机会才能实现他对于整个社会的价值。

(采访)李春亮(学生李继轩的父亲):我儿子从小就是聋哑人,没有学校接受他。要是上正常学校呢,因为他的语言不行、听力差,(学校)不收他;如果要上聋哑学校呢,作为家长不情愿,一旦上聋哑学校,这孩子一生就是聋哑人了。孙进把学校的校长、老师还有他班主任老师都召集在一起,就是一个话题,怎么能培养一个聋哑孩子成才。我非常感动,那天所有的老师都哭了,我儿子两天晚上都没睡着觉,终于有学校要我了。

(画外)这个孩子名叫李继轩,来孙进技校学习数控机床已经一年多了,然而谁能相信这个帅气的小伙子竟然是残疾人,天生的聋哑使他一降生便失去了正常人应该有的机会,很难想象这样一个孩子是怎样在一个正常人的学校里生活的。

(采访)孙进:听到朋友说,有个孩子从小聋哑,他父亲和他母亲每天以六千句来教他说话,说一句话,一句话要讲六千次。比如说教他一个最简单的词,叫爸爸,就教他六千次。比如说吃饭,教他六千次。作为一个聋哑孩子他根本就听不见,只能通过非语言,也就是肢体语言。他能读懂你说的什么话,完全是看你的口型。每天都要用六千句教他孩子,从小一直到他二十多岁。这么多年,没有上过学,一切都是在家教的。我听朋友叙述这个孩子情况的时候,我看到世上这么伟大的父爱,这么伟大的母爱,这个孩子还想学点什么东西,对生活和未来充满希望,听到这的时候我就跟朋友说,这个人是哪儿的,你给我找来。

(画外)如果不是因为看到他耳朵上的助听器,我们完全不会看出他和正常孩子有什么区别。在他的脸上,我们没有看出任何一丝茫然。提到这些,孩子的父亲十分欣慰。

(采访)李春亮:我的目的是让孩子学技术,因为技术和语言相对来讲距离要近一些。如果孩子能学到技术,将来能跟正常人一样生存,我说我这孩子没上过学,到孙进学校,我就比他上清华、北大都开心。孩子2009年8月份就毕业了,学得很好,在家能编程序。这两年当中,语言发展的速度太快了,他现在没有不会说的话,只有听不见的话。

(画外)现在这个孩子已经能够适应孙进技校的学习和生活,他告诉我们这个零件就是他亲手做出来的,从他脸上写满的自豪和喜悦,我们知道他正在为自己的梦想奋力追逐。

（采访）李继轩：（上学）对我来说很艰难，如果我有足够的能力，说不定能创业。我想帮助像我这样的人，给他们一些机会，跟他们一起顺利地工作，我有这样的理想。

（画外）像这样的孩子在孙进技校中不在少数，孙进对于公益事业的付出之大，却是我们未曾想到的。

（采访）孙进：每年都有几百人，到我们这儿免费培训，像一万八千名下岗职工，这也是通过一个国家单位来联合培训的。减免的学费，我们这二十多年有个累计，大约八千多万元。

（画外）这些数字就这样在孙进的嘴里轻描淡写地被描述了出来，在他心里，仿佛这些都是他必须做的，是再正常不过的工作。

（采访）孙进：我经常也跟他们说，咱们总结总结，社会效益促进了咱们学校的发展，促进了企业的发展，在某种程度上你做了很多的善事，相应还促进企业的发展和壮大，从我的整个企业的发展中，也感受到，你越对社会有责任感，社会越成就你，社会也就越让你走向成功。

（画外）虽然在办学的道路上孙进已经取得了令人瞩目的成就，但他始终没有停下前进的脚步，他总能找到下一个要占领的目标。

（同期声）孙进：这里也是，这片都是，一直到政府墙那里，这新校区计划投资八个亿，分三期工程完成，建成以后可以说在咱们国家，技师学院这块是最大的了，也是设备最好的了，然后咱们这还想计划和吉林大学建二级学院。

（画外）这是一所正在规划中的级别更高的孙进技校。虽然现在眼前只有大片还没有经过整理的土地，甚至我们都没能看到学校的规划图，但是在孙进心里，这一切都是存在的，他仿佛能够看到未来的高楼林立、学生成群，仿佛那琅琅的读书声就回响在他的耳边。

（同期声）记者：学院修成以后，能达到一个什么样的规模？孙进：修成以后能容纳一万人。记者：总规划面积有多大？孙进：计划是五十万平，投资八个亿，三年完成八个亿的工程，今年完成三个亿的工程。

（画外）全国十大创业模范、中国职教十大领军人物、全国职业教育先进工作者、全国杰出教育家、2008年度感动吉林十大人物。现在被一身荣誉光环包裹的孙进就要迈入知天命的年纪，岁月和操劳也让他时常感觉到身体的不适，但他从不肯停下来享受一下悠闲的日子。

（同期声）孙进：咱们孙进教育集团三十六所学校，要通过融资上市，融更多外国人的钱,做中国的教育。有五十多家(风险投资公司),盯向了咱们孙进教育集团。

(画外)孙进的下一个目标就是在全国达到一百家连锁学校,并且要让孙进教育集团融资上市。在孙进描绘他心中宏伟蓝图的同时,我们的采访也接近了尾声,来去匆匆的采访和蜻蜓点水式的接触,远远道不尽这个传奇人物所有的故事,但我们也只能无奈地与他道别,同样我们的到访也触动了他心底最深处的乡情。

(采访)孙进:说句内心话,无论你取得什么样的成绩,都是得益于咱老家宁津人民对我的关怀与厚爱,因为宁津的文化培育了我这种坚韧不拔的毅力和锲而不舍的精神,宁津的文化让我学到了为人的胸怀,宁津的文化让我勤劳、勤俭、勤奋,做人实实在在,做事实实在在。所以我永远不会忘记培养我的这片热土,我一定不辜负父老乡亲对我的殷切期望,在外边要一步一个脚印地走,认认真真地做事,为咱家乡人争光。

(画外)现在孙进教育集团更名为 SJ 国际教育集团,已经发展成为集国际教育、高职院校、技师学院、技工学校、公司、职业介绍机构于一体的大型教育实体,下辖首尔东洋大学 SJ 国际学院、泰国东南曼谷大学 SJ 国际学院、吉林城市职业技术学院、吉林省城市技师学院、深圳(深汕)城市技师学院、广东深汕富丽地产公司,长春、沈阳、哈尔滨、松原等多家全国连锁孙进教育学校以及北京信合浙大教育科技有限公司、北京环宇卓越国际教育有限公司、吉林省万赫影视文化传播有限公司、吉林亿财投资有限公司、吉林晟景太阳能路灯有限公司等多家子公司。集团仅东北三省就拥有教职员工三千余人,在校生近五万人,与五千二百多家中外大型企业建立"人才合作联盟"。孙进多年来致力于国际合作办学,加强了与泰国西那瓦国际大学,韩国东洋大学,英国切斯特大学,泰国东南曼谷大学,韩国贞华艺术大学、韩世大学、信韩大学,加拿大蒙特利尔大学,美国弗吉尼亚大学,白俄罗斯国立大学、布列斯特国立大学,西班牙胡安卡洛斯国王大学等高校的国际合作。

孙进个人先后荣获"全国五一劳动奖章"、全国民办教育先进工作者、全国优秀民营企业家、中国十大职业教育领军人物、中华慈善突出贡献人物、中国经济百佳诚信人物、吉林省特等劳动模范、吉林省职教先进工作者、感动吉林十大创业人物、感动吉林慈善人物、感动吉林十大人物等奖励及荣誉称号。先后著有《中国就业》《打开这扇门》《孙进办学之特色模式》《孙进成功之亲情管理》等书籍,发表职业教育论文二百四十余篇。

张凤岐：血色传奇　风云人生

（画外）无论是戎马倥偬的战争年代，还是风云际会的和平时期；无论是作为革命队伍的普通一兵，还是身居高位的领导干部，他始终如一地以对党的无限忠诚书写着自己的人生。本期人物——张凤岐。

（画外）翻开这本记录着张凤岐革命一生的文集，我们仿佛看到了战火纷飞的峥嵘岁月，字里行间都是张凤岐亲历的传奇。这位曾历任吉林省委常委、统战部部长、吉林省政协副主席、中共吉林省顾问委员会主任的老领导，究竟有着多少鲜为人知的故事？带着一份新奇，我们奔赴长春。

（同期声）记者：张老，您好！

（画外）出乎我们意料的是，张老因为几年前的一次重病，已经丧失了说话的能力，而头脑依旧清晰的他，只能用唯一能动的左手，来简单地表达他的心思。

（采访）张永玲（张凤岐大女儿）：2004年的10月，当时我在家里，接到电话，说我爸病了，让我赶紧过去。我刚到医院的时候，医院都发病危通知了，后来救过来了，现在恢复到这种程度，脑子有思维，就是不能说出话来。

（画外）虽然张老已经口不能言，但他一直在坚持用左手练习写字，为了给我们栏目的题词写得规整一些，他先练习了一遍，又认认真真地誊写了下来。

（采访）张永玲：行，爸，我看写得挺好。每次做完了事，他总是觉得不满意。那是啊，照他以前比，他就是不满意。

（画外）其实张老是一个文化人，1921年出生于宁津县张大庄乡张户头村，参加革命前就读过高小，抗战时期还上过抗日军政大学，1952

251

年被《吉林日报》聘为通讯员,离休后他撰写的六十六本共计八十万字的《回忆录》和曾在报纸上发表的三十一集连载《真实的故事》,更显示着他的文字功底。

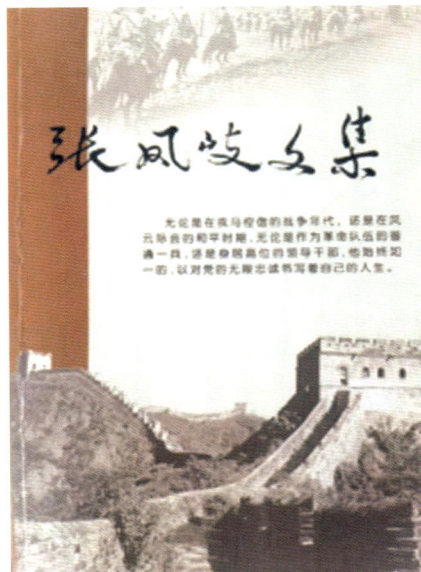

(采访)张永玲:我爷爷去世的时候我爸爸很小。我爸爸的叔叔供他念书,当时我爸爸学习非常好,他上哪个学校,哪个学校都能考上,当时我那个爷爷就是不想供他,我爸爸就自己去当兵了,就去参加革命了。

(画外)张凤岐一直有写日记的习惯,从硝烟战火的峥嵘岁月到风云际会的和平时期,他利用点滴的空余时间,在这大大小小一百五十六个笔记本上,记录下了几百万字的战斗生活和人生经历。

(采访)郭瑛琳(张凤岐晚年的老伴):"文革"的时候,红卫兵看了你的日记,给你摘掉一个什么,"修正主义"帽子是吧。

(采访)张永玲:我爸就是一个(罪名)——修正主义分子,牌子就写一个修正主义分子,没别的,就写这么一个,后来一看这个(日记)情况,一看没啥事。(记者:因为他这些日记足以证明老人整个革命的历程和思想的一些动态。)对。

(画外)在他日记的字里行间,我们依稀感受到了张老曾经的岁月和心路历程。(记者读张老日记)《临走的一夜》:衣服用具早准备好了,屋里只有母亲和我两个人,在炕上一点睡不着。我母亲含着眼泪说,你不去不行吗?我去就是在咱这几个县活动,不会走远,还可以常回家来看您,在那里又不上前线打仗,您还怕什么呢?我又做了这样的解释工作。那么你去吧,常回家看我。这是用眼泪浸透的一句话,呜咽着说了出来。

(同期声)张永玲:这是我爸爸和我奶奶聊天,临走之时。

(采访)张永玲:(记者:当时去参军的时候,还是能感觉到,参军是非常危险的一件事?)那当然是啊。

(画外)这是张凤岐最早的一个日记本,从1938年参加八路军开始,现在看来堪称文物的小记事本就一直跟着他。这日记本上的封皮儿,是部队驻扎在往平县农村时,一位房东老大姐用花布给包上的。

(同期声)张永玲:上面的这个布,是房东大姐给包的皮,用棉袄面,人家做棉袄剩下的布,头绳是从辫子上剪下来的,剪下来给他做的,那时候就这么困难。

(**画外**)1938 年 7 月,由萧华任司令员兼政委的八路军东进抗日挺进纵队中的津浦支队来到了宁津县,早就梦想着能够拿起武器保家卫国的张凤岐就参加了这支部队,成了部队上一名负责抗日宣传的宣传队员。

(**同期声**)张永玲:参加宣传队,宣传咱们共产党八路军这些政策,对老百姓、对人民怎么样,宣传这个,宣传当兵,宣传政策。

(**画外**)从此他跟随着这支队伍,踏上了抗日的战场,开始了枪林弹雨中九死一生的烽烟岁月。

(**同期声**)田秀芳(保姆):他这些磁带吧,都是他写的真实的故事。

(**画外**)在张老卧室的床头摆放着一架现在已不多见的而且略显陈旧的录音机,在张老的执意要求下,我们怀着好奇的心情,按下了播放键。

(**录音机播放录音**)张晓红(张凤岐二女儿):我的父亲曾在报纸上发表过三十一集连载《真实的故事》,说的是老年人已逐渐忘记的、年轻人不知道的、在半个世纪以前他亲身经历的一些真实的革命故事,照相式地留存了那段历史中的具体情景。

(**画外**)张晓红用口述录音记录下了张老的六十六本回忆录,打开抽屉,这里整整齐齐地摆放着二十六盘磁带。录音里的一个个故事恍如昨天才发生的一般,他仿佛又回到了那个硝烟弥漫的战争岁月。

(**录音机播放录音**)这是 1939 年 5 月 10 日到 11 日的一次战斗,那时我刚从津浦支队调到——五师政治部青年科技科接受培训。对这次战斗虽说记忆很深,但是一个小小的干事很难准确地论述全过程,只能写自己听到的和亲身经历的片段……

(**画外**)1939 年 5 月,为保卫山东抗日根据地,粉碎敌人消灭我军的计划,在代师长陈光、政治委员罗荣桓的率领下,八路军六八六团、津浦支队和六支队在肥城、宁阳两县公路以西的陆房山区与敌人展开激烈战斗。驻山东的日军最高指挥官尾高龟藏纠集五千兵力,妄图消灭我军。张凤岐所在的部队奉命守卫陆房山区的肥猪山。

(**录音机播放录音**)肥猪山很陡很陡,没有树木,完全是石头。我们政治部的二十多人,很快爬上山顶,我被分配到一连四班。大约过了半小时,敌人的轻重机枪向我们山头射击。我拿出一个手榴弹,把盖打开,把导火索拉出来,等候班长"打"字的命令。敌人密集的机枪声,就像放鞭炮一样,看来他们下决心要攻上我们这个山头。突然在我的左边,匣枪响了三声,又听喊"打",我拿起手榴弹,把导火索套在手指头上,听到我们面前鬼哭狼嚎的鬼子兵的喊叫,我不由自主地把手榴弹扔出去。不久,敌人留下一片又一片尸体,又退回山下了。以后几次敌人冲锋时,班长改变了主意,他说,你搬几块石头,敌人炮弹炸开的石头,放在面前,敌人往上冲,你就往下扔石头,它照样能砸死敌人。后来敌人的几次冲锋,我扔了不少石头,也不知砸死、砸伤了多少鬼子兵。

(画外)在这次战斗中,张凤岐中了敌人的毒瓦斯弹,昏迷了两个小时,所幸他并没有受伤。陆房战斗在我军指战员英勇顽强的奋战中,取得了以少胜多的辉煌战绩。谈起这次战斗,张凤岐仍然不能忘记的是那首为庆祝胜利合唱的《陆房战斗歌》,张老的女儿告诉我们,在生病之前,张老还经常会唱起这首歌。

(同期声)张永玲:这首歌到现在我还可以唱出来。

(录音机播放录音)《陆房战斗歌》歌词的原文是:伟大的战绩,英勇奋斗的光荣,陆房残酷的战场上,打破了敌人消灭我们的迷梦。不怕敌人的合击与围攻,更不怕敌人猛烈炮火轰,钢铁般的意志,怎样也不能动摇。冲,冲!没有个人的安危,只有英勇的冲锋,胜利的突围。党艰苦培育我们的成功,我们应当欢呼万岁,我们的胜利,就是敌人死亡的丧钟。

(画外)看着张老满足的神情,我们能够想象得到,这首歌在当时是怎样地振奋人心,庆祝胜利的旋律总是最美的。然而在那个年代,留给人们喜悦的时间总是短暂的,战争随时可能爆发。

(同期声)张永玲读:下面写一写山东省宁阳县大梁王村血战的事,这一仗比我在陆房战斗中危险得多,可以说是名副其实的死里逃生。

(录音机播放录音)1939 年 7 月,有一天,我们拂晓出发,大约走了二十里路,天才蒙蒙亮,到一个名叫大梁王的村庄。从东面传来枪声,从枪声可以断定这是日本鬼子。鬼子兵有二三百人,他们原来是追国民党县政府的兵,就大摇大摆地前进,边打边走。当他们跑到大梁王围墙仅有五六十米处,胡营长才一声令下"打",我们的步枪、机枪一齐开火,不到半小时,敌人已横尸一片,机枪、步枪丢弃满地。

(画外)在这半个小时的激战中,张凤岐扔出一颗手榴弹,成功地炸死了两个鬼子。一想到这儿,他心里美极了,满心欢喜地等着和战友们去围墙外收拾胜利果实。

(同期声)张永玲读:谁知还不到半小时,我们周围又响起了密集的枪炮声,原来是宁阳县城的鬼子乘汽车增援来了,他们又把我们半包围了。炮弹还是一个接一个地落在村内,火光冲天,房倒屋塌,树木几乎全被打掉了树头,遍地残枝败叶。当我们走到一家门口时,一个炮弹在我前方爆炸,眼前的大树咔地被炸断,墙也被炸倒,我的大半个身子被埋在墙下,失去了知觉。也不知埋了多久,这家一位老大娘不顾危险地跑出来,扒去我身上的土,好不容易把我扶起来,搀到她家里。大娘撕下布条,用茶缸子做底托,给我胳膊挎上了。我说大娘啊我谢谢你,我要去参加战斗了。大娘含着眼泪,看我顶着弹雨冲出她的家门。

(**画外**)张凤岐冲出来之后很快与队伍会合,而这时我军的伤亡更大了,营长命令张凤岐带人掩护部队撤离。

(**录音机播放录音**)我二话没说,带几个战士,一挺机枪,一提手榴弹。我大声命令,分三组,相互掩护,向西北大河方向撤,我被墙砸的伤处还疼,跑得很慢。我快到河边时,又有一颗子弹穿透我下巴的皮,我一下子倒在沙滩上。我知道倒在这里,还免不了要中子弹,就往河边上滚,一直滚到河底,这里距离河水只差几米远,烟熏火燎的嗓子干渴难忍,多么想喝上一顿,却死活也够不着那河水。就在我们三营剩下的同志最危急的时候,二营沿着堤增援来了,后来的事我不知道了。当我醒来时,我已经在卫生队躺了一夜了。

(**画外**)虽然战斗最终取得了胜利,但是从张老凝重的表情,我们能够感觉到,用如此大的代价换来的胜利,在他心里留下更多的是沉重的记忆。

(**采访**)张永玲:现在看,确实是觉得,真是拿生命换来的今天,死了多少人啊,你说那时的人哪有一点私心,有私心能打下这仗来吗?

(**画外**)从这间陈设略显简陋的卧室我们看得出,张老始终保持着革命年代简朴的生活作风。

(**采访**)张永玲:那时候小嘛,家人讲他们战争年代是怎么过来的,怎么样吃苦,当时的生活情况各方面。那时候我爸教育我们,比方说他过去当兵吃的啥,地瓜干的面做的,在手里捧着吃,三钱油炒咸盐粒,实际就是咸盐,就吃这个。这种教育我是知道的。

(**画外**)艰苦的生活磨炼人的意志,而战争总是让人徘徊在生死边缘,当一个个鲜活的生命倒下的时候,活着的人心里应该是怎样的一种悲痛。

(**采访**)张永玲:听我母亲讲,因为他们都是战友,每次打仗完了以后,就互相找,看活着没有。鞋子,就是我母亲的鞋子,都是布底鞋,走一遍就染红了,血把鞋都染红了,就是说咱们牺牲的人老多了。

(**画外**)每一次战斗都是生与死的较量,每一次冲锋都是血与泪的考验,在那个充满炮火烽烟的年代,任何一次的离别,也许都可能成为最后的诀别。

（**录音机播放录音**）痛心的放城之战，虽然是个全胜的仗，但这是我最不愿写的一段历史。那还是1939年，我们进鲁中才不久的事。

（**画外**）在这次战斗中，张凤岐所在的营担任主攻任务。放城是敌人防守很坚固的据点，为取得胜利，战前营长、指导员作了周密部署，并组织了突击队。张凤岐得知后主动请缨，要带突击队攻城。

（**录音机播放录音**）为表示必胜的决心，我把我最心爱的日记本、钢笔和准备十个月的党费五角钱也交上，留下几句话的遗言，就是把日记本转给我母亲。

（**画外**）在张凤岐的文集中，这种出生入死、命悬一线的战役还有很多，而他所经历的却远远不止这些。1945年，抗日战争胜利后，张凤岐赴东北吉林任干部队队长。在解放东北的战争中，吉林省的大仗、恶仗最多。当时张凤岐正在吉林省九台县工作，伴随着枪炮声，他曾经三进四出九台，参加了名震中外的"四保临江""三下江南""四战四平"等著名战役。

（**采访**）张永玲：爸，你打仗身上哪里中的弹？（腿上、下巴。）我就听我爸说，打仗都打到什么程度，宁愿趴下在那跟敌人打仗，也不愿意走，都（累得）走不动了。

（**画外**）每一次战斗都能见到张凤岐的身影，每个战场上都有他的奋不顾身。张凤岐不但是一位勇士，更是一位智者，在一次与国民党和苏联军队的三方谈判中，他据理力争，维护了党的利益。

（**采访**）张永玲读：这个三人谈判小组没有经过商议，那个苏军上尉就毫不客气地当起主持人来了。他站起来一张口，就很傲气地说，这次来谈判就谈一个问题，就是原来我们三个方面的上级领导有协议，不但长春市交给国民党政府管理，九台县也要撤退五十公里，你们为什么不执行协议？我看见这位苏军上尉满脸傲气对我蛮横，张口质问训斥，我认为这不是对个人，而是对中国共产党的态度，而对一贯反动的国民党，反而那么热情，真是令我气愤万分。我站了起来，慢慢地边想边说，大尉先生（我不愿称他同志），我问你一句话请你回答，九台县西边的边境在什么地方，我从边境退到什么地方，才算执行协议，这一下把他问蒙了。他说，我不管边境，就管撤退五十公里。国民党的军事科长开口说，协议是叫你们从县城向东撤退五十公里。我马上回击他，协议中有"向东"二字吗？向南、向北撤不撤？他不敢答。我又说，我们已经撤到沐石河了，距离县城已经五十里，我劝你不要得寸进尺。他说从县城到沐石河是五十华里，不是五十公里。我说中国人都是按华里计算，他说苏联是按公里计算。我问他，你是中国人还是苏联人？本来他到沐石河来，心里就有点害怕，听我说话很硬，就不说话了。苏军上尉听了,心中不满,但无言以对。就这件事,你硬我更硬,谁都不肯让谁。好听一点说,这叫寸土不让;难听一点说,叫和他们蛮缠。苏、国、共三方谈判,一直争论到下午一点。我说,午饭已经准备好了,我们饭后再谈吧,在谈判桌上吵嘴,在宴会桌上,就变了另一个腔调。苏军上尉说,谈判任务已经完成了,什么公里华里啊,中国人就按中国的规定办,你们保证不干扰国民党政府开采煤矿就不错了。就这样,我们三个人的谈判任务就胜利结束了。

（画外）日子在生死边缘和与敌人的斗智斗勇中一天天过去,从齐鲁大地到东北边塞,从硝烟战火到谈判桌前,转眼间,张凤岐已经离开家乡九年了。在这漫长的九年中,他时时都牵挂着远在家乡的母亲。

记者读:我参军后,家乡成了敌占区,儿子参加八路军,是要被杀头的。母亲只好将我除了名,多少年,每看到部队战士,就想自己的儿子,不知儿子是死是活。我到东北后才跟家里通信,让母亲从老家来吉林省舒兰县。

（画外）在当时那种情况下,这样的行程也是冒着生命危险的。张凤岐的母亲坐着拉盐的毛驴车一路颠簸,终于来到了吉林省舒兰县。

记者读:正巧,那天我率领松江武工队,打了一个小胜仗,像是给思念儿子的母亲送上了最好的见面礼,我和战士们一迈进老乡家的门槛,齐喊一声:娘,母亲热泪涌流,看着眼前我们这群人问,哪个是我儿子,我声音哽咽着又叫了一声娘,娘用颤抖的手抚摸着我的脸,我止不住眼中的泪水,心里一阵热一阵酸,又是高兴又是难过。九年不见,母亲已白发苍苍。

（画外）直到如今,张凤岐仍然时时怀念已经去世的母亲。在他的带领下,我们来到了他专门祭奠母亲的房间,从张老的表情中,我们读到了眷恋,也读到了思念,对于孝顺的儿子,母亲若地下有知,也一定备感欣慰了。

（采访）张永玲:父亲是一个非常热爱工作、勤奋、廉政、朴实又很实在的人,对党对人民忠心耿耿。

（画外）1948年东北解放后,张凤岐选择了留在吉林。在他心里,吉林已经成为他的第二故乡。就这样,他在吉林一干就是四十几个年头。近半个世纪的生涯中,他曾先后担任九台县县长、县委书记,吉林省委农村工作部副部长,白城地委书记兼专员,军分区第一政委,吉林省委常委兼统战部部长,吉林省政协常务副主席,中共吉林省顾问委员会主任。他还是中共十二大代表,六届、七届全国政协委员。

（采访）张永玲:(我父亲)闲余时间比较少,开会都熬到半夜。下乡,总在乡下调查、研究,有时候他就说他是农民的专家。那时候下乡是很苦的,衣服

（穿的）时间长了，回来身上那虱子着一身，就是我妈给他织的蜂窝针的毛衣，虱子都是一个窝里一个。（每次）回来都那样的。

（画外）1992 年 4 月，年逾古稀的张凤岐离休了，但这并没有让他停下忙碌的脚步。如何让离休后的日子依然充实，张凤岐又有了新的想法。

（同期声）田秀芳：这都是退休以后打发时间写的。

（画外）从 1994 年开始，张凤岐每天都坚持伏案写作。无论是出差还是度假，他总是不忘带着他的册子和毛笔。

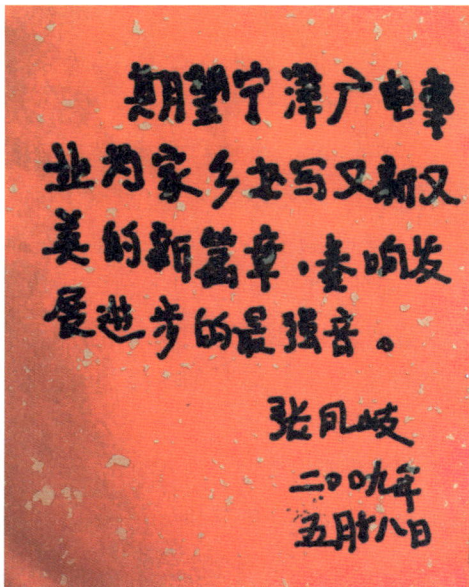

期望宁津广电事业为家乡书写又新又美的新篇章，奏响发展进步的最强音。

张凤岐
二〇〇九年
五月八日

（采访）郭瑛琳：这个老爷子就是有毅力，这一点谁也比不了，不怕苦。他早晨最早一两点钟起来，最晚也是三点钟起来，起来写到我们吃早饭。白天他社会活动很多，全是利用这个时间写出来的，他原来没用过毛笔，退下来以后开始用毛笔。

（画外）凭借着顽强的毅力和骄人的记忆力，六年的时间，张凤岐完成了六十六本合计八十万字的回忆录，然而，他似乎并没有罢休的念头。

（同期声）田秀芳：这是他写四大名著的毛笔，写回忆录的毛笔都扔了。为了抄写这些书用了多少支笔，一百四十一支，还有没有保存的，写回忆录的时候没有保存。

（画外）写完回忆录之后，他又继续用毛笔抄写四大名著。但是过度的疲劳使得张凤岐住进了医院，并被医生下了停止抄写、卧床休息的禁令。

（采访）郭瑛琳：我来的时候他就写四大名著和回忆录，写了十年的时间，当时他正在写回忆录，就是住院有病，点完滴坐在那儿也写，拿到医院去写。得病以后右手不能写，左手练习写字，一直坚持天天练习写。这老头儿的毅力是真了不起，所以他做什么事情都能成功，他做什么事情都得有始有终。

（画外）寒暑往来，案头的手抄本每多出一页，张凤岐的心里就多一些安慰，多一份对自己的勉励。不管是那厚重的回忆录，还是那些沉甸甸独一无二的四大名著，在他的心里，都是对于自己人生的书写。

照片左起：记者张涛、记者李小敏、大女儿张永玲、张凤岐晚年老伴郭瑛琳、张凤岐、记者刘文浩、保姆田秀芳

（**采访**）张永玲：他还有几个字要给你们电视台写，送给家乡人的。我爸现在右手不会写，就用左手写，左手写的字肯定影响质量，这要是拿到咱们家乡去，让人们一看不太好看。（记者：这都不要紧，我们都会注明这是左手写的。）

（**画外**）在反复练习了誊写下的题词之后，张老终于拿起笔，用左手认认真真地在我们的题词本上一笔一画地写着，大家都静静地看着，被张老严肃的态度感染着。也许他已经无法书写出像回忆录里那样娟秀的字迹，更无法亲口诉说他心里的无限情思，但是对于家乡，他永远有着最深厚、最真挚的情感。

（**画外**）我们的采访总是在一次次的告别中开始新的起点，而我们也只能习惯于挥手道别。张老工作生活中更多感人的情节和故事我们无法一一讲述，也许大家只能从他的那六十六本共计八十万字的回忆录中，感受张凤岐传奇、丰富而精彩的一生。

（**画外**）虽然行动不便，但是张老执意要送我们出门，看着我们离去。车渐行渐远，而张老却一直站在原地望着，久久没有离去。

附：张凤岐 1921 年 11 月生于河北省宁津县（今山东省宁津县），1938 年 7 月参加革命工作，同年 11 月加入中国共产党，曾任津浦支队青年干事，一一五

259

师政治部青年干事,山东纵队二支队文化教员、指导员,抗大一分校学员,日照县委秘书等职。1945 年 12 月后,历任吉林省九台县委宣传部部长,松江武工队政委、榆南县公安局局长,九台县公安局局长、县长、县委书记,省委农村工作部办公室主任,省农林工作部副部长。1968 年 4 月后,任省农林办负责人,白城地委书记。1982 年 7 月后,任吉林省委常委、省委统战部部长、省政协副主席。1988 年 1 月起,任吉林省顾问委员会副主任、主任。1992 年 3 月离休。

尤国:千里寻根的宁津人

(画外)他的祖上因为闯关东背井离乡,他带着儿子千里寻根又来到家乡。祖居地的变迁,造就了他特殊的宁津人身份。虽然世事沧桑,离家千里,却是一样的乡情、同一个根。一路走来,他的人生中留下了怎样的足迹,而千里寻根是否圆了他的故乡梦? 本期人物——尤国。

(画外)尤集这个素有"蟋蟀之乡"美誉的村庄,在每年的秋季,都会迎来大批来自全国各地购买蟋蟀的客商。对于村里的人来说,南来北往的外地人已是司空见惯。然而2007年国庆节期间,尤集村的街道上却来了几个颇不寻常的外地人,他们不看蟋蟀,也不问价钱,却是一路打听着直奔村里的东方酒家而来。

(采访)盖玉兰(尤集村东方酒家老板):在这西边,他问姓尤的。他们说十字道这里有个姓尤的,他叫尤国森,你上他那儿去吧,他就这么来的。他说来找咱这里一尤家,说家谱上看看有他那儿的人名不。我就领着他到了尤成彬那里。

(画外)在盖玉兰的带领下,一行几人来到了尤成彬的家里,据说他们家在当地是尤姓家族中的大户。

(采访)尤成彬(尤集村村民):尤国森的家属领着到这里来了,因为在这附近他姓尤,我也姓尤,这附近几家没有姓尤的,来的目的是认祖归宗,咱毕竟岁数小啊,我就领着他上俺父亲那边去了。

(画外)在两位尤姓族人的陪同下,这几个外

261

地人来到了当地尤姓家族中最年长的尤怀庆家。他们如此奔波辗转，究竟在找寻些什么？尤怀庆能给他们答案吗？

（采访）尤怀庆（尤集村村民）：到这里来找姓尤的，找这一家子，他来论论跟咱这姓尤的排辈能不能排上来，也拿出俺这儿的家谱用照相机也全照去了，该写的他也写去了。

（采访）尤成彬：因为他说他父亲有个遗愿，说那时候条件不行，说你必须回老家，你必须把家谱给我整来。

（采访）尤怀庆：究竟他从哪个村里迁出去的，这个事还弄不清，但是从咱宁津走的，这个不（会）错。

（画外）这一行人中带队的是一位年近七旬的老人叫尤国，是原吉林省外贸厅厅长，吉林省人大常委。他们不远千里从吉林长春到尤集来，就是为了寻找他们家谱上记载的多少年前祖上背井离乡闯关东的根。

（采访）尤国：因为原来的家谱上有段记载，比较早年间的，我们家的原籍是直隶省宁津县大郭庄，我看了一下地图，那里有一个尤集，就过去了，去还真找到了，过去了一进那村子一打听，他那个人就姓尤。

（画外）这次跨越上百年的寻根之旅，让我们跟随尤国的回忆，穿越时光，再一次感受历史的沧桑。

（采访）尤国：那时候我们的老祖宗是闯关东过来的，是1800年前后来的，就是嘉庆末年，到我这代是第六代，一百二三十年了，来了就在怀德县凤响乡，我们家现在叫怀德县凤响乡杨家殿村。

（画外）山东人闯关东的历史时间之久，规模之大，成为近代史上空前的一个移民壮举。清代山东人闯关东的历史分为三个时期，从最初的政府招民条例到中期的东北禁封政策，直至后来的全面开禁放垦。尤国祖上闯关东时正值第二个时期，当时在清朝龙兴之地的东北，满人与汉人存在着悬殊的差别。

（采访）尤国：我们家那两个老祖宗过来之后，就在伊通州的柳条边。再往南走十里地，就是满族待的地方。就是挖一条沟，栽上点柳树，叫柳条边，就这么来的，这就是界线了，里边就是满族的地方，龙兴之地一般汉人不许进去。

（画外）安土重迁的山东人，迫于天灾人祸，政府政策的压力，大量移民东北，过着背井离乡的日子。然而代代口传笔载的记忆，也在时时刻刻提醒着子孙不能忘记自己的根。

（采访）尤国：宁津，就在我们的家谱上，我小的时候就知道，我们家的家谱上有记载。

（画外）尤国说他的父辈祖辈对宁津就一直有一种特殊的感情，从小时候看到家谱的记载以及父亲的讲述，"宁津"这两个字在尤国的心里就深深地扎下了根。寻根对他来说既是圆自己的梦，也是了却几代人的愿望。

（采访）尤国：我们的老家谱上还有一副对联，我们很小的时候就知道，因为我父亲有点文化，他就教我背，叫作"教子孙两行正路为栋为精，继祖宗一脉真传克勤克俭"。我父亲从上辈传下来的一些事，咱们是山东人，老家在什么地方，他就跟你说，（父亲）就说过这事，将来有机会，如果去山东，到咱们老家看看，到宁津看看找一找。

（画外）1958 年，尤国考入吉林财经学院学习商业经济，从此他便扎根在了吉林长春，他的一生也因此与经济贸易结下了不解之缘。

（采访）尤国：我小学在怀德县的范家屯，就是凤响乡乡政府的所在地。后来我到长春读中学、读大学，毕业后分到长春市工作，商业厅下面有个吉林省商业学校，当教员。

（画外）不久，"文革"开始了，尤国和当时所有的知识青年一样上山下乡，插队来到了农村。

（采访）尤国：1972 年，吉林省就把省里几所财贸口的学校合并成一家，商业学校、财政学校、供销学校、粮食学校，还有一个财贸干校，把这几家合并到一起，叫财贸学校，我插队回来到财贸学校，教了一年书。

（画外）当时已是"文化大革命"后期，中央纠正了"文革"初期的错误，大量干部落实政策重返工作岗位。而此时中央召开的组织工作会议，也为选拔培养新干部工作带来了一缕春风，尤国从此开始了一段崭新的历程。

（采访）尤国：原来政府有个财委，党委有个财贸部，两家合在一起，叫财贸办公室，我就调到那个地方，在那工作了五年。1978 年调到省委组织部，1985 年离开省委组织部，当时我们增加了几个地级市，其中有梅河口、公主岭，就到梅河口去待了一年，当了一年副市长。1986 年年初回到财政厅做副厅长。1988 年的 9 月，我到省计经委做副主任。1992 年我到外贸厅，做了五年的厅长。我一直就做这个工作，天天看表，天天整钱、整外汇，利用外资谈项目，一直和经济打交道。1998 年从外贸厅退下来，到省人大，做了五年的省人大常委。我是第九届省人大常委，第八届全国人大代表。

（画外）2003 年，尤国正式退休了。当忙碌的生活终于告一段落的时候，此时已年近七旬的他，开始在心里盘算着要去宁津这个他从小就耳熟能详的故乡去看一看。

（**采访**）尤国：在工作期间一直没有机会，2003 年退休了，没有事情，一直有这么个夙愿，想要回去看看。

（**画外**）2007 年国庆节，尤国带着儿子，开始了他南下山东的寻根之旅。让他颇感欣慰的是，在这里他终于找到了自己家谱上记载的故乡。谈到这些，他至今还意犹未尽。

（**采访**）尤国：知道自己的祖宗了，人不能忘本，那是老祖宗啊，真正的家乡，挺好，很富庶，作为县城我看了一下，比咱们这边有的县搞得还要好。回去找到之后觉得特别高兴，多少年了，也是一种夙愿，回老家看看。我还想回去。我一直是搞经济工作的，也想在吉林给咱们宁津办点事，办点事搭个桥。那次回去很紧张，没来得及。（国庆）节日期间，我跟咱们史志办没联系上，后来回来之后我给史志办的同志打了个电话，写了封信，我说我要点资料，他们给我邮来了宁津县的史志，后来要了点其他资料，感觉大家都很好。

（**画外**）在采访的过程中，虽然他总说自己身份特殊，但是他所带给我们的亲切感，以及他对于山东人的赞不绝口，让我们感受到他内心深处的一种自豪。

（**采访**）尤国：山东人勤劳，能吃苦，这块土地养育了咱们山东人，但是也是咱山东人开发了东北这块土地。东北这块土地的开发，和山东人闯关东是分不开的，有很密切的关系。你们来采访这个事挺好，祝你们把这个节目办好。采访这个事就不用了，因为我这情况很特殊，聊聊天就可以。

（**画外**）在不知不觉中我们的采访接近尾声。对于尤国来说，我们的到来，又一次勾起了他对于寻根的回忆和对故乡的记忆，虽然他只去过一次宁津，但我们仍然感受到了那份浓浓的乡情。

（**采访**）尤国：祝家乡经济发展，人民幸福。我回家看了觉得很亲切，希望经济越发展越好，老百姓越幸福越好，都过好日子，越来越富裕。

张枝叶：投笔从戎　戎马一生

（画外）烽烟战火的峥嵘岁月，教书先生投笔从戎，从孔孟之乡到塞外关东，从三尺讲坛到朝鲜战场，这位沈阳军区空军的老领导，经历了多少传奇故事，他又有着怎样的人生之旅和心路历程？本期人物——张枝叶。

（画外）张枝叶，原沈阳军区空军高炮六师副政委，宁津县张大庄乡中村人。1930 年，张枝叶出生在一个普通的农民家庭，在那个战争不断、民不聊生的年代里，他成为村里为数不多的文化人。

（采访）张枝叶：我四岁上学，上学就上私塾，跟着我祖父念书。

（画外）张枝叶告诉我们，他的祖父是清朝秀才，教了一辈子书，受祖父影响深刻的他，从小就对读书产生了浓厚的兴趣。

（采访）张枝叶：那个时候不是念课本，念什么呢？念"四书"，就是《上论语》《下论语》《三字经》《百家姓》《论说精华》《论说指南》，还有《上孟》《下孟》，这个我都从这头背到那头。主要是光念，老师不给讲。为什么四岁上学认字这么多呢？人家是白天上学，我也是白天上学，上完以后晚上还要上，每到晚上我回去的时候，我的祖父就给我讲一讲，这是什么意思，所以说从小就念书，一直念到了十二三岁吧。

（画外）1942 年 5 月，日军纠集大量兵力对晋冀、鲁、豫边区进行了残酷的"五一"大扫荡，张枝叶所在的村子也成为日军的据点。

（采访）张枝叶：大扫荡以后，我在村里当过游击小组组员。我们游击小组作战的时候，曾经击毙

过一名鬼子。当时鬼子扫荡,我们游击小组五六个人,就偷袭鬼子的岗哨。鬼子站岗都在房上,我们大家一起瞄准,瞄准他一个人,一声号令,一起开枪,鬼子就躺下了。小孩看到鬼子烧杀抢掠,太厉害了,我们村不知死了有多少人。鬼子扫荡以后,妻子哭丈夫,娘哭儿,村里哭成一片,一死都是年轻的,二三十个人。我最好的一个朋友叫小牛,鬼子试刀,就是两个人骑着马看谁快,谁能把这个小孩砍下头来,就是这样被杀的,惨无人道那就别说了。特别是"五一"大扫荡,咱们那个地区就在那里,死了多少人啊,八路军死了多少人啊。柳庄村是属于东光县,离我们那儿三四里路,整个第一分区的专员公署,在柳庄被鬼子包围了,一个连队只跑出来一个排,那两个排都牺牲了,专员公署没有一个活着的,全部都牺牲了。

(画外)1943 年,在日军苛捐杂税和连年灾荒的双重压力下,张枝叶的祖父带着一家老小远走陕西宝鸡,投奔做中统特务的二叔,然而张枝叶却选择留了下来。

(采访)张枝叶:我那时没跟我祖父走,主要意思是什么呢,恋着上学,为了念书。那时候要把我祖母留下,我祖母不干,整天哭哭啼啼非要走。家里得有看家的,家里还有七间房,还有些地得有人种,我就主动跟我爷爷说,我说爷爷把我留下吧,让我奶奶走吧。

(画外)就这样,懂事的张枝叶陪着四叔留在了家乡,四叔继续从事农业劳动,张枝叶也继续自己的学业。

(采访)张枝叶:我继续上学,我四叔在家种地。我们根据地就念油印的书。那时候鬼子大扫荡,念书没办法集中起来念,就是分成几个小组,在这个村边上,在每家念,听见鬼子来了,那就把书本一藏,藏到柴火垛里就跑。就是这么念了一年。

(画外)抗日战争后期,随着日军的衰退,抗日根据地的壮大,作为村里为数不多的几个读书人,张枝叶成为村里的一名教员。

(采访)张枝叶:1944 年,我被村里聘为午校教员。大部分都是十八岁到二十五岁的年轻妇女上学、认字,就是中午学习两个钟头,叫午校,有的地方叫识字班。我们村是个大村子,上学的人很多,光识字班青年妇女一百二十多个。教了一年多以后,村里经过区里批准,让我担任小学教员,我只有十五岁,我教的学生比我都大,小学教员一直当到了 1948 年。

(画外)这时,乐陵专区组织教员训练班,任小学教员的张枝叶也参加了这次学习。其实组织这次训练班的主要目的是为各县政府挑选干部,在这里表现出色的张枝叶光荣地加入了新民主主义青年团,并成为干部培养对象。

（采访）张枝叶：先学习《目前形势和我们的任务》，后来学习人生观，然后就划分成分，划分完了以后，接着就动员参加工作。作为我来说，这是很好的一个机会，但是那个时候我不愿意参加工作，我就是愿意教书，还是当教员。（记者：还是受祖父的影响比较深？）对，影响比较深，后来我们班的组长比我还小，跟我动员一个星期，动员得我们实在没办法了，我说好了，我同意了，就这样参加工作了。

（画外）此时的张大庄乡中村隶属于河北省东光县，训练班结束后，张枝叶便来到了东光县委。

（采访）张枝叶：那个时候县委会的一些人员都得下乡啊，组织工作组，保证中心工作的完成，都下乡。也把我编到工作队到农村搞调查，搞农村工作，也就是一两个月吧。后来东光县成立县学，训练村干部，就把我调到里面当司务长。我们司务长有三个人，一个管报账，一个管买菜，一个管账。我就是管账的，除了管账以外我还上课，凡是上课我都参加，上完课讨论我也参加，就在那段时间进步比较快。

（画外）由于经常有机会参加开会学习和小组座谈讨论，张枝叶的思想觉悟也在迅速地发生转变。就在这时，一个机会悄悄降临到他的身上，成为他人生中一次重要的转折。

（采访）张枝叶：县大队管县委书记要个文书，县委书记想来想去就想到我了。那个时候谁也不愿意当兵，县大队三个连队，都是开小差收容来的，县委会和县大队是一墙之隔，那边就是县大队，我就去了。去了到那儿一报到，副教导员接见的我，他说我给你出个题目，你给我写封信，我说行，他就出了一个借房子这么个题，我就按照借房子这个角度给他写了封信，他一看行啊，他说好，你就在这里当文书吧。那时候咱也不知道当文书是干什么的，我说行，后来就这样当兵了。

（画外）尽管光荣入伍，但是对军人的生活并不习惯，在十八岁的张枝叶心中，军人的概念还是很模糊的。

（采访）张枝叶：第二天在那儿就出洋相了。我是穿的制服，就是地方同志的那种制服。给我发了军装以后，我上身穿了军装，下身穿了制服，也没有打绑带，第二天早晨一出操一站队，大家都乐了。带队的参谋说文书过来，你这样可不行啊，当兵是怎么个事，当兵要有个当兵的样子，你这样地方不是地方、当兵不是当兵，多不好啊，你把军装换上，把绑带要打上。军装穿上，军装这边不是有个风纪扣吗，两个小铁丝，我这么敞着，他说不行，这叫风纪扣，这是最严谨的，一定要系好。

（**画外**）在这种严谨规范而快节奏的氛围里，张枝叶也在不断地适应着、蜕变着，很快他就融入到了这支队伍之中。

（**采访**）张枝叶：这个时候县大队要升级，升级到正规部队。咱们戴的那个符号是县大队，和正规的真正的野战部队不一样。

（**画外**）升级命令一下来，张枝叶就迫不及待地跑去看，结果在上面并没有发现自己的名字，焦急之中他和负责带队的教导员一起找到了大队长。

（**采访**）张枝叶：教导员跟他一商量，大队长就急眼了，他不干，说没有命令，命令上没有的人，一个也不能走。大队长叫张国生，是个大老粗，一个字也不认识，他一天写过三十多封信，他得说着你给他写，差一个字也不行，写完了他叫你一个字一个字地念。他离不开我啊。他一开始让我写，分区某首长，一日不见如三秋。后来我就笑了，我说大队长，这个一日不见如三秋，是人家男女谈恋爱的时候，一天不见似隔三秋，你给分区首长写信，一日不见如三秋，多不好啊。他说你懂啥啊，我叫你怎么写就怎么写。我说好好，一日不见如三秋。这么一个人。所以教导员跟他一商量，急眼了他不干，他说文书不能走，这个时候教导员就跟他吵起来了，怎么不能走啊？分区一个科长管这个事，给他俩做调解，他说你俩也不要吵，咱就问文书，文书说愿意走，咱就让他走，文书说不愿意走就留下。教导员说那好，找文书来。把我找去，这一说这一问，我当然愿意走了，我在县大队干什么，我说愿意走。他说好了，你就准备走吧。

（**画外**）就这样张枝叶如愿以偿跟着部队北上去了辽宁沈阳，继续着自己熟悉的文书工作，同时开始学习高射炮技术。

（**采访**）张枝叶：就这样来到了沈阳，这是第一批六个团，后来还有。当时我们分配到第四团，学习了二十一天。这个时候前方比较吃紧，浙江这一带，国民党的飞机经常炸。学了二十一天就拉着走了，上前线了，我们这个团到了杭州，保护钱塘江大铁桥。

（**画外**）对于还不能熟练掌握高射炮技术的张枝叶和他的战友们，就这样在杭州开始了与装备精良训练有素的国民党空军的第一次战斗。

（**采访**）张枝叶：1950年初，除了舟山群岛没解放以外，大陆上都解放了，但是国民党经常来飞机炸，炸你的桥梁，炸你的仓库，炸你的军事重地。咱们刚学习，技术也不行，天天打。（记者：打下过敌机吗？）打伤过，没击落。在那里待到6月份，舟山群岛整个国民党都撤了，都撤了以后我们前进一步，我们这个营到了舟山。舟山那个地方叫定海，四大渔港之一。那儿有个飞机场，我们在那儿保卫飞机场。

（画外）从杭州到舟山，从保卫桥梁到保卫机场，张枝叶和他的战友们在一次次的战斗中，实战技术逐渐成熟起来，而国民党军队的节节败退更使他们信心倍增。就在此时，一场让全世界都为之瞩目的战争爆发了。

（采访）张枝叶：抗美援朝，一个命令把我们调到沈阳，保护铁西重工厂，保护浑河大铁桥。12月份又来命令了，把我们调到沙河口，在丹东那里。（记者：就来到中朝边界了？）对，鸭绿江那边是朝鲜，鸭绿江这边是中国，那个时候天天打，有一次，敌人来了十二架B29，那是重型轰炸机，他们的炸弹带得很多，我那是第一次看见B29扔炸弹，那家伙跟刮风一样，这一下子，你要躺在地上看，就跟小秤砣一样，一个一个，越往下越大，后来就把那个桥给炸了。

（画外）美帝国主义的侵略范围已经越过了中朝边境，而此时，只有一江之隔的朝鲜人民更是生活在水深火热之中，和他的战友们一样，张枝叶怀着满腔怒火，等待着渡江作战的命令。

（采访）张枝叶：1951年4月底命令来了，让我们抗美援朝渡江作战。1951年5月1号过的鸭绿江。抗美援朝那个路，按照咱们现在来说，有一个小时就到了，你说我们走了多少天啊，走了三天三夜，白天不敢走，白天不能走，敌人飞机在天上很多，看到你就炸，不能走，都是晚上走，晚上又不能开灯。一会儿一架，走了三天才到。我们是保护什么呢？朝鲜有个顺川郡，整个城市一间房子也没有，老百姓都在他那个房子底下挖地洞，白天黑天敌人飞机狂轰滥炸，赶上你倒霉，炸弹落到地洞上面掉下去，整个一家都完了，就是在地洞里也不安全。我们在那也是住地洞，我们在山上住。

（画外）虽然现在张枝叶已经年近八旬，但他依然清晰地记得抗美援朝战争中每一个刻骨铭心的日子。1951年7月8号这一天，在与敌人的一次激战中，由于敌我力量悬殊，张枝叶所在的四连损失惨重，他最好的战友也在这次战斗中壮烈牺牲了。

（采访）张枝叶：1951年7月8号以前，每天进行战斗二十多次，就是飞机天天来，这四架炸了以后，那六架来了，六架来了以后又来了八架，八架来了以后又来了十六架，就是三天三夜，黑天也这样，非给炸烂了不可。这个时候我就当书记了，二营的书记。在7月8号这一天，来了一百多架（敌机），还有十二架轰炸机B29，咱们四连，连长没有，副连长有病，一个排长指挥战斗。他一看天上都是飞机了，这四架那六架，摇晃着膀子往他阵地里冲。他一看就蒙了，傻了，他就下了一道命令，他说各炮打各炮的，这火力一分散，敌人更不怕了，这个时候被敌人钻了空子，战斗以后我们上去一看，阵地没有一个好地方，不是大炸弹坑

269

就是小炸弹坑,全连没有一个不负伤的,还有十二个重伤,一个牺牲。牺牲的这个战士是我的好战友,叫徐亚金,江苏人,在这次战斗中他很英勇,肠子都流到炮盘上了,不下炮,继续射击。他是个二炮手,专门管踏板的,踏板管打炮弹的,他要一下来这个炮就哑巴了。

(画外)战友的壮烈牺牲,同志的英勇,手足的生死离别,更激起了活下来的战士们的怒火和杀敌的决心,他们立誓,不打败敌人决不下火线。很快,机会来了。

(采访)张枝叶:到了7月30号这天,下着小雨,云彩比较低,很好观察。敌人来了多少呢? 来了三十二架P47,带螺旋桨的。他从西南方向一来,这个时候咱们东南方向有个大炮连,这一打把他的队形全打散了,打散以后他就乱飞,就飞到三七炮的上空来了,三七炮这一打,当时给他打掉七架,看得很清楚,冒着火,一架一架往下栽,战士眼都红了。7月8号你让我们受损失,这次正好报仇。那时候战士把炮口打红的有的是,整个炮筒子打红了,有的战士不下来吃饭,炊事员都给他递馒头吃,那样也得打啊,你不打敌人不更嚣张了嘛。

(画外)最终,这场战斗取得了重大胜利,战士们一雪前耻,用丰硕的战果告慰了牺牲的战友。日子在与敌人的激战中一天天过去,由于我抗美援朝志愿军实行部队轮战,在朝鲜战场上一年多的浴血拼搏很快就要结束了,张枝叶所在的部队到了该回国的日子。

(采访)张枝叶:有一次营长找我,他说书记你回驻地一趟,把汽车整个带来。我说什么时候到啊,他说第二天早晨一定要到,咱们随时要机动,准备要搬家,坐着汽车回到顺川。我说碰见敌机怎么办,碰见炸弹怎么办,黑夜行车怎么个走法。三四十辆车一摆好长一大溜了。后来我带了一个车,走到一个大山里面,这边是大山,这边是万丈深渊,就在半山腰修的路。这时候敌机来了,扔燃烧弹,燃烧弹就跟火苗子一样,一扔一溜。司机就慌了,那都是地方雇来的司机,开车技术也不行,胆子又小,他害怕,问我说书记怎么办啊,我说你别慌,你看我的。我就下车一看,前面一个大弹坑,那个炸弹坑炸得可深了,车不能走了。我叫着翻译,我说翻译咱俩上村里面去,动员老百姓把这个路给咱填好。我带着翻译到村里去了,大半夜的这一招呼,顶石头的,顶土的,全村都来了。来了以后把这个炸弹坑平上,平上以后我们继续走,走着走着飞机就扔火苗子,他也扔不上。地下是万丈深渊,扔到山下面就没啥事,天亮以前就到了。

(画外)历经重重危险之后,部队终于回到祖国,这时张枝叶也升任连队指导员。

(采访)张枝叶:工作不一样了,主要负责全连。当了几个月连队指导员,调到集训队当副指导员,回来以后就调到团部,当组织助理。到了机关后就开始审干,审查干部。主要是去搞外调,全国各地调查材料,调查你这个人的历史档案。我调查了四年,全国各地我都跑到了,从大城市到乡村我都走过。

(画外)刚刚解放不久,经历了连年战争的新中国百废待兴。当时的道路交通条件十分不便,很多时候,张枝叶开展工作完全靠步行。他告诉我们,他曾经一天走过一百四十五华里的路。

(采访)张枝叶:特别是到云贵,通县里根本没有路,都是羊肠小路,都得靠走,我一天走过一百四十五华里,那一百四十五华里不是一般的,都是石板路,天上下着雨,还得翻山越岭,我又是穿着胶鞋,比较滑,没有办法,就找草绳子把脚绑起来,把鞋绑起来,绑起来以后那也走不了几步啊,那草绳子就坏了,后来看见山沟里有竹坯子,用竹坯子缠上,这么走,不然的话走不了路。哪是走路啊,那基本上是跑啊。在这个调查当中,完成任务比较好,评为团的建设社会主义积极分子,后来又出席沈空防空军积极分子代表大会,又出席了北京积极分子代表大会,毛主席和中央领导进行了接见,受通令嘉奖一次。

(画外)谈到这次接见,张枝叶至今还记忆犹新。他激动地找出当年拍的照片,把自己指给我们看。看着张老的神情,我们能够感受得到,那是怎样的一种自豪、一种满足。张老的勋章很多,虽然有些字迹已不那么清晰,但是我们依稀还可以看到,他当年的英勇和顽强。

(采访)张枝叶:一直在机关,先是在团里干部处当干部干事,后来又调到高炮六师,那时候叫高炮一〇七师,在师干部科当助理员,当了一年多吧,就提为副科长、科长,干了六七年,后来就到团里当副主任去了。"文化大革命"期间,在团里当的副政委、政委,政委一当就是八年,1978年就调到高炮六师当政治部主任,当了不到三年,当了(师)副政委,当副政委那时候五十一二岁。

(画外)1983年,张枝叶离休了,终于有了空闲时间的他,又重新开始了他一直放不下的文字工作。这一摞摞厚厚的书本,都是张枝叶多年来写下的诗。从描写工作学习到记录心路历程,从抒发对家乡的眷恋到阐述深刻的哲理,无不彰显着他深厚的文字功底。

(画外)时间总是过得很快,转眼间我们就要与张老挥手告别。对于家乡,张老并没有说太多的话语,他用他的诗,表达着他对家乡最深刻的思念与眷恋。

张枝叶读诗:故园一别四十年,驰骋汗津透征衫。跨越千山和万水,无时不将故乡念。孤灯不鸣思欲绝,卷帏望月空长叹。人非草木岂无情,几番梦境觅童年。

王中才:我与文学的不解之缘

（画外）对文学创作的钟爱,让他的命运多了几层涟漪。生活在绿色军营,奔走在前线战场和边防哨卡,亲历了生与死,目睹了血与火。他是宁津走出来的优秀作家,他是部队磨砺出来的坚毅军人。曾任《解放军文艺》编辑、沈阳军区政治部创作室主任的他,在一生的创作生涯中留下了多少故事,他又经历了哪些传奇? 本期人物——王中才。

（采访）王中才:文学和时代是紧密相连的,这个时代过去了,在这个时代可能有意义的东西,在另一个时代看来是一文不值。

（画外）王中才,部队专业作家,笔名老宁,宁津县杜集镇王纸坊村人。曾任总政《解放军文艺》散文诗歌组编辑、副组长,沈阳军区政治部创作室主任,中国作家协会第五届委员,辽宁省作家协会第五届、第六届副主席,有多部作品获得全国奖项。

（同期声）王中才:因为那时候时间比较紧张,我随时带着本,到哪里就写起来,这就是一本草稿。

（画外）王中才与文学的渊源之深,超乎我们的想象。在他的卧室中,偌大的书柜和各个角落充斥的书籍吸引着我们的目光。从钟爱的名家名著到自己的得意之作,从儿时的青涩文字到成功的获奖作品,都讲述着他与文学说不尽的故事。

（画外）王中才的父亲是个习武之人,清朝末年逃避抓壮丁时来到东北。王中才 1940 年出生在大连。1948 年因为战后的经济萧条,这个一直以小商贩为生

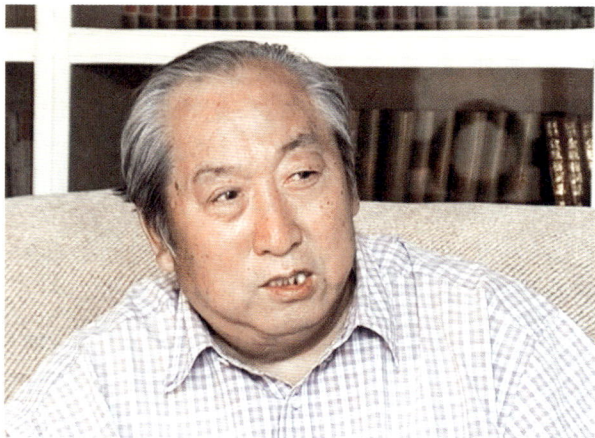

的家庭,开始举家搬迁重返故乡。

(采访)王中才:我从大连回故乡,这是整个人生当中很大的转折。1948年,我母亲带着我,带着我三个姐,还有我的一个外甥女回老家,因为海上有国民党封锁,只能坐机帆船,就是帆船,从大连起航要到天津下船,船走得很慢,突然间遇到一场大台风,和我们同时出港的三条船,眼看着那两条船像瓢似的就翻了,就沉了,最后就剩我们一条船。台风刮的船也不是往天津刮,刮来刮去就刮到烟台一个小渔村,叫八角,船搁浅了,谁也不敢再坐船了,就眼看着早潮上来,海上漂着被子、死人,一片啊,就往岸上冲击,我们就坐着小舢板上了岸。

(画外)回想起那次海上历险,王中才至今还心有余悸。

(采访)王中才:我一想到这一段,就觉得人活着不易,任何一场灾难,就是想不到的灾难,都可以置你于死地。你能在这场灾难里活过来,你就应该特别珍惜这个人生。

(画外)死里逃生的一家人,几番辗转后,终于回到了家乡。1954年,品学兼优的他如愿考入了自己理想的初中。在这里,他开始与文学结缘。

(采访)王中才:中学期间,初中到高中,真正关键的是这个时期,就是耿荣耿老师,他没有直接教我,因为我那时文学比较突出,每星期他偷偷叫着我到他家去,他家的书(特别多),我看茅盾的小说,茅盾的所有长篇。不是学校的图书馆,学校的图书馆没有,都是在他家看的,茅盾的《虹》《蚀》三部曲、《子夜》,这些都是在他家看的,到现在有些细节我还能想起来,都是他的书,所以我和耿老师特别好。当时他讲课的时候说不要重复,说作文不要重复。我就问他,我说耿老师,你说不要重复是不对的,《野草·秋夜》的第一句话就重复了,"窗外有两棵树,一棵是枣树,另一棵还是枣树",这不重复吗?他说你小,现在你还不明白,鲁迅这个重复,表现了他一种郁闷的心情。他说我给你举个例子,譬如说,鲁迅这里面还有一篇文章,实际上和这个例子一样,有一家生孩子,生了个什么孩子,女孩,下次又生了孩子,人家问他生了个什么孩,还是个女孩。他不说自己心情多烦闷,但是这一个重复,就表现了心情特烦闷。我印象特深。这对你(文学)的提高,那是不可估计的。他一下子给你讲到门上了,知道这个文学是个什么东西。

(画外)1957年,轰动全国的"反右"运动开始了,动员学生就业一时成为热潮。因品学兼优而当选为学生代表的王中才,也在动员就业的大会上做了典型发言。

(采访)王中才:宣传代表会的主旨就是动员就业,鼓励大家不报名升学,动

273

员就业。这样我就回去了。我升学的念头特别重，你看我又当了学生代表，又去开的会，如果再带头升学的话，这太不像话了。狠狠心我说算了，我报名就业不升学了，我不报名了不报考了。学校开了大会在礼堂，毕业典礼大会让我做了报告，就是不报考不升学了。这个影响很大。

（画外）打定主意放弃学业的王中才回到家里，等待着就业的消息，然而就在这时，一个人的出现改变了他的命运。

（采访）王中才：那时候耿老师已经调到一中，（消息）传到一中去了，耿老师找到我哥，说你弟弟不升学你知道吗？我哥说不知道啊，不可能啊，他怎么会不升学呢？他已经做报告了，开学生代表会都是他去的，不升学了。他不升学太可惜了，说报名期已经过了，耿老师说我给他报上名，只要升学就行。我哥就骑车三十多里地，到杜集王纸坊，他说你怎么回事，你怎么不升学了？我说我当着学生代表又升学，太难为情了。他说那不行，你升学吧。我说报名期都过了。他说你耿老师给你报名了，给你补报。那时候离考试还有两天，结果我是最后一名，报的最后一名，最后一个考场，进去因为心里没有负担，结果高中我考上了，我们班里考上的就两个人。考的沧州一中，那是河北省重点中学。一生当中影响很大的事情，有时候看似小事，实际上它总是在你的价值观、人生观上起作用。

（画外）由于文字功底深厚，升入高中的王中才，曾经获得沧州专区的作文考试第一名。1960年，王中才考入河北财经学院计划统计系，开始了他的大学时光。

（采访）王中才：我在学校还是优秀的，第一次作文，我们学校一个论文就是看电影《风流人物数今朝》，回来写影评。我的文章是老师认为比较好的文章，全班都在那儿评论这篇文章，后来天津市莫斯科影院，邀请我做业余影评员，每一次来新电影的时候，邀请我去白看电影，看完以后一个任务，就是给他们写影评，在报纸上发表。

（画外）在文学方面的出色表现，很快就让他在学校里崭露头角。然而此时正值三年困难时期，各大城市的食品和物资非常紧缺。为了减轻学校的负担，1961年，部队在各大城市征召学生兵，本来就不喜欢计划统计这个专业的王中才，觉得这是一个可以重新选择的机会，于是他义无反顾地报名入伍。

（采访）王中才：我入伍的时候是二十一岁，十六军，在长春。到部队才认识到"坚持"这两个字多么重要，如果说学校给我基本的学识，做人的道理，给自己以后的成长铺平道路，除了这些，真正的你能够作为一个独立的人在社会上开辟一个天地,那是部队给的。

(**画外**)当时学生气十足的王中才,对于部队的艰苦并没有充分的思想准备,在这个绿色军营里,他体验到了另一种生活。

(**采访**)王中才:当时每天打坑道,战备坑道,那个坑道叫省委指挥系统,就是一旦有战争的话,省委机关都搬到坑道里,也没有空压机,就是抡大锤打钢钎。

(**画外**)戴着大学生的耀眼光环,王中才在部队开始了艰苦的劳作,而作为当时的天之骄子,大学生的身份也给他带来了一些特殊的待遇。

(**采访**)王中才:我入伍以后对我影响最大的就是班长,要是没有这个班长我也坚持不下去。他特别照顾我。他本身没有多少文化,但是他对知识分子、知识青年特别爱护。我们的房子用柳条编的,冬天里外都是霜,但是这边的火炕烧得滴答水,他堵着门口挡着风。头一个星期坚决不让我上坑道,他每天一身泥一身水。上坑道下来,我说班长我要上,他说别,你熟悉熟悉再上。

(**画外**)在王中才的一再坚持下,班长终于带着他下坑道了,然而看似简单的工作,真正操作起来却并不是一件容易的事。

(**采访**)王中才:进去将近有一里地,那个洞啊就听见锤声。我说我要打锤,班长笑了,说别,再看几天。我说不,我打。班长说你打我掌钎,他怕打到别人。他上去把钎放到肩膀上,把钎头触到作业面上,我在后面就开始抡锤。开始抡锤不敢抡,就这么轻轻地打,就这样打,那根本不起作用。班长说你稍微抡开点,慢慢来抡开点。我就开始抡了,抡也没抡大,一锤下去根本没有打到钢钎,一锤就打到他肩膀上了。老兵说班长怎么了,班长生气了,(说)你们干什么大惊小怪的。(他)说了一句话,我一辈子忘不了,说王中才累了,你们换他一下。这句话的内涵在哪里呢? 他不说我不会打,他照顾我的自尊心,他说王中才累了,你们换他一下。这显然就打得很重,要么他连换也不让换,他说你们换一下。老兵就要看他的肩膀,他坚决不让看,然后老兵就把我换下来。就是这样,下了班他还给我洗工作服,就在河边上洗工作服,像没事人似的。但是我不放心啊,晚上睡觉了,他等我们睡了他才钻被窝,钻被窝以后我装作睡觉,我就用手电开开看睡着没有。撩起他被头一看,整个肩膀拳头大的一块青紫青紫的,我马上就起来了,起来就叫卫生员去了。卫生员说都睡觉了。我说我把他打伤了,他不说,你去看看。卫生员是菏泽老乡,到那儿一看,说这个必须放血,把瘀血往外放。班长说你嚷什么,有什么大惊小怪的。他是从朝鲜战场回来的,他说你别吓着人,但是最后还是放血了。就是这个班长陈绍厚。

（画外）尽管时隔多年，但现在王中才提起班长时的那份感动，仍深深地感染着我们。

（采访）王中才：要是没有这个班长，我可能也和他们一样，在部队上坚持下来就很困难。这个班长，他本身就是种力量。

（采访）王中才：因为我们那时候最重的活就是挑水，二里地的山路，四十五度的坡，有机器空压机，必须用水。山上没有水，从山下河沟挑水，挑上去，一天挑十三挑子水，才能供上空压机用水，两里地来回四里地，十三挑子，就是（走）五十二里。焦海身体特棒，湖南人，那真是个战士，大脑袋大膀背。他说王中才不是表现好吗？挑水！我说挑就挑，有什么。我那时候也瘦，瘦得腿上大筋都出来了。班长就说我，你逞什么能啊，我说你不用说了，我挑。那天我就挑水，开始两挑子还勉强行，十三挑子（挑）到最后，空压机都停了，我挑到最后。别人怎么换我，我都没换，非要挑完这十三挑子。最后一挑子，人家都下班了，都往山底下走了，我还挑着第十三挑子。肩膀肿得（厉害），我（用）手边托着边走，就硬给挑上去了。后来部队就画了个幻灯，给我画了个幻灯片，就是大学生挑水，画的我怎么挑水，怎么打坑道、打锤，十二磅的大锤，开始我打，打班长就是三锤吧，就打到班长了，后来这十二磅的大锤，我能一口气不换手，一口气可以抡三百下。我们那时候规定入伍半年，不能评五好战士，那时候搞四好、五好运动，就是因为我这个班长，给我评的五好战士。入伍半年评的五好战士。老兵不服啊，老兵说王中才干活也不行，怎么能评五好战士呢？我们班长说了一句话，说他干活是不如你们，但是他出的力气比你们哪个人都大，一下子把老兵们都说服了。

（画外）当时部队里有文化的战士很少，文字功底深厚的王中才责无旁贷地担当起了出板报、编歌曲、写话剧的重任，而连队文化生活的活跃和上级的嘉奖，也让他在军营里脱颖而出，出色的文笔让他的人生又多了一次转机。

（采访）王中才：后来把我调到团里写报道，军里那时候写忆苦思甜的报告文学，又把我调到军里，从那儿开始一直在机关。我是破格提拔，那时候我是下士，我从下士跳过中士，跳过上士，就直接提的少尉，提为军官。

（画外）从此，王中才在军部机关一干就是十一年，从秘书到军部记者，从创作报告文学到撰写电报文件，都显示着他深厚的文字功底。也就是在这里，他第一次接触到《解放军文艺》。

（采访）王中才：我写的《小老虎小画家》，发表在1964年12月份《解放军文艺》上。1965年，写了《万物生长靠太阳》，也在《解放军文艺》上发表了，很长的报告文学。

（画外）1966 年,"文革"开始了。王中才同当时的很多文人一样,也被裹挟在了那场浩劫当中,然而他并没有因此停止他所钟爱的创作。1972 年,"文革"初期被勒令停刊的《解放军文艺》在酝酿复刊,而曾经多次为《解放军文艺》撰稿的王中才,再一次走进了他们的视线。

（采访）王中才:《解放军文艺》的一些领导,毕竟对我记忆很深,它停刊以后,突然间要复刊,要调一部分人去筹备复刊,所以《解放军文艺》就要调我。那时候我在军里当秘书,我们政委就不放,说我们考虑到部队的建设,这个人我们不能放。《解放军文艺》坚持要调,这时候我父亲去世,我回家,十天回来以后,政委说他们硬下命令了,这样我就被调到《解放军文艺》了。

（画外）在《解放军文艺》任散文诗歌组副组长的王中才,平时都忙于编辑工作,其间很少有时间从事文学创作,偶尔的创作会见诸报端。1973 年他发表的散文《郎家坡》产生了很大的影响,被选入多所大学的创作课教材,但是他并不满足这种利用业余时间的创作,他开始酝酿着去找寻属于自己的一片天地。

（采访）王中才:粉碎"四人帮"以后,我的一些朋友,一些熟悉的人,就开始写东西,我一看他们发表了东西,有的还得奖,就有点羡慕了,就想写东西,搞点专业创作。我要回沈阳军区,因为沈阳军区是原来我的老军区。回来以后开始到了海洋岛,一帮人在那里搞创作。

（画外）回到沈阳军区的王中才如愿以偿地来到了军区创作室,在这里他立下了这样的誓言。

（采访）王中才:下来时我说了一句话,我说五年为限,如果五年我写不出东西来,我要么转业,要么就改换别的工作。

（画外）执着的王中才一步步实践着自己的诺言,终于他创作的短篇小说《三角梅》获得了 1982 年的全国优秀短篇小说奖,他也因此荣立了全军个人二等功。创作上的成功让王中才在部队和文学界开始小有名气。而此时中越边境上军事摩擦仍然不断,一直在断断续续地进行。到前线去,到老山猫耳洞去,在血与火的战场上寻找创作素材,歌颂新时代最可爱的人,成为王中才的一个心愿。

（采访）王中才:当时我和昆明军区特别熟,因为我当编辑的时候,我去得比较多。他们不让到前线去,到那就截下了,把我们留在昆明。我就找到电影队,他们有个吉普车,准备到前线收集战利品,收集战利品将来搞展览,我们就坐着吉普车往前线去了。前线二十四小时炮火不断,刚打下八天,尸体都没埋,去了三个作家,他们都很紧张:出事怎么办,出危险怎么办。

(画外)由于当时情况非常危险,王中才一行人的日程安排也受到了影响。当前方部队得知有专业作家要前来搞创作的消息后,也积极准备接应保护。然而谁都没有料想,就在此时,危险降临了。

(采访)王中才:前沿阵地团长是刘永新,刘永新就派了两个骡子,派了几个警卫员下山接我们,我们往山上走的时候,三发炮弹就落在我们旁边稻田了,水就呼地一下子上来了,相当危险,这样就到了团的指挥部,见到了团长刘永新,从此我们俩就成了最要好的朋友。我写的长篇报告文学,四万多字,就是写他的。

(画外)王中才创作的曾获得1984年全国优秀短篇小说奖的《最后的堑壕》,其中的主人公便是这位团长。

(采访)王中才:主攻连队离主峰很近了,就是久攻不下,连长就要求炮火支援。刘永新就准备炮火支援,说你们后撤,后撤一部分,因为离越军很近,炮火过去连自己的人也炸到了,这样后撤了一些,说炮火五分钟后准备过去。

(画外)就在这时,意外发生了。

(采访)王中才:都准备好了,连长又来了,说不要了,为什么呢,因为他们有三个战士,不知道从哪个空当攻上了主峰,就在越军的内部打响了,如果咱们的炮火过去,不把那三个战士都炸在里面了吗!多不容易啊,这是英雄啊。

(画外)此时团长犹豫了,是选择进攻赢得胜利,还是保护自己的战士,再次等待时机,而等待则意味着贻误战机。

(采访)王中才:最后炮火仍然过去了,整个山头拿下来一看,一个战士重残,那两个牺牲了,有一个连尸体都找不到,最后就找到一节皮带,皮带上有那个战士的名字。

(画外)在这里王中才待了十二天,亲历了生与死的考验,耳闻目睹了血与火的战争场面,尽管每天炮火声不绝于耳,但是他丝毫没有停止用笔、用心去记录。

(采访)王中才:住猫耳洞,我就是躺下以后缩进去,脑袋往里缩,脚丫子还露在外面,整个身子进去,连坐也坐不起来,炮一过来,上面的土哗哗地往脸上落,特别难受。那边是热带雨林,又潮又湿,在(炮火)死角上搭了个三角帐篷,住帐篷就舒服多了。

(画外)生活的艰苦尚且可以承受,但是前线阵地更多的还是生死存亡、命悬一线的惊险。

（采访）王中才：我和团长在伪装网下吃着水果，喝着果子酒，我们俩聊天。聊着聊着，团长把我一搂，这边就是崖子，就滚到崖子下面。我说你干什么，紧接着就听见炮弹爆炸了。他说你看，你没听见。我说听见什么，他说这个炮弹离咱很近，这是经验。如果像鸽子扑打翅膀一样，那就是离得远，这样没事，你就在那儿吧。要是听到炮弹扑噜扑噜，这就离着你特别近，所以他把我一搂就翻到崖子底下，崖子底下正好是（炮弹的）死角，炮弹就过去了。

（画外）难忘的十二天终于结束了，王中才离开了前线返回了自己的工作岗位。亲历了战场的残酷，目睹了生离死别，从前线回来的他更加成熟，也更加深刻了。

（采访）王中才：我组织我们创作室，我们五个人，骑着自行车，从黑龙江在中国国内的源头洛古河，沿着黑龙江一直骑到三江口，就是黑龙江和乌苏里江汇合的地方，四千多里地，我们是骑了一个半月。我写了一本书叫《黑色旅程》，就是沿岸的风情、民情、风俗、传说啊，文化散文，我到大沙漠写一些散文诗，我到西沙群岛写一些散文，除了香港、台湾没去，全国这些省份，我基本上都涉足了。

（画外）在王中才一生的文学创作道路上，他记录下了让他感触深刻的每一个人、每一件事，在他的著作中，一个个鲜活的人物、生动的事件都仿佛能栩栩如生地站在人们面前，让人掩卷沉思不能释怀。可以说他是一个高产的作家，同时更是一个时代的记录者。

（采访）王中才：我最满意的散文诗是《晓星集》，《晓星集》主要是带有哲理性的一些人生的思考，长篇散文还是《黑色旅程》，我觉得最好的还是《三角梅》。

（画外）退休后，离开了自己最熟悉的部队，王中才现在很少从事文学创作。恬淡悠闲的生活给了他更多的生活乐趣，从他满屋的书籍到阳台上的书案，再到他整齐优雅的小院，随意地聊天，悠闲地品茗，让人恍然觉得这里是传说中的"桃花源"。

（采访）王中才：我们那片乡土是很厚实的，乡亲都那么朴实，那么勤劳。从县里到乡村，都发生巨大的变化，有时候我做梦，都梦见家里变化了，包括环境还有树林，包括河流都变化了。希望家乡越来越好，越来越好，这是每一个在外面的游子，都梦寐以求的事情。

于兴成：军事监狱里的政委

（画外）带着对绿色军营的憧憬和向往，品学兼优的他放弃学业，开始了漫漫的军旅生涯。从部队的"学雷锋积极分子"到人人称道的好政委，二十年的军事监狱工作生涯，他实践了多少前无古人的大胆设想；三十一年的部队生活，又给了他怎样的人生感悟？本期人物——于兴成。

（采访）于兴成：这个兵当得不后悔，应该说我的成长、进步、发展，都得益于部队的教育培养，我现在的习惯改不了，完全还是部队的那一套。

（画外）他叫于兴成，是原沈阳军区军事监狱政委，沈阳军区政治部保卫处主任，正团级干部，上校军衔。

（画外）1951年，于兴成出生在宁津县长官镇西吉杨村一个普通的农民家庭，在庄稼地里长大的他，从小就是个懂事勤快的孩子。

（采访）于兴成：当时我家庭条件比较差，比较穷。我在家干活比较早，从八岁就开始干农活，放羊、放猪、捡柴火，比较勤快，早晨从来没睡过懒觉。我们村当时的大队长吴殿林要跟我比赛，他说老三我就不信比不过你，但是每次早晨到地里一看，我肯定在那儿。

（画外）尽管家境贫寒，但是于兴成读书非常用功，在学校里他一直是品学兼优的好学生。1969年，初中毕业的于兴成顺利地被县里的高中录取。

（采访）于兴成：我们有前三名，是咱们县里一中相中的学生，我、刘常勇、曹凤春我们三个，那时候叫德智体全面发展，我们三个人这几块比较全面。一中当时也有老师去

找我们,给发通知书让我们去。

(画外)由于受"文化大革命"的影响,学校对于学生的文化教育并不重视,这让一直喜爱读书、成绩优异的于兴成有一种深深的失落,他开始寻求着另外的发展之路。

(采访)于兴成:因为"文化大革命"后期比较乱,那时候对文化学习都不太重视。这样不行啊,干脆还是走当兵这条路吧,也许将来能有点发展。我们几个当时根本没多想,干脆要走都走,我们这五个人就一块儿走了。正好沈阳军区在咱们县征兵,去接兵的小伙子一个个都比较帅,特别精神,也挺羡慕这些当兵的。

(画外)就这样,这几个班里的尖子生放弃了学业,选择了军营。然而,当于兴成兴冲冲地回到家宣布这个消息的时候,却遭到了家人的一致反对。

(采访)于兴成:家里不同意。父母都不同意。咱们当地有句(俗语)"好人不当兵,好铁不碾钉",他们受战争年代的影响,兵荒马乱的,认为当兵生活不固定,说不定哪天打仗,到战场上牺牲了。我老父亲吓唬我说,东北冷得冻掉下巴,你到那受不了。因为咱们从小在农村长大,对吃苦不在乎、不怕,就是再苦再累能累死人吗?我给两个老人做工作,一是要继续上学要拿一部分学费,第二就是趁现在还年轻,要出去闯一闯,行就在外面继续干,不行就干三年,那时候是三年兵嘛,(当时)十八岁,当三年兵回来才二十一岁,考学都不晚。

(画外)部队的几番走访,亲属的不断劝说,儿子的一再坚持,两位老人终于同意了儿子参军远行。儿行千里母担忧。离开家那天的情景,至今让于兴成难以忘怀。

(采访)于兴成:临走的那天是3月2号,乡里的大解放车把我们送到县里,我的老父亲一直跟着车跑了五六里地送我。

(画外)带着家人的嘱托与不舍,几天后,于兴成和新兵战友们一起来到了部队,开始了他漫漫的军旅人生。新兵集训结束后,于兴成被分配到了沈阳军区政治部警卫连。由于思想活跃,能吃苦耐劳,于兴成很快在部队脱颖而出,被评为沈阳军区政治部"学雷锋积极分子",并成为部队的培养对象。

(采访)于兴成:我是三年没结束就提干了。1969年底我就当副班长了,第二年我就入党了,第三年我就当排长了。1976年机关整编,整个部队精简,我就下部队了,我是去的咱们沈阳军区内蒙古通辽哲里木军分区,我去那当秘书,当了两年秘书,1979年回到我们政治部机关当干事。

(画外)再次回到军区政治部,于兴成的工作性质也发生了改变。

281

（**采访**）于兴成：我主要负责政治思想教育，预防犯罪，主要是搞一些调研，在什么情况下怎样预防现役军人犯罪。当时是做这些工作。

（**画外**）采访中，于兴成告诉我们，早在警卫连担任副班长时，他就擅长做思想政治工作。与战士朝夕相处的日子，让于兴成学会了设身处地地为他们着想，而从事思想政治工作的时光，更让他体会到了教育对于战士的意义。而这些，都成为他未来工作的一份宝贵财富。两年后，表现出色的于兴成被调入沈阳军区军事监狱担任教导员，在这个众人眼中看来无比神秘的地方，他一干就是二十年。

（**采访**）于兴成：老百姓不理解，为什么部队还有军事监狱，因为军法嘛！为什么要设这么个机构呢？因为它不同于地方，部队是一个高度保密的军事单位，有些军人犯了罪以后，如果送到地方就容易泄密，这部分人不需要送到地方，还继续留在部队，接受教育，既保了密，还教育了他本人，只要不开除军籍，服完刑之后还是要回到原部队，所以看管的这些人，都比较特殊，对，比较特殊。

（**画外**）中国军事监狱的情况，历来鲜为人知。在于兴成的讲述中我们才知道，这是一所不同于地方的特殊的监狱，全部采用与部队几乎完全相同的管理方式，如果不是高墙矗立，完全看不出这里与部队有什么不同。因为是军事禁区，我们无法拍摄到军事监狱的镜头，甚至连军事监狱的大门我们都没能得见。

（**采访**）于兴成：东三省整个的这一大片，老的少的，从战士到将军都有。军事监狱的管理，跟部队是完全一样的，外人看好像是高墙电网，进去以后，全是跟部队一样。

（**画外**）在于兴成的心目中，这里没有首长与下属的差别，也没有犯人与看守的区分，他把每一个服刑人员都当作普通人去了解、去关心。

（**采访**）于兴成：有个朝鲜族的足球运动员，在部队踢足球的时候，他一脚踢得猛，就把对方一个士兵踢死了，他属于过失犯罪，判了他十年。他不服，他想不通，想不通他就绝食，想自杀，就是不服以死抗争。我们采取什么措施呢？大道理要讲政策、讲法律，对这一部分人要讲法，不能以个人感情代替党的政策；小道理给他讲情，按照民族政策，该优抚他的，都优抚他，按照他的习惯。比如说他爱吃辣椒，咱部队有，那就给他点辣椒吃。然后采取什么措施呢？采取请进来，把他的父母请进来，请到咱们监狱，面对面地和他谈，然后再把他放出去，放出去就是陪着他到他的原部队，到他的家，我都亲自陪他去，让他感受一下亲人对他的关爱。一步步地采取循序渐进的措施，让他逐渐认识到（错误），从消极、绝望、自杀，到能吃饭，到积极参加学习，到积极参加监狱的一些活动，到主动地检讨,主动地吸取教训,这个过程对他来讲不是一次的教育。再加上给他过生日,他想不到的这些事,最后这个人减了五年刑,愉快地离开了监狱。临走的时候又鞠躬又磕头的,他总觉得党的政策温暖,部队温暖。

(画外)由于家中祖传中医,于兴成的父亲和大哥都是村里的医生,从小耳闻目睹家人救死扶伤的经历,让于兴成在做思想政治工作时,也常常把自己想象成医生,把服刑人员想象成是他要救治的病人。

(采访)于兴成:对这部分人要当作是病人,要治病救人,就是你怎么运用的问题,在实际工作当中怎么把它用活,怎么把它做好,这就不一样了,你得确实把他当作病人,确实给他治,对症下药,你才能把他治好。我们这些管理人员要像老师、要像医生、要像父母,就是必须达到。要给他讲清道理,说这个事为什么不能做,你做了危害在哪,你为什么会犯罪,犯罪后你怎么改正,还要感化他们,用实际行动感化他们。

(画外)深谙服刑人员心理的于兴成,不断探索新的管理模式,并把一个个大胆的设想付诸实施。在得到上级的肯定后,他创新的步子迈得更大了。90年代初,当他了解到一个服刑人员的经历后,一个颠覆传统思维的大胆设想在他的脑海中形成了。

(采访)于兴成:有一个小伙子叫于广军,在部队上站岗枪走火,打死人,判了五年。他处了一个对象,一劳改就吹了,丹东的。以后这小伙子闹情绪,本来搞一个对象不容易,一劳改对象就吹了,现在来讲就没盼头了,寻死上吊的,就很绝望。我亲自到了女方的家,给这个女孩做工作,说枪走火只能说是疏忽大意,我们都谅解他了,你怎么还不能谅解他呢?首先给她卸去思想包袱。他俩是同学,而且是老乡,从小是一块儿长大的,感情基础应该是有,就是接受不了他犯罪的现实。开始的时候人家还是有顾虑,也是忐忑不安啊,她的真实想法是什么呢?一是对他的犯罪很不理解,希望他到部队能发展,能够光光荣荣地穿着军装,戴着军帽回家,结果一看他犯罪了,成罪犯了;第二个就是家乡的舆论受不了,迫于家乡的舆论、亲戚朋友的舆论,说找了一个犯人,这个思想包袱很重。我就跟我们监狱的常委们、下面的基层管理人员探讨,跟上级请示,经过反复的酝酿、反复的考虑,说想试验试验,看怎么样、行不行。最后,我们上面的机关,检法两院经过慎重考虑,研究批准这一例。

(画外)这就是后来被全军传为美谈的"监狱里的婚礼",这个前无古人的大胆尝试,使沈阳军区军事监狱和政委于兴成,一时之间成为各大军事监狱乃至地方监狱争相学习的先进典型。

（**采访**）于兴成：我们的上级机关，检察院、法院、保卫部，都有领导到场，都是证婚人，都是见证人，都上了《前进报》，《解放军报》也上了，所以这个效果非常好。结婚以后我们也大胆地尝试，把他放出去。就让于广军送他媳妇回家，不跟人，给他一个礼拜的假，他提前三天就回来了。这就是说达到教育目的了。经过实验非常成功。对他本人的教育，激发了他的改造热情，最后就减了两年半刑，提前出狱。出狱之后表现非常好，对象也非常感谢。后来我们开始尝试过年过节允许一部分表现好的"两劳"人员回去跟亲人团聚。这可以讲，在我们全军历史上是一个先例，当时来讲确实是一种大胆的尝试，效果非常好，我这个做法是中央政治局上了内参的，中央政治局委员传阅。

（**画外**）积极的探索，不断的研究，让于兴成慢慢摸索出了一条自己的路子。担任沈阳军区军事监狱政委二十年来，经他改造教育的成功案例不计其数。

（**采访**）于兴成：我去年到榆树出差办事，调查一件事情。当年我当教导员的时候，给我做饭的一个劳改人员叫王立新，在那儿开饭店。我有个朋友说你是不是到那儿看看去，我说看看去。我专门驱车到他那儿看了看。看到他以后这小伙子拉着我的手，教导员你可不能走啊，你得吃顿饭啊，这二十年经你手改造出去的犯人有多少，上千人肯定是多，但是这个实际数字我也说不准。

（**画外**）从于兴成滔滔不绝的讲述中，我们看得出，在军事监狱里工作的日子是他人生中最重要的历程，也是他最怀念的日子。

（**采访**）于兴成：我跟他们开玩笑，我说我是陆海空三军总司令，因为我管的这个范围，陆军、空军、海军，犯罪的现役军人，再包括武警部队，还有总参、总政、总后，就是北京驻东北办事处的，代管部队这些人，他们都归我管，什么样的人都有，上至博士生，下至一个普通的小战士，从将军到士兵，哪一级都有。从规定上来讲他是犯人，我是好人，我看着他，原则上是不能客气的；但是从生活上来讲，他也是人，我也是人，是平等的，就是人和人之间是平等的，没有高低贵贱之分，首先让他去除抵触情绪。管理人是全方位的医生，他既是外科医生又是内科医生，既要治表又要治里，通过这个接触来讲，对丰富你个人人生（阅历）非常有意义。政治工作是一个婆婆妈妈、很琐碎的工作。

（**画外**）于兴成告诉我们，其实当初他并不愿意从事思想政治这方面的工作，然而在不断的学习实践中，他不但慢慢地喜欢上了它，而且他把这种工作的状态深深地根植到了他的生命之中。

（**采访**）于兴成：就成了一种职业病了，就是在我家里面，我儿子就怕我找他谈话，小的时候说我爸打我可以，千万别找我谈话。

284

（**画外**）忙碌的工作让于兴成很少能在家里尽享天伦之乐，提到一直以来默默支持他的妻子，他的话语里满是温情。

（**采访**）于兴成：我老伴是沈阳军区"十大好军嫂"，是咱们辽宁省的劳模，《解放军报》头版头条，中央人民广播电视台军事频道头版头条，辽宁广播电视台头版头条（进行宣传）。

（**画外**）2000年，于兴成退休了，但他仍然离不开他生活了大半辈子的军营。

（**采访**）于兴成：当时上级考虑解决我的职务，让我下部队，一看年龄大了，我也不愿意去了，干脆退休吧。退休之后我大部分时间还在部队，搞一些历史资料的调查。我们部队也写我们的军史，专门有一套班子，搞一些老干部的活动，大部分时间是干这些事。

（**画外**）离家乡越远，思念之情也就越重。于兴成说，他年年春节都回老家，即使再忙碌，也没有改变他这种习惯。

（**采访**）于兴成：我的老母亲在世的时候，我是一年最少回去两次。去年基本上在家待了四个多月。宁津确实是焕然一新，经济上确实比过去富足了，人们的精神面貌也比过去好了。我对宁津还是很眷恋的，我总觉得宁津这个地方人杰地灵，和宁津感情还是非常深的。走在大道上，我一听是宁津人说话，我就坐下来跟他说两句话，问问是干什么的。我这个人老乡观念比较强，我是土生土长的宁津人，从小生长在这块土地上，从十八岁离开宁津，到今天已经四十多年了。这四十多年来，我经常回老家探望，总的感觉在这片土地上，宁津人的感情比较丰富，也非常深厚。希望我们宁津的老乡，方便的时候经常出来走走看看。我也非常想念我的老乡们，也借此机会祝愿我们宁津的老乡心情愉快，身体健康，万事如意，也希望我们宁津的新农村建设加快步伐，尽快地步入小康社会，希望看到我们宁津更快、更好、更新的发展。

于学成:从医生到企业家

（**画外**）祖传中医的家族历史却使他对医生这个职业心有抵触，命运的安排又让他阴差阳错地与医学结缘。救死扶伤的白衣使者，在几十年的工作生活中经历了多少故事？是怎样的机缘巧合，促使他离开熟悉的手术台，走上了艰难的创业之路？本期人物——于学成。

（**采访**）于学成:山东人那种务实的精神，吃苦耐劳的精神，在我身上能体现出来。

（**画外**）于学成，沈阳鸿瀚科技有限公司董事长，曾任沈阳军区 202 医院麻醉科主任医师。宁津县长官镇西吉杨村人，1952 年出生。

（**采访**）于学成:（记者:你当时在宁津哪个中学?）田庄（中学），正好那年我要毕业，学校保送我上学，基本上能上济南师范学院。当时家里穷啊。

（**画外**）当时于学成家里十分贫困，要继续学业无疑会进一步加重家庭的负担，而哥哥参军入伍的经历似乎为他指明了另一条出路，放弃学业参军入伍的念头在他心里逐渐形成。

（**采访**）于学成:上不起学，学费拿不起，所以我的第一志向是当兵。1970年参军，我是从学校直接入伍的。我在学校里当班长，写了一篇文章，出黑板报，正好赶上征兵的指导员到我们学校去走访，一看我写的稿子挺好，觉得我可以培养。

（**画外**）就这样，一篇随手写下的黑板报，改变了于学成的人生轨迹。1970 年，他第一次走出他生活了近二十年的西吉杨村。

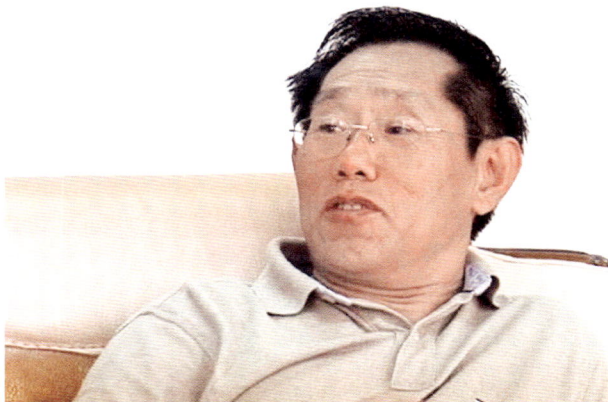

（**采访**）于学成：我当兵遇到的好人比较多，也是我们山东籍的部队领导，看我这人挺不错，把我送到赤峰市第一中学，继续复习高中的课程，那个年代只要是你能吃苦，想上进，他就能培养你。我这一生当中这么顺，就（因为）遇到很多山东人的帮助。

（**画外**）于学成告诉我们，他的父亲是村里的赤脚医生，是祖传的老中医，从小耳闻目睹父亲经常半夜起床为病人诊治的经历，让他非常不喜欢医生这个行当。

（**采访**）于学成：为什么不愿意当医生呢？农村缺医少药，三更半夜谁家有病人都来敲门，休息不好，所以从内心不愿意学医。

（**画外**）但是命运的安排却阴差阳错地让他与医学结下了不解之缘。

（**采访**）于学成：我在新兵连里就是团总支部书记，比较出色。我从小学就一直当班长，一直到大学一直当班长，所以到了那儿还当班长。一看这个人的反应能力、各方面组织能力都很好，领导一看档案，说这个人的档案和一般人的档案就有区别。很多人都分到部队里去了，就把我留在医院。到医院就进了卫生员学习班，就是为医院培养护士和医生的初级阶段。第二年正好赶上全国恢复高考，尤其是对当兵的来讲，有这么个特殊政策。

（**画外**）在老师的悉心教导和自己的不断努力下，1974 年，于学成顺利地考入上海第二军医大学。在这里，他学习到了更加专业系统的医学知识，开始了他漫长的从医之路。

（**采访**）于学成：遇到各种病人是数不胜数了，也挽救了很多危重病人。我记得有一年我正休假，有个战士，在（火车站）南站，突然来了个列车，他是押运员，一条胳膊让火车给带下去了。（胳膊）带下去当时就休克了，弄到我们这里抢救，抢救当时心跳就停跳了，很多人就要放弃。我说这个战士只要有一分希望，就要尽百分之百的努力抢救。这个战士来的时候，几乎处在死亡边缘，一条胳膊掉了，完全是失血状态，面无血色。

（**采访**）于学成：抢救的时候，很粗的输液管，几乎是两个人往里面推注，就这么个速度（输液），同时建立三个通道，两个输血，一个输液，前后抢救了好几次，很长时间才抢救过来，恢复得非常好。

（**画外**）对于医生来说，病人的安危就是他全部的职责，每天高度紧张与劳累的生活也逐渐变得习惯起来。

（**采访**）于学成：当医生的那前十年，几乎没有礼拜天和节假日，都是在病房里面，而且作息时间没有规律，有时候我们一天也吃不上饭。咱们有电话，就是随时找你随时到,那真是有根线牵着你似的,我说我天不怕地不怕,就怕半夜来电话,尤其超过十二点,来一个电话,没别的事,就是抢救。

（采访）于学成:这个病人七十八岁了,胆道休克,胆道休克的时候,别说这么大岁数,就是很年轻的,说死亡就死亡。胆道休克有时候会死人的,而且有肺心病、哮喘、心脏严重缺血,病人综合体征(很差)。这个病人不做手术,死亡危险非常大,所以我们请很多专家来会诊,大家都说这个病人希望不太大。机关征求我的意见,我说他做也得死,不做也得死,做了还有一线希望,不做肯定会死掉,到最后大家说就做吧,做完以后抢救了四十八个小时,病人逐渐地恢复,到最后痊愈出院,就从死亡边缘上把她抢救过来了。

（画外）在"把医疗工作的重点放到农村去"的口号感召下,于学成跟随着医疗卫生下乡扶贫的大军去了内蒙古。

（采访）于学成:我到农村下乡,到内蒙古的克什克腾旗,有个红山乡,方圆一个大队六十华里不通车。两个人打仗,打得头破血流,血糊糊的。离我们三十多华里地,半夜里骑着马找我去。我去了以后,吓我一跳,我说这脑袋是怎么了,一看才知道,是一看出血就抓一把面压上了,那能压得住吗？我也不会理发啊,我说你们找个剪刀,把头发赶快剪掉,那时候也没盐水啊,就弄点盐煮到开水里面,凉了就赶着冲洗,给他缝上包扎上,半个月好了。那时候农村还专门给我送了个锦旗。

（画外）在医疗卫生条件比较落后的农村,于学成真正体会到了做医生的艰难与责任。

（采访）于学成:还有一个做剖腹产,生不下来孩子,要抬到医院去来不及啊,那么远,山区,没办法。咱虽不是妇科大夫,但是基本知识都懂,当时就给做(手术)了,母亲和孩子都非常健康。大医院的专科分得比较细,但是到下面去的时候,遇到什么事你要有果断的措施处理。在老百姓的心目当中,医生就是医生,他不会给你分你是内科还是外科,他不会给你这么分。所以作为一个医生来讲,起码的专业知识应当具备,应当是一专多能的。

（画外）在一次次抢救病人与死神赛跑的经历中,他感受到的是一种生命的托付和莫大的责任。

（采访）于学成:当一个人面临死亡,把希望完全寄托到医生身上的时候,那不是一般的信任。病人对医生的信任度是不能用语言代替的,那是一种生命的托付,他就把这一生交给你了。人在生病的时候,他看医生这一眼,比看到他亲人都有一种安全感。当医生第一讲为人民服务,讲贡献、讲奉献、不索取,我这辈子最大的优点就是,一分钱没索取过。

(画外)在医学战线上奋斗了近三十年的于学成 2004 年退休了,也许是习惯了忙碌而紧张的生活,他又开始走上了创业之路。

(采访)于学成:没退休之前就有很多人邀请我,来医院挖人的太多了。你如果是个比较好的大夫,聘任你的薪金就上万元,主任都达到两万元,年薪二十多万元,提前就给你开半年的工资,也很诱惑的。我说,我要从事一个新的行业,看看我还能不能发挥更大的才能。我毕竟是接触医药方面,对药物咱不是专业,但是我了解生物制药在我们医疗当中的作用和发展前景。正好有这么一个机遇,我们一个博士生带回来一种在世界处在前沿的科技产品,咱们提供后期,他提供前期。做这个东西需要很大的投入,前期投入,有时候还需要你的胆识,有些东西投入不一定有回报,但是好在我们这是一个成型的科技产品,没用多长时间,我们就把产品投向了市场。

(画外)然而对于于学成来说,这并不是他的目标,他继续为自己的事业开拓着更广阔的领域。

(采访)于学成:我这个人不甘心做一个行业做到底,我主要看这个行业有没有让我发挥的空间。有一次我住院,遇到一个咱们省建设厅副厅长,他给我推荐咱们山东一个项目,全国刚开展起来的叫地源热泵,就是取地下水,供暖和供凉。我一看这个行业挺好,而且是国家提倡的,节能减排,必须抓住这么一个机遇。他跟我说完了不到一个礼拜,我就签了一个三百多万元的单子,做完了这个国家就正式下文,沈阳市作为全国省会的城市试点,大力推广。

(画外)如今,于学成的生物制药公司已经交由其他公司代管,他开始全身心投入到节能减排的科技开发工作中。

(采访)于学成:我是从几十万块钱,干到几千万,慢慢地这么一路发展下来的。(记者:现在公司主要经营的是什么?)主要产品有六七类,其他行业有的在开发。一个是我们跟山东宏力联合开发的地源热泵这个项目;一个是墙体材料项目,复合材料;一个就是现在工业用的很多防腐保温、特殊防腐材料,我们正选地方建厂呢;还有一个工程部,工程部负责中石化和中石油的一些储油罐,战略储备库和管道的设备安装。总的来讲,跨的行业相对要多一点,但是我跨的这几个行业,都是国家需要的,节能的,比较符合当前趋势的几种产品。我下步的工作打算,主要是整合我们科技人员的资源。现在主要是受到人才的制约。

(画外)由于正在筹备科研产品的上市,于学成十分忙碌,我们的采访也只能在匆忙中结束了。尽管如此,对于承载了他整个少年时代的故乡,于学成依然有着最深厚的感情。

（**采访**）于学成：我的成长和发展，离不开家乡对我的关心和爱护。我十八岁才离开家乡，所以（对）家乡的土地（很亲切），从家乡接受少年、青年的教育，山东人那种务实的精神和吃苦耐劳的精神，在我身上能体现出来。这些年来，经常和家乡有交流。感谢家乡在我们回家或不回家的时候给予的帮助，也希望家乡生活更加美满。

张兰林:激情燃烧的岁月

（**画外**）作为中国纬度最高的省会城市，哈尔滨以其独具的异域风情迎接着各地的游客。走进这座素有"东方莫斯科"之称的城市，仿佛置身于一座精致的建筑博物馆。从面包石铺就的道路，到各式风格的建筑，都诉说着这座北国冰城的独特风韵。在这里，我们有幸采访到了这样一位宁津人，他5月份刚刚从北京来到这里赴任。

（**片花**）他是武警黑龙江森林总队副政委，他是通过孜孜以求和坚韧不拔完全靠自学取得本科和研究生文凭的一名职业军人。三十年的军旅生涯在他身上留下了怎样的印记，在绿色的军营里，他又是用怎样燃烧的激情书写自己的军旅人生？本期人物——张兰林。

（**画外**）张兰林，现任武警黑龙江森林总队副政委，宁津县柴胡店镇前寨村人。同海城几个宁津籍转业军人一样，张兰林也是1982年10月参军来到辽宁海城的。

（**采访**）张兰林:我当时当兵的动机应该是多元的，一是从小看电影，喜欢看战斗故事片，也向往当解放军;第二个就是想出来开阔一下眼界，见见世面;第三个（原因）也是找条出路，当时考学考不上了，唯一有当兵这么条出路。

（**画外**）1979年，刚刚初中毕业的张兰林就离开了学校，颇有点商业头脑的他在务农之余，也做点小生意补贴家用。但他并不满足于此，1982年，当征兵工作开始的时候，他为自己的人生选择了从军这条路。

（**采访**）张兰林:1982年10月31日，下午到宁津县集合。当时我还归尤集

公社,当时叫前寨大队,一个尤集公社来了十二个人,在党校住了一宿,第二天早晨六点钟离开咱们宁津县,天还挺黑的时候。离开的时候,心情也不好受。

(画外)跟随着部队一路北上,张兰林带着对故乡的不舍,来到了辽宁省海城市,从此踏上了他漫长的军旅生涯。

(采访)张兰林:我们是11月2日下午到的海城,当时到什么部队我们也不知道,分兵的时候,我们团的副团长是咱们山东人,他说:"同志们,从今天开始,你们就是一个兵啦。"大家一听是山东口音,就感到挺亲切。然后就开始分兵,把咱们县来的二百多新兵分到各个连队,一连先挑,挑了我们九个老乡到一连。班长跟我们说,同志们,到我们这个连队,要感到荣幸、感到光荣、感到骄傲,我们是全军区有名的先进连队。我们这个团是咱们解放军王牌军、王牌师的王牌团,对外番号81180部队,要是说按荣誉称号讲呢,这个团叫清江团,我们连是这个清江团的一连,一连打锦州的时候,被授予"先锋连"的荣誉称号。

(画外)作为新兵,张兰林在这支赫赫有名的王牌军队的时间并不长,很快他就被选调到师里工作。没过多久,各方面表现都很出色的他再次被军部的领导看中,被调到了驻地在营口的军干休所,在这里任班长的张兰林,终于拥有了一个属于自己的房间,而这也成为他下一个人生转折的条件。

(采访)张兰林:在营口干休所我已经是班长了,我有自己一个房间,白天把班里工作安排好,给老首长服务好,晚上把门一关就自学。不知不觉老干部出来散步了,天要亮了。一学就一宿,这是经常的事,然后赶紧睡一会儿。精力旺盛,学起来一学就一宿。也有一种动力,出来的时候,无论是父母也好,还是父老乡亲也好,对你还是寄予厚望的,自己也是想干出个样来,给咱们宁津人争光。

(画外)凭着一股孜孜以求的韧劲,这个年轻的山东汉子靠自学取得了本科和研究生文凭。由于文笔出色,他的名字也经常出现在报纸上。

(采访)张兰林:写的第一篇报道是无意识的,就是当时我当班长,我们班有一个战士给老干部去灌煤气罐,把煤气本丢了,那个战士回来很着急。过了不长时间,那个老干部家属给我打电话,她说小张,有个人把煤气本给我送回来了,冒着雨给送回来的,我问他叫什么名字、在哪个单位都不说。她就给我打电话说这个经过,当晚我就写了一封感谢信,给《营口日报》投稿。过了几天,《营口日报》以"好心人你在哪里"为题刊登了我这封感谢信。这是我在《营口日报》发表的第一篇文章,从那以后我给《营口日报》投一篇用一篇,从来没有浪费过,所以《营口日报》也是培养我的摇篮。以后我在军区《前进报》也发表了很多文章。

（画外）出色的文笔让张兰林成长为业余撰稿人，同时也给他的人生带来了转折。1987年6月，张兰林被调回师部宣传科，专门从事新闻报道工作。

（采访）张兰林：从事专业新闻报道过程中，我们师被评为新闻报道先进单位，我个人被评为军区的优秀通讯员。我也发表过很多散文、杂文，而且自我感觉都很不错。在别人看电视、打球、娱乐的时候，我在屋里学习和写东西，夏天光着膀子，下面踩着一盆凉水，一宿一宿地写。回到团里提干以后，因为工作需要，转为以写材料为主，司令部的材料、政治处的材料、后勤部的材料都交给你写，反正团里的领导对你也有信任感，你写出材料来其他人也不用看，直接交给领导，一遍基本上就过。"七一"表彰优秀党员，全团不用研究，就是张兰林。年底立功，年底评选优秀政治机关标兵，团里都选我。

（画外）1988年，张兰林转为志愿兵，并先后担任代理新闻干事、宣传干事、组织干事、坦克三连指导员。在基层连队与战士们朝夕相处的日子，是他最难忘的。

（采访）张兰林：越在基层这种感情越真挚，相互之间，天天都能打成一片，不训练的时候一起爬山，采野菜，融成一片，打成一片，这样你才有亲和力、感召力。

（画外）最真挚的感情在基层，最艰苦的训练同样也在基层。为提高部队战斗力，军委每年都会在严寒条件下组织一次集团军演习，锻炼战士们在极端气候和恶劣环境下的生存能力和战斗力。

（采访）张兰林：我当时在团里组织股，上边来领导要了解情况，政委给我一个任务，下去调查，我去了"红八连"了解情况。

（画外）寒冬腊月的东北，一望无际的皑皑白雪，在零下三十几度的环境下，张兰林和他的战友们开始了艰难而漫长的演习训练。

（采访）张兰林：我当时在团里，条件非常艰苦，在吉林的黑水车站，我们卸载以后就半夜了。因为是寒冬腊月，下车的时候零下三十多度，冻得够呛。炊事班赶紧做饭，煮一锅面条端上来，我们在这捞面条，从热锅里捞上来盛到碗里，碗外面的面条再一挑就是直的，就冻僵了，一开始吃的时候烫嘴，吃不了几口就冻住了。吃完饭以后要赶紧构工伪装。在天亮以前，上面有卫星侦察，有飞机侦察，你还要构工，所有坦克、所有车辆人员都要进入地下，伪装得让他看不出来。零下三十多度、四十来度是个什么滋味，穿着皮大衣大头鞋，就像穿着一层纸一样。晚上睡觉铺上两层皮大衣，然后再铺上两床褥子，我们两个人，用

293

咱家的话叫通脚,钻一个被窝,你抱着我的腿,我抱着你的腿,相互取暖,不一会儿就感觉这边冰透了,然后一起翻身再冰这边,就这么睡。我这腿也有点毛病,就是那时候落下的。

(画外)恶劣的环境和艰苦的条件,让善于观察分析的张兰林在完成任务的过程中,也有了新的感悟。

(采访)张兰林:"红八连"在这么艰巨的任务面前,在这么艰苦的条件下,为什么任务完成这么好,最后我就总结几句,连里的干部身先士卒,干部是先动手、后动口、睡洞口。睡洞口就是睡在猫耳洞的洞口。这么几句,回来以后给团长、政委汇报。师政委在听汇报的时候,一听这么几点,比你汇报很多事情都强,这是从基层了解来的,比较鲜活,坐在办公室想不出来。

(画外)1999年12月,北京成立武警森林指挥部后,到张兰林所在的王牌军挑选干部。出色的表现,优异的成绩,让他成为赴京上任的不二人选。

(采访)张兰林:咱们部队现在也是搞民主测评,三十六个推荐人,有十八个人推荐我,也就是说,在团职后备干部里面,我排在了前面。这些年我认准了一个道理,到哪里也要靠本事吃饭,所以说我从转志愿兵到提干,一直到今天走到师职岗位,从来没有搞过歪门邪道,找找人什么的,从来不知道领导门朝哪,就是靠这种工作表现,领导欣赏你,领导器重你,你的问题不用你自己考虑,领导都给你考虑了。

(画外)来到北京后的张兰林先后担任武警森林指挥部宣传处干事、党委秘书、纪检处处长。2009年5月初,他来到黑龙江,担任武警黑龙江森林总队副政委。黑龙江省是中国纬度最高的省份,境内连绵起伏的大小兴安岭构成了全省以山林为主的自然景观。由于林地面积广大,预防森林火灾就成为这里的重要工作之一,负责这项安全工作的黑龙江森林总队就坐落在省会哈尔滨。由于正值森林防火期,张兰林的工作十分繁忙,我们的采访也只能利用中午的时间进行。从中午十二点左右一直到一点半,尽管只有一个多小时的采访,但是他仍然会不时地接到汇报火情的电话,我们的采访也只能在匆忙中结束了。

回首三十年的军旅生涯,张兰林无限感慨。

(采访)张兰林:感受比较深的,咱们部队还是一个大熔炉、大学校,没有部队也没有我的今天,没有部队我也可能是一个普通的农民,好一点也可能是一个小企业家,因为原来做过生意,现在可能做的生意大一点。毕竟出来二十多年了,感觉收获很多,从一个农村孩子到现在,走到师职领导岗位,这都是凝聚了部队各级领导的心血。你别看我一路看起来很顺利的样子,其实中间也有很多挫折。我入伍五年才入党，人生没有那么一帆风顺的，最重要的是正确对待挫折，把每次挫折作为精神财富，经常反思自己，为什么受到挫折。另外，要保持一个好的心态，顺的时候别得意忘形，逆的时候也别垂头丧气，对自己要坚信，保证好的心态，这是很重要的原因。

（**画外**）因为在北京工作时，张兰林经常有机会接触宁津老乡，对于家乡近几年的发展变化，张兰林也耳熟能详。

（**采访**）张兰林：宁津这些年确实变化非常快、非常大。山东人在外面，包括咱们宁津人，你的地位、你的尊严，和家乡是连在一起的。虽然离开家乡二十八年了，不回去的时候也打电话问一问家乡的情况，也包括春节前，许绍华书记带着慰问团，到北京去慰问，张磊副书记也介绍了家乡的发展情况。了解这个情况以后，我们也感到非常振奋。作为宁津人，走到哪里也不会忘了老家，祝愿咱们宁津县繁荣富强，祝愿咱们宁津的人民生活幸福。这些年我工作比较忙，和1983年的战友联系也比较少，欢迎战友们有机会到哈尔滨来做客，也欢迎咱们宁津的领导、宁津的父老乡亲到哈尔滨来。

（**画外**）2018年10月张兰林出任黑龙江森林消防总队副政委兼政治部主任，2021年11月任应急管理部森林消防局二级专员、纪委副书记，2022年12月退休。现任中国灾害防御协会森林火灾防御分会理事长。

王金阁:漫漫关东路

（**画外**）少年时代跟随家人远离故土来到陌生的北国,依靠自己的努力拥有了属于自己的一片天地。从工人到军人,他经历了哪些故事？如今已年逾花甲的他,对于自己奋斗了半生的交通事业,又有着怎样的感悟？本期人物——王金阁。

（**画外**）王金阁,现任黑龙江省高速公路管理局纪检书记,宁津县杜集镇王坚固村人。1951年,王金阁出生在一个普通的农民家庭。对诞生于50年代的中国人来说,他们的童年和少年时代正是新中国诞生和成长的时代,新时代特有的激情和朝气渗透在他们蓬勃的血液当中,与此同时,共和国所经历的崎岖与曲折也不可避免地融入到了他们成长的记忆中。经济的困境和人民生活的艰难成为当时人们必须要面临的现实问题。

（**采访**）王金阁:那时候家乡比较困难。我记得小的时候都吃不饱,三年困难时期我都赶上了,吃了上顿没下顿。我对我妈特别佩服,因为一大家子人呢,就是她操持那个家,那时候能(熬)过来就很不容易,吃糠咽菜,吃甜菜渣子、棉籽饼,吃树叶,吃树皮,生存确实有困难。那时候就觉得在东北有关系,来这里要好生活一点,也就是从这个角度到这来的。

（**画外**）王金阁的哥哥早在新中国成立前就来到东北谋发展,因此他的父母也先后来到了黑龙江。由于受三年困难时期的影响,1965年刚刚小学毕业的王金阁也不远千里到哈尔滨来投奔父母。

（**采访**）王金阁:我父亲是1955年到我大哥这来

的,我大姐1959年来的,我弟弟和我母亲是1964年来的,我是1965年来的,当时我父亲是省建一公司工人,我大哥是阿城三中的校工,就是木工。

(画外)来到黑龙江后,王金阁并没有去父母的落脚地阿城,而是留在了在哈尔滨工作的大姐身边,就读于哈尔滨市第十二中学。

(采访)王金阁:我1968年初中毕业,1967年就参加工作了。当时学校停课,不上课,中学没念完,1967年参加工作以后,在哈尔滨电缆厂,在漆包线车间当学徒工,两年出徒。那时候在学徒工里头,算是比较进步的了。我在学徒期间入的团,我们车间下面分工段,我是那个工段的团支部书记。

(画外)王金阁所在的哈尔滨电缆厂,是当时苏联的援建项目,这个厂的设备都是现代化的生产线,因此工人的劳动强度并不大,应该说这是一份非常让人羡慕的工作,但这却不是王金阁的理想。

(采访)王金阁:电缆厂在哈尔滨市中心八区那边,厂区外边就是一片宿舍,下了班工人往宿舍一住,睡醒了觉就去工厂干活,就这么循环往复,觉得真没什么意思,虽然是现代化的大企业,但是总觉得没什么前途,就想摆脱当时那种环境。1972年征兵,是十八岁到二十二周岁,我是二十二岁,我打算去当兵。当时家庭生活比较困难,就是我大姐自己工作,我弟弟上学,我母亲没工作,那时候我要当兵,就是觉得对我大姐太不公平了,一切负担都压在她身上了,1972年我就没去。1973年按年龄是最后一年了,如果再失去这个当兵的机会,只能在工厂干一辈子了,再也没有出路了。转过年来,武装部征兵,在我们厂征十名适龄青年当兵,我就抓住这个机会,去当兵了,在沈阳军区坦克三师机械化团。

(画外)脱去了蓝色工装,换上了绿色军装,王金阁光荣地成为一名解放军战士。得偿所愿的他在部队里表现非常出色,入伍第二年他就当上了班长,后来又担任了连队代理副指导员。

(采访)王金阁:军旅生涯这四年就等于上了大学,在部队的成长进步,对我一生当中是挺重要的。我在部队入的党,第二年我当班长,代理过连里的副指导员。等我复员的时候,指导员就说,我的表现非常好,不在部队长干可惜了。后来找了我几次谈心,也还没有在部队长干的想法,就觉得在那锻炼锻炼就回来了,回来成家立业,没想在部队长干。

(画外)从部队复员后,王金阁被安排到黑龙江省交通厅直属机械筑路厂。刚刚到车间上班的他,就接到了一个要他创办一期黑板报的任务,就是这项极为普通的工作任务,却为他创造了一个人生的机遇。

(采访)王金阁:到那个厂子以后,在车间干了七天。每个车间都有黑板报,我在部队也经常写黑板报,那个车间没人写,我有个战友在那个厂子,他说我们战友王金阁写板报可好了。就这样出了一期板报。因为那个厂子小,挺轰动的,说二车间来了个转业军人,写的字可好了,写的板报可好了。当时正赶上出《毛选》五卷,我就在黑板上写了一行字,"热烈祝贺《毛选》五卷的出版发行",就像标语似的。就这么一期板报,把我调到厂部以工代干了,当时在政工组当宣传干事,负责那个厂子的宣传。

(画外)如果说是这期黑板报改变了王金阁的人生轨迹,那么他的认真勤勉则为王金阁的人生路奠定了发展的基石。

(采访)王金阁:1977 年以工代干,到 1979 年,待了两年就正式转干了,转干后是在厂部当办公室主任。因为那个厂子是交通厅的,在那个厂子干了五年,1982 年就调到交通纪检组,1983 年纪检组改名叫省纪委驻交通厅纪检组。

(画外)王金阁任纪检组科级纪检员。纪检组主管交通系统内部副处级以上干部的违纪情况。

(采访)王金阁:1982 年、1983 年、1984 年,这三年在起用干部的时候,必须搞清楚"文革"那段的经历,就有一个核查"三种人"办公室,这个职能就在纪检组里。后来提副处长、提处长、提副厅长、提厅长的这些人,必须把这段经历整清楚,所有"文革"打过老干部的、有"造反派"历史的一律不提,咱们能秉公办事,实事求是,对一些人的任用起了很大作用。

(画外)1986 年,在纪检组工作了四年的王金阁,被调到了交通厅基层工作处任副处长,作为厅里最重要的工作岗位之一,王金阁在这里留下了一段难忘的回忆。

(采访)王金阁:当时管企业整顿,那事就多了,企业整顿这块赶了个(尾巴)。我去了以后,基本上企业下放得差不多了,工作重点就转移到宣传工作上来,主要抓整个交通系统的精神文明建设、思想政治工作,就是抓这么两项。从我到这个处以后,1986 年去的,1990 年离开,在这个处干了将近五年,交通系统的精神文明建设、思想政治工作,在黑龙江省政府系统是最好的,是标兵。交通厅机关是文明单位标兵机关,交通系统是文明系统标兵,就是我在交通厅待的五年主抓的这事。

(画外)出色的表现,优异的成绩,让王金阁成为工作中的顶梁柱。1991 年他又被调往交通厅另一重要部门——政策法规处。

(采访)王金阁:当时的黑龙江省公路管理条例,那个稿是我写的,参照非常少,各个省制定的非常少,当时公路法还没有。我在基层处那几年,对我锻炼挺大的。黑龙江整个范围,基层工作哪儿都能去,当时是全省交通系统,一千零六十四个单位,我到过八百多个单位,基本黑龙江我都跑遍了。我是三十六岁提的副处级,当时在省直机关,三十几岁四十岁以下,做副处长的很少。

（画外）就在王金阁仕途上一帆风顺的时候,一个人生抉择摆在了他的面前,而这个人生的路口却是因为王金阁早年学习的一门技术——速记。

（采访）王金阁:1978 年的时候,我在筑路机械厂当办公室主任的时候,接触到(速记),就是当作一种技能,参加社会上这么一个培训班。

（画外）在那个计算机尚未普及、人们仍然依靠手写记录为主的年代里,速记自然成为人们争相学习的热门技术。速记能力超群的王金阁,当时还担任着全国速记打字协会副会长和黑龙江省速记协会的副会长。

（采访）王金阁:最好的时候,一分钟记一百五六十个字没问题,就是广播,平常讲话,是一点问题都没有,快点的慢点的都能记下来,那时候就算是高手了。当时的会长是我的老师,这个老师原先就在哈尔滨,始终以个人办学传授这个技术。

（画外）面对社会上人们蜂拥学习的热潮,协会几个核心人物商议去深圳办一所大学,专门教授速记技能。下定决心后,带着满腔热情,王金阁毅然决然地停薪留职,南下深圳。

（采访）王金阁:我是 1993 年提的正处,也是 1993 年走的,当时有点思想斗争,就觉得如果在深圳大学办下来,这事挺有前途的。当时没有任何一个企业资助,主要还是经费问题,家里也反对,形势也不好,时间挺短就回来了,所以仕途就受点影响。

（画外）说起这段人生中的往事,王金阁只是付之一笑,当年的轻率和冲动成了他人生的一道涟漪。回到哈尔滨后,王金阁又先后担任了交通厅科研所副所长、交通厅工会主席。从 2002 年起,他来到黑龙江省高速公路局担任纪检书记。王金阁带我们在哈尔滨走了很多地方,对于车轮下的公路他了如指掌,几乎每条路他都能告诉我们一些什么,我想这也许是多年从事的交通事业留在他身上的印记。

（画外）在王金阁的办公室里,我们看到最多的就是地图,从世界地图、中国地图到黑龙江省高速公路图,一幅幅规整地摆在他的办公桌后面,也许是职业的需要,也许是他对于奋斗了一生的交通事业的感情。对于千里之外的故乡宁津,这个在中国地图上很小的两个字,却是他在地图上经常流连的地方,他说这里是他的根,是他永远的牵挂。

（**采访**）王金阁：有时候看到县名就感到挺亲切，可能是年龄大了，愿意回忆以前的事了。老愿意回忆以前的事，就证明自己老了，对家乡的人也很怀念，对儿时的那段时光特别留恋。我出来四十多年了，非常怀念家乡，祝家乡的父老，生活越来越美好；祝我们的家乡，生活越来越美好。

南下篇

李久泽:犹系新华一片心

（**画外**）他是新华通讯社高级编辑,是新华社江西分社和江苏分社社长。从革命老区到江南水乡,从新闻一线记者到新华社领导,四十四年的记者生涯,他有着怎样的非凡经历。漫漫长路,悠悠岁月,如今这位新闻界的老前辈已是耄耋之年,回首往昔,唯有新闻工作是他执着了一生的追求。本期人物——李久泽。

（**采访**）李久泽:在新华社有一条,就是领导不能脱离业务,新华社分社的社长,也是首席记者,也要做一些报道。

（**画外**）他叫李久泽,1924年出生,宁津县长官镇盐头李村人。曾经先后任

新华社江西分社社长和新华社江苏分社社长,新华通讯社高级编辑。四十多年的新闻从业经历,养成了他求真、务实的工作态度。一切为了群众、一切依靠群众是他多年来在工作中始终坚持的理念。出生在革命老区的李久泽从小受到毛泽东思想的深刻影响,初中毕业后,年仅十七岁的他满怀热情,投身到了抗日救国的洪流之中。

(采访)李久泽:1940 年 6 月参加工作,我们冀鲁边区有一个文救会,文救会有一个主任吕器。他经常在我们那一带活动,跟报社的关系很好,所以他就直接把我介绍到报社。我那时候也不读书了,在村里没别的事,也有点抗日的热情,动乱中也想出来做点事。

(画外)作为当时为数不多的知识分子,李久泽被介绍到了《烽火报》工作。《烽火报》是中共冀鲁边区委员会的机关报,主要负责刊登来自延安的评论和消息,报道当地的斗争和生活,把胜利的讯息送到军民手中,可以说这份报纸是冀鲁边区抗日军民唯一的精神食粮。

(采访)李久泽:《烽火报》没有自己的记者,消息来源缺乏,我们就从事了一段时间随军活动,从军队那里得到一些战报、一些消息,组织一些稿子回来给报社用。因为那时候报社的消息来源很缺,我们就派几个人去。

(画外)随军搜集战报和有关消息是一项充满危险的任务,很多时候需要他们和战斗人员一样暴露在枪林弹雨中。

(采访)李久泽:那时候是冀鲁边区政治部主任杨忠,他带队,率领着我们这部分人,打通和清河区的联系,去搜集情报,搜集消息。以后到了惠民县的夹河村一带,结果这是鬼子的一个腹地,(我们)被鬼子包围了。包围了以后,我们就跟着部队一块突围,走在青纱帐里,敌人的机枪打得青纱帐高粱叶子哗啦哗啦往下落,真是枪林弹雨,我们就是从那个地方跑出来的。跑到空地上以后暴露了,被敌人发现了,从西边又打炮,炮弹从我们头顶上呼呼地飞过去,就落在前边,很危险。

(画外)尽管李久泽最后幸运地躲过了敌人的包围,但是他们也为此付出了血的代价。

(采访)李久泽:那时候牺牲了很多人。跑出来以后,过了一两天就集合起来,杨忠说这个部队要减员,这么多人跟着不行,所以我们这些非战斗人员就回来一部分。我还想坚持再跟着部队跑,辛国治当时是宣传科长,他说不用了,随着后撤的部队回去吧,我们就回到报社来了。

(画外)冀鲁边区横跨河北、山东两省,扼守着交通大动脉津浦路和大运河,

303

是日寇长驱南下、妄图吞并全中国的必经之路,战略地位十分重要。而日寇对于这里也是层层封锁,密密包围。报社要在敌占区开展编印工作,环境非常险恶,因此,他们也常常与危险擦肩。

(**采访**)李久泽:群众都很重视、很支持我们的工作。那时候根据地的精神食粮太少了,又没有广播,他就靠看个报纸,虽然是个战报。报社获取(信息)也很困难,我们经常是一夜走七八十里路,跟着军队跑,就是教导六旅,跟着他跑。

(**画外**)历险的经历总是最难忘的,在四处躲避日寇围剿报社的过程中,他们经常就地分散,三三两两地躲避在群众中,有时候还会直接面对日寇的刺刀。

(**采访**)李久泽:石印的《烽火报》不能出了,就开始出油印的,我和几个人就一起刻钢板,隐蔽在老百姓家里,防备敌人扫荡。老乡姓陈,叫陈大哥,他说现在比较紧张,我带你到地里去,我们装作锄草,躲一躲。将近下午了,我看着好像没事了,便把几本书隐藏在村头的一棵树底下。到下午我看着没事了,我就想把书取出来带回来。我自己去取书的时候,日本鬼子一骑马队忽然包抄上来了。我一看苗头不对,我赶快往回跑,我扛着一个镢头跑。他一看我跑,就跟着冲上来了,我又赶快跑,我的鞋子也跑掉了,拼命地跑。

(**画外**)就在这千钧一发的危急时刻,已经习惯了和鬼子打交道的房东救了他。

(**采访**)李久泽:我又跑到房东老大哥那里,赶快跟他又站在一起。结果鬼子两匹马跟着包抄上来了,指着我问,干什么的?他说我弟弟,锄草的,那个老大哥还非常沉着,鬼子盘问了几句,没发现什么破绽,拍拍马就跑了,那也很危险。

(**画外**)尽管安全脱险,但是面临日军一次又一次的扫荡,《烽火报》编辑部成员的处境也越来越危险。为了报纸的顺利出版,有的同志付出了生命的代价,但"再困难也要坚持出报"已经成了他们共同的誓言。1942年末,他们转移到了盐山县,《烽火报》也更名为《冀鲁日报》。

(**采访**)李久泽:那时候是文印组,我是文印组的组长,我们负责刻钢板。我们自己住在一个空院子里头,老乡们经常给我们送饭吃。我们自己挖了个地洞,油印机、纸张放在洞里头,在外面写,写好了以后,拿到洞底下印刷,印五六百份报纸,那是很不容易的。

(**画外**)就在《冀鲁日报》在地洞内坚持出版的时候,按照上级指示,《冀鲁日报》与清河区的《群众报》合并出版。作为报社的主要成员,李久泽跟随着队伍东进清河区,在经历种种艰难险阻之后,冀鲁边区与清河区成功合并,李久泽也和同志们一起加入到《群众报》的紧张工作之中。

（采访）李久泽：在困难环境当中，有一些人经受不住考验回去了，我们一些同志就坚持下来了。那时候觉得你不抗日，你再当逃兵那也不行，也没出路，只有坚持下去，进行斗争吧。我还是很愿意做新闻工作、做记者的，那时候在报社里写一写，有些方面受到锻炼，还可以起到积极的作用，很愿意做这个工作。

（画外）由于工作需要，在报社表现出色的李久泽被选派到《渤海日报》工作，从此他正式成为新华社的一员，开始了他漫长的新闻之路。抗日战争胜利后，李久泽作为随军记者，被指派到渤海军区部队采访攻打恩城之战。在这里他得到了一件意外的战利品——手枪。

（采访）李久泽：攻进城去以后，（主攻连连长）问我要不要把枪啊，"那更好了，"我说。抗日三件宝，我有两件宝了，手表也有钢笔也有了，就是没有枪。这把手枪陪伴了多少年，一直带到上海，带到江西，从江西"文化大革命"的时候，才交上去的。还有故事呢，我从青岛调到上海去，在火车上被他们发现了，怎么带手枪？那可不行，警察把我带下来，我们两个人，还有李晓淳，他也有一把小手枪，我有把大的。把我们留下了，在南京卡下来了，住了一夜。

（画外）这是他第一次到南京，却是通过这样一种方式在这里住了一夜，而命运的巧合让他最终又成了这个城市的永久居民。1947年，他开始担任新华社渤海分社副主编，1949年任新华社青岛记者组组长，此时的李久泽只有二十五岁，但是在工作上他却不逊色于任何人。

（采访）李久泽：1947年，国民党正在进攻解放区，一面谈一面打，（国民党）要破坏黄河，要把黄河在郑州花园口那个地方炸掉，炸掉以后水淹解放区。这个时候我收集材料，写了一篇这样的报道。当时的区党委书记比较重视，因为当时他正跟国民党谈判交涉，这在当时也起到一定的作用。

（画外）在新闻战线上奋斗了几十个春秋，他为新华社、《人民日报》及一些地方报刊采写了大量新闻、通讯、报告和评论，并出版了《杏花泪》《在渤海边上》《悠悠岁月》和《往事知多

少》等多部小说和新闻通讯选。

（**采访**）李久泽：1950年底我就被调到上海去了，调到上海华东总分社。

（**画外**）虽然身处繁华热闹的大都市，但是李久泽依然保持着朴素节俭的生活习惯和冷静的头脑，让自己全身心地投入到紧张和忙碌的工作之中。

（**采访**）李久泽：在解放区也是一种积累，也是一种锻炼吧，所以到上海，并没有受到花花绿绿的影响，还是保持着那种比较朴素、节俭的生活习惯。当时我们去的时候，开始的工作就是镇压反革命，发表了一些消息通讯。以后就是搞三反五反，反贪污、反浪费、反官僚主义。那时候有一个口号叫"打大老虎"，大老虎就是贪污最多的，这时候发表了一篇文章叫《发动群众一起打虎》，写上海铁路局一个单位发动群众，真正挖出几个比较大的老虎来。这篇稿子在总社也通报过，对当时的运动有所推动。

（**画外**）1954年，李久泽调任新华社福建分社副社长。1957年，三十三岁的他又调到新华社江西分社任社长。1970年，李久泽被调到南京担任新华社江苏分社社长。

（**采访**）李久泽：（记者：您是哪一年离休？）1984年，离休以后，帮着分社做过一些工作，帮助他们提供出版信息，决策参考，就是总社发表的，供省委、地委参考的东西。

（**画外**）回首往事，这位已白发苍苍的老人，将自己的一生都倾注在了他所钟爱的新闻事业上，正如他诗里所说的那样：回首征程终不悔，亦苦亦甘弄新闻。而今闲云抹南山，犹系新华一片心。

（**采访**）李久泽：听到我们宁津县各方面建设取得了很大的成绩，我们很高兴。希望我们的家乡各方面建设、各方面工作更上一层楼，希望家乡群众的生活越过越好，幸福安康。

王子玉:激情岁月 军歌回响

　　（**画外**）他是南京军区装甲兵司令部参谋长,他是参加过济南战役、淮海战役、渡江战役的老革命。从硝烟战火中走来,他经历了什么? 作为共和国最早的水陆两栖坦克装甲兵,他有着怎样的人生故事? 本期人物——王子玉。

　　（**画外**）2009 年十一国庆节,是共和国六十岁华诞,这一天全世界的目光都集中到了北京天安门广场,大阅兵,万众瞩目。

　　（**同期声**）（介绍〇五式两栖突击车方队。）

　　（**画外**）这支英雄部队的第三任团长就是王子玉。王子玉,1923 年出生,宁津镇后王村人,原南京军区装甲兵司令部参谋长。

　　（**采访**）王子玉:这次国庆大阅兵,就是我在的那个团。我们是海军陆战师的坦克团,就是水陆坦克团。

　　（**画外**）王子玉 1940 年参加革命,亲历了抗日战争和解放战争,曾经参加过济南战役、淮海战役、渡江战役,可谓戎马一生、身经百战。提起战争往事,他的思绪又穿越时空,回到了激情燃烧的战争岁月。

　　（**采访**）王子玉:我们村子过去抗日战争时叫中心村,我爸爸在村子里是负责人。那时候有村长、里长,他是里长。日本鬼子侵略中国,我们年轻人参加一些抗日活动,有一次汉奸队到我们家去了,说理说不清了,把我打了一顿,我一气之下就出来(参加革命)了。

　　（**画外**）当时县乡村各级都有共产党领导的青年救国会,负责宣传抗日救国,动员青年参军参战,进行生产运动。1940 年,王子玉成为其中的一员。因为

307

读过几年书,一参加革命他就当上了副排长。

（采访）王子玉:青救会叫我去青年排,开始就要当副排长,因为在村子里青救会经常召集青年人活动、开会,还写标语什么的。

（画外）1941年王子玉来到冀鲁边区一分区教导营学习,几个月后他被分配到了区中队。当时日寇在华北地区实行以"铁路为柱、公路为链、碉堡为锁"的"囚笼政策",加紧推行"肃正建设计划",企图分割、封锁、摧毁华北各抗日根据地,巩固其占领区。

（采访）王子玉:我们县里日本鬼子据点很密,柴胡店一个据点,到张学武村还有一个据点,柴胡店和宁津县城中间,还有个岗楼。和日本鬼子打仗,需要主动出击,打打埋伏。柴胡店有日本鬼子据点,我们有时候进去捣捣乱,逮两个汉奸。柴胡店赶集,我们穿着便衣拿着短枪,谁也看不出来,谁也不认识谁,就混到人群里面,见到汉奸抓着就走。最苦的时候是1943年,一个晚上要行两次军,就是从这个村子到那个村子,不(能)暴露,来回转。最艰苦的时候,晚上睡觉连鞋子都不脱。

（画外）1945年抗日战争胜利后不久,国民党再次发动了内战,王子玉所在的部队整编成为华东野战军中的一支,奔赴了解放战争的前线。

（采访）王子玉:日本鬼子投降以后,内战就打起来了,我们部队上东北的上东北,留到华东的留到华东,黄河以北就没有战斗打,就到黄河以南来了,跟国民党打仗。那时候叫渤海纵队了,我在七师二团三营七连当连长。(记者:这期间参加的战斗,印象最深的是哪一个?)印象最深的、最大的就是在昌乐潍县,昌乐潍县以后就打济南,一个个的,越打越大了。

（画外）1947年秋至1948年3月间,在胜利粉碎国民党对山东的几次重点进攻之后,山东战局出现了扭转,国民党军队开始转入了"点线防御",逐渐退缩到胶济线中心连接渤海、胶东、鲁中枢纽的潍县,而这场由山东兵团发起的第一场攻坚战,也成为王子玉真正迈入战场的一次战斗。

（采访）王子玉:第一次打仗有点蒙头蒙脑的,我们团负责打南大营,潍县的南大营。

（画外）潍县分为东西两城,俗称"双城"。据记载,潍县县城在历史上从没有被攻破过。在经过日、伪、蒋十多年的修筑和改建,潍县城防工事十分复杂坚固。国民党对于潍县的守卫也非常重视,县城及其外围据点驻守军队达四十七万,他们依靠坚固的设防和先进的武器,妄图死守潍县。

（采访）王子玉:打潍县的时候,还没打下来我就负伤了。在交通壕里走着走着,敌人的炮弹就呼呼地来了,我们在战壕里头,听到炮弹,可能是迫击炮弹,呼呼地过,这个炮弹的声音特别,我说要坏事了,赶快卧倒。正赶上前面一堆土,大战壕里还有小战壕,正在挖小战壕,有一堆土,趴也趴不下来,这时候就(炮弹)爆炸了,肺里就打进一个炮弹皮。

(画外)如今这块记载着历史的弹片仍然留在王老的肺里,每每体检遭到医生质疑时,这位老革命也总是不以为然。

(采访)王子玉:全国解放了,有 X 光了,一透视医生说你这肺里还有弹片,马上叫我住院开刀,(医生说)拿掉两条肋骨,我就不干了。已经好多年在里面了,1948 年负的伤,1954 年到医院来的,已经七八年了。我问他不开刀怎么样,他说不开刀将来年纪大了,要得肺气肿,现在活到七十多了也没得肺气肿,这个弹片一直在身体里面,现在还在。

(画外)潍县战役胜利后,华东野战军又趁势对国民党重兵把守的济南展开了大规模的攻击,在医院里仅仅躺了几十天的王子玉,便迫不及待地投入到战斗中去。

(采访)王子玉:(记者:在济南战役当中您是什么职务?)还是当连长,我们进去打巷战,国民党也不禁打,不堪一击,敌人一打就乱套了,跑的跑,俘虏的俘虏,(国民党)也有几个顽强部队,顽强部队也禁不起打,那时候一打就跑。

(画外)节节胜利的华东野战军一路南下,在以徐州为中心,东起海州、西至商丘、北起临城、南达淮河的广大地区,对国民党军队进行第二次战略性进攻,这就是后来闻名天下的淮海战役,而这也成为三大战役中解放军歼敌最多、政治影响最大的一场战役。

(采访)王子玉:淮海战役第一阶段打黄百韬,扫清外围;第二阶段是歼灭黄维兵团,黄维是来增援的。我们主要是打的第三阶段,我们是包围国民党,包围了好长时间,饿得国民党没饭吃,饿坏他们了,国民党靠南京飞机运粮食,空投,谁抢着谁吃,那不是寥寥无几吗?我们有吃的,国民党没吃的,每晚上都有来投降的,成批地往这边跑,跑过来就问我们要饭吃,国民党在淮海战役中基本上就困死了。

(画外)"宜将剩勇追穷寇",在一次又一次歼灭国民党的主力部队之后,中国人民解放军势如破竹,分批渡过长江,直捣蒋介石的老巢。

(采访)王子玉:渡江我们就编成军了,三十三军九十七师司令部的警卫连,我就到警卫连当连长了。渡江冲锋不是我们,我们是第二梯队。我们是从安徽狄岗那儿过的江,过了江,国民党就乱套了,南京跑出五个军来,碰到我们几个侦察员。几个侦察员就吓唬(国民党),前边就装一个大部队:一团二团散了!国民党就缴枪投降,稀里糊涂地就投降了。等投降还没结束,枪还没有缴完,后面的部队就跟上来了。

(画外)解放南京、解放上海,全国上下都沉浸在一片欢腾中。新中国成立后,这位老革命也离开了他所熟悉的战场。

(采访)王子玉:那时候我就离开三十三军了。以后就到华东特纵高炮八团二营当副营长,在高炮团没有几个月,到了1949年,从苏联进口的真正的高炮重新组织了高炮部队,就把我们这个营解散了,又调我到战车二师六团三营当副营长。

(画外)当时对于从小米加步枪的年代走过来的解放军来说,坦克这个大家伙,可是个新鲜玩意儿,而且解放军的队伍中也没有人会使用这种武器。

(采访)王子玉:坦克六团要办教导队,我三营的副营长还没到职,叫我到教导队当队长。又当学员,又当领导,自己训练,我们学水陆坦克,开始先学汽车,开两小时汽车,以后就学陆地坦克,陆地坦克开完,就开水陆坦克。那时候也没有什么坦克,也是缴获国民党的坦克,缴获的都是美国货。(记者:您开的第一辆坦克是什么型号还记得吗?)美国坦克M33。

(画外)朝鲜战争爆发后,由于形势的需要和军队发展建设的要求,王子玉所在的这支装甲部队,几经辗转,先后改编为水陆坦克教导团、海军陆战师坦克团,后来又再次划归为陆军。王子玉先后担任该团的技术处处长、副团长、团长。

(采访)王子玉:水陆坦克就是渡海登陆作战,经常演习,那时候在镇海那里,研究打金门,搞了几次实弹演习,以后又不打了。海军又变成陆军,坦克部队又分到军里去了,南京装甲兵成立了,它从上到下都有一套组织。

(画外)当时,坦克的维修和保养只能去固定的一两个城市,给这个以坦克为主要装备的部队带来了诸多不便,当时身为南京军区装甲兵技术部部长的王子玉开始大胆设想在部队里建一个修理厂。看似程序化的事情,其实操作起来并不简单,由于是部队的军工企业,所以在选址上要多方考虑。

(采访)王子玉:建大修厂第一个要靠铁路,没有铁路坦克来回运输没有办法;第二个要在后方,一个是比较隐蔽,另一个交通也比较便当。一年时间就建起来了,通电通水,培训人员,选场地、建房子,这一套忙活一年。

(画外)1971年,王子玉开始担任南京军区装甲兵司令部参谋长。20世纪80年代应军队建设需要,各军区的独立装甲兵部队全部编入合成集团军编制,装甲兵领导机关也被相应撤销，此时已是花甲之年的王子玉也解甲离休。也许是岁月的磨砺让记忆已不再清晰，也许是内敛的性格让他不善于讲述，谈及过去的点点滴滴，王子玉显得非常淡然，用他的话说：过去的那些都没有什么。但是这些沉甸甸的勋章和证书，却永远镌刻下了这位老革命光辉的一生。

（采访）王子玉：从战争年代走过来，对当年的那些战争，在心里留下的记忆也不是很深刻了，什么深刻不深刻，都过来了，也不过如此，讲多了就夸张了。

（画外）虽然王子玉是正军职待遇的领导，但他始终保持着平民本色，对子女要求非常严格。

（采访）王敏（王子玉儿子、南京市特巡大队大队长）：小的时候都是住楼房，楼底下都有草，这些草不是哪一家的，是公共场所的。（父亲）让我们下来割草，打扫卫生，苦的、脏的、别人不干的，要求我们去干，带头干，把人做好。

（画外）少小离家老大回，乡音无改鬓毛衰。如今已是耄耋之年的王子玉对于家乡最近的记忆，也已是十七年前。

（采访）王子玉：祝家乡里人民越过越好，发展生产，生活越来越富裕。

王其元：记忆在岁月里流淌

（画外）面对内忧外患，寒窗苦读的学子毅然脱掉长衫，拿起枪杆，投入到抗日救亡的行列之中。枪林弹雨、出生入死，他在硝烟战火中一往无前。新中国成立后，已过而立之年的他又千里跋涉、南下任职，扎根在江南水乡，不断地尝试着一份又一份全新的工作，用努力与热情谱写着自己的精彩人生。

（画外）循着南下老干部的足迹，栏目记者继续南进，来到高楼林立、灯火辉煌的国际大都市——上海。然而对于即将见面的采访对象，记者心里却满是担忧。这位名叫王其元，历任中共宁津县委副书记兼宁津战委会主任，德州专署副专员，上海电影制片厂书记、副厂长，中国科学院上海原子核研究所副书记的宁津籍老干部，如今已年过九旬。由于不了解他目前的健康状况，我们只能怀着一份忐忑，奔赴他的家中。

（画外）眼前的王老精神矍铄、行动自如，完全看不出他已九十二岁高龄。为了配合我们采访拍摄，他甚至跟我们一起在附近的公园走了一圈。说起过去，王老的记忆依旧清晰。这位 1918 年出生于宁津县柴胡店镇王德普村的老革命，从小便接受过系统而全面的教育，成为那个年代颇为少见的高级知识分子。

（采访）王其元：我那个学校叫河北省立第九师范专科学校。（记者：您是什么时候考到那个学校的？）1933 年。1935 年全国学生运动，学生运动主要是抗日的，那时候受日本人欺负太厉害了，日本人占领东北以后，出兵到了平津，步步入侵，在这种

情况下,全国学生的爱国心都比较强,到处都是抗日活动,那时候学校里都停课了。

(画外)1936年2月,学校恢复正常教学活动,王其元也在此时光荣地加入了中国共产党。然而随着日本全面侵华战争的爆发,王其元和他的同学们被迫再次离开学校。

(采访)王其元:没毕业,1937年日本人来了。(日本人)来了以后,学校都在铁路上,日本人占领了铁路,学校都放长假了,我就回到家里去,回到家里地方党(组织)。我那时候已经是党员了,地方党组织号召脱掉长衫,拿起枪杆,参加抗战。在乐陵盐山交界的旧县党开始组织游击队,我就参加那个游击队了。马振华是地下党的领导人,那时候叫津南特区,我们就在他的领导下搞(游击)。大镇店都让日本人占领了,县城也让日本人占领了,我们就在农村里活动,建立农村革命根据地,抗日根据地。我们的游击队叫冀鲁边区抗日挺进纵队,就是三十一支队,活动的地区就是盐山县、乐陵县、宁津县、南皮县,主要在这几个县活动。我们都是围着城镇转,扰乱日本人。当时武装非常落后,民间不是有枪嘛,过去富户为了自卫,都有看家的枪,我们枪的来源,就是把这些枪收集起来。那枪叫万国造,什么样的都有,有捷克造,有老毛斯,老毛斯就是俄国造的,都是杂牌枪。

(画外)1938年7月,由萧华任司令兼政委的八路军东进抗日挺进纵队中的一支津浦支队来到了这里,带走了宁津县几乎所有的党员,宁津县的党组织陷入了困境。受冀鲁边区党委的委托,当时任县委副书记的王其元和书记闫玉森一起,承担起了恢复县里党组织的重任。

(采访)王其元:1938年的时候,宁津县的很多地下党员都去参军了,党组织就解散了,都参加游击队了,地下党本来人数就不多。(记者:还记得当时组建起来之后,宁津县的党员有多少人吗?)具体我想不起来有多少人,大概一年的时间,反正不超过一百人。

(画外)宁津县党组织恢复正常之后,王其元又先后担负了乐陵、平原、临邑几个县城抗日政府的领导工作。在与日寇的交战中,由于人数少、装备差、力量弱,王其元率领的部队也是时时遇险。

(采访)王其元:有一场战斗叫小李家战斗,敌人包围了(我们),圈缩得很小了,我们就往外冲,结果我的腿让敌人打了一枪,没打到骨头,我还能走,走到一个村里我就藏起来了。老百姓挺好的,在外头把门锁了,把我锁在屋里,日本人一看门锁着,知道里面没人,就没上里面搜去。这是最危险的一些活动。(当时一个县大队大约有多少人?)县大队本身有百八十个人,它还有区队,一个区队有几十个人,合起来也就三四百人。

(画外)日军所占领的主要是县城、乡镇等人口密集的地方,于是广大的农村就成为游击队的活动区域。王其元带领队伍时常穿梭于各个村庄之间,出没于成方连片的青纱帐里,在隐蔽中寻找打击敌人的机会。

(采访)王其元:日本人在一个镇上也就是一个连或一个排的兵力,多的时候到一个连,少的时候一个排。那时候党的主要任务就是打游击。我常带着一个警卫班,夜间到敌人的据点周围,去侦察了解情况,窥探去。汉奸队、日本兵,他们警惕性也不是很高,有时候他抱着枪在那儿睡觉,在岗楼上,你也没办法。抗战期间比较艰苦的,能坚持下来抗战,也比较困难。那时候经常被敌人包围,有时候合围,这种情况比较多。那时候一到拂晓,一定要转移出这个村子,因为日本人经常派密探,听哪里的狗叫了,他知道这地方又住着八路军了,第二天他就合围这个村子。所以我们天还没有完全明就离开这个村子了,晚上移动一次,早晨再移动一次,一夜经常几十里路地走啊,这是最艰苦的、最危险的一些活动。

(画外)当时虽然是国共合作一致对外,但有些国民党势力还是一面和日寇妥协,一面搞反共摩擦。

(采访)王其元:那个时候每个县里都有三种势力,八路军、国民党、日本政府。三种势力在一个县里,差不多每个县都是这样。咱们和国民党不正式交战,算是友军,但是(国民党)处处提防你。我在德平的时候,那个旅长叫曹春征,是国民党的部队,日本人来了以后,名誉上他还不是汉奸,但是他实际上安置据点,日本人不管他的,实际上就是秘密妥协、秘密合作,日本人不管他,他也不抗日,就是盘踞在那个地方。名义上是国共合作,但是他闹摩擦。有时候(国民党)捕捉我们的人,我有个表弟是王秀村的,也参加了游击队,叫国民党捉住把他活埋了。

(画外)随着抗日战争由防御阶段转入相持阶段,抗日武装力量也一天天壮大起来,对日寇作战的规模和打击力度也在不断升级。此时担任济阳县抗日民主政府县长兼县大队队长的王其元,也率领部队取得了不少胜利。

(采访)王其元:有一次我们在济阳县,济阳县的伪军还有日本兵出来扫荡,在济阳黄河的大堤上,咱们的力量比以前大一些了,那一次就是咱们打得最好的一次,俘虏了十几个伪军,还缴了一辆汽车,这是咱们比较大的一次战斗。

(画外)经过八年的浴血奋战,日寇终于无条件投降,抗日战争胜利结束。

此时,我党控制的解放区开始了大规模的土改运动。

(**采访**)王其元:抗战胜利以后搞土改,没地的人得到地,就高兴了。那时候搞土改,比较简单粗暴一些,常常动武,以后土改就改进了,(主要是)说理斗争了。

(**画外**)后来王其元先后担任了渤海区第二专署秘书科科长,德平县人民政府县长兼县大队大队长,渤海区第二专署专员,德州专署副专员。解放战争爆发后,王其元带领部队在战线外围配合华东野战军反击国民党对山东地区的重点进攻。

(**采访**)王其元:国民党兵力强,咱们兵力差,咱们就退出铁路线来了,但是国民党没占领过农村,那个地区还是咱们管理。那时候我是在德州,王道和是专员,我是副专员。

(**画外**)新中国成立前后,为支援南方刚刚解放的大中城市,大批山东干部组成"南下干部"纵队,接管南方大中城市,建立新政权、巩固新政权。1952年,王其元也成为"南下干部"中的一员,渡过长江来到南方,作为当时党内为数不多的高级知识分子,他来到了上海电影制片厂。

(**采访**)王其元:山东省各个专区都调了人,因为上海是个新解放的地区,干部很少,主要是靠老区来一些干部支援。一开始来的时候在上海电影制片厂,那时候在干部中我的文化程度相对来说是比较高一些的,所以到了上海电影制片厂。

(**画外**)从此,王其元便扎根在了陌生的江南水乡,从电影制片厂书记到上海师范学院院长助理,从上海原子核研究所副书记到上海地震局副局长,他把青春热血和人生智慧都倾注在了这片炽热的土地上,把自己像种子那样播种进南方这片热土,而对于魂牵梦绕的故乡,也只能是王老的一声叹息,成为时常出现在记忆里的一个个支离破碎的片段。

(**采访**)王其元:我的家在王德普村,好多年没去了,现在家里也没什么人了。我还记得老家里有棵大槐树,不知道那棵大槐树现在还有没有,那棵槐树很大的。老家的人是没有了,但是还常想到那个老家,童年时代居住的地方。

(**画外**)1985年,时任上海自然博物馆顾问的王其元离休了。为党为国家忙碌了一生的他,被光荣地载入《开国将士风云录》。如今,皓首年衰的耄耋长者虽然已青春不再,但共和国金色的史册里却永远记录下了他们的丰功伟绩。

(**采访**)王其元:好多年没去(老家了),新的一代,基本上都不知道了,但是希望他们生活得更好,家里更富裕。

马振起：从冰雪塞外到南国海疆

（**画外**）传奇的入伍经历，严酷的战斗历程，从冰雪塞外到南国海疆，从陆地血战到海上冲锋，南征北战、九死一生。他从抗日战场的硝烟战火中走来，他从解放战争的枪林弹雨中走来，生与死的考验，意志与信念的历练，将近半个世纪的军旅生涯，他经历了什么？回首人生岁月，他的记忆中留下了怎样的痕迹？本期人物——马振起。

（**采访**）马振起：我出来六十六个年头，一次春节都没在家里过，这六十六个年头都是在部队过的。

（**画外**）这位已经离开宁津老家六十多年的老人叫马振起，是中国人民解放军海军南海舰队原综合库主任。一生的戎马生涯给他留下了这一块块沉甸甸的回忆，而今已是耄耋之年的他，对于曾经峥嵘岁月的记忆一如往昔。

（**同期声**）马振起：这个是解放华南的（纪念章）；这个是解放海南岛的（纪念章）；这个是渤海一分区送给我的；这个是勇敢奖章；这是在东北抗日民主联军的时候，立大功才有这个，没有立大功不发。（记者：当时你是怎么得到它的？）打仗、战斗勇敢，四平打下来以后发的，（得到）这个是比较不容易的，比较困难。

（**画外**）1928年，马振起出生于柴胡店镇西街村一个贫苦的农民家庭。从他记事的时候起，日伪军就已是横行乡里。在那个民不聊生的年代，谋生是普通老百姓最关心的大事。

316

（采访）马振起：我家里贫困，吃没得吃，穿没得穿，喝没得喝。那时候我还是小孩，刚满十五岁，柴胡店街上有警察局，就给那个局长听差，给他倒倒痰盂、扫扫地、端端饭、买买东西、看看小孩，那时候知道外面有八路，没人敢出来，因为柴胡店街上有警察局，我们出来以后家里就背累了，就完了，敌人找到你的儿子当八路了，不行啊，所以谁也不敢出来。

（画外）在当时日伪军的高压政策下，和很多老百姓一样，马振起只能忍辱偷生。1944年，随着我抗日武装力量的不断壮大，一些日伪军的据点成为我军的攻击目标，一个参加革命的机会正逐渐向十六岁的马振起降临。

（采访）马振起：警察局在柴胡店十字街那里，警卫队在一进南门一个叫王官的宅子，我们柴胡店街上还有日本人，在南门外，最多一百人，那个岗楼修的好高，在张庄、李庄就看到日本旗，飘飘悠悠地看见了。1944年的一个晚上，八路军打那个据点，打了差不多一夜，打到快亮天了，日本人那里没敢动，动的警察局和警卫队，这两个都干掉了。

（画外）当时马振起他们这些曾在伪军警察局里讨生活的老百姓，也被当作俘虏关押了起来。

（采访）马振起：警察局一百多人，警卫队一百多人，统统（被）抓到八路那里去了。当时我们在一个屋里，门口有站岗的看着我们，不让我们出来，解大小便得报告。那些人愁眉苦脸的，就是当时不知道政策，你抓着我们是枪毙啊，还是怎么样都心里没有底。八路军送了饭来了，吃窝头、萝卜咸菜，熬的黏粥，吃饭了吃饭了，他们都不吃，我说你们不吃我吃了，我下去盛了一碗黏粥。拿着窝头和咸菜我就吃，他们看着我吃了，他们也吃。吃完饭，八路军的政治干部，就是现在营的教导员叫徐志征，就来讲课了，愿意当八路的当八路，不愿意当八路的人回家，而且还发给你路费。为什么动员你们当八路军？那就是要抗日。为什么要抗日呢？日本鬼子侵略我们，我们要抗日，把日本鬼子赶回老家去，为了救国救民，当时讲了很多，愿意当八路的就站在这边，不愿意当八路的就回家，站在这边。

（画外）从未接受过革命教育的马振起听了这些革命道理后顿时醍醐灌顶，这个热血青年马上萌生了一个念头：我要当八路。

（采访）马振起：我当时就报名，我可以说是第一个报名的，我说我要当八路，我就举手了。他说你到这边来，就站在这边了。我一带头，大约有十好几个（报名的），这些人多数是比较贫困，家里没吃没喝的。老实来讲，我们当时不懂什么道理——革命、为了人民、解放，不懂这些道理，就是为了暂时能吃饱肚子

317

（就行），当时就是这个想法。这样从那天开始，就入伍当八路了。

（画外）入伍后仅仅五天，还没来得及穿上军装的马振起，就跟随部队与日伪军交上了手。

（采访）马振起：就在吕庄，柴胡店西边离着有一里地，有个吕庄，在那打的埋伏，搞了一百多人，我们三四个连队，人不多，连响枪带抓俘虏，再战斗，再走十分钟，快得很，不然的话柴胡店还有一百多日本人，他们有汽车有公路，一下子就来了。我们就是靠两条腿，跑不了，干净利索抓着俘虏马上就跑了。

（画外）这次战斗后，马振起正式成为渤海一分区直属营八连一排三班的一名战士，在宁津县附近的几个县城里，他们频频与日伪军交战。

（采访）马振起：渤海一分区活动范围在沧州，沧县、吴桥、宁津、德平、乐陵、无棣，在这些地方活动，差不多一年吧，这一年当中打了不少仗。打了阳信，后来打的吴桥。吴桥当时是个瓮城，为什么叫瓮城呢？它那个城墙是大砖的，而且城墙很高，我们下的爆破，下到南门上，离着吴桥城里二三里地，和老鼠一样掏洞、打洞，打到吴桥瓮城底下挖的。那时候我们没有黄色的炸药，都是黑色的炸药，黑色的炸药威力不够大，炸药用小毛驴拉车子推，多少人搞了好几天，下到里面。那时候吴桥四城都在敲锣打鼓，这样就是迷惑敌人，就是为了掩护南门，在南门底下掏洞，因为掏洞铁锹响，这样的话锣鼓一响，（就）把它掩盖下去了。可能挖了有十天二十天吧，底下挖好以后，就问他投降不投降，不投降就给他炸了，两层城门就给他报销了。战斗是晚上开打的，这时候一爆炸就下雨了，我们就顶着雨冲上去了。打了一夜，打到天亮，整个的县城解放了，解放吴桥那时候，我在八连连部当通讯员。

（画外）在我军的强大攻势下，吴桥县城解放。虽然从未上过学，但是马振起却有一个记忆力极强的头脑，正是凭借着这个特点，马振起成为连里的通讯员。

（采访）马振起：那时候部队上识字的人不多，有个高小程度，来到部队那就不得了了，有个初中（学历）高中（学历），那就成神了，就得供着他，整个部队文化程度都很低。为什么可以当通讯员呢？我的口头清楚，记得准，脑袋瓜子好用，教导员、营长说个事，基本上是一个字不漏，告诉连长，告诉指导员。

（画外）对于马老超强的记忆力，在采访中我们也颇有领教。他给我们讲述的很多故事，虽然大都已经过去半个多世纪了，但很多事件发生的时间地点，甚至是几月几号和牺牲战友的姓名他都清楚地记得。也正是为此，他和通讯员这个工作打了很长时间的交道。

（**采访**）马振起：在东北打了四年仗，五个年头，一直在通讯班，就在通讯班当班长，营长教导员抓住不放。他有个理论，这几个老通讯员抓住，等于把全营就抓到手了。这几个老通讯员，一个是打仗比较勇敢，另外也比较灵活，还一个就是对通讯比较熟悉，所以抓住几个老通讯员不放。为了我们几个老通讯员，为了我，连长和营长吵起来：我们那找不到干部，你抓着几个老通讯员不放。营长说你再吵我也不能放，不放就是不放，到了全东北解放了，进关了，才把我们放下去当排长。

（**画外**）抗日战争胜利后，根据上级指示，马振起他们所在的部队要更新装备，经过动员后兵分两路开始向东北挺进。

（**采访**）马振起：要占领大城市，占领交通要道，向东北挺进，团长带着一个营从海上走，就从无棣那边直奔大连，我们渤海一分区由陈德政委、康博明副政委带着从陆地上走。向东北挺进，东北有多么远没人知道，当时很多咱们老家的人，没去过东北，也不知道东北的天气，人们说得很玄，这个冷，能冻死人，耳朵一碰能掉下来，鼻子一碰能掉下来，冻成这个样子。

（**画外**）在当时很多人的印象里，东北的严寒是超出人的忍受力极限的。徒步长途跋涉的艰辛，再加上对于东北气候的夸张想象，有些人动摇了。

（**采访**）马振起：有些人经不起这考验，就开小差跑了，我们的班长、副指导员都跑了，哪个连都跑个十个八个的。我心里有底，东北的情况我基本了解一部分，知道一些。我两个舅舅在长春，开一个小小的包子铺，我十三岁半在长春，我舅舅把我拉过去，给他帮忙，冷肯定是比咱们老家冷一些，但是没有说的这么严重。当时我们从天津、北京，穿过去到壶北口，从壶北口到现在的赤峰，从赤峰到了开鲁，从开鲁到了扶余，最后走到哈尔滨的西北，在哈尔滨的西北有三肇，叫肇源、肇东、肇州三肇县。到了这里，那时候我们三营已经到那儿了，团长带着已经到了，我们后到的。我们到了他们出来欢迎我们。从牙庄分，到那里经过一年多，这个团才规整到一块儿。（记者：您当时这个部队隶属于哪里？）当时叫东北民主联军，到了1945年开始打长春，当时叫铁狮部队，东北解放了以后，我们正式成了第四野战军。

（**画外**）作为解放战争的主战场之一，东北战场的战斗尤其惨烈，闻名中外的四战四平更是让很多亲历者心有余悸。马振起所在的部队就参加了三次四平战役。

（**采访**）马振起：四打四平，打了四次，我们参加了三次。保卫四平、攻坚四平、夏季攻势都参加了，都打了，就是最后解放了四平，我们没参加。解放四平的时候,我们在沈阳和四平的中间,叫开原,在开原打增援,打得比较惨的就是攻坚四平,我们在里面打了。按时间说,当时说打了一百四十四个小时,我自己觉得参加这么多战斗,(攻坚四平)确实打得比较惨,打得比较苦。

(画外)三战四平最为惨烈的是四平市区内的街巷争夺战,当时我军已经进入市区,但是国民党军依然死守着城中的每一条大街小巷和每一栋楼房。战斗进行得空前激烈,解放军几乎是一寸一寸地向前推进,攻击部队往往上去半天就伤亡过半,只好不断轮换。作为后续部队,当时任连部通讯班班长的马振起和营长、连长、排长一同到四平市区前线与换防部队进行联系。

(采访)马振起:我和营长去看地形,一接近四平,正好走到附近有一个指挥所,这个指挥所是咱们解放军的,但不是我们部队的,人家不让进,里面有电台,可能最少是个师部指挥所,门口上有站岗的,后来我们在门口坐着。

(画外)就在这时,十几架敌机呼啸而来,几个重磅炸弹在他们周围轰然爆炸。

(采访)马振起:敌人的炸弹扔下来以后,一下子把我们几个人都埋了。他那个炸弹威力很大,咣一下,呼那个风就来了。醒了以后帽子也没有了,口罩也没有了,枪也没有了,不知道跑哪去了。当时我们四个人,当场牺牲一个,负伤一个。连长当时负伤了,一个膀臂打掉了,后来连长牺牲了。排长腿负伤了,就我没事,一点事也没有,就是口罩没有了,帽子没有了,枪也没有了,但是人没事。营长在我里面更没事了,这样去了四个人,留在那儿两个回来两个。

(画外)尽管如此,马振起还是和营长完成了联络任务,并跟随部队进城与敌人展开了长达七天的激烈战斗。

(采访)马振起:四平没打好,没有打开,为什么呢?它有好多的暗沟,你在前边打过去了,他又从你屁股后面出来了。当时我们弄不清,所以总的说这个仗没算打好,我们牺牲了不少人。打到第三天上,营长就不幸牺牲了,打到第七天上,我们就往外撤,向外撤的时候,那个沟基本上平了,底下一层土一层人,都埋到那了,牺牲的同志一个都没抢救出来。负伤的同志都弄走了,牺牲的没有这个力量了,可以说是没办法,知道这样做不好,又有什么办法,担架上不去,那就埋了,当时就埋在那了,相当惨烈。

(画外)马振起告诉我们,这次战斗十分惨烈,当时由于我军的后勤供给跟不上,很多时候他们是一边寻找食物一边继续战斗。

(采访)马振起:饭送不上去,没吃的没喝的,三天四天送不上饭去,人们吃什么?我们跑到一个油坊,老百姓做买卖的油坊,有几桶油,也不能光喝油啊,然后又找了一些面,用油和面,没柴火,把报纸蘸上油烧火,叫三油,油和面、油烧火、油炸饼,这样吃。吃了以后,没一个小时就解大便,都是油,受得了吗?受不了。吃那个吃了两三天,有饿死的,也有渴死的,光为了吃水这一项,在机器井那里,死了差不多有十好几个人。那个井在大院子中间,我们为了吃水,到那里弄水去,找个破桶、破盆子、破罐子,到那取水,敌人在高楼控制着那个井,在那个地方打死十几个人,为了吃水。

(画外)后来由于三战四平的战役重点由攻城改为打援,在解放军占领四平城已接近四分之三的时候,攻击四平的部队全部撤离。

(采访)马振起:一开始进四平的时候,我们四个连,大概是六百多人,最后撤出来以后,全营剩下不到一百人,八十几个人,敌人伤亡不少,我们也伤亡不少。从这里我们得出教训,以后打鞍山、打辽阳就好了,就总结出经验来了,打得快,进攻也快,后来就解放东北的时候,部队打得也不错。

(画外)后来马振起在东北又先后参加了四战四平、辽沈战役等著名的战斗。东北解放后,马振起所在的部队被改编为第四野战军四十三军一二九师三八五团,进而开赴关内参加平津战役。

(采访)马振起:(记者:辽沈战役你参加了?)参加了,平津战役也参加了,参加了两大战役,入关的时候当排长,平津战役完了以后,就没算怎么打仗,基本上是走路了。你走到哪里敌人就投降了,基本没打了。

(画外)平津战役结束后,马振起他们的部队一路南下投入到了解放全中国的战斗之中,从东北到广东,马振起他们几乎从北到南穿越了整个中国。然而当时却没有想到,陆地上的战斗结束后,他们要弃马乘船渡海作战。1950年3月,我军发起海南岛战役,这是解放战争中最后的战役之一,也是一次极为艰苦的渡海作战。

(采访)马振起:过海的时候就比较困难一些了,因为咱们都是北方人,旱鸭子不会游泳啊。咱们那时候没见过海,看见海这么大,无边无际的,海浪一出来比七层楼还高,浪从船这边打到船那边去,对海的常识都没有。这样就开始训练,叫海练。动员了老百姓的船,木船,在现在的台山,有一个上川岛和下川岛,训练了半年左右,解决了晕船问题,海上的常识逐渐学了一部分,以后就慢慢地认识了,就行了。

(画外)这些北方来的士兵经过短期训练之后,逐步掌握了一些基本的驾船知识和海上常识,而且海南岛上并没有驻扎国民党的海军,此时已是通讯连连长的马振起,和战士们一起整装待发,准备渡海作战。

（**采访**）马振起：打海南岛之前，咱们自己没海军，也没铁船，基本上都是木船，征用的老百姓的，大约能装一个排，装四五十个人吧。快到海南岛的时候，我们不知道，这个船老板知道，他在船舱里不出来了，我们这就快到了，我们战士自己掌舵，自己掌船，自己掌帆，大概过了半个小时，就到岸了，当时是晚上渡的海。

（**画外**）没有战舰快艇，甚至连海上基本的通信工具也是用土办法代替，然而没有海上作战经验的解放军，又是趁夜色渡海作战，其危险程度可想而知。

（**采访**）马振起：信号也规定得很好，信号白天有旗语，一个红旗，一个白旗；晚上一个红灯，一个绿灯，还有一个黄灯。每一个船后面，船尾上一个和小窗户似的，每一个船上放一个红灯，从前边往后看，黑乎乎的什么也看不见，从后面往前看，都看到那个红灯，知道那是条船，那是我们的船。一进了大海以后完了，放羊了，东一个西一个，谁也看不见谁，谁找不到谁，但是总的有一条命令，只能前进不能后退，就是剩一条船你也得登陆，登错了就登错了，登对了就登对了，反正得登陆，回来是不行的。我们登得还不错，登到沙滩上了。天还不亮，登陆的时候，不能全下来，船上还留下一个班要准备打，结果敌人并没有打，敌人没有抵抗就跑了。有的部队登错了，四十四军登到白沙岛上，在那打得很厉害。他们认为白沙岛就是海南岛了，结果他们登错了，打得很厉害，我们倒是真正登的海南岛，但是没打，一登陆打到八所港，整个海南岛解放了。

（**画外**）祖国的南部边陲刚刚迎来解放的曙光，在遥远的鸭绿江边，美军又把战火燃烧到了中朝边境，一时间，"抗美援朝，保家卫国"的口号声响彻全中国。

（**采访**）马振起：抗美援朝我们的师部去了，三个团炮兵营、工兵营、警备营留下，停止待命在那等着。那时候海军刚成立，海军的副司令员叫罗顺初，他来了，来了告诉中央有命令，说你们这个师部，就不去抗美援朝了，动员我们当海军。从那以后我们的部队到了现在的湛江，当时叫西营，成立叫海军西营基地，这样就脱了绿衣服，又穿上海军衣服，就当海军了。

（**画外**）就这样，马振起从此成为海军中的一员，在这里他一干就是四十几个年头。

（**采访**）马振起：其实当时是不愿意当海军的。当海军辛苦，苦啊，海军不着陆。咱在陆军熟啊，在陆军爬山越岭过河熟啊，在海军就不行了，没一定文化，没有一定知识，当不了海军，指挥不了。

（**画外**）由于没有读过书，逐渐走上领导岗位的马振起开始切身体会到知识匮乏带来的诸多不便。

（采访）马振起：我从小没读过书，所以人没文化也是很可怜的，也不知道没文化碰了多少钉子，吃了多少苦头。第一个你不会写文章，不会看书不会读报，理论就提不高，那你的水平方面就受限制，讲话逻辑性、串联都不行，开个大会两三千人，那你得说道说道，得讲个东西出来，讲不出东西怎么行啊？在那个地方，愁得够呛，憋得够呛。开大会之前读文章的时候，看一遍又一遍，哪个字不认识，旁边写一个白字，代替它，很困难，很苦恼，没文化。没文化就调我学文化去了，在湛江文化大队，学了半年，以后又调到广州，在广州又学习了一年多。

（画外）从文化大队到各种培训班，再到后来在北京后勤学院营房系毕业，逐渐用知识武装起来的马振起先后担任了营房科科长、工兵团副团长和海军南海舰队综合库主任。说起一生的经历，马老说对于自己，他还是比较满意的。

（采访）马振起：前半辈子打仗，后半辈子搞后勤，我来到部队不管是当战士也好，当干部也好，战斗也好，行军也好，在环境恶劣的条件下也好，环境好的时候也好，基本上没动摇过，没脱离开部队，为国家多少尽了一点微薄的力量。我对自己在这一点上，总的来说这一辈子比较满意。

（画外）其实这些珍藏了多年的奖章，足以证明马老不平凡的一生。作为同甘共苦了一辈子的老伴，对他的感受更是尤为深刻。

（采访）苏丙玲（马振起老伴）：我们这个老头儿可正统了，调整工资的时候，给了个名额，你是个老同志应该给你，他说我不要，给最困难的同志，每一次都是这样。我觉得他对工作兢兢业业，对人忠诚老实，对待遇方面不计较，对他来讲，见了荣誉就让，有困难就上，比如说单位出问题，他说给我处分，我是主要领导，你们不要给下属处分，他们还要转业到地方，不要处分他们。

（画外）马老的老伴苏丙玲也是从部队退休的，并且她也是一位宁津人。听说千里之外的老乡前来采访，马老夫妇都非常兴奋。如今马老一家都生活在广州，虽然远离故土，但他们的思乡情结却从来未曾间断。

（采访）马振起：在电视上看到宁津、德州就感到很亲切，跟我们那时候比是天上差到地下，我们小的时候过的什么日子，现在过的什么日子。希望家乡越来越繁华，老百姓过得越来越好。

迟轲：文化情怀　艺术人生

（**画外**）他是广州美术学院终身教授，他是国务院特殊贡献津贴的获得者。身为我国美术史与美学界的泰斗，他几十年如一日地献身于他钟爱的美术事业。回望一生，如今这位已白发苍苍的老人，曾经走过了怎样的艰辛历程，他有着多少难以忘却的故事？本期人物——迟轲。

（**画外**）相信对美术史比较感兴趣的观众，对这本书《西方美术史话》一定不会陌生，这本作为改革开放初期同类书籍中发行量最大的书，几十年来一直都是介绍西方美术史的扛鼎之作。这本书的作者就是迟轲。

迟轲，广州美术学院终身教授，原广东美术学会会长，中国西方美术史研究重要学者。宁津县保店镇东迟庄人，1925 年出生。

（**画外**）带着对这位老教授的好奇与崇敬，栏目记者南下广州，在广州美术学院内的一幢小楼里，见到了迟轲老人。多年学术研究的操劳侵蚀着他的健康，如今年迈的迟老已是步履蹒跚，满头银发。因为我们这几个家乡人的到来，迟老的妹妹和妹夫也特意从住处赶了过来。满屋的宁津人，让身处异乡的我们也倍感亲切。

（**同期声**）迟雁来（迟轲妹妹）：这张照片可能有八十年了吧。迟轲：对，八十年了这张照片。记者：这是你小的时候。迟轲：对。迟雁来：这张就是我们老家的照片，这是我的爷爷奶奶，这个戴帽子的是我的爸爸，

那时候还是挺有钱的。

（**画外**）从照片上可以看出，迟家当年在宁津县可谓望族大户，年幼的迟轲，就是出生在这样的一个家庭之中。

（**采访**）迟轲：我的老爷爷，就是我的曾祖父，他跟着德国人做生意，后来发生世界大战，德国人走了，把所有财产都给了我的曾祖父了。从那时开始就发达了，我们家里原来很有钱了，是大地主啊。我出生在天津，大概五六岁的时候回宁津，我们家在宁津东迟庄。小的时候我记得，家里生活很好，我们的房子很大，那就是我曾祖父赚了钱，买了房子买了地，很多土地租给别人，算是很富的一家了。

（**画外**）后来由于种种原因，迟家家道中落，当时只有十一岁的迟轲也因为战火的波及，被迫离开故土外出求学。

（**采访**）迟轲：为了读书，十二岁我就到天津来了。宁津县城有一所高小，我到那儿去读书，结果没有读多久，战争爆发，1937年，我们学校也被日本人炸了，我就到天津去读书了。那时候家里就很穷了，读书是在天津市立三中，市立第三中学，那里附设一个平民小学，不要学费。

（**画外**）在这里，迟轲和他的同学们不仅学习文化知识，同时还受到了抗日爱国教育。而此时与生俱来就对艺术有着特殊感悟的迟柯，对绘画和音乐开始产生了浓厚的兴趣，他的艺术人生也从此迈出了第一步。

（**采访**）迟轲：天津有一个市立美术馆，也不要钱，就到那里去画画，在那儿学画，学画也是同学教同学。那时候就不单是画画，还有那些学生，那些年轻的老师，都有一种抗日的思想，我们就在那学一点革命的歌曲，那时候唱《流亡三部曲》，很流行的，所以我那时候对音乐有兴趣，对绘画也有兴趣。

（**画外**）对于艺术的追求坚定了迟轲继续求学的信念。当时抗日战争即将取得胜利，共产党在解放区展示出来的朴实、廉洁、高效、民主的作风，让一批又一批的爱国青年络绎不绝地奔向他们理想的天地和精神的家园，到解放区去，成为当时迟轲强烈的愿望和心灵的召唤。

（**采访**）迟罕（迟轲儿子）：（我父亲）受到一些进步思想——当时的中共地下党的影响，就有点向往革命的思想。去解放区这个过程，其实也经历了不少风险。他总是跟我们说，他有几个战友，就是同学，后来到前线打仗都牺牲了。

（**采访**）迟轲：有国民党的军队，拿着枪，带刺刀在那里，你要穿过得检查，问你到哪里去。我当时也就冒险了，幸好对我还是不严，我当时年纪比较小，所以也没有麻烦，就过去了。

325

（**采访**）迟雁来：（我哥哥）投奔解放区的时候，住在一个熟人介绍的朋友家里，这个人的哥哥，就是当时国民党的军统特务，但是不知道。很多年以后了，五几年的时候他到北京出差，在一个小饭摊上吃饭，就有人拍他的肩膀，说你是不是迟雁鸣啊，我哥哥就一愣说你是谁啊，他说你忘了，想当初你投奔解放区的时候，你曾经在我们家里住过。他想起来了，是有这么一件事，那就问他，你哥哥现在怎么样了，他就说我哥哥被镇压了，枪毙了，军统特务。所以那时候的局势是非常危险的，往解放区投奔，还是很危险的事情，国民党要抓人的。

（**画外**）穿越层层封锁，历经重重危险，迟轲终于成功地抵达张家口，并进入华北联大政治班学习，后来他又转入美术系开始接受正规的美术教育。1948年，刚刚毕业的迟轲开始了他的南下之路，被分配到中原大学任教。从此他便再也没有踏上过故乡这片热土。

（**同期声**）迟雁来：这些相片都有一百多张了。我哥今年都八十四岁了，一直保留着，非常想念家乡，今天专门拿过来给你们看。

（**采访**）迟罕：很小的时候填籍贯，就知道山东宁津县，然后印象比较深的就是，宁津县那边的一些领导，和我爸爸联系，就说要写一部县志，要写写我爸爸的事情。

（**画外**）扎根在南方的迟轲先后任中原大学文艺学院美术系教师、美工队队长，中南美专文艺理论教研组组长。1957年，迟轲只身前往敦煌考察，在这里，中国的传统艺术给了他很多感悟，让这个研究西方美术史的学者看到了另一片天。

（**采访**）迟轲：坐敞篷的汽车，一辆汽车上有好几个人，坐在上边。（记者：颠簸了多长时间才到的敦煌？）个把星期的样子，在敦煌我就住了两个月，那时候管理很松很好，他们就把钥匙给我，我爱看哪个洞，就自己开哪个洞。我临摹的很少，因为我主要在理论上研究，做一些分析，对我来讲，因为我本来是学油画的，我到敦煌最大的收获，就是我发现了传统的中国画是很了不起的。

（**画外**）1958年，中南美专迁到广州改名为广州美术学院，迟柯也随校南下，并开始任文艺理论教研组主任。"文革"期间，包括迟轲在内的一批知识分子被下放到广州英德干校劳动，在这里他们住牛棚，受批斗。然而艰苦的环境并没有让迟轲间断学习、丧失信心，他始终保留着那个年代最弥足珍贵的乐观精神。

（**采访**）迟罕：（我父亲的）罪名叫作"反动学术权威"，他们就互相开玩笑，再怎么牛鬼蛇神，毕竟我们还是权威。他们去了干校一看，天天住在原来的猪圈里面,很脏,地上还有很多猪粪,个个都觉得很难受,我爸爸就开玩笑跟大家说,我们今天在这里能够睡得着,以后任何地方都可以睡得着了,他也是很乐观。

(采访)迟雁来:我那时候去干校看他,他去火车站接我,他就告诉我,他刚刚放下粪桶,挑大粪。在干校他们也住了好多年,日子过得非常苦,在那样的环境下,他都没有失去信心,总觉得中国还是有希望的,文化、美术都是需要培养人才的。他经过了不懈的努力,大伙都很灰心的时候,整个美院全部都下放到干校去了,有很多人自杀,出了很多事情,他能够有这种乐观的态度,我觉得挺让人佩服的。

(采访)迟轲:因为当时江青提出来一个口号,不用学习 ABC,也可以打倒帝修反,我听这话觉得真是无知,怎么连 ABC 都不懂,还打倒帝修反,所以我就自己来学。当时不让你学英语的,学英语就认为你思想不正确。我后来放牛,我就利用那个时间,学习英文,自学。我买了一本英文版的《毛主席语录》,有些也不用找字典,因为我已经知道语录中文是什么意思,所以这个对我也是有帮助的。

(采访)迟雁来:他后来写了很多书,他这个英文基础,就是那时候打出来的。

(画外)"文革"后,恢复工作的迟轲在学术研究上更加孜孜不倦,他开始着手把自己多年的研究成果整理出来,让更多的人从中得到熏陶和感悟。

(采访)迟罕:改革开放刚开始的时候,80 年代初,整个社会对文艺,特别是美术方面的知识很渴求,在这种情况下,他写了这本比较通俗易懂的介绍西方美术历史的书,很多人都告诉他,每个大学的宿舍里面,都有一本这个书。

(采访)迟雁来:胳膊上有一层很厚很厚的老茧,经常伏案工作。最近这几年,还在不停地耕耘,在写。

(采访)迟罕:我记得小时候,他读书读到两三点,甚至更晚,因为他是习惯于晚上读书写作,比较安静,很多人路过他的办公室窗口,都开玩笑说,他这是中南海的灯光,因为每天晚上都工作到很晚。

(画外)这本书对于刚刚从"文革"那种文化专制的禁锢中摆脱出来的中国美术界来说,既是一种学术上的传播,更是一缕清新的风。

(采访)迟轲:经过"文化大革命"我认识到,人性要变好一些,就要有美的教育,美的教育最好的办法之一,就是接触美术作品,了解美术史,因为我认为,美教育人是很重要的,艺术就是应该让人们生活得有信心。

（**画外**）这本书经过多次再版,累计印数已多达三十万册。迟轲又先后编辑出版了《画廊漫步》《西方美术批评史》《西方美术事典》等多部介绍西方美术的理论书籍。1985年,迟柯应美国国家科学院的邀请,到洛杉矶加州大学讲学。

（**采访**）迟罕:很多地方,很多大学,甚至有一些企业,很希望有一些美的教育。他也到处演说,现在每天都花很多时间看书,还写日记。我记得他最近一次写文章,应该是在2006年的时候,还给不少报社杂志写过一些评论。

（**画外**）对于迟老的妹妹和儿子来说,尽管故乡只是存在于表格之中,存在于长辈的讲述之中,但他们对于故乡宁津的眷恋之情却丝毫没有减少。

（**采访**）迟雁来:我们毕竟是宁津人啊,我们对家乡也十分想念,非常希望有机会回去看一看。我们在此也问家乡父老乡亲们好,我们也希望家乡越来越富足,越来越美好,大家的日子越来越好过。

（**采访**）迟罕:我从小填籍贯的时候是山东宁津,一想到宁津,还是有一种很亲切的感觉。虽然从来没有机会回去过,但是对山东对宁津,还是有很大的向往的。

（**画外**）1993年,迟轲获得了广州美术学院"终身教授"的荣誉头衔,并享受国务院特殊贡献津贴。1998年迟轲离休了,由于多年来忙于学术研究,迟老的身体状况并不是很好。虽然只有不到两个小时的采访,但对于他来说已经非常疲惫了。采访中,迟老多次拿出照片来给我们看,也许对于年迈的他来说,那些永恒的瞬间都是他对家乡的思念。

（**采访**）迟轲:我很感谢我的家乡,培养了我,让我永远记住,我是山东人,山东好汉,做事情要负责任,光明磊落。

王炳轩：南下干部

（**画外**）为支援全国解放，他们随解放大军挥师南下，飘蓬万里南下任职，他们把一生的热血和智慧都浇灌在了江南那片炽热的土地上，他们身上背负着一个共同的名字——南下干部。本期人物——南下干部王炳轩。

（**画外**）王炳轩，上海市铁路公安局政治处原副处长，宁津县长官镇路庄村人，1928 年出生。抗日战争期间，他们家是我党抗日武装的一个联络点。

（**采访**）王炳轩：有时伤兵也住在我们家里，那时候他们都跟我们联系的。我父亲做过交通员，我的哥哥叫王炳昌，是抗战华昌站的站长，搞情报的。我的弟弟参加了乐陵的公安队。那时候受他们的影响，我去考抗高，抗日高小，那是培养抗日干部的，在高小读书，读了一年多两年的时间，日本鬼子扫荡，扫荡得厉害了，学校就解散了。

（**画外**）面对日军的疯狂进攻与扫荡，抗日高小被迫解散，在这里学习了一年多的王炳轩，和几个抗高同学一起参加了革命。

（**采访**）王炳轩：我参加革命的时候，是 1945 年 2 月，那是渤海军区一分区，我在后勤处。后勤处负责部队的生活供应。我那时候经常在山东乐陵，河北的南皮、盐山、黄骅，这一带打游击，晚上走路，白天工作。

（**画外**）抗日战争胜利后，王炳轩所在的部队升级为华东后备兵团，当时他在团里当文书。虽然没有参加过大的战斗，但在后勤部门工作和学习的经历同样让他成长为一名合格的战士。1949 年 6 月，他随解放大军一路南下渡过长江。

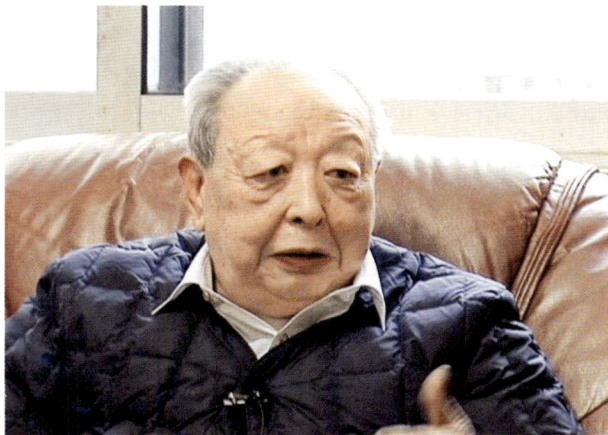

（采访）王炳轩：我们渡江以后就住在常州，那时候叫警备三团。上海一解放，需要保卫铁路，国民党的特务蛮多的，经常破坏、杀人、埋炸弹、炸铁路。1950年的大轰炸，钢轨都翘起来，火车头都坏了，我们部队有高射机枪，但是打不到的，火车站二十四小时不能离人，就是一个排一个排地在那里站岗，荷枪实弹地站岗。1950年5月，我们就全部改编归了铁路公安，我们是铁路上的开国警察，铁路警卫，二十四小时不断地执勤、站岗，很紧张的。一个站一个民警，站与站之间一个派出所，有巡逻的，那时候叫一站一警。

（画外）在铁路公安战线上，他又先后担任了苏州公安段侦查股内勤干事、上海铁路局公安处政工科干事、组织科长、人事科长等职务。1980年，他任上海铁路公安局政治处副处长。虽没有亲历过曲折离奇的刑侦案件，也没有面对面同敌特斗智斗勇的传奇经历，但几十年的公安生涯，仍旧留给了他深刻的记忆。

（采访）王炳轩：当了几十年的铁路警察，我一直在公安局。印象最深的是，1950年在上海开中央工作会议，住在顾家花园这个地方，我们看车，我就在毛主席的车下头看车，二十四小时不断。我不会抽香烟，那时候怕你睡觉，都发熊猫牌的香烟，一人一盒。就在那儿抽香烟，晚上不能睡觉的，不抽烟也给你，提神，不让你睡觉。虽说当时很辛苦，但是心里蛮舒服，蛮高兴。

（画外）当时黄河和淮河经常发生水患，作为铁路公安他们不但要保证铁路的安全畅通，抢险救灾也是义不容辞。

（采访）王炳轩：淮河发大水淹死好多人，主要就为了抢救老百姓。那时候情况蛮危险了，水涨得厉害了，全部都淹了，淹死不少人。一个是保护铁路畅通，另外考虑不要淹死老百姓，抢救老百姓，去抢险。在那里也没得吃，就是饿着肚子在那工作，我们这个小组有四五个人，抢救了老百姓有三四个，主要是保护铁路要畅通。

（画外）"文革"期间，受到冲击的王炳轩两次被下放，分别在黑龙江省黑河市和江苏省沛县工作，直到1978年"四人帮"被粉碎后，他才又重新回到熟悉的工作岗位上。1988年8月，时任上海市铁路公安局政治处副处长的王炳轩离休了。虽然这位在铁路公安战线上奋斗了几十年的老党员，多年来只有过两次回老家的机会，但他对于家乡的关心与怀念却从来没有减少。

（采访）王炳轩：我希望咱们家里，特别是领导，好好发展生产，把我们乡下搞好。我看了家里现在变化也很大了，要进一步地搞好民生，把我们乡村老百姓的生活要提高一些，平平安安地过日子，享受国家的财富。

张万堂:南下干部

（画外）张万堂,刘营伍乡河北张村人,1933年出生。同王炳轩一样,他也是出生在一个革命家庭,他的父亲和舅舅都是中共党员,早年就在家乡搞武装斗争。受此影响,少年时代的张万堂就对参军入伍十分向往。

（采访）全国化工卫生协作组原组长张万堂:1947年6月,我那时候在大柳念高小,高小毕业了。我一个堂哥叫张万兴,他参军早,回来宣传八路军的情况,穿着军装挺威武的。我们都非常羡慕。背着家里父母,我们几个人都跑到旧城,参加了教导队。（记者:当时您是多大岁数?）十三岁,有一杆枪,但是枪比我人高。因为那个时候身体弱个子矮,就动员我们到渤海一中念书,念了两个月,鲁南战役爆发了,学校解散了,解散了我就回来了,初中一年级还没有念完,叫我到大郭庄当小学老师,当了一年。

（画外）几经辗转,在张万堂的心里,参加革命是他始终不变的信念。后来经村里一个远房亲戚的介绍,他来到了解放军第三后方医院。虽然不能拿起枪杆到前线参加战斗,但对于张万堂来说,能够在后方为前线的将士服务,他已经很满足了。

（采访）张万堂:只要参军,至于做什么工作都无所谓,只要为战争服务,为战士服务,都是好的。当时因为我刚参加部队,初学乍练,做的一些一般性的工作。基本是一天忙到晚,因为伤员多医务人员少,什么事都得干,白天干不了晚上干,轮轴转,是

331

有什么干什么,医生也要做护理工作,甚至给病人送水、服药、打针,甚至于抬担架,我们也抬。那时候我人小也蛮累的,但干得挺高兴的,觉得都是革命工作。

(画外)后来由于医院建制的调整,张万堂所在的单位合并到解放军第四野战医院,并开始随部队南下,接收救治淮海战役和渡江战役的伤病员。

(采访)张万堂:我们在济南的时候,住在辛庄,国民党的飞机就到济南来,到我们医院前扫射。行军到福建的时候,在那个大山里面,遇到土匪打枪。我们住的一个大院子,这个院子里的房子挺高的,有岗楼的房子,这么个人家,他是小学校长,但是我们不知道,他是国民党的一个上校。

(画外)因为是医护部队,除了几个警卫员之外,张万堂他们这些医务人员没有任何武器,与敌人如此近距离地接触,他们的处境非常危险。

(采访)张万堂:我们队里面有一个警卫排,也没有几支枪,有一天晚上他们出去站岗的回来一看,他那个房间里灯亮着,有好几个人在屋里面,有手枪、步枪什么的,一看这不是武装匪徒吗,然后报告给我们上级以后,把他们包围起来逮到了。

(画外)对于张万堂来说,是部队磨炼了他的意志,坚定了他的信念,让他渐渐成长成熟起来。1952 年,张万堂所在的部队集体转业,他来到了当时被称为"东亚第一大厂"的南京永利䥕厂。

(采访)张万堂:当时有两千人,我就在厂卫生科,我是卫生科科长,就是搞管理的。原来是搞医疗技术的,转业以后就搞卫生保健、卫生行政管理。

(画外)在这里张万堂先后历任公司卫生防疫站站长、公司环境保护处副处长、公司卫生处副处长等职。他告诉我们,曾经由他组织负责的"长江南化水质污染调查"国家重点项目,其环保影响评价在当时已达到国内最先进水平。1993 年,担任了八年全国化工卫生协作组组长的张万堂离休了,多年始终坚持学习的他又多了一个写诗的爱好。在结束采访离开南京的火车上,记者接到了他用短信发来的一首诗。

偶　　感

天南地北离家远,游子思乡夜难眠。

忽见影机床前架,百感交集泪涟涟。

从此所有宁津人,县内县外肩并肩。

齐走改革发展路,华夏故里美无限。

万　堂

2009 年 11 月 14 日凌晨于南京

(**采访**)张万堂:离开老家六十二年了,从来没忘了宁津对我的养育之恩,家乡父老对我的关心、帮助、爱护。希望咱们宁津县在县委县政府的正确领导下,通过全县广大群众的努力,把我们的家乡建设得更好,更加繁荣富强,男女老少都过上好日子,幸福安康。

(**画外**)其实翻开宁津县志你会发现,宁津的南下干部非常多,但是由于长时间不联系,很多老干部都已经无从找寻,有的即便是联系上,也因为身体原因已经不能接受采访,更有一些早已埋骨他乡。拂去岁月尘沙,我们依稀可见当年他们飘蓬万里,夙兴夜寐,励精图治。触摸那段历史,我们依旧能感到他们当时的心跳和脉动。虽然他们正在逐渐衰老,逐渐向我们这个时代谢幕,但我们没有理由忘记他们,而且我们也不可能忘记他们。

刁建文：琢玉成器　淘沙见金

（画外）怀揣一千元钱闯广州，他用十年的时间创造了上亿元的财富。

（同期声）刁建文：今年合同订单是一点三个亿左右。

（画外）他是黄土地里走出来的复退军人，他是坚韧不拔的山东汉子。

（同期声）刁建文：在广州这个地方别人能生存，我也能生存。

（同期声）刁建文：人多吃点苦也不算什么。

（画外）当电工、送盒饭、做摩的搭客仔，他经历了怎样的创业之路？

（同期声）刁建文：到了广州终于找到饭吃了，回想起来现在都很激动。

（同期声）刁建文：就买了一个摩托车兜客。

（同期声）刁建文：我学会我还来你这个单位，我就做给你们看。

（画外）从谋生存到谋发展，从打工仔到大老板，人生路上他有着怎样的甘苦辛酸？

（同期声）刁建文：有0.01%的机会就要去争取。

（同期声）刁建文：只有前进不能后退。

（同期声）刁建文：如果说一个人没有坚强的毅力的话很难发展。

（画外）琢玉成器，淘沙见金。本期人物——刁建文。

（同期声）刁建文：2005年，这是我们成立公司接的第一单，接的第一单就

334

是做的这个大楼,合同价是四千三百多万元,最终我们做完是六千多万元。起点还是从这一单开始。

(画外)这位只有三十多岁的年轻人就是广州市光大电力工程有限公司的董事长刁建文。虽然只身到广州来打拼只有十一年的时间,但他已经是拥有上亿元财富的大老板了。几年的时间,他的公司先后收购建立了四家直属企业,分别从事专业的电力施工和有关电力产品的生产加工销售。

(采访)刁建文:2009年,我有十八个项目在开工,合同订单现在是一点三个亿左右。

(画外)然而你也许想象不到这位一年订单上亿元的公司老板,十一年前还是一个为了能在广州生存而四处奔忙的打工仔。从谋生存到谋发展,从打工仔到大老板,他经历了什么,是怎样的人生成就了他的财富故事?

(画外)出生于20世纪70年代的刁建文是宁津县柴胡店镇马海村人,成长在一个并不宽裕的农民家庭中的他,是兄弟四人之中年龄最小的。1993年,初中毕业的刁建文抱着寻找人生出路的想法,走上了从军的路。

(采访)刁建文:我是1994年的兵,刚开始部队在牡丹江,待了大概有二十多天,就被调到齐齐哈尔,在那儿度过了新兵三个月的军训,军训完了以后机遇挺好,就被六十八师的一个部长挑选到师机关,做了一名警卫员。

(画外)绿色军营锻造着这个黄土地里走出来的农家娃,在这里他完成了人生的第一课,军人坚韧、执着的品质在日复一日的训练中融化在了他不服输的性格中。1995年一次学习的机会让他从冰雪塞外来到了改革开放的前沿——广州。

(采访)刁建文:全军学雷达的时候,我正好有这个机遇,军里有三个名额,我被选送到这边学雷达专业,学到10月份左右返回原部队。

(画外)从广州学成回来后,作为部队的培养对象,刁建文得到了一个考军校的机会,然而只有初中学历的他,却没能因此改变他的人生轨迹。1996年底,带着落榜的失落和无奈,刁建文退伍回家了。

(采访)刁建文:退伍以后就在咱们宁津县农机局,做了大概有半年的临时工,到了1997年底,就感觉在那单位还是不适应。

(画外)从部队回到老家后不久,刁建文的母亲因病去世,丧母的悲痛让这个二十一岁的年轻人备受打击,对现状本来就不满意的他此时萌生了一个能改变他一生的念头——南下闯广州。

(采访)刁建文:三个哥哥都结婚了,我爸爸年龄也比较老了,就感觉如果靠父母兄弟给修个房子、结婚,感觉还是比较艰难,所以考虑到还是南下打工。当时就想我能到广州挣到钱,回到老家修套房子,娶个老婆。

(画外)其实刁建文来广州还有一个目的,就是寻找在广州学雷达时认识的一个女孩儿,也是他现在的妻子——曹柳英。

(采访)曹柳英:1995年,我那时候是在一个酒店收银。他当时去那个酒店吃饭,就这么认识的,就觉得这个人对人特别好,很真诚。我父母是坚决反对,我说他要饭我都跟着他,当时不知道为什么这么坚决,好像是凭我的感觉吧,就觉得山东人特豪爽。

(画外)由于种种原因,刁建文退伍后,他们失去了联系。这次南下广州,刁建文就是带着对爱情的向往和创业的激情来追寻他心中的梦想。1998年春节刚过,刁建文怀揣着他所有的家当——一千元钱南下来到了广州。

(采访)刁建文:当时也是分文没有了,1998年春节的时候,就卖了一辆摩托车。在农机局的时候有一辆摩托车,卖了一千五百块钱,卖给老乡,给我爸爸五百块钱,自己带了一千块钱,买了火车票来这里,我想在广州这个地方,别人能生存,我也能生存。当时住在一个老乡家,就考虑能挣几百决钱,也没有明确说过来想干什么,没有这个目标,也没有事先看好的用人单位。

(画外)没有事先联系也没有明确的目标,就是凭着一股闯劲,刁建文来到了这个只有粗浅认识的南方大都市。然而要找一份理想的工作并非他想象的那么简单,漫无目标的刁建文首先找了一家劳务中介机构。

(采访)刁建文:在广州这个地方,经常会有一些中介单位给你介绍工作,基本上都是骗人的,我被人骗了二百多块钱,最后感觉中介不行,还是靠自己找工作。

(画外)屋漏偏逢连阴雨,本来就囊中羞涩的刁建文面对被骗的现实和毫无着落的工作,心里的压力越来越大。

(采访)刁建文:找工作找不到好的,差的我也要找,当时就想能解决一个温饱住的问题,要求非常低。当时我就想去建筑队,去做一个小工,甚至捡垃圾也行,能挣到钱都可以。

(画外)无奈之下,刁建文只好逐个到那些刚开张的门店去寻求工作的机会。功夫不负有心人,一家刚开业的酒店接纳了他。

(采访)刁建文:确实找到第一份工作流眼泪了。当时激动吧,就感觉到了广州,终于找到饭吃了,回想起来现在都很激动。确实就是比较难吧,找到第一份工作的时候,还剩下三百来块钱,酒店的老板问我,他说你会做什么,我说我就在隔壁雷训队,学过雷达专业,懂电,老板就接纳了我。这是第一份工作,在那里做电工,又做保安。

(画外)对这份来之不易的工作刁建文非常珍惜,吃苦耐劳的他常常要比别人付出更多的努力。

(采访)刁建文:当时有个加油站,中午人家在休息的时候,我就骑着三轮车,跑出三公里多去拉油,拉两罐油,两罐油很重的,六百斤左右,骑三轮车爬不上坡来的时候,后面有些人就看到我满头大汗,就给我赶一赶。老板对我也不错,所以我感觉多吃点苦,也不算什么。

(画外)正是看中了他的人品,酒店的老板开始让他担任采购员,并让他负责送盒饭的业务。

(采访)刁建文:我主要是送盒饭,联系盒饭,跟这个老板合作做盒饭的时候,他一个盒饭给我提成五毛钱。

(画外)在不断与客户打交道的过程中,刁建文也在积累着、准备着,终于在一位老乡的帮助下,他联系到了一个往大型建筑工地送盒饭的生意。

(采访)刁建文:当时联系到一个很大的订单,就是环南快速干线上的(建筑工地),最后就感觉自己要通过努力,挣得更多一点。

(画外)就这样他和一位老乡合伙做起了盒饭生意,然而事情并不是他想象的那么简单。

(采访)刁建文:跟自己想象的完全不一样,没做之前感觉能挣到多少钱,但是在做了,最后感觉还是不行,因为厨师水平不行,饭菜口味不佳,经营了大概三四个月吧,就关掉了。

(画外)就在刁建文在广州不断闯荡尝试的过程中,他寻找的爱情也有了结果,经过多方打听他和恋人曹柳英联系上了。

(采访)曹柳英:打电话,后来联系到了,打电话就是一百块钱的充值卡一次性打完了,他在那边哭,我在这边哭。

(画外)再次重逢后他们俩便生活在了一起,为了能多挣一些钱,他们凑钱买了一辆摩托车,刁建文利用业余时间做起了摩的搭客仔。

(采访)刁建文:白天工作,跑业务,晚上就去兜客,下着雨也要去,有时候一晚上挣上八块钱,感觉很珍惜,但是目的并不是靠它来挣多少钱,是一个过渡。

(采访)曹柳英:后来我就跟他讲,我说小刁你这么下去也不行,虽说买了个摩托车兜客,这个职业是不稳定的,还是做一些比较稳定的,他说跟人家去跑印刷吧,印刷名片等一些东西,就自己去跑业务。他也做过一段时间印刷,也没有赚什么钱,当时刚刚做业务,不是很熟悉。

(画外)在尝试了几种职业后,刁建文回头审视将近一年来走过的路,发现营销是他来广州的初衷,而这也才是他最终的出路。

(采访)刁建文:当兵的时候,看了李嘉诚的一本书,知道他是从收垃圾、捡垃圾发展起来的,感觉还是做营销才会走上更好的一个台阶,所以最后还是想选择做营销。感觉自己的口才还可以。

(画外)因为学过雷达,对电力方面比较熟悉的刁建文,选择了一家曾经去送过盒饭的电缆公司应聘。

(采访)刁建文:我就想去玉桥电缆公司做销售,但玉桥有一个行政经理不接纳我。他说你是搞饮食业的,你从饮食业转变成做营销,那还是不适合的。我这个人还是比较要强的,最后我就想,你不要我,我也要去学这个做业务,学会了我再来你这个单位,我就做给你看。

(画外)就这样他在别的电缆厂和电器开关厂先后做了将近一年的营销员,抱着边学习边工作的想法,他在逐渐地成长着、适应着。

(采访)刁建文:1998年就去了五羊电缆厂,在五羊电缆厂做了大概三个多月,离开那个单位又去了松和开关,就是做开关面板。在松和开关做了不到半年,那个单位不讲信誉,给他做成了单,没有提成,最后选择(离开),在这期间就学会做业务了。

(画外)曾经发誓要再回玉桥电缆厂的刁建文通过将近一年的工作,感觉已经熟悉适应了营销员这个职业,于是他再一次来到了玉桥。

(采访)刁建文:最后又找到这个老板,我说我在别的单位已经学会了做营销,这个老板最后就接纳了我,同意我在他单位做正式营销员。我这个人特别要面子,当时这个行政经理就说,你不适合做这个营销,你适合做餐饮,那就不好意思,是他老板同意让我来的!行政经理又不接纳我,我感觉心里很不舒服,我必须学会做营销,我还再来你这个单位,我就做给你看。

(画外)执着的刁建文终于如愿来到了玉桥电缆厂,但还是有些人对他有偏见。

(采访)刁建文:第一天上班,他就开始给我向老板打小报告,他说这个人虽然会做营销,但是怕他去做兼职,做其他的,因为原先他在五羊电缆厂做过,会不会去做兼职。这个老板就找到我,他说小刁你还是在我这兼职吧,不用拿工资,我说老板你是不是对我有别的想法,是不是别人在你身边讲我什么事,我说我这个人比较守规矩的,我不会拿着你的钱,为别人去做事。我说我一定要努力,我要做出成绩给你看。

(采访)曹柳英:做了一段时间以后,就觉得他还是蛮适应做业务的,能吃苦,当时骑着摩托车到处跑,只要是建楼的地方,一个工地一个工地地跑,有时候一天就没吃饭。看到他一回来,说老婆还没吃中午饭呢,真的是挺心疼的。

(画外)最终,实力证明了一切。工作一年后刁建文成为玉桥电缆厂业绩最突出的营销员。

(采访)刁建文:我是玉桥里面去得最晚、做得最出色的。第一年的营业额做了七十多万元,第二年我完成了两百多万元。

(画外)刁建文在玉桥电缆厂工作了四年,靠着自己的努力他在广州买了房子,建立了家庭。2003年一次偶然的机会,在无意的交谈中他发现了一个创业的机会。

(采访)刁建文:在一个工地跑电缆的过程中,见到一个从来没见过的东西,我就问工程师这是什么,他说这是消防管道上的,当时市场上很少,基本上是进口的,感觉这个产品利润这么厚,就想尝试一下。

(画外)通过几年的积累,早就想尝试着要自己创业的刁建文,决定要抓住这个机会。

(采访)刁建文:就感觉还是自己跳出去闯一闯。当时的老板还是非常留恋我的,我也是这些老营销员里面最后一个离开玉桥的。当时我离开玉桥的时候,我就跟这个老板讲,我说我出去,不会做咱们同行业的东西,因为我有今天,是在你身边学到的东西,我说有人要电缆,我就上玉桥来拿。当时行政经理也给我泼冷水,他说小刁靠你那点北方话说钉嘎啦(资金),想开个公司,你太不知道天高地厚了。我最终没有接受他的这种刺激,自己感觉别人能做我也能做。做的时候资金不够,需要进货,最后我们决定还是贷款,把房子押给银行贷了五十万元,来筹建第一个公司。

(画外)2004年初,刁建文和一个朋友合作开办了他的第一家公司——华锴管道有限公司,从事消防卡扣的代理销售。

(采访)刁建文:请了几个营销员,就专门去每个工地,直接跑终端。我们不搞小门面的,当时我们投资五十多万元,到了年底都没有出单,我的合作伙伴是小马,回族人,当时他就准备放弃。

(画外)销售局面打不开,公司的运转日渐艰难。

(采访)刁建文:当时确实是把自己的整个家业押进去了,只有前进,不能后退,如果说当时退缩了,也许就没有今天,还是始终坚持自己的这种信念,就是必须成功。

（画外）在刁建文执着的坚持下,2004年底,经过近十个月的努力,他的公司有了第一笔订单。

（采访）刁建文:当时做的第一单就是越秀大厦。当时人家已经用了另外一家叫邦达的,我们坚持攻关,最终甲方说拿你的产品来试一下吧,我们就两家一起来用。最终他的不争气,漏水,甲方说华锴的产品不错,我们为什么不用华锴呢? 有些人说,他这个产品没有知名度,我们这么大的项目,怎么可能用一个没有知名度的产品进来呢? 当时项目经理说,什么东西都是靠一步步做起来才有知名度的,为什么这么好的产品不能用在我们工程上面? 它也不是高科技的东西,最终还是在项目经理的支持下,我们做了这第一单。我到现在为止,始终灌输我的同事们,有0.01%的机会,你都要去争取,甚至是没有机会了,感觉是没有机会了,你都要去争取。（记者:你觉得是靠什么赢得的第一单?）我想这个社会做事情就一个诚信,再一个就是产品,所以我一直灌输同事们,做生意首先学会做人,人品做好了,你的生意自然成功。

（画外）后来刁建文又注册了自己的消防卡扣品牌,并最终占据了市场的一席之地,然而他并没有止步于此。在不断与各建筑工程项目打交道的过程中,刁建文发现从事电力设施的安装,是一个附加值高、市场需求量大的项目。

（采访）刁建文:2004年我就注册了一个公司,电新机电安装公司,专门做外电的。第一年就没做出什么来,我们投资了二十七万元,最后剩了还有几万块钱,所以也是感觉不服气。

（画外）采访中刁建文给记者印象最深的就是他的爽朗和真诚,而正是这样的人格魅力感染着他的每一个合作者,让他的电新机电安装公司在艰难中不断前行。

（采访）刁建文:在2005年,我们在南沙接了一单基础工程,这样就保住了我们电新公司的正常运营。

（画外）2005年底,刁建文了解到广州的一个大型建筑项目中石化大厦,有四千多万元的外电工程项目招标,他感觉到自己公司崛起的机会来了。然而,当时以他的公司规模是不能承揽这么大的工程的。

（采访）刁建文:当时我们注册资金是五百万元,本身是不能承接的,我们就利用兆能公司承接的那单。当时这个项目,供电局就有六家在竞争,作为我一个刚进入这个行业的小伙子来说,跟这么大的集团公司来对抗还是比较难的。

（画外）面对行业里这些颇有影响力的公司,刁建文并没有被吓到,利用规模小、费用少的优势,在招标中报出了一个极低的价格,在很多公司看来这几乎是不可能的。

(采访)刁建文:当时在甲方准备给我们做的时候,南方电力集团公司市场部的主任,宣传出来要叫我亏八百多万元,当时我确实是后退了一下,就想跟他们合作。最后一想(如果)后退了,如果我这个项目做不起来,那我后面很难发展了。

(画外)正如他竞争对手说的那样,如果按照刁建文的报价做这个工程,他们就要亏损八百多万元,然而刁建文却有自己的打算。

(采访)刁建文:他们当时定的方案,离我的项目的距离是八公里,一个接线点,就是变电站拉线,是最远的站,确实就要亏八百多万元。经过我们多方协调,最终我们还是批到了最近的那个变电站。找到这个方案以后,不但没有损失,还盈利了。最终他们选择我们,他看重的是什么,还是看重我这个人,而不是看你的企业。我个人感觉是我的人格魅力影响了他们,影响了他的老总,几次的谈判,在语言的沟通影响了他们,他感觉把这个工程交给我,能给他做好。

(画外)这个工程的成功运作为刁建文赢得了良好的信誉和口碑,也为他的公司迎来了更多的合作机会。

(采访)刁建文:这个项目我们中标价是七百六十多万元,别人当时投标是一千二百多万元,老板没找我们谈价,最后我说我们七百多万元做,比别人就相差了几百万,这个老板不相信我们,他说你先给我报上来,报电下来我再给你签合同。我们就给他报来,花了不到十天的时间,本来正常报电需要一个多月,所以他现在在购储中心那有个项目,就直接给我们做了,也是这么大。

(画外)在参观他的项目建设工地途中,刁建文又接到了一个好消息。

(同期声)刁建文:那就不用第二次谈判了吧,谢谢大哥,双丰收双丰收,又成功了,一千多万元,中标了,这是一个作业广场,就是今天下午我们递的标书,开标,中标了,还是说句真话,我感觉今年的运气还是挺好。

(画外)随着影响力的不断扩大和承揽的工程项目越来越多,2006年,刁建文注册成立了光大电力工程有限公司,公司下设汉光通信、汉光电力设备、华锴消防设备安装和禹王管道设备有限公司四家直属企业。公司现有各类专业技术人员四十多人,施工人员一百多人。

(采访)刁建文:公司大发展真正进入正常轨道,应该是在2006年。我们华锴公司年销售额可以达到两千多万元。工程额每年都在递增,递增的比例应该是,每年最少要超过百分之三十,现在正常运作的是十八个项目,就是外电公司这边十八个项目,合同订单现在是一点三个亿左右。

(画外)从谋生存到谋发展,从打工仔到大老板,刁建文用坚韧、执着演绎着自己的人生。在刁建文军旅生涯时曾是他的领导,现在是他副总经理的张殿和,对刁建文感触最深。

(采访)广州市光大电力工程有限公司副总经理张殿和:在部队认识这么多年了,刁建文人品比较好。首先来讲做生意也是做人品,我们要求这些推销员,推销你的产品也是推销你本身。他这个人比较老实、勤奋、正直、善良,生意上正大光明。他对人很好,不管是老乡不老乡,对客户、对我们的员工都很好。

(画外)刁建文夫妇俩的恩爱是出了名的,很多社交场合刁建文都会带着夫人出席,这让很多朋友羡慕不已。刁建文说他们是患难夫妻,是从曾经的艰辛中一步步走过来的。

(采访)刁建文:我是1995年就和我太太认识的,那时候就有了第一个小孩,当时我的太太跟我承受了很大的压力,把这个小孩生下来。我当时还在当兵,所以说我还是感觉老婆确实为我付出了很多很多。

(采访)曹柳英:他是一个很有事业心的男人,对朋友特别真诚,对家庭负责任,对我来说是一个很好的老公,对孩子来说是一个很好的父亲,对于我父母来说是一个很孝顺的儿子。我再说一点就是,这么多年来从来没有讲出来过,我还是很爱他的,对于光大这个公司,还是很有信心的,以后如果赚到钱,也会向房地产那方面发展。

(采访)刁建文:现在我们还没有组建集团化,我们现在也准备筹建,准备注册一个汉光集团。

(画外)现在刁建文已经把父亲接到广州来生活,他的两个哥哥也都在他的公司工作。南下闯广州,刁建文用十一年的时间创造了他的财富人生,而对于家乡,他也一直有一份期许和挂牵。

(采访)刁建文:我是一个农家孩子,非常感谢父老乡亲培养了我,部队锻造了我。我虽然在广州发展,但我时刻没有忘记家乡的父老乡亲,家乡的经济发展如有需要,我愿努力做出自己的贡献。最后祝愿我们的家乡越建越美,经济发展,越来越富强,祝愿家乡的父老乡亲,身体健康,万事如意。

截至2023年,刁建文和他的夫人曹柳英拥有包括电力、酒业、茶叶、文化等领域十家公司。这个黄土地里走出来的农家娃,用吃苦耐劳和坚韧不拔,诠释着大浪淘沙的真谛。

王宝森："打工皇帝"的传奇人生

（画外）学生时代他是成绩优异、出类拔萃的学生干部，南下创业他是精益求精、慧眼如炬的商界精英。从康佳手机销售公司总经理、集团行政总监，到深圳新中桥通信有限公司总裁，他是怎样一步步实现了自我，他又有着怎样的传奇人生？本期人物——王宝森。

（采访）王宝森：山东人一个特点，一说哪个人山东的，别人就感觉到，这个人非常诚实，非常诚信。山东人给别人的印象还是比较好的。

（画外）眼前这位山东汉子就是现任深圳新中桥通讯有限公司总裁王宝森，1969年生人，今年刚刚四十岁出头，但他却是曾经在康佳集团、南方高科、金立手机等几大公司担任过总经理和行政总监的企业高管。这位从宁津县保店镇王千村走出来的农家娃，是怎样成长为一个有着丰富销售管理与团队管理经验的商界精英的呢？1990年，二十一岁的王宝森考入了华南理工大学化工机械系，从偏僻闭塞的村庄只身来到开放繁华的南方大都市——广州。四年的大学生涯，他用优异的成绩和突出的表现为自己赢得了机遇。

（采访）王宝森：我上大学第一年就是班里的干部，同时也做学生会的委员，第二年、第三年就做了学生会副主席、主席，到第四年，就兼任了低年级的辅导员。对我的综合能力的锻炼，关键是一些社交能力、一些组织活动的能力，这些能力的提升、锻炼，也是影响非常大的。

（画外）学生会主席的身份让他在就业时拥有了比别人更为有利的条件。1994年大学毕业后，王宝森被推荐到全国知名

的合资企业——康佳集团工作。

（采访）王宝森：我的专业，对康佳这个集团公司不是很对口，是因为我在学校学生会工作这种综合能力才被招进来的。没有很对口的部门，第一年工作也不是很顺的。和我一起来的同学，相对来说，他们的专业更对口一些，已经做了办公室的工作了。我做的是维修光管，甚至维修厕所洗手间的设备，还有生产线的设备，当时跟他们比还是有点落差的。第二年我就去了总经理办公室，做一些行政工作，不管是与其他部门的沟通，还是与外单位的沟通，还有内部的协调，还有组织一些活动，应该是由于学校的基础比较好，工作起来得心应手。

（画外）来到总经理办公室工作的王宝森如鱼得水，很快，工作突出、肯于付出的他就得到了领导的赏识，仅仅一年时间，王宝森便被派往康佳驻京办事处，从事社会公关工作。这项工作的内容主要是联系在京的各个部委，对于这个初出茅庐的山东小伙子来说，既是一个全新的认识，又是一次能力的锻炼。

（采访）王宝森：我毕竟是从农村出来的孩子，见识比较短浅，开始还是有点怯怯的，但是慢慢地跟那些领导接触，也都是非常好的，做了半年，跟各个部门各个领导沟通，也就非常顺了。

（画外）凭借自己的智慧与山东人的朴实，王宝森成功胜任了这份工作，并在一年后升任康佳集团北京分公司总经理，成为当时康佳集团最年轻的干部。

（采访）王宝森：正常的工作时间之外，晚上很多都是陪客户吃饭，跟客户去沟通，基本上周末都没有休息。周末就去商场里站柜台，自己去卖电视机，体验消费者的一些需求。你自己去了解了，你才能管你的下级，管你的团队，就是从点点滴滴、方方面面去宣传企业，宣传这个品牌。

（画外）当时康佳集团北京分公司的经营业绩并不理想，由于种种原因，这里的销售商一直在利用康佳集团销售政策的空子谋求更大的利润。

（采访）王宝森：跟国美电器的合作，当时销售串货很严重，就是很多地区在卖康佳彩电，国美是从别的地区串过来的，不是从北京分公司供的货。当时我就去拜访他们企业的领导，先礼后兵，我先去拜访，想恢复我们的合作，但是他们开始态度很生硬。

（画外）这个大型的家电销售企业并没有把这个只有二十多岁的年轻人放在眼里，然而王宝森接下来的举动，却让这个全国家电销售行业中的"大哥大"刮目相看。

（采访）王宝森：我就在报纸上做了一条广告，就说康佳彩电五年免费保修，后面备注，国美电器除外。开始整个彩电都是三年免费保修，当时我提出这个

344

概念,国美电器除外,就是从侧面打压他们。这样他就来找我,然后我们又谈,就这么反复地沟通,大家成了最亲密、合作最好的一个单位。我记得最明显的就是,北京国美方庄店开业的时候,我们的电视机一天卖过三百多台,销量非常可观。彩电因为要试机,不是说交钱就拿走了,是排队试机,试好了再装箱搬走,排了差不多有一两百米长。

(画外)就这样康佳电器在北京的销售局面被迅速打开,而王宝森这个营销天才的奇思妙想总是层出不穷。

(采访)王宝森:北京郊区一家房子着火,电视机全部烧焦了,但是显像管还在。起火我们没有责任,但我们还是去给换了台新电视机,给他一些补偿,把这台电视机买回来。电视机还是正常的,放图像都非常好的,我们就把电视机做一个罩子,把它放到商场去,让消费者去看,我的电视机烧成这个样子,还是可以正常使用,从而说明我们的品质非常过硬。不停地在各个商场展示,西单放上半个月,蓝岛放上半个月,国美放上半个月,这么去做,宣传我们的品质。

(画外)为了真正树立起自己的品牌形象,王宝森还带领公司做了大量社会公益事业。

(采访)王宝森:建康佳彩电县、康佳彩电村,当时跟北京的延庆县合作,影响也是蛮大的,《新闻联播》也采访过我。就是这个事情,就因为我们做工业品下乡,当时作为一个典范来推广,偏远的地区没有接收的天线,我们就在这个村子里,投资一个接收设备,每家每户买我们的电视机。

(画外)注重宣传打造品牌,抓住细节扩大影响,就在王宝森在北京做得风生水起的时候,一场销售危机降临了。

(采访)王宝森:北京的消费者,相对来说他的维权意识比较强。我们一个产品,因为售后的问题,就被当时北京的一个栏目《北京特快》给曝光了,只是很小的一个故障,可能消费者提的要求超出了国家三包的规定,我们没有达到他的要求,他们就去找了电视台,找北京电视台曝光一下。

(画外)如果不能从容应对,成功化解危机,当时的大好局面就会付之一炬。这不但是对王宝森能力的检验,也是对他智慧的考验。

(采访)王宝森:曝光之后,我找了电视台,就说这个问题本来是不应该这么去做的,不应该曝光的,他们也觉得做得不是很妥当,就跟我们商量该怎么去补偿。后来我就想了个办法,就是在我住的地方,有我们康佳的电视机,有其他国产品牌的,还有几个进口品牌,有六部电视机,我们就设置了一个故障,然后就让电视台的来当消费者,打电话给各个厂家的维修网点。康佳是最快过来,成本价是一块钱,免费维修,另外两个国产品牌是第二天、第三天修好的,但是几个进口品牌拖了半个月一个月也没修好。当时这个节目还是在同一个栏目《北京特快》播出,使整个康佳品牌的形象往好处转变,对国产品牌起了非常积极的作用。

(画外)变不利为有利,在危机中转机。王宝森在营销领域越来越成熟,在他担任康佳集团北京分公司总经理的两年时间里,康佳的销售业绩直线上升。

(采访)王宝森:自己肯付出、投入,对工作敬业,做了分公司总经理以后,业绩比较突出,当时北京分公司的业绩在全国排在了前两位,全国有三十几个分公司,我在北京做了一年,北京分公司的业绩从倒数第九,到了全国的第二。

(画外)1999 年,王宝森调任康佳集团西北片区总经理。2000 年,康佳集团自主研发的手机上市后,王宝森又调任康佳集团总部手机销售公司总经理。

(采访)王宝森:当时国产的品牌不是很多,就是三四个品牌。我们大家用的手机都是摩托罗拉、诺基亚、爱立信这些牌子,国产手机别人不接受的,老百姓不接受,彩电已经过了竞争激烈的时期,就把原来很多的促销方式、管理方式全部用在手机上。我们用这种方式,很多外国的洋品牌不理解,我们就一个点一个区来全国慢慢做,到了后面几个品牌同时做,把这个氛围慢慢做起来了。当时产品的品质也逐步在提升,我们在卖手机的时候,大家可以摔手机,丢手机,手机不坏,用这种方式大家慢慢去推广,做一些大型的演出去推广。目前,整个国产手机从品质到外观的工艺都有很大的提升,现在和进口手机也差不多了。

(画外)在那个进口手机品牌独占市场的时代,用短短两年的时间,王宝森让康佳手机的年销售量从二十万台提升到五百多万台,创造了一个行业奇迹。2003 年底,王宝森来到集团总部担任行政总监,可以说他的职业生涯已经走到了一个相当的高度,但是两年后,三十六岁的王宝森却突然提出要辞职。

(采访)王宝森:当时也是因为做业务做惯了,再做行政工作,尽管做得也不错,领导也非常认可,但是在康佳待了十一年,还是想慢慢地去适应新的环境,或自己去尝试一下。因为在深圳这边,创业的也比较多,也看到别人的机会,还是想慢慢地走出去。当时我在离开的时候,也是跟康佳的领导做了很好的沟通,有个很好的交代,大家都开开心心地分。即使到现在,我离开了四年多的时间跟康佳的同事、朋友、领导,都保持着很好的关系。

(画外)此后,王宝森又先后在南方高科、深圳金立通讯设备有限公司继续他最熟悉的营销工作。2007 年底,他应邀来到深圳新中桥通信有限公司担任总裁。

（采访）王宝森：当时新中桥是做研发，卖手机方案，把方案卖给别人，自己没有做全国的销售。2007 年拿了手机牌照以后，需要自己做产品，自己要去销售。我在康佳是一个部门的工作，到金立是主管几个部门的工作，到新中桥是主管全面的工作，平台更大了，自己还是要去学习，很多事情要去做，原来没有参与过研发、制造，现在都要去参与。

（画外）深圳新中桥通信有限公司是香港中桥电子有限公司 2003 年 8 月投资的高新技术企业，公司一直以"追求卓越，服务全球"为宗旨，立足于移动通信终端领域，专业从事 GSM、3G、无线市话、手机及数码产品的方案设计和生产。现在 GSM 手机与数码产品已经打入欧洲、北美和东南亚市场。

（采访）王宝森：2007 年 12 月，做电视购物，对手机来说是个新的销售方式，你的渠道建设也是非常关键的。很多人看到这个广告，想到大家熟悉的地方去买，要有地方卖才行。我们地面的渠道，布置得也非常完善。

（画外）在销售方面王宝森总是能出奇制胜。2008 年，来新中桥仅仅一年的时间，他们新推出的达·芬奇手机，就创造了单款手机年销量过百万台的纪录，而这也成就了手机行业里一个难以逾越的高峰。

（采访）王宝森：2008 年，我们在新中桥做了一个 NCBC 品牌知名度的提升，也是靠我们的产品，我们的达·芬奇系列手机，整个的材料、材质、外观都非常好。当时电视购物卖的价格高，我们的手机能卖一千九百多元，也创造了一个奇迹。这个手机卖了差不多一百万台。（记者：您对新中桥的定位是什么？）我们还是做一些中高端的产品，在国内我们走差异化的路线，除了大部分做精品之外，低端的也要做，低端的讲究市场占有率，中高端的也要做，因为这个品牌也是靠产品量出来，品牌才会有，同时，国外市场也非常重视，像印度市场，市场的容量提升是很快的，一个月从几十万的容量，到几百万，现在七八百万的量，非常大。

（画外）现在新中桥

已经成为中国大陆地区移动通信、数码产品开发、生产和出口的重要基地。2007年10月，公司荣获中国通信百强企业称号，并被授予中国消费者质量服务满意十佳品牌和中国消费者质量服务满意单位等荣誉称号。然而这一切并不是王宝森的目标，这位传奇的"打工皇帝"，在不断的积淀中，酝酿着自己的梦想。

（采访）王宝森：每个新品出来之后，都要去试用，自己试用，还有什么问题，怎么去改，怎么让消费者用得满意，就是我们自己去体验。我们真正把手机作为事业来做，不是说赚个快钱、赚短期的钱就撤的，是把手机行业做得扎扎实实，把这个企业做大。对自己的人生，以后，还是要做一个完全属于自己的企业，完全属于自己的品牌，那样的话也可以为家乡做更大的贡献。

（画外）虽然身为公司高层领导，但是王宝森却十分随和，与员工下属的关系非常融洽。他的员工告诉我们，公司每天最早来上班的就是王总，山东人特有的质朴与谦逊在他身上有着深深的烙印。

（采访）王宝森：感谢我的父母，感谢我的父老乡亲，我对家乡的感情是非常深的，尤其是山东宁津，感情非常深。我觉得是家乡人那种勤劳质朴，培养了我自己的个性，使我在社会上这么多年，始终保持着本色，才有今天这种成绩。很想自己能做得好，做好之后，对我们家乡做点贡献，不管以后是做什么企业，对县里我很想做点事情，还是希望家乡的人民尽快富裕起来。

2012年，王宝森在合肥投资创建了艺朝艺夕教育科技集团有限公司，致力于推动青少儿素质教育发展。目前，旗下有艺朝艺夕、弗恩教育、跑沃尔、克乐思等品牌。截至2024年6月，他在合肥发展了三十多家校区，教职员工共计六百多名，在校学生达五万多人，成为全国规模屈指可数的素质培训机构。几年来，他不但在素质教育方面做得风生水起，还投资了多家科技公司，不断寻求新的发展途径。从打工到创业，王宝森一直在拼搏的路上演绎着自己的传奇人生。

核电工程师：王翠芳

（**画外**）同王宝森一样，他的妹妹王翠芳在学生时代也是学习成绩非常优异的学生。1989 年，王翠芳高中毕业了，每次考试都名列前茅的她，报考了北京大学。

（**采访**）上海核工程研究设计院电气仪控所副总工程师王翠芳：我在学校成绩还是蛮好的，基本上都是第一名，报志愿报得比较高，报的北京大学，但是没有考好。我当时以那么高的学习成绩落榜了北大，考了将近五百七十分，当时我的成绩不应该来这个学校的，应该是考到更好的学校，其实是报考的一个失误，没报好，结果就被江西南昌航空工业学院录取了。

（**画外**）虽然没有被理想的大学录取，但是很早就对计算机感兴趣的王翠芳却如愿来到了电子工程系学习和计算机有关的知识。

（**采访**）王翠芳：考大学的时候，计算机专业非常热门。当时计算机基本上都很少很少的，也就是一个教研室好像有那么几台，那时候的电脑都是 286，很少有电脑，电脑也都是很落后的。

（**画外**）1993 年，在江西南昌航空工业学院的四年大学生活结束了，本来在高考录取时就不甘心的王翠芳，选择了继续深造这条路，想通过考研让自己重新来一次。也许是命运的安排，也许是机缘巧合，王翠芳与自己心仪的大学再一次擦肩而过。

（**采访**）王翠芳：当时要考研究生，因为我学习成绩比较好，我报考的也是比较好的一个学校，就是上海交大。上海交大竞争也很厉害，也没有被录取。

（**画外**）就在王翠芳正为这次落榜懊丧的时候，一个机会降临了。

（**采访**）王翠芳：上海核工程研究设计院招核科学与技术这种专业，他们生源也比较少，就到上海交大去招，对上海交大不录取的学生，他们觉得比较优秀的话，就会录取过来。

（**画外**）核工程对于很多人来说既充满了神秘，又代表着危险。当时王翠芳对于核工程的理解，也大概如此。

（**采访**）王翠芳：当时对核还是很不了解，第一反应是会不会是有放射性啊？是做原子弹的吗？很多人听到都是这种反应。

（**画外**）核工程研究设计院的驻地上海，这座城市的繁华和开放对于很多人来说是充满诱惑的，在经过一番深入的考察和了解后，王翠芳终于接受了这个偶然的机会。

（**采访**）王翠芳：上海是一个大家都向往的城市，所以我们同学说，能有进上海的机会还不来？后来就过来面试了，也都了解了一下，得知我们单位也不会有什么放射性，是做民用电站的。

（**画外**）就这样，王翠芳成了上海核工程研究设计院的研究生。

（**采访**）王翠芳：设计院里面的研究生，第一年是在北京原子能科学研究院研究生部读的，是学基础课程，回来基本上就是到所处室里面去，边工作边读书了。后来分到电气仪控室，基本上就做仪表仪控制。仪表仪控制就是相当于核电站的一个神经，就是监测到哪个信号，然后去控制哪个设备，所以仪表仪控制还是一个很重要的系统。

（**画外**）上海核工程研究设计院是中国核电研究设计行业中的知名骨干企业，主要承接大、中型成套核工程项目的设计。中国第一座核电站秦山核电站就是这个院设计完成的。

（**采访**）王翠芳：（记者：您参与设计了几个？）两个，刚毕业之后，做一个出口邻国的核电站，也比较后期了，主要的也已经设计完成了，然后2003年开始我们又做了这个核电站的二期，基本上是2003年到2007年，就比较完整地做了一个核电站的设计。现在的话我们正在做的几个国产化的核电站，这些核电站也都准备开始建了。

（**画外**）她所说的邻国核电站工程是我国第一个出口的核电工程设计。现在我国的核电工程正处于快速发展期，而王翠芳从事的电气仪控设计又是核电中的重要组成部分，因此，王翠芳他们就显得格外忙碌。

（**采访**）王翠芳：对核电站来说，安全还是一个很重要的方面，因为像放射性,对大众来说还是很担心的一个事情,所以我们做核电站设计,最重要的就是保障核电站的安全。核电站是比较大的一个工程,也不是说一个人就能怎么样,必须是一个团队来做这个事情。做这个项目还是很辛苦的,还是蛮累的,开始要做很多图纸,然后采购的时候要配合他们,我们另外有专门采购部门,但是我们要做一些技术支持,压力比较大的时候,晚上也会想着,我第二天怎么样把这工作做好。

(**画外**)2003 年到 2005 年,王翠芳先后到日本、美国、乌克兰等国家参观学习,积极吸收他们的先进技术,同自己的所学融会贯通,很快她就成为电气仪控所的技术骨干。2008 年,王翠芳开始担任上海核工程研究设计院电气仪控所副总工程师。

王翠芳作为上海核工程研究设计院股份有限公司设计管理中心副总经理,一直没有离开核电工程设计工作。她多次获得国家电投管理创新成果奖一等奖、中国质量协会质量技术奖、核能行业协会科技创新奖、行业管理创新奖等奖项,在核电工程设计领域散发着自己的光和热。

(**采访**)王翠芳:我希望宁津能够更快地发展。现在山东的胶东半岛发展得非常快,海洋也在建那么多的核电站,所以我希望什么时候宁津也能像山东的胶东一样,像青岛、烟台一样那么出名吧,发展得更快,发展得更好。

杨光:年轻,没有什么不可以

(**同期声**)杨光:你看这护发素都是好的,都没有质量问题,这退回来能行吗? 这是好货吧,你往这扔,这瓶子是怎么回事?

(**同期声**)杨光:这是好货不? 这好货你退回来我得有个说法不?

(**采访**)杨光:最担心的还是质量,最操心的是管理,没有管理就没有效益。

(**画外**)这位年轻人叫杨光,这家公司是他与朋友合作创办的。虽然他今年只有三十三岁,但在创业这条路上却已打拼了十几年,经历过说不尽的艰难。

(**采访**)杨光:做什么事都有困难,还是那句话——坚持,总认为年轻就是资本,我跌倒了还可以再爬起来。

(**画外**)曾经放弃过稳定的工作,放弃过辉煌的业绩,只因为心中那个坚定的信念。诚信是他做人的根本,坚持是他成功的法宝,执着的他一次又一次地从头做起,不断开阔着那片属于自己的天地。本期人物——杨光。

(**画外**)杨光,宁津县大柳镇高小章村人,由于母亲是天津的下乡知青,从小他就是满口的天津话。二十二岁那一年,他从南开大学政法学院毕业了,从小就备受父母呵护的他,此时得到了一个在天津杨柳青监狱当狱警的机会。

(**采访**)杨光:狱警这个行业对我来说,也有一定的吸引力,从小也是有这个愿望,想去做警察。

(**画外**)然而这份稳定的工作并没能拴住杨光的心,他总想抓住年轻这份骄人的资本,出去闯荡一番。几番思索之后,他向家人宣布了他的决定,却遭到一片反对。

(**采访**)杨光:我父母一直想让我有一个比较稳

定的工作,进一些事业单位或者能参加公务员考试,但是我这个人的性格,不喜欢固定在一个地方,喜欢到外面去看一看、闯一闯,想出来通过自己的努力,看看能不能闯出一片天地。

(画外)他说服亲戚们一起说服父母,父母终于做出了让步,而杨光也满怀着创业的梦想迈出了人生的第一步。

(采访)杨光:先到广东这边的佛山,在我同学开的一家工厂做销售。这是从事化妆品的一个工厂,这个工厂起步从办证到选厂房到装修,都是我和我同学一起亲自搞的。

(画外)公司正式投产运营后,杨光被安排到沈阳做销售工作。这份工作对于他这个初出茅庐的小伙子来说,并不是件容易的事。

(采访)杨光:最大的困难就是和人怎么去沟通,怎么去开展这个业务,怎么去揣摩一个人的心态,最主要的困难就是这个,再者化妆品当时对我来说也是一个比较陌生的行业。

(画外)面对着这个陌生的城市,只身一人要想把一个全新品牌的洗涤品打开市场,谈何容易。

(采访)杨光:第一笔生意是跟沈阳五爱市场的人(谈的),一个很大的客户,他跟我们的老板也是老朋友。我到那里就算是一个小孩子,一个业务员,刚去的,这个人比较不好沟通。第一单生意就是当时他跟我们的老板一起吃饭,当时我也在场,无意中他说我明天早上可能有五百件货要到,差不多五点多钟就到,他说了这样一句话。就凭着咱们山东人比较朴实、比较憨厚,我就说我是不是早上帮他去做一下。我五点钟到了他的档口,其实他没有这五百件货,他一看我来了,就感觉这个小孩还是比较诚实的,所以他对你这个人认可了,对你的产品就接受了。这就是第一单生意。

(画外)从了解产品走向到打通市场,从走访客户到建立合作,在杨光的不断努力下,公司的产品终于在沈阳打开了局面。

(采访)杨光:我在沈阳可以说是一个业务员,又是一个装卸工。别人要一件货两件货,我也是给他推过去,慢慢地在客户当中树立口碑。东北的天气很冷,我们就拎个包,包里面一般都在三四十斤的样品,因为化妆品很重的,无论是大学还是哪里,我们都一定定期去做走访,去做销售,慢慢地客户对我们有一个认可,首先是对人的认可,然后就是对你的产品有一个认可。(第)一个月八千块钱的销售额,三个月以后就从八千块钱一跃到每个月有五六万块钱的销售额,发展到第二年的时候,应该就是每个月超过了二十万块钱了。做业务做销售,最主要的还是先做人。

（画外）2002 年,公司在沈阳的销售业绩突飞猛进,杨光的努力也得到了应有的回报,而此时的他不仅积累了丰富的销售经验,视野也变得更加开阔,于是,创业的念头再一次在他的心头萌动。

（采访）杨光:我就感觉自己也应该去实现自己的人生价值,自己去闯一闯,看看能不能通过自己的努力闯出一片天地,最主要的还是那句话,年轻就是资本,我跌倒了还可以再爬起来。

（画外）2004 年,建立了广泛的销售网络和销售渠道的杨光离开了同学的公司,与两个在化妆品行业搞销售的同行合作,准备创办自己的公司。

（采访）杨光:就是汕头的一个朋友,看好了我们这个网络,看好了我们这个市场,在这种情况下他投资一部分,我跟沈阳的伙伴投资一部分,这样就开始了一个产品的加工,现在来说就是 OEM,我们有自己的品牌,拿到别的厂去加工,加工产品,然后拿到东北来开始销售。

（画外）OEM 是一种新型的生产模式,就是品牌生产者不直接生产产品,而是利用自己掌握的关键核心技术负责设计和开发新产品,控制销售渠道,具体的加工任务是通过合同订购的方式委托同类产品的其他厂家生产,之后将所订产品低价买断,并直接贴上自己的品牌商标,也叫代工生产。

（采访）杨光:前期投资是三十万元,后期又追加了二十万元,总共是五十万元。（记者:相对来说这个投资还是比较少的。）对,这个门槛还是比较低的,因为我们的销售情况良好,产品一直供不应求。

（画外）当时的产品一度畅销,给这个刚刚起步创业的小伙子带来了不小的惊喜。谁知好景不长,仅仅两个月的时间,他们开始面临大批退货的局面。

（采访）杨光:在我们预料之中是完全可以盈利的,完全可以有一个飞速的发展,但是没想到出现这些问题。退货最严重的时候,一个客户进了一百六十件,原封不动地全部退回来了。这是一个特别不好的信号,随着他的退货,其他客户也开始退货。

（画外）从最初的供不应求到大量退货,两个月的时间杨光经历了冰火两重天,而如此大的转折也开始让他查找问题的所在。

（采访）杨光:问题是在代加工的这个工厂,他们偷工减料的产品造成了直接的质量损失,马上面临着要破产的一个境地。

（画外）代加工工厂偷工减料,加之地方保护政策所带来的压力,致使杨光和搭档亏损了二十多万元。而这几乎就等于他们当时的全部家当,面临如此困境,放弃的念头也曾在心头一闪而过。

（采访）杨光:这个货如果正常的话,资金是马上可以回收的,但是退货一产生,资金回收不了。最难的时候产生过不做的念头,就想过不行了还是回到沈阳去,去做代理商、经销商算了。我跟东北的搭档说了一句话,就说看看,再坚持两个月看看,如果这两个月有转机,我们就继续做,没转机我们就回沈阳去做代理商,亏就亏了。我说年轻就是资本,哪跌倒哪爬起来。

（画外）于是,在很短的时间内,他们又重新选择了一家代加工的工厂。怀着忐忑的心情,他们又执着地迈步前行。也许是他的坚韧改变了困境,也许是他的努力得到了回报,阴霾过后,杨光终于迎来了希望的曙光。

（采访）杨光:转机就在这两个月之间,2004年8月份亏损以后,到了2004年的9月份,我们又找了一家OEM加工厂。这个加工厂的老板就比较好沟通,人还是比较可以。也是我们没想到的,我们当时做OEM的时候,一个月的产值也就是在二十万元左右,但是到了这家厂,我们的OEM加工出来以后,因为他的产量比较大,产值就能达到八十万元。产值八十万元,我就能销售掉八十万元,对我们的销售就有促进作用。质量稳定了,产能增加了。其实市场的需求是很大的,在这样的情况下,就像水到渠成一样,销售就非常稳定了。2005年又是一个飞跃,2005年超出我们的预想,年产值达到一千万元了。

（画外）2006年,在他们坚持不懈的努力下,公司取得了年销售一千八百万元的优异战果。而随着销量以及产品影响力的不断扩大,杨光开始不满足于OEM的生产销售方式,他和搭档决定投资筹建真正属于他们自己的公司。

（采访）杨光:这样就促使我和合作伙伴下定决心把资金投在广州,重新做厂。自己的命运还是要自己掌握。

（画外）2006年年底,他们决定在化妆品生产企业最集中的广州选址办厂。

（采访）杨光:最主要的就是在汕头那边,地域的局限性太大了,广州这边做化妆品的行业比较集中。2007年8月份搬过来的,因为当时急着要筹建,就是要在短时间内找到合适的厂房。在重新建一个新厂,然后和这些配套商重新建立一个合作关系,这个困难是比较大的。重新建厂以后,他对你实力的评估、对你信誉能力的评估,他都有自己的一个新的认识,所以说在这种情况下,怎么让这些配套商、原料商,对我们更有信心,就是这个厂可以发展得好,跟他合作还是很有前途的,就是比较有钱赚,让他们有这样的信心。

（画外）在完成了办证装修等一系列工作后,2007年8月,公司正式投产运营了。现在我们看到的就是杨光和他的朋友一起筹建的广州靓蔻化妆品有限公司,如今运作了两年多的公司已是颇具规模。

（**采访**）杨光:我们处于三线品牌,在三线品牌里属于中等。（记者:什么叫三线品牌?)就是说像宝洁,都是国际品牌,联合利华都是一线品牌。国内的拉芳、蒂花之秀,都属于二线品牌。像我们这些品牌呢,就是属于三线品牌,我们的产品都是属于中低端市场,主要是面向各个地级市、县、乡镇这些市场。

（**画外**）其实几番接触下来我们发现,尽管多年在外打拼,杨光身上却始终保留着山东人那份特有的质朴,而这也是最让他引以为自豪的。

（**采访**）杨光:我凭的就是咱们山东人的诚实、朴实的这种作风,很普通地去跟客户沟通,没想到就会得到客户的认可,客户感觉这个人比较诚实,不是很奸诈、很狡猾的那种,所以说我感觉还是得益于咱们山东人的性格,能跟客户有一个很好的沟通。首先是说到的必须做到,尤其在货款方面,我说几号付款就是几号,不能拖延,无论有什么事情。如果有确实走不开的时候,你一定要电话通知客户。这样的话,在客户的心里让他感觉,你有诚信。

（**画外**）如今,公司自主研发生产的产品已多达十几个品牌、上百种产品,年产值也已经达到三千五百万元。可以说,杨光的事业发展得已是有声有色。

（**采访**）杨光:下一步的发展还是扩展产品的种类,提升品牌,要创品牌。2010年争取能推出自己的一个品牌,做一个形象的产品。现在品牌没有突出,比较杂乱。我们就是要突出优势品牌,把一些有优势的品牌做强,做成有知名度的品牌。近两年来说还是要把广州这个基地稳固好,如果有机会,还是要到上海、天津这些地方尝试一下。

（**画外**）杨光将所有的心血都倾注在了他的事业上,公司也开始步入稳步上升的发展时期,谁知家中一场突如其来的变故打乱了他的生活。妻子遭遇车祸,生命危在旦夕。

（**采访**）杨光:当时是在机场接一个朋友,我妻子就站在车边上,突然一辆车飞过来把她撞了,一开始我以为只是骨折,但是抬到救护车上以后,就发现情况不对了,出现了大出血。到了医院以后急需做手术,而且她不能动,在ICU重症监护室。动脉血管破裂,产生大出血,她身上四分之三的血换了一遍,幸亏诊治及时。

（**画外**）妻子本来在公司里为他负责财务方面的管理,是他最得力的助手,这个突如其来的变故让他不知所措。

（**画外**）不得已他只能放松公司的管理而将大部分时间放在医院,这时候公司也开始接连发生状况。由于一项新研发的产品配方未经仔细考察,在投产后不久就发生了变质,大批的销售商纷纷退货。接二连三的麻烦让杨光分身乏术,他来回奔波于公司和医院之间。

（**同期声**）杨光打电话找车间负责人:你来一下这边院里,你看这护发素都是好的,都没有任何质量问题的,退回来能行吗? 这是好货吧,好货退回来我得有说法吧,我跟客户说,好货也退啊? 这东西最起码得有人收拾吧? 你们眼睛长哪儿去了?

（**采访**）杨光:我跟我搭档也是有一定责任的,就是在配方改造方面,不够谨慎,经验不足。就是说,这个配方一定要经过时间的验证,没有问题了,才能做。不是说我们想怎么做就怎么做。

（**同期声**）杨光和车间负责人交谈:我跟你说,你的工作重点在哪里? 你自己看着办,这真是太过分了。

（**采访**）杨光:首先说当时的卫生条件一般,所以我们现在就要求达标,达标以后尽量做得最好,我们投入了很多消毒的设备,投入的资金在一百万元左右,然后进行厂房改造,消毒程序全部改进,尽量把损失降到最低,但是客户当时的损失,我们是无偿弥补的,一定要对客户负责,对产品负责。

（**画外**）无论多忙多辛苦,杨光每天总会抽出时间到医院陪伴妻子。半年来,妻子渐渐恢复健康,已经能下地自由走动。法院也即将开庭审理肇事方的赔偿一案。杨光那颗悬着的心也终于可以落地了。

（**采访**）杨光:今天开完庭了,没事了。我妻子也在慢慢恢复,我在厂这边的时间也就多一点了,以前没办法,不来回跑不行,晚上还得去医院住,还得看着妻子。

（**画外**）阳光总在风雨后,一路走来,执着的杨光用自己的努力与付出证明了他的信念:"年轻,没有什么不可以。"就在采访即将结束时,杨光接到了开庭顺利的好消息,他的脸上终于绽放出了久违的笑容。

在广州经过近二十年的打拼,现在杨光的广州俊臣集团已经成为拥有四家下属公司,集研发、生产、销售、OEM/ODM、服务于一体的综合性企业,包括珀蔻、芮度在内的十二个品牌,主营洗剂、洗发、护发、护肤、膏霜、面膜、口腔护理等产品,是广东省化妆品质量管理协会理事单位,广东省化妆品技术交流协会副会长单位。

（**采访**）杨光:希望咱们父老乡亲,生活越过越好,也希望我们靓蔻公司的产品,能打入宁津的市场,能让父老乡亲们使用上咱们老乡自己生产的化妆品。

转业深圳的基建工程兵："特区拓荒牛"

（画外）身披军装，他们是劳武结合、能工能战的解放军；离开军营，他们是各行各业辛勤耕耘的开拓者。从开山铺路到创造举世瞩目的深圳速度，这群注定要被载入史册的军人有着一个共同的名字——基建工程兵。本期人物"特区拓荒牛"——转业深圳的基建工程兵。

（画外）这座位于珠江三角洲东岸的城市，就是我国第一个经济特区——深圳。历经了三十年的建设与发展，有多少人还曾记得，眼前这座颇具国际影响力的现代化城市，在当年只是个不起眼的小渔村。

（采访）单连云：那时候很艰苦。我们刚过来的时候，水没有，路没有。这个地方很穷。

（字幕）单连云，宁津镇罗家村人，现任深圳城管局中心公司主任。

（采访）迟书利：当时我们住的都是草房，我们在房子里面住着，呼的一下，房子的盖就没有了。

（字幕）迟书利，保店镇王千村人，深圳市跃众集团退休干部。

（采访）吕玉成：当时看到的，一片破烂不堪。

（字幕）吕玉成，保店镇吕庄村人，深圳国贸大厦退休干部。

（画外）1982年，一百多辆军列，满载着两万多名军人浩浩荡荡开进特区，这几位宁津人，正是当年跟随部队来到深圳的，虽然他们不在同一所军营，但是他们却有着一个共同的名字——基建工程兵。

（画外）基建工程兵，属于中国人民解放军陆军的一个兵种，也是我国保留时间最短的一个兵种。从1963年成立之初，这支部队就肩负着"劳武结合，能工能战，以工为主"的光荣使命，一直忙碌在祖国最需要的地方。

（**采访**）迟书利：（记者：您是哪年参的军？）入伍通知书是1974年12月16日发的，当时也没有考虑那么多，都希望当兵，想锻炼锻炼，长长见识，也是农村孩子最渴望的，就是响应祖国号召，抱着这么个目的去的。

迟书利

（**采访**）单连云：发了军装又在家待了十多天。

（**画外**）正式入伍后，部队就开赴吉林通化，他们当兵的生涯也从此拉开了序幕。

（**采访**）单连云：当时去了以后也是大雪封门，那时候跟现在不一样，原先我们去的时候，到处都是山沟，那个大山怎么看，就是这么直着看，都是咱们国家的重要部队在那儿。

（**采访**）迟书利：我当时分在道基连，道基连专门修路的，那时候在零下三十二度的时候，还在上面施工，穿着绒衣、毛衣、皮衣，然后就是一个小时换一次。住在老百姓家里，因为工作时间长了受不了，很冷的。最冷的时候零下四十度左右，摸铁皮的时候，一拿起来就哗啦哗啦地响，手套都哗啦哗啦地响，我们上山打柴的时候，一般冬天里，雪都到（膝盖）这个地方。

（**画外**）1975年，解放军进行了新中国成立以来的第五次大裁军，由于工程兵精减数量大，造成工程兵分布不均衡，于是他们又被补充南下，跟随部队开往陕西汉中。

（**采访**）单连云：主要就是给三机部服务，主要是建营房、厂房，造运－8飞机。

（**采访**）迟书利：就是012基地，三机部的军工企业，当时番号叫建字873。在汉中待了六年，1976年到1982年。

（**画外**）这六年中，他们经历过艰辛的劳作，也曾在抗洪抢险中荣立集体三等功,本以为可以带着一身荣誉踏上故土,然而此时国家的又一项决策将他们再次推向了时代的风口浪尖。

(画外)1982 年秋,京广线由北向南疾驰过一百辆军车,车上满载军人和大批建筑施工器械,他们的目的地是珠江畔的边陲小镇——深圳。此时的深圳虽已划为特区,但这里还是一片荒野。

单连云

(采访)迟书利:当时来的时候条件艰苦一点,但是没有什么太多的想法。我们在里面住着,房子呼的一下,盖就没有了,就刮跑了。

(采访)吕玉成:我们那时候住的叫"竹叶宾馆",为什么叫"竹叶宾馆"呢?全是竹子的,全是竹排子扎的房子,扎的那个草棚,晚上睡着觉台风就来了。

(采访)迟书利:台风刮了以后两天没吃东西。

(采访)吕玉成:第一印象就是苦啊。

(画外)建设初期的深圳,偷渡香港的现象还很严重。大量劳动力流失,城区人口还不到三万。突然来了两万基建工程兵,这里一下子变得像个大军营。刚刚平整过的山坡上建成了战士之家,贴上了醒目的口号:志在特区搞建设,红在深圳保边疆。

(采访)迟书利:我们是搞工程建筑的,主要是修楼房、修道路,没有节假日和星期天,法定假日对我们不存在。(记者:一天能工作多长时间?)实际上按我们开车的话,有时一天十几个小时,春节放几天假,我们这就休一天,初一休一天,然后就上班,当时过来的时候就是这样。

(采访)单连云:(记者:建设的最大的项目是什么?)就是国贸大厦,国贸大厦是三天修一层。

(采访)迟书利:因为每建一幢楼是有工期的,在工期之前完成有奖励;拖延一天,可能要罚几十万元。

(采访)吕玉成:深圳速度嘛,时间就是金钱。

(采访)单连云:主要是加班加点,昼夜不停,国贸精神就在这里,三天修一层,也是特区精神。

(画外)这两万工程兵为深圳特区基础建设立下了汗马功劳,他们用"兵贵神速"的军人作风和敢打敢拼的工作态度,创造了三天修建一层楼的深圳速度,成为当时深圳建设大军中颇具战斗力的生力军。

吕玉成

(采访)迟书利:(记者:当年没有想到经过你们的建设,深圳能变成这个样子。)想象不到的,这是改革开放带来的成果,叫一夜城,都说深圳是一夜城。

(画外)1983年9月15日,这一天注定要被写进深圳的历史。这一天,深圳市领导和基建工程兵领导为两万基建工程兵举行了隆重的换牌仪式,两万名解放军从此脱下军装,集体转业到深圳,改编为深圳市属施工企业。

(采访)迟书利:转业以后分了七个公司,一建、二建一直到五建,还有一个市政、一个机电安装,就这样分了七个公司,我们是搞工程建筑的。

(采访)单连云:就地转业,叫这批军人就扎根到这儿,搞三线建设。

(采访)吕玉成:(记者:后来留到深圳的宁津的这批兵,大约有多少人?)三十八个宁津人,来到这儿转业转到这儿的,又回去十五个人,感觉这儿苦,那时候辛苦,都住竹棚子,都一看就没信心了。

(画外)这批基建工程兵转业留深圳后,不但在这里逐渐开创出自己的事业,而且成为宁津人南下闯深圳的一种榜样和依托。吕玉成是转业后留在深圳的这批基建工程兵中的一员,他的家人就先后从宁津移居到了这里。从深圳国贸大厦退休后,他就开始做起了生意。

(采访)吕玉成:我三弟当兵,转到咱们县里,转到粮食局,从粮食局转到保店粮站,在家里待了三个月过来了,现在全家在这里。我四弟就在这儿成的家,我二弟也在这待了十五六年了,我姐姐也过来了,姐姐也在这待了十多年了。全家都过来了。

(画外)如今他们家老少三十几口人全都来到深圳发展。在采访中,我们见到了他的弟弟、现任深圳市机关事务管理局服务部部长的吕玉胜。

（**采访**）吕玉胜：我哥在这儿，我觉得深圳的发展机遇大一些，1985 年来了，姊妹五个全在这里，家里基本上没人了。每年聚一次，初一早晨找个酒店，就这么四桌，一家人在一起。

（**画外**）也许对于这群老兵来说，深圳这座凝聚了他们心血的城市，已经成为他们的第二故乡，作为深圳的第一批外来建设者，他们选择了永远留在这片他们曾挥洒汗水的热土上，而他们的名字也被永久地载入了深圳的历史。

吕玉胜

（**同期声**）记者与吕玉成看城雕：当时也就是这么一小块是吧，就是宝安这一小块，这是罗湖口岸，口岸这儿还有几条街，这一条路没有多宽，是两车道，当时就是两车道，其他的都是荒地。

（**画外**）二十多年过去了，这些深圳当年的建设者也在这片土地上深深地扎下了根，作为深圳特区的拓荒牛，深圳梦的建设者们，如今他们已经融入到了深圳市的各行各业之中，在平凡的岗位上无怨无悔地继续奉献着。由于种种原因，我们此次深圳之行只见到了他们其中的几位，临别在即，他们也带来了对家乡的祝福。

（**采访**）单连云：我们来到这里以后，远离家乡，但是对家里还是很想念。因为我们本身就在家里长大的，当兵出来这么多年，对家里的父老乡亲还是有感情的，经常也在电视上看，这几年听说发展得也不错，希望我们的家乡越来越好。

（**采访**）迟书利：我们都是在宁津长大的，喝宁津的水，所以说我们对家里的感情非常深，家里人民过好了，我们也觉得高兴。

（**采访**）吕玉成：这么多年没回去了，很想那个地方，希望我们家乡快快富起来。

（**采访**）吕玉胜：向家乡人民问个好，祝家乡人民身体健康，万事如意。

刘杰：标准化专家

（**画外**）刘杰，广东省 WTO\TBT 通报咨询研究中心副主任，教授级高级工程师，全国建材装备标准化技术委员会副主任、全国建材装备陶瓷机械专业委员会副主任、广东省建筑卫生陶瓷标准化技术委员会主任委员、中国硅酸盐学会陶瓷机械专委会委员。1972 年，刘杰出生在宁津县保店镇一个普通农民家庭，身为家里的长子，高中毕业后考入华南理工大学，从此广东成为他的第二故乡。

（**采访**）刘杰：在大学我是团支书，留给我印象最深的是，当学生干部，我至少提前走向了社会，丰富了人生。作为学生干部，涉及方方面面的交往，跟老师交往还有跟外面交往，跟社会的交流也多了，人际交往也多了，对于问题的思考，提前成熟了，我觉得这给我走向社会，走向工作岗位，打下一个很好的基础。

（**画外**）由于在学校的出色表现，作为一名幸运者，刘杰从华南理工大学毕业后，经学院党委书记推荐来到了广东省佛山市质监局工作。

（**采访**）刘杰：在佛山质监局下面一个事业单位从事技术工作，我一直从事陶瓷、建材方面的检测质量管理，主要跟企业打交道。我的工作一个是检验，一个是去企业抽样、抽检、抽查，所以有的时候是企业来，有的时候我们去企业，就这么反复交流、交往。

（**画外**）对于刚迈出大学校门的刘杰来说，这里既是他进入社会的第一站，又是他实现自我价值的重要起点。正是在这里，他开始与标准化结下了不解之缘。

（**采访**）刘杰：我起草第一个行业标准是在 2000 年，那时候一个企业找到我们，他的产品是一个比较新的产品，没有标准，让我们帮助他们起草，当时我们查阅了大量资料，最后填补了行业标准空白，自己的价值得到了充分体现，成为当时所在单位第一个参与起草行业标准的。

（**画外**）所谓标准化，就是在经济、技术、科学及管理等社会实践中，对重复性事物，通过制定、发布和实施标准，获得最佳秩序和社会效益。简单地说，就是制定科学统一的规则标准，并有效地实施和改进标准。2003 年，佛山市要筹建佛山市顺德区质量技术监督标准与编码所，由于在标准化工作上的出色表现，刘杰成为第一任所长，那一年他才三十一岁。

（**采访**）刘杰：我去顺德之前就是普通员工，没职务，属于工作出色破格提拔。去了之后条件也比较艰苦，顺德区质监局借款五十万元起步，通过大胆招聘人才，完善制度，积极开拓业务，各项工作迅速打开局面。

（**画外**）有了施展才华的舞台和空间，刘杰踌躇满志，准备在顺德大展拳脚。

（**采访**）刘杰：当时我们说服领导，率先在全国实施标准化战略，为此付出了艰辛的努力，打响了全国第一炮。同时，通过在所内建立完善的国际标准化体系，形成了良好的发展态势。

（**画外**）从 2003 年到 2008 年，五年多的时间里，在刘杰的带领下，顺德区质量技术监督标准与编码所从无到有，从几人发展到几十人，包括一批博士、硕士。作为一个县里的标准化事业单位，他们年收入一千二百万元，已在全国有相当的知名度。

（**采访**）刘杰：顺德的广东省名牌、国家名牌当时在全国是最多的，标准化发挥了重要的规范引导作用，顺德因此抢占了很多全国相关领域的制（修）订话语权，为顺德企业走出去和打造顺德区域品牌打下了良好的基础。

（**画外**）结合广东的产业特点，刘杰先后主持、组织申报了《全国太阳能产品标准化技术委员会可行性报告》《全国陶瓷机械标准化技术委员会可行性报告》及《全国水产饲料标准化技术委员会可行性报告》等多个全国性标准化技术委员会的筹建工作，并承担了多项国家星火计划、国家质检总局科技项目等工程。2007 年，刘杰荣获人事部等七部委组织的"新世纪百千万人才工程国家级人选"称号。

（**采访**）刘杰：百千万人才工程，是国家级专家的培养计划，含金量比较高，2007 年获得这个称号，在标准化领域还是比较少的。这一切成绩都是时代需要、组织培养和个人努力的结果。

（画外）2008年，刘杰因工作出色被调到广东省质量技术监督局工作，担任广东省WTO\TBT通报咨询研究中心副主任，主要负责全省技术标准战略的推进工作。

（采访）刘杰：从毕业到现在，至少走过两千多家企业，跟五六百家企业老板都打过交道，曾有幸跟省委书记和省长面对面建议献策，这为后来主笔起草《广东省技术标准战略实施意见》等重要文件打下了基础。由于在一个行业时间足够长，一晃下来已成了这个行业的资深工作者。

（画外）应该说在标准化这个领域，刘杰已经成为全国知名的标准化专家，全域标准化、城市标准化、先进标准体系等一系列新理论均由他提出并推进，取得了诸多影响深远的成果。

（画外）作为首届中国标准创新贡献奖个人奖获得者和全国标准化系统内为数不多的获国务院特殊津贴的专家，刘杰二十多年如一日，参与并见证了全省乃至全国一系列标准化重大改革与发展。他写的《标准化战略》一书作为全国市场监管系统领导干部在中央党校培训的指定标准化用书，在中国标准化界有较高影响力。多年来，他紧贴省委省政府重大部署，积极推动全省人工智能、高端装备、气象、家政、数字政府、行政许可、公共服务等领域开展先进标准体系建设，开辟了很多标准化新赛道，有些工作在全国范围也产生了较大影响，部分工作已成为推进中国式现代化的基层创造样板。

（采访）刘杰：感谢父老乡亲的养育之恩，也希望我们宁津县能够用好标准化这个手段，推进各项事业向前发展，需要我时，我当义无反顾。这么多年来，我们宁津变化也很大，希望能在新时代夺得先机，着眼未来发展，并在标准和规则方面占有一席之地。我可以尽一份力量。

海军中的宁津人

（**画外**）他们是英勇无畏的解放军战士，他们是护航保国的忠诚勇士。远离故土，长年生活在苍茫的大海上，他们有着多少不为人知的故事，他们经历过怎样的心路历程？本期人物——海军中的宁津人。

（**画外**）舟山群岛是我国沿海最大的群岛，这里岛礁众多，星罗棋布，是我国最大的海产品生产、加工、销售基地。在这众多的岛屿中，被誉为"海上城市花园"的舟山本岛是我国的第四大岛。这里驻扎的军队主要是海军，这其中就有我们宁津人。

（**画外**）他叫滕国生，宁津镇滕张村人，1969 年出生，现任海军 92910 部队装备部监管处副处长。由于从小就怀揣着当兵的梦想，品学兼优的滕国生在当年填报志愿的时候毫不犹豫地选择了军校。

（**采访**）滕国生：1989 年的时候，从宁津一中考的大学，直接考到武汉海军工程大学。应该说对自己也是一种锻炼，像我们考上军校，到学校报道的第一天，就算入伍了。

（**画外**）入学后不久，滕国生就和同学们开始在船上实习，作为未来的海军，这也是必须经历的一课。

（**采访**）滕国生：总算能见到舰艇了，能上船了，能出海了，是很激动的，很新奇的。我们海军有实习舰艇，专门为我们学员实习到处跑一跑，基本上从南海跑到北海，这个路

线,转一圈,让你体验一下在海上的生活,包括我们学员实习的时候,你怎么吃饭,怎么工作,包括洗漱,都有讲究。我们是严格控制水的,每天早晨只给你半脸盆水,然后先洗脸,然后再刷牙,刷到脸盆里,然后再倒掉,只能这样。睡觉都有讲究,因为船上的铺不像我们岸上的这么宽,还不是一层的,我们都是三层铺,并且很窄,人能躺下去就很不容易了,人刚刚躺下,坐不起来,因为就像抽屉一样,人就侧着倒进去,一滚,躺好就行了。像我们这种舰艇当时是型号比较老的那种舰艇,生活条件比较艰苦,都是仿造苏联的那种建造结构,就是注重作战,不注重生存的设计原理。出海时间长了,水就成问题了,每个人发了五十斤的塑料桶,每个人一桶水,自己带着,然后平时洗漱,包括喝,都是依靠这五十斤水,喝完了以后就没得用了,所以洗脸、洗脚、擦擦身上,每天就半脸盆水。搞机电的经常会出汗,需要喝大量的水,并且一出汗就要洗澡,我们就不洗了,谁还去洗澡啊,有时候出海半个月,回来以后整个人都发馊了。我们出去体验晕船的感觉,专门走一些海况比较恶劣的地方,风浪比较大的,或者涌浪比较大的地方,让你体验一下晕船的感觉。我们那一次从广州出发的,差不多离开香港两三个小时,就有点吃不消了。南海的风浪比较大,涌浪也比较大,当过机电兵的人都知道,在机舱里面这个味道、这个环境,让人受不了的,油气味一蒸发,没有新鲜空气呼吸,噪音又很大,真的一出海就晕船了,大家都动不了了,在船上"交公粮"交了很多,我们管晕船吐叫"交公粮",我们又不能随便吐,几个人发一个垃圾桶放这里。我们还要工作的,不是说躺在床上,不行的,我们都要给个作业,你要做作业,一出海就让你做作业,每个人都在那儿做作业,画海图或者标注什么东西,都要做这个事情,然后晕船了吐,都来哗哗地吐,大家都想吐的时候,大家都来抢,头碰头,抱着,趴在那桶上,真是吐得稀里哗啦的。

(画外)1993 年从学校毕业后,滕国生被分配到 131 舰担任动力分队长,在大学里他学的专业的是燃气轮机工程,而真正上船后他面对的却是蒸汽轮机,这对滕国生来说是一种挑战。

(采访)滕国生:我们学的是锅炉管理,包括锅炉的维护、使用。我记得第一次上船,到机舱里我去看锅炉,我转了一圈上来,没找到锅炉在哪里。我也没好意思问,我说堂堂大学毕业生,到了舰上去找锅炉,愣没找到锅炉,结果后来我翻了书看了看,这锅炉其实它不是圆的,像一面墙一样,外表是方方的,跟房间一样的,所以说没有去注意,后来慢慢地摸熟了,也下了很大的苦功,去整个系统地学习,包括整个实物的对照,原理结构都搞得比较清楚了。因为我们的装备比较老化,也服役很长时间了,二三十年了,里面管路的锈蚀也比较严重,里面的管路不是一根管路,它是上千根管路,当时出海的时候机器在运行,突然这一根管子"嘣"炸掉了,马上蒸汽压力就会下降,整个锅炉就不能用了,我们知道锅炉管破了,然后紧急停机,把机器停下来,不要再动了,然后就等锅炉稍微冷却下来以后,再爬到锅炉管里面去,去找这根管子,要一根根地找,到底是哪一根破了,开始的时候需要五六个小时,后来慢慢地经验多了,两个小时就可以找到了。

(画外)1997年,母校海军工程大学开始对外招收在职研究生,思索再三,滕国生决定暂时离开工作岗位,继续学习深造。

(采访)滕国生:有机会考了,我们就加紧复习。那次复习比高考还要累,每天除了复习就是复习了,一点都没想到去玩儿,心情也不一样,那种学习的劲头特别大,经历了多长时间这种复习,有三到五个月,最后成绩还是不错,总算考上了,很顺利。

(画外)研究生毕业后,滕国生又被分配到海军92910部队,先后担任舰保(障)大(队)一中队工程师,定海舰保(障)大(队)总师办工程师,装备部新装办参谋、副主任,装备部科技处副处长。

(采访)滕国生:我在海军二十一年,还是很难忘的,在舰艇上那段时间的生活,我记得印象最深的一次,穿着工作服,爬到锅炉管里面找问题的原因,大概在里面待了五六个小时,总算把这个故障排除了,出来以后是一身油一身汗,整个人都看不出样子来了。那时候舰长正好找我,在广播里广播找我,滕国生请过来。其实我已经在他旁边了,我说舰长你找我吗,他说你是谁啊,其实已经看不出人样子了。

(画外)2005年,滕国生开始担任装备部监管处副处长。回想起曾经走过的路,他说最难忘的还是当年跟随舰艇出海的那段生活。

(采访)滕国生:没去船上工作生活的时候,怀着一颗比较美好的心情,很崇尚我们海军的舰艇生活,但是真正到了舰艇上生活,确实感觉到真的很苦,有的时候晕船晕得厉害了,真的想跳海。有的时候觉得在船上晃啊晃,像坐摇篮一样,感觉好像是挺舒服的,其实真的不是那么回事,有的时候真的晕得你整个肠胃都要吐出来,整个胆汁都吐出来。我们有个别兵,出海之前还好,一出海了开始晕,晕船,晕个一两天,好了,平稳了;有时候我们出海好多天,好了以后,等到再靠码头了,结果大家都好了,结果他又开始晕码头,我们叫晕码头,又开始吐,到了陆地上适应不了这个频率。

(画外)尽管现在已经不再出海,更多的是在岸上工作,但对于军人来说,国家的使命高于一切,因此,很多时候家乡也只能是梦中的回忆。

(采访)滕国生:偶尔回一趟家,一两年回一趟家。对家里的亲人朋友还是很想念、很思念的。祝愿我们家乡的人民,工作顺利,事业兴旺,身体健康,家庭幸福。

(画外)同滕国生不同,尹志强是高中毕业后参军入伍的,在部队里要求上进的他,是考入军校后被分配到舟山来的。尹志强,大曹镇宋桥村人,1973 年出生,现任海军某部总工程师。

(采访)尹志强:1991 年 12 月(入伍),高中考大学没考上,作为我来讲,继续学习可能家庭条件不允许,这算是一个出路吧。我们那年宁津县是一百个海军、五十个陆勤、五十个水兵,我们验上的是陆勤。当时去的是南海舰队,当时也有说法就是,部队里允许考军校,自己也有这个想法,以后在部队可以继续学业。

(画外)在南海舰队服役的三年里,尹志强处处要求上进,积极准备考军校。很快机会来了,1994 年他顺利地考入西安通信学院。

(采访)尹志强:学了两年,学的通信线路这个专业,两年以后分配的时候,就分配到舟山来了。

(画外)1996 年从西安通信学院毕业后,尹志强被分配到了海军 91666 部队,从此他便扎根在了舟山,多年来他先后任部队分队长、副连长、连长,2007 年开始担任部队总工程师。

(采访)尹志强:我们这个专业,它自成一个系统。通信这个专业发展非常快,平时工作中遇到的问题,就是自己去学。

(画外)入伍多年,如今作为一名老兵,尹志强说只有不断学习才能跟得上科技的发展与进步。

(采访)尹志强:祝我们家乡的父老乡亲,身体健康,生活蒸蒸日上,早日达到我们理想中的小康生活。

(画外)由于海军的很多信息都是严格对外保密的,我们对这些宁津人的采访也只能到此。在舟

山停留的间隙,我们还电话连线到一位同样在舟山服役的宁津人李宝森,如今他正在索马里执行护航任务。

(画外)无论是毕业分配还是参军入伍,这些优秀的宁津人都选择了成家立业留在舟山,他们背后这些甘于奉献的军嫂也同样是我们宁津人的骄傲。

(采访)崔国菊(滕国生的妻子):谢谢县政府的领导和电视台,对我们这些在外地工作的军人和家属的关心和厚爱,在此表示感谢,向家乡的父老问好。

(采访)甄文红(尹志强的妻子):谢谢你们给我这个机会,向家乡父老乡亲问好。

(采访)陈宝红(李宝森的妻子):代表我老公,向家乡的父老乡亲问好,感谢家乡的人民惦记着我们。

(采访)崔国菊:作为宁津人我感到幸福,也感到骄傲。

2011年,中央军委对全军编制进行了大调整,舟山保障基地被取消了。在转业和改为技术岗位的两种选择中,滕国生选择了改技术专业到保障大队继续服役,并于当年考取了高级工程师资质,主要从事舰船装备的修理工作、科研攻关、帮带培训技术新兵等工作。在此期间,他修理舰船装备八十五台(套),参加舰艇航行保障十一次。成功完成六项科研项目,发表论文五篇。参加海军大比武,获得第二名的好成绩,成为所在部队的技术带头人。

2020年,滕国生以大校军衔、正师级级别正式退休。然而多年的军旅生涯,让他对军营有一份难以割舍的情缘,同年他应聘了舟山市新兴航天涉海技术研究所总工程师,继续为部队做服务保障工作。为了把事业进一步做大,2022年6月,他和朋友在浙江省台州市合作成立了台州世博科技有限公司并出任总经理,为部队提供各式无人机、无人艇、靶船的制作和维修等服务,并为部队培养技术人员。他们研制开发了水下滑翔机布放装置,海军游泳池使用的溺水报警器、柴油机试验台、高压喷油器试验台等设备。主要完成舟山渔场养殖业的无人机勘察任务、高压线缆的无人机探伤巡检业务、高山海岛的无人机巡检以及配合公安部门执行跟踪逃犯等任务。

虽然多年来一直跟舰艇、海岛为伴,但滕国生一直心系家乡,他还计划参加"山东宁津首届创业大赛",到宁津县投资建厂,生产无人机。我们期待着他在创业的道路上谱写又一斑斓多彩的篇章。

李秀珍:生态学专家

（画外）全县第三名的优异成绩,让她在当年的高考中一举金榜题名,但在追逐梦想的人生路上她又曾几经波折。从品学兼优的学生到桃李满天下的教育工作者,她有着怎样的人生经历? 本期人物——李秀珍。

（画外）李秀珍,华东师范大学河口海岸学国家重点实验室教授,中国科学院沈阳应用生态研究所研究员,博士生导师,日本广岛大学客座教授,沈阳建筑工程大学双聘教授。2001年入选辽宁省"百千万人才工程""百人"层次。2007年入选教育部"新世纪优秀人才计划"。

（画外）1970年出生在宁津县张大庄乡小安村一个普通农民家庭中的李秀珍,像很多通过高考跳出农门的农村娃一样,从小就学习成绩优异。1987年高考时,她以全县第三名的成绩金榜题名。

（采访）李秀珍:1987年高考,那一年我考了五百六十六分,当年我的学习成绩还可以吧,考了我们全县第三名,当时考的是山东师范大学地理专业。

（画外）在李秀珍的心里,这并不是她理想中的学校,而所学专业也与她钟情的生物学相去甚远。有一刻,她甚至想到了放弃。

（采访）李秀珍:这个学校不是自己理想的学校,专业更是不理想,因为我是理科毕业的,理科的学生是不学地理的,几乎是自己完全陌生的一个专业,然后学校又不理想,因为第一志愿不是报的山东师大,成绩也是比较高的,但是被山东师大录取了,当时有点不服气,本来我就不想去读了,想明年高考再考一次,

371

但是我哥哥就鼓励我去读。大学生活比起高中生活来，还是丰富多彩得多，所以我哥哥建议我说，你到那里去看看。我看一眼就不愿意，跟着我哥哥回去了。入学第一天就想考研，而且要考一个好一点的学校。

（画外）念四年大学，李秀珍以学校第一名的成绩考入中山大学环境科学系，而当她正式开始了研究生的生涯时，她才发现，正是四年的地理专业让她开阔了眼界，也为自己的未来奠定了基础。

（采访）李秀珍：考上研究生以后，发现学地理是对的，因为我的性格比较喜欢天南海北地跑。上了研究生以后，跟着老师做了很多事情。大学本科就已经开始跟着地理系的老师做过很多项目，山东省的地级市几乎是跑遍了，就是大学四年里做土壤方面的项目。

（画外）当时处于改革开放最前沿的广州经济建设飞速发展，但是学术氛围并不浓厚，那里的消费水平让家境不宽裕的李秀珍选择了离开。

（采访）李秀珍：我当时在广州期间，一个是我自己也为生活所迫，我不得不出去打打工，或者给人家做家教。三年时间有两年半在做家教，另外一个跟那边的老师下去做环评。做环评的时候，跟那些有钱的小老板聊天，就感觉他们那种口气，就是说把知识分子根本就不放在眼里。所以我就觉得如果在这样的环境里跟我的人生的理想是格格不入的。

（画外）研究生毕业后李秀珍选择了北上，来到中科院沈阳生态所，开始边工作边攻读博士。

（采访）李秀珍：然后我就千里迢迢地从广州来到了沈阳，这里的人感觉就是做学问的，踏踏实实在那里做自己的事情。来了以后，我考的在职的博士生。在沈阳生态所主要做生态学方面的研究，都是做湿地方面的研究，另外一个吸引我的原因，就是我导师说，如果有机会的话，也要让你出国。

（画外）由于英语、专业等各科成绩都很出色，很快李秀珍得到了出国留学的机会，但是生活的拮据一时间成为她出国最大的障碍。

（采访）李秀珍：我上大学的时候，是我哥哥姐姐帮忙读下来的，所以我不得不选择做些家教，包括跟老师出去做一些环评项目，实际上也是为了挣口饭吃。出国对我来说，也是一个梦想，但是作为一个穷孩子，那时候还没有电子邮箱，要联系出国的话，要寄很多国际邮件，一封信一封信地往外投，我说我没有那个钱，而且考托福、考 GRE，好像都要交很多钱，那钱对于当时的我来说，也是一个很大的数目，我说我考不起，但是我随时随地做好准备，只要有机会出去的时候，随时要考的话，我都肯定能通过，我是这么想的。

（画外）机会总是留给那些有准备的人。一年后，在导师的帮助下，李秀珍申请到了荷兰一所可以提供奖学金的学校，而她也凭借六百分的托福成绩被顺利录取。

（采访）李秀珍：考了一个托福，当时考了六百分，我只复习了一个多月，六百分当时也是比较高的分数了，后来就很顺利地出国了，去了荷兰，当时拿了他们的荷兰政府奖学金。

（画外）在荷兰，李秀珍接触到的是学科内最先进的知识和技术。凭借自己良好的基础和不懈的努力，她顺利完成了学业，并借助学校的便利条件完成了国内所在单位的博士论文。

（采访）李秀珍：我觉得在国外的那段时间，学到的不单单是知识，还有很多其他方面的经历，让自己变得更加成熟、更加稳重起来。

（画外）谈到在国外的生活，李秀珍说她有一段颇不寻常的经历。

（采访）李秀珍：我读硕士的时候是去委内瑞拉，实际上是出野外，三个星期的野外，但是要去那里，我需要办一个签证，我们当时是四个同学，在那里做论文，但是那三位同学都是南美人，他们都不需要签证，就我这个中国人办签证，然后我就去了，荷兰有个委内瑞拉大使馆，就去了。把材料交上去以后，他说，这个一个星期以后就能批下来，我也高高兴兴的，因为我两个星期以后才走，一个星期以后能拿到签证，不是很顺利嘛。

（画外）回到学校后她兴冲冲地收拾好行李，憧憬着此次南美之行，然而此时的一个电话却打乱了她的全部计划。

（采访）李秀珍：我前脚刚到学校，后脚电话就到了，说对不起，你这些材料不齐，你还要对方出一个邀请信，必须得校长签字的邀请信。那时候就有电子邮件了，发电子邮件给主要的研究人员，然后那边也是阴差阳错，始终办不下来这个邀请信。我自己那时候也是年轻气盛，那年我才二十七岁，情急之下就写了一个传真，列出几条理由来，首先这个项目是五个国家的联合项目，然后我所在的又是一个国际学校，我就有点威胁对方说，你要注意，你如果不及时给我签证的话，这个国际影响（很不好）。

（画外）年轻气盛的李秀珍没有想到，她这封散发着火药味的传真惹怒了对方，在与学校做了沟通之后，李秀珍的行程被取消，一切陷入了僵局。

（采访）李秀珍：ITC 那边也不知道是怎么回事，然后就通过那边的老师找到我，就说你的机票赶紧退回来吧，你也别去委内瑞拉了。总的来说，我就是捅了一个很大的娄子，我自己也吓坏了。既然让我把票退回去，我就退回去吧。

当时我既是 ITC 的学生,也是瓦格宁根大学的学生,瓦格宁根大学是比 ITC 更正规的一所大学。这边的老师就说,他们这样对待你是不公平的,你别着急,我们帮你运作。后来可能是这边的老师又找了使馆,我那个机票本来是上午十点半起飞,结果那天早晨九点钟给我打电话,让我去取签证。就算是九点钟取得签证,再去机场也来不及了,我就跟这边的老师说他们让我去取签证,怎么办?他说你去取吧,机票的事我来帮你安排。我就真的去取了签证,等我回来机票都已经安排好了,星期三起飞的航班,结果变成星期五的航班。

(画外)经历了几番周折之后,李秀珍终于踏上了委内瑞拉的土地,然而新的问题又接踵而来。

(采访)李秀珍:等我到了委内瑞拉的首都加拉加斯的时候,我的导师和同学都已经走了,就剩下我一个中国人了,你跟谁说话,人家都不搭理你。因为我是讲英语的,他们都是讲西班牙语的,语言不通,终于意识到自己相当无助了,自己拉着行李箱到处跑。非常无助的时候,冷不丁一看到中国餐馆和中国字,那种亲切感就像一块磁石一样就把我给吸进去了。里面是广东台安的一个老板,80 年代初从大陆过去的,但是他不会说普通话,我进去以后,跟他说普通话他听不懂,后来我们就写,我就写我是从哪里来的,要到哪里去,我现在遇到什么样的困难,我们全是笔谈。知道是怎么回事了,然后就解决了问题。第二天一早,他大儿子把我送到机场,看着我把行李都托(运)好才回去。

(画外)也许正应了那句老话"好事多磨",那位送她到机场的中国人刚一离开,李秀珍又一次出了差错。

(采访)李秀珍:飞机起飞的时候还挺奇怪,怎么没有到点就起飞了,是不是像咱们中国的公共汽车一样,人满了就走。结果没多大一会儿就落了,落到一个岛上了。到那个岛上以后,行李不是往外运嘛,我的行李没出来,最后那个传送带停了,我说我的行李怎么没有啊,我还找人家去要行李去,人家说我看看你的行李票,一看票他说我坐错飞机了。

(画外)这时她才吃惊地发现,她居然搭错了飞机,飞往了与目的地相反的方向。

(采访)李秀珍:然后就马上跟他们总部联络,不到半个小时,又把我送到了回程的飞机上。当天傍晚,还有另外一个航班,去往我的目的地。

(画外)最后,在机场工作人员的帮助下,李秀珍终于安全抵达了目的地。她的实习任务终于开始步入正轨。

(采访)李秀珍:收获还是蛮大的,那里的自然环境,那里的人文环境,感觉

374

都是很新鲜的。实际上就是出野外,就是到野外采一些数据,做一些调查,然后回来做遥感解译,只要看一下那里的大环境就行。(记者:这三周对您来说是终生难忘的。)对,很有意思。

(画外)2000 年,李秀珍的留学生活结束了,回国后她继续留在中科院沈阳生态所工作。一年后,年仅三十一岁的她因为在学术上的成就被聘为了教授。

(采访)李秀珍:我当时是三十一岁,在单位被提拔为正研究员,相当于教授。这么年轻就被提拔为教授了,我一想离退休还有三十年呢,做三十年的教授在一个地方待着,觉得有点太枯燥了,那我就换一个地方,生活好一点的地方,原地踏步去了。换到哪里去? 北京还是上海? 因为我老公家是南方的,他们在东北也是觉得气候不适应,老是劝我,能不能上南方去。我就想,那就走吧,换个地方。

(画外)2006 年底,她来到了上海,开始担任华东师范大学博士生导师。工作地点的改变并没有消减她对专业研究的热情,而坚持不懈地学习也是她一直都不曾改变的习惯。自 1994 年参加工作以来,她参与、主持过二十余项景观生态学、环境科学等方面的研究项目,包括国家自然科学基金、国家 973 项目、中国科学院知识创新项目以及辽宁省重点项目等。

(采访)李秀珍:我钟情的是生物和化学,两个我都非常喜欢。工作就是把学生带好,把项目做好。来到长三角以后,长三角的水质问题比较严重,就是水污染,在这方面想做一点事情,为国家为人民,做点有用的事情吧。

(画外)目前,李秀珍已出版英文专著两部,合著两部,译著一部;发表论文一百余篇。2009 年,李秀珍荣获"中国生态学学会青年科技奖",并开始担任国际景观生态学会中国分会副理事长、中国自然资源学会湿地资源保护专业委员会副主任委员等职务。

2011 年,李秀珍当选为华东师范大学河口海岸科学研究院副院长。作为项目首席科学家,2017 年成功申报并获批科技部国家重点研发计划项目;2023年,再次成功获批科技部重点研发国际合作项目。作为项目负责人,她还先后获批六项国家自然科学基金项目。研究成果先后发表在国际顶级期刊上,多次在重要国际会议上做大会特邀报告,当选为中国生态学学会副理事长、中国湿地保护协会专家委员会委员、国际景观生态学会议长、国际未来地球—海岸执行委员会委员等职,并被选为多个国内外学术期刊的副主编、编委。

(画外)李秀珍的哥哥姐姐都生活在宁津,尽管能时常回家看看,但她对于家乡仍旧十分惦念。

（**采访**）李秀珍：我当然希望咱们家乡发展得越快越好，越富越好。当时我留学的时候，就感觉自己背后中国的强大，就让我们这些留学生腰板能挺得直。咱们宁津强大的话，也让我们这些外面的宁津人能够更加骄傲吧。我们希望能成为宁津的骄傲，同时我们也希望以宁津为骄傲。

山东篇

夏鸿恩:纺织情缘

（**画外**）生在纺织之乡，长在纺织机旁，从小与纺织结缘，让他为纺织奋斗了一生。这个掌控山东省纺织品外贸达十五年的老总，有着怎样的人生故事，他又经历了哪些人生历程？走近夏鸿恩，让我们一起感受他的纺织情缘。

（**采访**）夏鸿恩：可能是命中注定吧，咱们老家也出棉花，也是产棉区，我们那个村也出毛巾，后来我到天津上学，学的纺织工业管理，毕业以后到了纺织品公司，从 1963 年开始干，一直干到退休。

（**字幕**）：夏鸿恩，原山东省纺织品进出口公司总经理。

（**画外**）正如夏老说的那样，他的老家柴胡店镇在新中国成立前就是有名的纺织之乡。1936 年出生在柴胡店镇夏家村的夏鸿恩，他的家人就有织毛巾、织袜子的手艺，可以说他是在纺织机旁成长起来的。

（**采访**）夏鸿恩：那时候家家户户都有一台、两台的纺织机，我们家也有好几台机子，我哥哥、姐姐、老人都会用。

（**画外**）1953 年，柴胡店镇完小毕业的夏鸿恩考入天津市第 62 中学，三年后学习成绩优异的他被保送到天津市财经学校学习纺织工业管理，这对于出生在纺织之乡的他来说，可谓如鱼得水。

（**采访**）夏鸿恩：中专学了两年以后，1958 年教育改革，财经学校跟河北省银行学校、南开大学经济系合并，组建河北省财经学院，我就由财经学校保送到河北省财经学院，开始学对外贸易。当时天津市财经学校不是所有都端过去，学习比较好的一少部分，转到河北省财经学院。

（**画外**）在这里他开始学习一门新的专业——对外经济贸

378

易。20 世纪五六十年代,以美国为首的西方资本主义国家对我国实行经济封锁,当时各种物资都非常缺乏,进出口贸易非常少,一些国家建设紧缺的物资急需外汇购买,于是出口换汇就成了外贸部门的一项主要任务。

(采访)夏鸿恩:60 年代,70 年代,国家外汇很需要,也没有盈亏的概念,国家就要外汇,只要卖了东西,拿了外汇就行。

(画外)1963 年在河北省财经学院毕业后,夏鸿恩被分配到中国纺织品进出口公司山东省分公司,做了一名业务员。六七十年代的中国进行对外贸易,只有在广州举办的中国进出口商品交易会这一个窗口,这是当时唯一与外商见面的机会。

(采访)夏鸿恩:每年广州两次交易会,外宾过来到广州参加交易会。我1964 年开始参加交易会,真正第一笔生意还是在交易会做的。当时由于计划经济体制,山东省还没有直接对外成交的权利,必须通过上海。我们自己可以做,但要用上海的合同纸。到了 1976 年吧,开始就放下来了,跟上海脱离关系了,我们自己对外组织成交,自己执行合同。

(画外)初出茅庐的夏鸿恩在参加工作一年后就披挂上阵,开始参加每年两次的广交会,然而在大学里学习的外语是英语的他,第一次面对的外商却是一个日本人。

(采访)夏鸿恩:第一次接触外宾比较紧张,当时是日本人,彼此都不太熟悉,他们讲中国话也讲不好,讲英语也比较吃力。我的英语刚开始也不是很熟练,都紧张,都说不清楚,连写再说,再比画,好歹成交了第一单生意。

(画外)当时的纺织品进出口公司不但负责出口货物的贸易洽谈,而且还负责国内生产厂家技术和设备的引进、改造升级,这样就可以组织更多的货物出口创汇。

(采访)夏鸿恩:生产上去才有雄厚的货源,才有高质量的商品,才能出口,才能站住脚,不帮工厂解决这些问题不行啊。日本发展的时候,我们属于低水平的时候,日本随着经济的发展,国内的劳动力成本越来越高,必须往外转移。但是日本有个好处,他要是看好了你,基本上达到他要买的水平,他下决心帮助你,从技术人员到原材料、设备,他都提供给你。我们的原材料比较便宜,日本的成本比较高,他下了力气帮助你,回去还有钱赚。

(画外)夏鸿恩和日本客商的第一单生意虽然成交量不多,但是这单生意引进的技术却成为后来山东省纺织品出口的一个增长点。

(采访)夏鸿恩:当时的成交是男装的针织内衣,是五百打,就是平均一个日本人一年要穿两件中国的那种衣服。

（画外）有了第一单生意的成功，夏鸿恩的纺织品外贸路开始四通八达。在业务员这个岗位上他一干就是十六年。在一次次与外商打交道的过程中，他不乏骄人的战绩，也经历过索赔的艰难，经验和阅历一直在不断地丰富。

（采访）夏鸿恩：十六年做业务员的经历，和很多外国人打过交道。澳大利亚客户也比较大，要求也比较严格，他要的是运动装，款式变化比较多，颜色变化比较多，随时谈，随时变化规格、变化尺寸、变化款式，随时算价格，那一天下来，谈了大概有三四十个品种，你得反应快，他说这么大的改这么大的，用料多少，款式怎么变化，你得算出价格来，算不出价格来怎么成交啊！既要了解工厂能不能生产这种东西，工厂有没有这种设备，另外你要算出用料多少，把价格做出来。现场的反应能力，做业务员达不到这个水平，做生意就比较困难。最后算总账，我们赚的多，赔的少。当时公司里面就说，你们两个人还行。现在做生意比较简单了，工厂先报价，工厂的价格拿过来了，再加上我的费用，加上公司的费用，然后算算，比如现在一个美元可以换六块八毛钱吧，六块八，我算算，客人给的这个价格，换成美元，换成人民币以后，如果赔，这个价格我不做，如果能赚两三块钱我就做了。现在简单，过去复杂。

（画外）1979 年对于中国来说是个非同一般的年份。十一届三中全会、对外开放都是这一年的关键词。改革的春潮在中国开始涌动，而这一年，夏鸿恩也开始任业务科科长，这个和外商打了十六年交道的老外贸，有了第一次出国的机会。

（采访）夏鸿恩：只有出国才穿西装，在国内那时候没有穿西装的机会，自己做不起嘛！工资很低，四十几块钱。这都是公家拿钱做的，做了两套，一套中山装，一套西装。第一次出国没有带照相机，那时候黑白照相机都没有，客人给照了，客人给洗，洗了当时就给你，给装好了带回来。

（画外）这是夏鸿恩 1979 年第一次出国时的一张照片，当时出国人员的服装都像制服一样，是统一由国家出资定制的，而这种彩色照片在 70 年代的中国并不多见。

（采访）夏鸿恩：这期间，利用外资，跟外面搞补偿贸易，来料加工，引进设备，从 1980 年开始搞的幅度比较大，所以山东省大的纺织厂，设备都是当时外贸公司出担保，拿外汇，工厂拿人民币，来武装这个工厂技术改造，为什么山东省的纺织在全国占的比重比较大呢？主要是设备改造比较早。

（画外）1980 年，中国纺织品进出口公司山东省分公司改为山东省纺织品进出口公司,夏鸿恩也开始升任副经理。两年后也就是 1982 年,他开始代经理主持公司工作。

（**采访**）夏鸿恩:即发集团,在即墨这个地方,是搞得比较好的。一开始做头发的,做人发的,后来开始往纺织上转,在关键的时候我帮他一把。那时候给我的权力大概是有权投资七十九万元或八十万元,正好这个工厂在十字路口的时候,他找我去了,叫上他当时的县委书记,问我怎么办,我这企业是往纺织转,还是继续搞人发,我说你还是搞纺织,还是以针织为主,有困难我支持你。我确实给工厂解决实际问题,资金紧张了,支援资金;原料紧张了,支援原料;没有客户,引进客户。在成立集团的时候,我说你干脆把"制品"去掉算了,你叫"即发",马上就发展起来了。从那时跟我们联系上以后,就帮他搞起来了。

（**画外**）改革开放初期很多纺织品生产厂家对国外市场非常陌生,这时纺织品外贸企业的扶持和引领作用就显得至关重要。现在的青岛即发集团已经是针织行业国家大型企业集团,下设二十多个子公司,拥有员工一万多人,资产总额十八亿元。集团连续三年在全国针织行业综合实力排名中名列前茅。

（**采访**）夏鸿恩:诸城有个桑纱集团(音),还有个蓝凤集团(音),都是原来二轻的小手工业,当时也是我们扶植的,现在都是上万人。

（**画外**）1987 年,夏鸿恩升任山东省纺织品进出口公司总经理。这时的山东省纺织品进出口公司已经是拥有一千多名员工、一百多辆卡车的大企业。

（**采访**）夏鸿恩:从 1988 年到 1997 年退休,公司正是上升的阶段,公司人数不是最多的,但业务量是最大的,是全省最大的,在全国排前三名,出口最高业务额达到五亿美金。

（**画外**）1997 年,山东省纺织品进出口公司在全国最大的五百家进出口企业中出口额居第五十九位,居山东省首位,被评为"山东省最佳外贸企业",得到了海内外客户的广泛信赖和好评,多次被外经贸部评为"重合同、守信用"先进单位,还被海关、商检、金融等部门评为信誉等级最高的单位之一。也就在这一年,已经六十一岁、与纺织打了一辈子交道的夏鸿恩解甲归田。

（**采访**）夏鸿恩:两个女儿、一个孙子在青岛,大女儿在外贸机构,小女儿自己做(生意),自己开公司,也是搞进出口。(记者:应该说她们继承了你的衣钵。)对,干得不错,主要是出口服装到欧洲,出口西装,县里有些什么事了,也帮着办一办。纺纱厂我设计过,服装厂的前身,是我帮着搞起来的。不管怎么样,还是家乡的水好喝,还是想那个地方,因为年纪大了,不愿意回去,每年都有同乡会,县里领导每年都来看我们,大家都很高兴。也很感谢这么多年县里各届政府对我们家乡、对我的家人的照顾。非常感谢。

尹桂江:铁路人生

（画外）他是青岛四方车辆研究所有限公司党委书记,他是轨道车辆关键系统和部件具备世界先进水平生产能力的研究所当家人。从乡镇脱产干部到年销售收入十几个亿的公司党委书记,他走过了怎样的人生之路? 本期人物——尹桂江。

（采访）尹桂江:2001 年,四方车辆研究所销售额是一点五个亿,今年销售额十个亿还要多。

（画外）他所说的研究所就是现在的青岛四方车辆研究所有限公司,他就是公司的党委书记尹桂江。尹桂江,1954 年出生,宁津县张大庄乡大尹村人。同出生在 50 年代的很多同龄人一样,他的中学时代是在"文革"中度过的。1974 年高中毕业后,尹桂江在当时的双碓公社当了一名乡镇脱产干部。

（采访）尹桂江:当时是高中毕业,那个时候到顶了,我们县就是到高中。那个时候在公社主要是负责我们那个西片的工作,还是和群众打交道。我觉得给我印象最深的,就是我们宁津县的人淳朴、实在。当时领导对我要求很严,给了我很大的关心、帮助和培养,因为当时我做秘书工作、文字工作,还有整个村里的调研,是为领导提供基础信息的,所以不能出现差错。

（画外）虽然只有一年乡镇基层工作的经历,但尹桂江从中学到了很多。1975 年,各方面表现突出的他,迎来了一次人生的机遇。

（采访）尹桂江:1975 年的秋季,就由公社推荐到上海去学习。当时的招生制度就是农村推荐、县里选

383

拔、最后考试,就到了上海铁道学院去学习,学铁道车辆专业。

（画外）在当时上大学考什么学校、学习什么专业,都是组织安排的。于是"铁道车辆"这个在当时的宁津人看来非常陌生的词汇走进了他的生命中。

（采访）尹桂江:以前我们那个地方,离铁路很远,最近的地方就是到东光县城去看火车,只见过一次火车。当时的火车是蒸汽机车,是拉货的,一看这火车挂了四五十节车厢,感到这是了不起的东西。

（画外）从某种意义上说是命运选择了尹桂江从事铁路车辆的研究,但对于这个专业的热爱和兴趣,却是从他第一次走进上海铁道学院时就开始了。

（采访）尹桂江:到学校以后先组织参观,到了火车站,到了车辆段,看了以后大开眼界,很感兴趣,立志想在这方面做点事情。

（画外）四年的大学生涯,很快就在勤奋和努力中走到了终点。70年代的大学毕业生是名副其实的天之骄子。1978年,作为优秀毕业生的尹桂江被分配到了当时的铁道部四方车辆研究所。

（采访）尹桂江:分配也不是说你想上哪去就上哪去,而是由组织来决定。当然也看你的学习情况,有的分配到基层的生产段,有的是生产厂,有的是研究所,这个层次不一样。我一分配就是研究所,当时叫铁道部四方车辆研究所,是铁道部的一个直属单位。我们这个研究所,主要是铁道车辆,就是铁道的各种各样的车辆,包括特种车。我到了这里以后,就是研究车辆转向件。这是一个行业的专业术语,简单地说就是车体下面的走动部分。

（画外）为了进一步增强铁道车辆方面的科研能力,1980年,尹桂江又到中国铁道科学研究院进行了为期一年的学习。

（采访）尹桂江:因为铁道部立的课题,当时来看,要求的是远期的多一些,应该说难度还是挺大的,前瞻性强,当然也有一部分就是现场解决实际问题的。我的第一个课题就是新型转向件的设计,这个题目应该说比较大,当时我在里面是唱配角的。

（画外）轴承是火车车辆中一个重要的部件,要承担车辆本身和货物的全部重量,而当时的火车都是使用闸瓦式的滑动轴承,长期的负荷和运营中的恶劣条件,很容易使车轴发生冷切事故。

（采访）尹桂江:什么叫冷切呢? 就是因为当时不是滚动轴承,是滑动轴承,温度高了以后,把车轴给燃了,温度一高,就在那儿压断了,断了以后造成车倾覆。这是当时比较大的事故。我们当时主抓这一块,做这些事情。（记者:这种冷切问题,出现的事故多吗?）多,频率挺高,曾经最多的一年,发生过六起。

（画外）车轴冷切是威胁火车行车安全的一大隐患，为了彻底解决这个难题，尹桂江他们付出了很大的努力。

（采访）尹桂江：搞科研比较枯燥。它的工作性质就摆在这儿，没时没点儿，有时候你晚上得加班，去做这些事情。静下心来考虑问题，解决疑难问题，找答案，翻资料，这些事情基本上都要靠业余时间。冷切了以后车轴的断面，做镜像分析，这个分析由技术院所来搞，我曾经专门上技术研究所，和他们一起做专题研究。

（画外）经过刻苦的攻关和千百次的实验，一个解决冷切事故的方案终于形成了。

（采访）尹桂江：后来得到解决，就是改变了标准，工艺方面都做了相应的改进，对材质的要求，比从前规定得更具体了。另外一个周围的报警系统，也上去了，从某种程度上来讲，提高了安全方面的防护措施。我们提出的一些具体的意见，被铁道部的政策部门采纳，比如说形成了标准，在全路来统一推广，以后冷切就没有发生过。

（画外）车轴冷切的课题完成后，尹桂江并没有放弃对这个问题的研究和关注。1988年，他调任四方车辆研究所情报室副主任后，把对车轴使用方面的研究资料整理编著出版了《铁道车辆轮对及轴承的结构与检验》一书，他撰写的《客货车轴使用寿命研究》一文还获得了铁道部科技进步二等奖。在情报室，尹桂江工作了三年。

（采访）尹桂江：当时情报室有五十几个人，标准对应着全路，情报和刊物都是面向全路，统揽整个铁道车辆行业的动态，包括国内的动态，另外做一些技术标准的具体研究。两个杂志，面向全路，面向全国，被评为国家级优秀刊物。

（画外）1990年，尹桂江开始从事组织人事方面的工作，先后任四方车辆研究所组织部部长、党委副书记等职务。2000年，四方车辆研究所由科研事业单位转制为科研型企业，转制后的第二年，尹桂江担任四方车辆研究所党委书记。2007年，四方所整体改制为有限责任公司，尹桂江担任党委书记。

（采访）尹桂江：经过这几年的努力，我们的产业化建设有了一个质的提升，有了大的飞跃。原来只是做做实验，一个实验车间，搞小打小闹的产品，转制以后，我们就在这方面下了力量，把这个要做强，以前的产品是试制性的，转制以后就是供给各个工厂配套产品。2001年，销售额是一点五个亿，今年销售额十个亿还要多。和2000年相比，产值是当时的十倍，资产是当时的十一倍，不仅仅是物的量化，从我们技术水平来讲，提升了一个很大的幅度。现在我们这个研究所,规模比较大了,有一千多人了。

（画外）在中国铁路第五次大提速中,他们公司研制的DC600V列车供电系统、网络监控系统和密接式钩缓装置三项新技术装用于新型25T客车,推动了中国铁路客车技术的发展。2005年,他们又成功组织了"青藏客车空调、供氧、电气系统高原适应性试验"。在铁路跨越式发展战略实施过程中,电气、减振、钩缓、制动四项技术分别与国外先进企业合作,获得高速动车组和大功率电力机车子系统和关键部件供应商资格,使四方车辆研究所有限公司在轨道车辆关键系统和部件方面具备了与世界先进水平同步发展的基础。

（采访）尹桂江:研究这些技术来投入到动车组,替代国外产品的,还就是我们研究所。这些新的技术,我们基本上是领先的,现在基本上国产化,替代国外的产品。这一点铁道部给予了高度评价。

（画外）现在铁道部产品质量监督检验中心车辆检验站、车辆专业标准化技术归口单位和铁道车辆信息中心都设在四方车辆研究所有限公司,而且中国铁道学会车辆委员会也挂靠在这里。

（采访）尹桂江:我们就是想领先国内的科研水平,跟国外接轨,替代国外一些新的产品。我们的动车组要国产化,需要国产化的东西很多,有些东西我们做不了的,我们可以研究,有些东西我们既能研究也能做,我们就两者都搞,结合起来,所以在这方面要做点事情。产值现在是十几个亿,我们想奋斗五年,再让它翻一番,达到二三十个亿。

（画外）对于家乡的发展,尹桂江非常关注,能为宁津的经济建设尽一份力一直是他的心愿。为"和谐号"等高速列车动车组生产机车弹簧的宁津弹簧有限公司能成为铁道部定点生产厂家,这其中就有尹桂江的努力和汗水。

（采访）尹桂江:对我们的家乡非常留恋,也非常想念家乡的父老乡亲。我是想尽全力,支援我们县的建设,帮助我们县里解决一些能够解决的问题。同时,我也希望我们县不管是社会发展,还是老百姓的生活,一天比一天好,一年跨一个新台阶。预祝家乡的父老乡亲心情愉快,身体健康,生活美好。

张清涛：海缘

（画外）生在上海，长在军营，从小向往大海，憧憬水兵飘带。孩提时的军人梦，远洋公司的人生历程，从军旅生涯到海员远航，现任青岛远洋船员学院党委书记的他有着怎样的人生故事？本期人物——张清涛。

（采访）张清涛：我和海洋有不解之缘，从父辈那里了解和熟悉，后来参加工作了，我又在这个行当里面进一步去熟悉去了解。

（画外）张清涛，现任青岛远洋船员学院党委书记，1952 年出生，时集镇大曹村人。张清涛的父亲是一位老革命，很早就参军离开了家乡，因此张清涛出生在上海，是在军营中长大的。

（采访）张清涛：我父亲是海军，最早成立华东海军的时候，他就从三野的部队调到了华东海军。他从陆军转到海军以后，就一直没离开过大海，因为他是在海军转业以后，又到了交通部远洋运输局，远洋运输局同时也是中国远洋运输公司，他调到这个地方工作了，所以就一直和海打交道。

（画外）正如张清涛说的那样，他和大海有着不解之缘。从小就生活在海军军营，大海、军舰和水兵，对于儿时的他来说都非常熟悉。也正是这种经历，让他对军人、对军营都有一种莫名的亲切和憧憬。

（采访）张清涛：因为父亲在部队，对部队本身非常有感情。小的时候接触的，就是部队这样一个圈子，又是海军，海军又在大海上，感觉海很大，军舰很大，在军舰上的这些水兵，这些解放军，很英武，穿着水兵服，戴着飘带，有一种非常崇敬的感觉。去当兵，

当海军,朦朦胧胧中还是有一种热情。

(画外)1966 年,张清涛的父亲转业到了交通部远洋运输局,于是他们举家搬迁到了北京,在这里张清涛完成了他的初中学业。1969 年,张清涛初中毕业了,这些正处于"文革"中的初中毕业生,要么是上山下乡接受贫下中农再教育,要么就是入伍从军。而当时能够参军是非常令人向往的,虽然这个难得的入伍机会并不是理想中的海军,但是看到能够穿上绿军装,他还是欣然前往。

(采访)张清涛:应征入伍后,当时我们在南京。我们那个部队是基建工程兵,打坑道。后来我们那个部队从南京调到了湖南。

(画外)1969 年,刚刚入伍的张清涛被分配到了部队的一个农场,那一年夏天洪水袭击了那里。

(采访)张清涛:1969 年到部队以后,夏天七八月份的时候,部队驻地发生了洪涝灾害,发大水了。当时我们实际上是在部队的农场,对从城市里去当兵的这些学生兵来说,从来没见过这种场面,抗洪抢险大军,大坝上全是人,搞了几天以后,我们自己很高兴,水下去了。

(画外)经过日夜奋战,农场附近这一段大堤是保住了,然而肆虐的洪水却在另一处冲垮了堤坝。

(采访)张清涛:水排山倒海似的过来,田地、村庄在顷刻之间全部被大水淹没,一片汪洋。那个时候,我们组织了很多抢险队,抢救老百姓的生命财产。那个时候没有冲锋舟,都是撑着竹排去救老乡,不少部队的同志水性并不是很好,但仍然是积极报名,参与到抢险救灾的活动当中。在这个过程当中,我也很受教育。

(画外)基建工程兵的工作非常艰苦,很多时候他们都忙碌在远离城市的山沟里,这对于在城市里长大的张清涛来说,是一种考验,也是一种磨炼。

(采访)张清涛:我到了部队,一方面呢,老一辈也给了很多教导,本身自己也是想在部队能够得到很好的锻炼,尽快有所进步,也有父亲的血脉,上一辈的血脉,适应性还是蛮强的,在困难面前一定要有克服困难的毅力;另外还有一个就是,部队的这种团队精神,给了我很大的锻炼。

(画外)1973 年,张清涛复员后被分配到了天津远洋公司,经过一年的培训后,他在远洋货轮上当了一名轮机工。再一次走近熟悉的大海,张清涛终于又可以和大海、轮船再续这不解之缘。

(采访)张清涛:70 年代是远洋大发展的时期。院校培养出来的学生来不及补充,从部队要了很多,所以经过了一年的培训就上船了,三船以后跟一些老船员学习,边学边干。

(画外)从此张清涛开始了远洋海员生涯。也许是他的人生里注定会与海结缘,也许是从小在军港、军舰上长大的他生来就对轮船有一种默契,第一次出海他并没有像很多人那样有强烈的晕船反应。

(采访)张清涛:对我来说是首航吧,第一次跑远洋,到日本这个航次时间也比较短。实际上在船上生活,要适应的就是你会不会晕船,因为晕船会很难受的,不过还好,上船了以后,也没碰到什么大风,没有太多晕船的感觉。

(画外)九年的远洋生涯让张清涛经历了很多,既有环球航行的艰苦,走出国门的兴奋,又有大风大浪中搏击的磨炼。

(采访)张清涛:有的时候一出去少则三四个月,多的要半年多,最远就是绕着地球转。我们曾经在英国的一个港口,叫利物浦港,开出来,夜间航行,这个时候风挺大,大概有八到九级,但是由于船期很紧,船上的领导充分研究了海况和风的情况,觉得能够开船。在航行的过程当中遇到了情况,有艘对驶船过来,两艘船比较近的时候,在对驶的时候,它有一个相吸的作用力,船摇摆得非常厉害。

(画外)在海上航行遇到大风天气,行船一定要避免船体的侧面面向大风,如果因为轮船转向从而与狂风形成垂直性的碰撞,使轮船置于狂风的正面袭击之下,就会有翻船的危险。而此时为了避让对方的来船,张清涛他们的远洋货轮不得已让自己处在了一个危险的境地。

(采访)张清涛:那时候我们已经都下班了,刚吃完晚饭不长时间,都准备休息了,所有房间里的物品,当时没有固定好的物品,弄得满地都是。这个时候已经没有什么概念,情况很危急,我的第一反应,赶快下机舱去看看,我负责这块工作,看机器有没有问题。遇到这样的情况,大家全都跑到机舱里面检查机器,看有些备用的机器是不是处在可以使用的状态。

(画外)面对这突如其来的危险,张清涛和他的同事们用镇静和快速的反应,最终使轮船转危为安。1982年,张清涛被送往上海海运学院学习水运管理专业,三年后他被调到中国远洋运输总公司,先后任企管处副处长、干部处副处长、企划部副经理、人事部总经理,中远集装箱运输总部党委副书记兼纪委书记,中远国际货运公司党委副书记兼纪委书记。2006年,张清涛从中国远洋物流有限公司党委副书记的职位上调任青岛远洋船员学院党委书记。

(采访)张清涛:这个学校1976年建校,建校三十多年了,是培养远洋船员的。从90年代开始,培养普通专科的学生,现在学校围绕着集团的三大主业,来设置我们的专业,中远集团的主业主要是航运,再一个是物流,第三个就是修造船业,也是集团的主业之一。

(**画外**)青岛远洋船员学院始建于 1976 年,经过三十多年的发展,现在学院已经发展成为以高等职业技术教育为主、继续教育为辅的知名航海高等学府和国内最大的海员培训基地。

(**采访**)张清涛:未来的发展,中远集团也非常重视,也支持我们在目前的基础上建新校,已经在着手做这方面的工作。我们的新校建好了以后,这个学校的办学实力就更强了。

(**画外**)对于张清涛来说,宁津是一个既亲切又陌生的地方。出生在上海,从小就跟着父母成长在军营,张清涛至今也没有回过宁津老家。尽管如此,一提起家乡来他还是掩饰不住激动和期盼。

(**采访**)张清涛:祝愿我们宁津县在未来的社会经济发展当中,取得更好的成绩,取得更大的进步,让我们宁津县的父老乡亲,能够日子越过越好,同时我也希望,我们宁津县的子弟能够更多地到我们学校来,学习你所喜欢的专业,找到你心目中好的职业。

张洪慧:儒雅学者　真醇人生

（画外）从乡村民办教师到青岛大学国际商学院常务副书记。一个儒雅学者在追逐人生理想的旅途上经历了什么？三尺讲坛,三十多年的从教经历,给了他怎样的治学理念？本期人物——张洪慧。

（画外）张洪慧,杜集镇张旭村人,1957 年出生。现任青岛大学国际商学院常务副书记、教授、硕士生导师、青岛大学公共管理硕士教育中心主任,山东省中青年学术带头人培养对象,山东省"青年理论人才百人工程"首批入选者。

（采访）张洪慧:就是说我们做学问,不要离开社会。一定要清楚,社会发展到了什么阶段,社会对我们知识分子提出什么要求,他们需要我们做什么。需要我们提出一些建设性的对策建议,而不是捣乱,而不是批判,不是这样。我现在教导我的研究生,做学问一定要有社会责任感。

（画外）初见张洪慧,从他身上我们看到了一个儒雅学者所特有的气质。作为一个从事公共管理方面研究的专家,他和时下有些喜欢标新立异、喜欢自我炒作的学者不同,强烈的社会责任感和能为社会做一些实实在在的工作,是他做学问的理念。

（采访）张洪慧:作为知识分子,做学问有两种倾向,一种倾向就是脱离实际,空对空。所以有的时候和政府的官员接触的时候,他们经常讲,你们提的那些东西叫"隔靴搔痒",说不到点子上,我们不喜欢。第二个倾向就是,网络上

有这么一句话,叫"愤青",就是对社会现实是这也看不惯,那也看不惯,经常搞批判。这两种倾向就让我思考,就是如何来体现知识分子对社会的价值。这样就要有一种责任感,就是说我们所研究的内容如何被社会接受。

(画外)张洪慧是山东省社会科学界联合会委员和山东省及青岛市社会科学优秀成果评委,主要从事公共管理、社会保障与经济政策、可持续发展战略等教学和研究工作,曾主持承担两项国家社会科学基金课题"改革中的民族精神""中国城市社会保障制度改革",主持和参加六项山东省社会科学重点规划课题,主持承担山东省重大科技课题"山东省 21 世纪议程——可持续发展行动方案"。

(采访)张洪慧:家乡的文化培育了我。在我开始上小学、上初中、上高中的时候,宁津县曾经被评为全国的文化县,包括戏剧,包括杂技,包括教育,出了很多的知名人士。自己在这样的文化环境下,对于做学问有一种特殊的执着和爱好。

(画外)张洪慧是个从黄土地里走出来的农家娃。1973 年高中毕业后,作为回乡知青,只有十六岁的他在村里当了一名民办教师,后来公社成立文化宣传站,他又被选去做了书店的售货员。直到 1975 年,各方面表现都出众的他迎来了人生中的一个机遇。

(采访)张洪慧:在文化站做得还是不错的,德州地区新华书店有一个现场经验交流会,当时我是作为典型去参加那个会议的。1975 年的 7 月,推荐我到山东师范学院聊城分院政治系读书。

(画外)当时聊城师范学院叫作山东师范学院聊城分院,直到 1981 年,这里才更名为聊城师范学院。在当时开门办学的指导思想下,学生们下乡、进工厂劳动是一种常态,而对于大学生来说,他们下乡则不仅仅是劳动。

(采访)张洪慧:一个非常有趣的事。我当时十九岁,村支书告诉我,今天晚上要开一个计划生育的会,由你给大家讲,讲计划生育的重要性。我说从来没有经历过,带队的老师就说,这就是社会对你提出的要求,你就要去讲,你首先要把国家的一些政策、一些基本的观点归纳,然后去讲。(记者:后来的那堂课讲得怎么样?)觉得还可以吧,村民们最后鼓掌,说讲得很好。人生是各种各样的经历,你只要是善于把它积淀,把它积累,这就是一笔财富,包括我们现在承担政府的一些研究课题,好多都是原来没有接触过的,因为它都是新的问题,但是你要掌握一种方法,掌握这种写作调研的一种程序,就是从陌生到熟悉,从不清晰到清晰,最后提出自己的观点。

（画外）1978 年张洪慧毕业了,十六岁就当民办教师、在大学里学的又是师范专业的他,被分配留校,在这里他又开始了他的教书育人生涯。

（采访）张洪慧:1978 年留校当大学老师。我在学校里属于年龄比较小的。那个时候一个班的年龄差距特别大,最大的比我大十一岁。我当时教的学生,都是"文革"以后恢复高考的,像 1977 级、1978 级、1979 级,他们的年龄比我都大。有几个都是中学校长考上的。第一节课他们就鼓励我,因为中学校长在中学里面都是组织教学的,就告诉我说,张老师,你上课的心情,我都知道,大胆讲,没问题,我们绝对认真听讲。实际上,这就增强了我的自信心。

（画外）就这样张洪慧在聊城师范学院的三尺讲坛上默默耕耘了六年,1984 年张洪慧决定要去进一步深造,并把目标锁定山东师范大学哲学专业的研究生。

（采访）张洪慧:工作到 1984 年,自己感觉要想在高校里工作,必须要有高学历。1984 年考到山东师范大学读研究生,1987 年研究生毕业,就留在山东师范大学。

（画外）张洪慧说山东师范大学的工作经历是他人生中非常重要的时期,在这里,他积极参加各种学术团体和学术活动,他的学术成果有很多是在这里形成的。在对哲学深入研究的同时,触类旁通的他对经济学又产生了浓厚的兴趣。

（采访）张洪慧:留校以后由于工作需要,让我到哲学教研室讲哲学,但是对经济学一直很感兴趣,我就打了一个擦边球,我说我来讲社会学,社会学是介于哲学和经济学之间的,它是一个综合性的学科,类似一个杂家吧。自己的视野比较开阔,讲哲学、社会学,逐渐又转到社会学与经济学的边缘学科,就是可持续发展,就是人口资源环境和经济建设协调发展的一个学科。

（画外）教授课程的转变也在潜移默化地影响着他的研究方向。

（采访）张洪慧:城市的人际关系,和农村的人际关系不一样,作为农村的人际关系来讲,是以血缘关系、亲缘关系为基础的,但是在城市当中,城市是一个巨大的抑制人群的聚合体,人们是以地缘关系、业缘关系、事缘关系连接起来的。

（画外）这是张洪慧当年在山东电视台做特约嘉宾时的一段录像,善于总结分析思考问题的他,在各种社会活动中丰富着自己的阅历,积淀着人生的财富。

（采访）张洪慧:可以说没有山师大那一段工作经历,不可能有今天。我现在的一些学术成果,或者在省内学术圈的联系,是在那个时候奠定的。当时积极参加山东省的青年社会科学工作者的一些学术活动,省委宣传部对我们的工作还是肯定的。当时是三十多岁吧,正好是事业发展比较快的时候,(被)评为山东省中青年学术骨干培养对象,破格提拔的副教授,在系里做副主任。那一个阶段,可以说对我的锻炼是最大的。当时我们主持了一个山东省可持续发展行动计划,就是我们的研究报告,被纳入山东省的省长工作报告。

(画外)学术界的崭露头角让张洪慧开始被一些高校所关注。1998年,青岛大学的人才引进工程名单上,张洪慧成为其中之一。

(采访)张洪慧:青岛是全国的沿海开放城市,经济发展是山东省的龙头老大,关键是它的国际化的意识。做学问和搞经济社会发展是一个道理,在一个开放式的城市里面,它的这种思想观念的碰撞,应该说优势是非常大的。离开省会,从学术圈这个角度来讲,可能是丢失了很多,因为山东省的文化中心还是在省会,来到青岛以后感觉到,在青岛对我个人的成长又上了一个台阶。来到青岛大学以后,我的专业发生了一种转型。原来在山东师范大学主要是讲哲学,教学、科研都是围绕哲学原理,哲学锻炼了我的思维能力,来到青岛大学以后呢,就根据工作的需要转向公共管理,公共管理直接和政府管理、政府决策相联系。

(画外)"做学问一定要有社会责任感"这种治学理念,恰恰正是在青岛大学这个平台上可以进一步实现。1998年底,一直在不懈追逐人生理想的张洪慧来到了青岛。

(采访)张洪慧:我来到青岛大学以后,组建了公共管理系,组建了公共管理专业,现在我是经贸委的专家组成员,青岛市政府绩效考核专家组的成员,卫生体制改革专家组的成员,人口经济发展和城管领域的专家组成员,大概有七八个专家组的成员。所以说从一个知识分子,一个做学问的,变成政府的智囊团的成员,作为一种外脑,感觉还是发挥了一定作用。

(画外)2002年,张洪慧出任青岛大学国际商学院副院长;2006年,担任青岛大学国际商学院常务副书记。

(采访)张洪慧:青岛大学国际商学院在全校学生最多,专业最多。从经济管理这个角度来讲,我们国际商学院的发展还是至关重要的。作为青岛大学的发展(规划),现在正在想以教学型的大学向教学研究型的大学转变。

(画外)近年来,张洪慧在《经济管理》《中国人口资源与环境》《科技进步与对策》等国内重要刊物上发表论文四十多篇,出版个人专著五部,并有多个学术成果获得山东省社会科学优秀成果二、三等奖。

2017 年，张洪慧退休后继续参加各种社会活动。他担任中国老年学和老年医学学会国际旅居康养分会副主任委员，编写了《2023 中国康养旅居蓝皮书·山东半岛康养旅居发展报告》，致力于山东黄金海岸旅居康养产业的咨询研创工作。担任青岛市政府办公厅政务督查社会监督员，是山东自贸区青岛片区绩效考核专家、青岛市优化营商环境专家组成员，担任青岛市政协提案第三方评估专家，对政协委员提案质量和办理质量进行分析评判，推进政协委员参政议政落到实处。

（**采访**）张洪慧：祝愿咱们宁津的老乡生活越过越好，咱们的经济社会发展越来越好。要有一些亮点，我还有一个衷心的希望就是，咱们宁津县原来是全国的文化县，能不能在这一点上有所突破。

张岱龄:军旅路　桃李情

（画外）寒门学子艰难的求学路,蓝色海军难忘的军旅情。从舰队观通长到高校党委副书记,他走过了怎样的人生之旅? 西沙永乐群岛反击战,留给了他怎样的人生记忆? 本期人物——张岱龄。

（画外）他就是张岱龄,2002 年退休前是青岛大学师范学院的党委副书记。1942 年,张岱龄出生在刘营伍乡贾庄村的一个普通农民家庭。家中兄弟姐妹比较多,家庭负担非常重,从小就喜欢读书的张岱龄并没有放弃求学的路。

（采访）张岱龄:我对念书确实是偏好,愿意念书。别的学生是这样啊,家庭条件好,就是怕孩子考不上。我的家长就怕我考上,考上以后就得给你交学费,就得给家庭增加负担。没办法,我就采取走读的办法。我们贾庄离道口完小六公里,我每天来回走读,早晨吃了饭就早早出门,有时候晚上天挺黑的了才回来,就这样把小学、初中、高中都读完了,风雨无阻。我上初中的时候,不到学校的饭堂里买菜,自己就带着一罐子酱,一个礼拜就吃一罐子酱,就在伙房里买个馒头、窝头,就这样坚持下来了。那个时候确实也比较艰苦,正是那种艰苦磨炼了我的意志。

（画外）就是在这样的环境中张岱龄用自己的执着坚持着学业,努力地描绘着自己的读书梦。1961 年,张岱龄高中毕业了,勤勉刻苦的他迎来了人生的一次机遇。

（采访）张岱龄:1961年,宁津一中高中五班毕业,我们三个同学被海军

通讯学校特招去当兵了。没参加高考，就是按照毕业的成绩，再加上政治考核和体检这几方面的因素综合平衡，我们一共去了三个同学。

（画外）就这样张岱龄穿上了军装，开始了他的军旅生涯。没有料到的是在军营里他一干就是三十年。

（采访）张岱龄：我们被海军通讯学校录取以后，先下放当兵，体验战士生活，先从一个合格的士兵抓起。我是先当的列兵，以后又当上等兵，然后才进学校学习。当时学的是海军通讯专业，学到 1967 年毕业。我也是个出类拔萃的学生，那时候一个南皮的徐凤龄，一个宁津的张岱龄，这"两个龄"的学习，在我们班是最好的。

（画外）在张岱龄的孜孜以求中大学生活走到了终点，1967 年，学习成绩优异的他被分配到南海舰队做了一名代理观通长。

（采访）张岱龄：1967 年底毕业以后，我就分配到南海舰队扫雷舰十大队，担任第四部门长，就是观通长，负责通讯、联络、观察。我下面有三个班，一个班是信号班，再一个班是雷达班，再一个就是报务班，第一次上船是 1969 年，因为 1968 年我们的舰进厂修。

（画外）一年后，也就是 1969 年，张岱龄终于踏上军舰开始了他人生的第一次远航。在学校里接触的都是理论知识，实践的机会非常少，第一次出海就站在观通长的位置上，这着实让张岱龄紧张了一回。

（采访）张岱龄：第一次出海是 1969 年的 1 月份，有一天下午离开黄埔码头，然后去湛江，夜间航行，非常激动，非常好奇。由于我第一次上军舰执行这样的任务，雷达开机、关机、搜索目标，我还不太熟悉。舰长说，雷达开机、搜索目标，就看岛屿在什么方位。我第一次开雷达，把我紧张的，我赶快跟雷达班联系，我在上面操作，就这样，及时发现了左边、右边的目标，舰长还表扬我一句，可以啊，你这个新观通长还行。受到舰长的第一次表扬。见习了一段时间以后，就给我直接下命令，任正观通长。

（画外）从此 389 舰就成了张岱龄的另外一个家，张岱龄跟随着 389 舰风里浪里不知执行过多少次任务，有时在海上一漂就是十天半个月。

（采访）张岱龄：那一年我们从沙堤港回大陆的港湾去避风，一出沙堤港，十一级风，就这样扎进去以后，前舰板都进水了，水沿着中舰板、后舰板，哗，就扬起来了，然后又进去，就像在浪里穿行一样，指挥台上的水哗哗的。我们都穿着雨衣，就这样前进。

（画外）1972 年美国和越南的战争后期，为帮助越南扫清被水雷封锁的领海,我军准备实行一次援越扫雷行动。

（采访）张岱龄:1972 年,咱们国家准备支援越南去扫雷,我参加了南海舰队组织的一个扫雷编队。那时候当组织干事。那时候美国在越南打仗,把越南的港口都用水雷封锁了,咱们就搞扫雷训练,然后入越作战。那时候就在一个海区里面真布上雷,咱们自己来回扫,当时我们就准备跟越南人民一块同甘苦、共患难,并肩战斗去了。

（画外）1973 年 1 月 27 日,越南战争的四个交战方在法国首都巴黎正式签署了《关于在越南结束战争、恢复和平的协定》,也称《巴黎和平条约》。随后两个月内,美国国防军全部撤出越南。由此,张岱龄他们准备了很长时间的援越扫雷行动也到此终结。

（采访）张岱龄:巴黎和谈成功以后,咱们就不到越南去了,不派大部队去了,所以我们的扫雷编队就解散了。

（画外）《巴黎停战协议》后,南越政府趁着陆战局势的稳定,积极展开在南海抢占战略要点的活动。非法侵占了中国南沙、西沙群岛的六个岛屿之后,又公然宣布,将中国南沙群岛中的南威、太平等十一个岛屿划归其福绥省管辖。1974 年 1 月,中国海军南海舰队与陆军分队、民兵协同,对入侵西沙永乐群岛海域的南越军队进行了自卫反击战。

（采访）张岱龄:1974 年 1 月 19 日,南越还占着咱们的永乐群岛,396 舰、389 舰这两条舰,前面一个,后面一个,我们就是护岛巡逻,比如说这个地方是岛,我们就是沿着一定的航线,就在这儿来回地巡逻,不让南越的军舰靠近我们的岛屿。在这个时候,南越的军舰比你大,他就跟我们拉开距离,拉开距离以后,他突然把旗一降,就是信号旗一降,他就对着我们的军舰开炮。

（画外）这是一场维护中国领土和领海主权的正义斗争,也是 1949 年后中国海军舰艇第一次同异国海军作战。这场海战的规模虽然不大,但对中国在南中国海的战略态势却影响深远,而且这场海战本身堪称世界海军史上的奇迹。

（采访）张岱龄:在这种情况下,我们的军舰不但不跑,反而追上去,发挥近战的优势,追着他们打,最后跟他们船靠上以后,咱们就拿手榴弹打,就开创了手榴弹在海上作战的先例,简直就是奇迹,把他们打得落花流水,咱们打沉他一条舰。战斗结束以后,我就到了舰队,参加总结会去了。

（画外）1978 年,因工作需要张岱龄调离南海舰队,离开广州来到了青岛。

（采访）张岱龄:1978 年,1979 年,到 1980 年的上半年,我都在北海分局,到了 1980 年的 6 月份,我就调到潜艇学院去了。我在组织处开始当干事,具体工作就是党委秘书,1985年我提了副处长以后,又把我送到国防大学,作为后备干部进行了一年的专修,北京学习回来提正团了。

(画外)1990年,已经有三十年军龄的张岱龄终于要和军营说再见了。三十年的军旅生涯在张岱龄身上留下了深刻的烙印。然而转业安置他却阴差阳错被分配到了青岛师范专科学校音乐系。

(采访)张岱龄:来了以后就把我分到音乐系当书记。我这个人音乐细胞不多,不会弹琴,唱歌经常跑调。怎么能做好工作呢?开始也有压力。当时音乐系是全校十个系里面最后进的一个。

(画外)面对这种落后局面,张岱龄多年从事思想政治工作的经历,帮助他迅速地适应了这个陌生的环境,并尽快进入工作角色。

(采访)张岱龄:二十多个老师,每个老师我都谈一遍心,看看他们究竟有什么想法,对我有什么期望,对整个系的建设有什么设想,有什么好的建议,我就征求他们的意见。1991年的暑假,我们师范学院分房子,分房领导小组要求各单位把现职教师的房源情况搞清楚、摸好底。那怎么办?我又骑着自行车,冒着酷暑,家家户户跑,就把这些情况画成图,然后交给分房领导小组,一看音乐系的工作做得确实不错,老师们分房子也很满意。到年底总结的时候,老师们的心很齐,音乐系被全校评为先进单位,落后帽子一年就摘掉了。

(画外)1992年,张岱龄调任青岛师范专科学校党委宣传部部长。1993年青岛师范专科学校和原青岛大学、青岛医学院、山东纺织工学院组成了新的青岛大学。

(采访)张岱龄:1996年我们的班子调整,青岛市委任命我为青岛大学师范学院党委副书记。

(画外)2002年,张岱龄从青岛大学师范学院的党委副书记的位置上退了下来,开始颐养天年。这是他的老伴李万英,曾经在宁津工作过十四年,当年她先后在宁津县委组织部和电业局工作,1978年随军来到青岛,先后在四方区委组织部、人事局工作,后来在四方区委机关工委书记的岗位上退休。

(采访)张岱龄:在青岛又工作了三十多年,始终不忘家,很爱自己的家乡,很爱宁津那块土地。那地方生育了我、养育了我,人又特别好,特别实在,所以我对那个地方非常留恋。祝宁津的老师们心情愉快,合家欢乐,万事如意,事业发达,红红火火,过好日子。祝家里的亲朋好友、父老乡亲,生活越来越富裕,身体越来越健康,家庭和谐,幸福美满。欢迎到青岛来,到我家来做客。

刘健:醉心书法　翰墨留香

（**画外**）生在书香门第,从小钟爱书法;大学任教二十余载,刻苦临帖终有所成。他是青岛理工大学土木工程学院党总支书记,他是中国书法家协会会员,山东省高校书法家协会副主席。率真的性情、灵动的书法,他经历了怎样的书法人生? 本期人物——刘健。

（**画外**）刘健,青岛理工大学土木工程学院党总支书记,中国书法家协会会员,中国楹联学会会员,山东省书法家协会教育委员会委员,山东省高校书法家协会副主席,青岛市书法家协会副主席,青岛市青年书法家协会顾问。

（**采访**）刘健:我老家是宁津县张大庄乡刘辉村。因为我姥姥是济南人,我是济南生人,但是在宁津长大。那时候我父母都是老师。

（**画外**）1963 年,刘健出生在一个教师家庭,可以说他是在书香门第成长起来的。由于从小受父母和老师的熏陶,刘健很小就对书法产生了兴趣。

（**采访**）刘健:在宁津读小学、初中到高中,我都很幸运,碰到了我们当时的这些老师,有几个写字非常好的,所以那时候就对书法有一种崇拜。那个时期我也没有太多的练习,就萌发了这么一种感觉。我父亲也喜欢写写画画,我母亲教语文,写得也不错,所以说潜移默化,从小就对书法有感觉,应该说通过那个培养了一种兴趣,这种兴趣为后来打下了一个基础。

（**画外**）1981 年刘健高中毕业了。从小生活在平原地区,对矿山和冶金这些字眼都感觉距离很遥远的他,却考入了山东冶金工业学院学习冶金专业。

（采访）刘健：那个时候不像现在，对这个专业都不是太重视，就是考大学，只要能考上就行了。1981 年，能考上大学的还是非常少，因为 1977 年恢复高考制度，那是第四年，所以说那个时期，能考上大学也是非常幸运的。

（画外）就这样，刘健来到了驻地在青岛的山东冶金工业学院，开始了他的大学生涯。

（采访）刘健：当时学这个专业，想以后要干这个专业肯定不会在大城市里面，要到一些偏远地区，要到一些矿山，当时给自己设想着，能到济钢、莱钢这样的大企业就不错了。

（画外）他的这些设想却因为人生的一次机遇而改变了。1985 年刘健大学毕业时，他的学校更名为青岛建筑工程学院，学校急需一批师资力量充实到各个工作岗位中去。

（采访）刘健：我是 1981 年入学，1985 年毕业，这个时期高校里面教师、管理人员比较缺乏，留校人数还是比较多的。当时一个班级能留校一到两个，我直接就在学校团委工作了，主要是负责学生会工作。

（画外）高校学生会的工作很多时候和宣传密不可分，需要办一些板报和海报来营造氛围，这就为刘健学习书法创造了条件和机会。

（采访）刘健：那个时候条件比较简陋，单位就分了一间房子，每天晚上在阳台上挑灯夜战，来研究书法理论、临帖、临古人的。只有爱好这个东西，热爱这个东西，才能静下心来学习，所以一坐下三四个小时，不知不觉地就过去了。

（画外）他在学习临摹古今书法名家名帖、揣摩吸取营养的同时，注意研究墓志等民间书法元素，形成了既博采众长又独立思考、既尊重传统又法自我立的学习特色。

（采访）刘健：那时候全国刚兴起书法热潮，虽然写得比较稚嫩，但是自我感觉良好。在山东省来讲，最高级别的书法家，我都拜访过。书法不光是一种技法，它完全是人的一种升华，所以说书法抒情、抒志、抒发你的感情和思想，从学书法的角度来讲，还是要根植传统，从传统走出自己的道路来，要写出自己的特点来，要用艺术的语言，来表达你的思想，来表达你的情感。

（画外）刘健对于书法几乎到了痴迷的程度，为了充分利用每一个空闲时间，他揣摩字帖的方式方法也是别出心裁。

（采访）刘健：每一本字帖，入门的字帖，一个字一个字地剪成几个条，然后装在口袋里面，比方说课前十分钟，我就把它拿出来，用钢笔或用手指头，把它描一描、写一写，当时就爱好到这种程度，逐渐与书法结下了不解之缘。

（画外）书法已经成了刘健生活的一部分。为了进一步提高书法水平，得到书法名家的指点，他决定到济南去拜访山东省著名的书法家魏其厚老先生，虽然当时他并不认识魏老先生。

（采访）刘健：就是根据别人提供的地址去找的，就是自己推门进去，自我介绍，说魏老师我是青岛建筑工程学院的一个老师，我现在写书法，最近写了一些东西，让魏老看一下。魏老就看，说这个应该怎么写，这个应该怎么样，进行点评，一件件地进行点评，非常认真。我每次到济南出差、办事，第一件事就是往魏老家跑。这么大的书法家，对一个年轻的、没有名分的、没有一点知名度的书法爱好者，他都是孜孜不倦，一点都没有架子。

（画外）在醉心研究书法、专心书法创作的同时，刘健在学校的工作岗位也在不断地调整。

（采访）刘健：在团委干了两年，然后到管理系，干团总支书记，然后党总支副书记、党总支书记，都是在这个学院里面，都是在管理系。我在学校属于年轻老干部，二十几岁我就当了党总支副书记了，在山东省都是属于非常年轻的干部。在管理系的时候，我考到了天津大学，在天津大学管理学院，读的技术经济专业方向的硕士研究生。

（画外）硕士研究生毕业后，他在学校一直教授房地产管理的课程。

（采访）刘健：专业课呢，我是讲房地产管理，还参与了青岛市房地产管理的一些研究、立题，包括一些研讨，另外还要给我们学校艺术学院的学生上书法课。从大学毕业一直到现在为止，我就做班主任。到全国任何一个地方去，都有我的学生。

（画外）2000年，刘健被任命为土木工程学院党总支书记。2004年，青岛建筑工程学院更名为青岛理工大学。土木工程学院成为青岛理工大学的下属学院。

（采访）刘健：理工大学的土木学院，应该是理工大学的龙头专业，强势学科。这个专业，在理工大学已经发展了八十年，全国现在有土木工程专业的学校，大概接近四百所，现在咱们的土木工程专业，应该排在全国的前二十名。我们正在打造一个国内知名的甚至是国际知名的教学研究型的学院。

（画外）这是刘健和另外两位青岛书法家共同的创作室，叫"三人艺术空间"。这里既是他们创作交流的书社，也是他们聚会休闲的场所。

（采访）刘健：有些人说你现在又教学，又做管理工作，还从事书法，你的时间够用吗？我说我的时间都是挤出来的。我平常工作非常忙。一个学院接近三千学生,一百多名教职工。到了学校以后,这一天事务性的工作就非常多。一般地来讲,就是早晨早去办公室,搞一些理论的研究,看一些资料,晚上回家,必须动一小时的笔,这个动笔就是要临摹古人的作品。

（**画外**）看刘健书法,没有剑拔弩张的紧迫感,而是意随笔成、轻松自如,在随意的心境下自由地书写性灵,率真而飘逸。大概正因为如此,他的书法不求大起大落的跌宕,也不故作虚实的对比,而是处处表现出舒放率意,毫无做作雕饰。他那种顺其自然的心态和兴之所至的情怀,正真实反映出刘健先生书法创作中的精神状态和艺术态度。

（**采访**）刘健:家乡的父老乡亲,我在青岛工作,但是我时刻关注我们宁津的发展,心系我们宁津。在这里祝愿我们宁津发展得越来越好,祝我们宁津的老乡身体健康,万事如意。

姚锋:真情育桃李　大爱铸师魂

（**画外**）特殊的成长环境,给了他与众不同的人生感悟。二十年团的工作经历,给了他厚积薄发的思想积淀和办学理念。从学校的团委书记一跃成为独立学院的创始人,他经历了哪些创业的艰辛？谈起走过的路他不禁一再动容,他到底经历了什么,是怎样的感动让这个七尺男儿久久不能平静？本期人物——姚锋。

（**同期声**）姚锋开会:首先我代表学院,全体教职员工,向学业有成、即将告别母校、踏向新的人生征程的同学们,表示最衷心的祝贺。

（**画外**）这是青岛农业大学海都学院 2010 届学生毕业典礼。他是学院的党委书记、院长姚锋。作为学院的创始人,他见证了海都学院成长的每一步。青岛农业大学海都学院是 2005 年经教育部批准,由青岛农业大学也就是原来的莱阳农学院创办的独立学院。学院就设在原莱阳农学院的校区。

（**同期声**）姚锋开会:英雄不问出处,人生重要的不是所处的位置,而是所朝的方向。

（**画外**）其实姚锋的人生经历就是在一个非常的位置上走过了一段非常的历程。1963 年,姚锋出生在大曹镇尚庄村一个普通的农民家庭,四岁那一年父亲的一个决定让姚锋有了一个与众不同的成长环境。

（**采访**）姚锋:从四岁就跟着我姑过。因为我姑那边没有男孩,我家弟兄比较多,我家还有弟兄三个,我就去跟着我姑。我本来不姓姚,我原姓张,我跟着姑父的姓,但是称呼都没有改,我姑、我姑父,把我从小

学、中学,培养到大学。

（画外）特殊的经历让姚锋多了几分不寻常的感受,也让他对人生有了更多的思考和感悟。

（采访）姚锋:现在回想起来,如果当时不把我送给姑姑,可能考不上大学。在姑姑那个村,毕竟还有一些陌生感,别人会认为你是外来人,用那种眼光来看你,多多少少有些压力,使得自己更能静下心来学习。我是在爱的环境中成长起来的。在家庭当中,吃要吃最好的,穿要穿最好的,重活不会让我干。小学老师、初中老师、高中老师对我都非常好。

（画外）也许正是成长环境的关系,姚锋从小学习就非常用功,在学校里他是个品学兼优的学生。1979年姚锋高中毕业了,当时刚恢复高考不久,面对一个个陌生的大学,一心想跳出农门的学子们大都不敢有太高的奢求,而姚锋的高考志愿则填报了一个很多人都不敢填报的本科院校。

（采访）姚锋:我在我们班,高考成绩排在第二名。那时候什么信息也看不到、听不到,光知道要上大学,但是大学究竟是什么样,一切都很懵懂。成绩出来以后,我觉得自己成绩不是太理想,就报了莱阳农学院。并不知道莱阳在哪个地方,就这样稀里糊涂地来了。我是十六岁考的大学。莱阳农学院当时还是山东省十一所本科院校之一,胶东这是唯一一所。

（画外）就这样,第一次离开宁津的姚锋远走他乡,来到了千里之外的莱阳,在莱阳农学院园艺系学习果树专业。四年的大学生活在抬头回首间转瞬即逝,当大学生活临近尾声的时候,一个人生的抉择摆在了姚锋的面前。

（采访）姚锋:我在大四的上半年,系的老师动员叫我留校做辅导员。我毕业实习是在现在的烟台农科院果树所,原来叫烟台果树所,当时的所长就看好我了,要把我留下,在果树所工作。我也很犹豫,我姑跟我姑父希望我回去,因为他们身边没有男孩,想让我回去,以后来照顾他们,我也很矛盾。

（画外）在人生的十字路口上何去何从,姚锋也陷入了踌躇犹豫之中。

（采访）姚锋:我父亲当时跟我说,把你送给你姑,不是让你去给你姑养老的,我年轻,有我和你母亲来照顾你姑、你姑父,我们上岁数,不行了,还有你哥、你弟弟,你小子有本事就奔,家里的事不用你管。就这一句话,让我坚定了信心,应该选择我自己的道路。

（画外）最终,姚锋选择了留校。1983年大学毕业获得农学学士学位后,他在莱阳农学院留下来当了一名辅导员。

（采访）姚锋:我1983年毕业,1984年高校的干部制度改革、机构改革,二十一岁就被任命成为系的团总支副书记。那些团总支书记都比我大六七岁、七八岁，当时就是学校的副科级干部了。1986 年我又考到了大连理工大学，读的双学位。当时我拿回双学位的时候，在全校的行政干部当中是学历最高的。

（画外）从 1990 年开始，姚锋先后任学校党委办公室秘书科科长、团委副书记、书记等职务。这个当年年龄最小的团干部，在学校团委书记的岗位上一干就是十二年。

（采访）姚锋：做团的工作、做学生工作这么多年，一直在思考这些问题：我们要培养什么样的学生，学校应该给学生搭建什么样的平台，什么样的学生在社会上能得到更好的发展，社会才能更容易接受。

（画外）2005 年，莱阳农学院决定按照民办高校的机制创建一所独立学院——海都学院。姚锋感觉到机会来了，这是一个能按照自己的办学理念和办学思路施展人生抱负的最好平台。

（采访）姚锋：海都学院是按照独立学院的运作机制来运作的，民营、独立管理、独立招生、独立颁发文凭，也做到了独立校园、独立学院的办学模式。要依托母体学院，母体学院就是青岛农大，依托母体学院的优质教育资源、师资力量来办学，我的教师由我自己聘，合同制，另外一部分教师，就是自母体学院出，不发工资，光发课酬，大概有三分之二还要多的老师，都要从青岛农大过来给学生上课。海都学院是 2005 年的 6 月份批准成立的，我 6 月 25 日被任命为院长，我们是八个人来创业，9 月份迎来了第一批学生，五百六十个学生。

（画外）从 2002 年开始，莱阳农学院就开始往青岛的新校区搬迁，三年的时间老校区只剩下了一个空荡荡的院落和为数不多的学生。海都学院就从这里起步了。没有准备的时间，没有完善的设施，也没有独立学院运作的经验，一切都在仓促中开始了。

（采访）姚锋：从 2002 年开始，莱阳农学院准备迁校，从 2002 年到 2005 年，学校基本没有建设、没有维修、没有维护，一切基本上都是破旧不堪。马上就开学，没有认真用心去考虑，学生来了以后的生活问题、居住问题都没有想。2005 年新生入校以后，我和我的同事到学生宿舍去走访，看到学生宿舍门窗桌椅板凳非常破烂，木头门窗都已经腐败了，窗子也关不上，一刮风就碎玻璃，整个的一个校园，就是这么个状况。作为院长，心里是非常上火的。

（画外）一个新创办的学院，一批新入校的学生，一个新的学院领导班子，面对的却是这样一个多年失修、陈旧破败的校园，而要迅速地扭转这种局面谈何容易。

（采访）姚锋：当时有的学生给我写信，在贴吧上发帖子，说是垃圾学校、破烂学校，有很多不满的言论。

（画外）学校设施的陈旧和不完备对姚锋来说并不算什么，最让他头疼的是机制和体制的不完善。

（采访）姚锋：我遇到最大的困难就是，体制不顺，机制不顺，方方面面的关系都要协调。我曾经写过两次辞职报告，因为阻力太大，最后我说，我是轻视了创业的艰难。

（画外）那段时间姚锋可以说是内外交困，百废待兴的校园需要改观，独立学院运作的体制机制，上级学院的各个部门还都不适应，一切都需要磨合，一切都挑战着姚锋的意志。

（采访）姚锋：胜己者胜天下，就要挑战自我、超越自我，人生实际上什么最困难，就是战胜自己最困难。要战胜自己的惰性，战胜自己的劣性。一个人能战胜自己，超越自己，肯定会大有成功。

（画外）要战胜自己就得从头开始，多年从事学生管理工作的姚锋用真诚和爱开始了海都学院的第一步。

（采访）姚锋：我做的第一件事情就是走访。我领着这几个干部，就是我们八个人，走访了每一个学生宿舍，了解到他们的情况，感受到了学生求学的迫切，同时也感受到了我们的条件多么令人不满意。在大学里面，学生见老师都很难，学生能见到院长更难。学生能见到院长，他们是非常受感动的。他们知道，有什么话可以跟院长去说，让学生感觉到亲切。我们的目标是什么？就是家一样的温暖。再不好的条件，只要你对他付出了爱，让他感受到这种爱，他就不再计较那些条件。有些服务不到位，所有的一切都会在你的关爱之下化作乌有。

（画外）正是这种亲情管理，为姚锋和刚起步的海都学院赢得了学生们的理解。为了能及时掌握学生的学习生活情况，姚锋在他和学生之间建立起了一个无障碍沟通机制——任何学生都可以直接和他这个院长进行沟通对话。

（采访）姚锋：学生和我随时可以交流，有几种渠道，一个是电子邮件，一个是纸质信件，还有我的手机短信，再一个就是我的办公室，所有学生可以直接找院长，什么事情都可以谈，既可以提意见、提建议，也可以交流思想。我天天上网，就是打开我的邮箱，处理学生的来信。我的电子信箱，每个学生都知道。最多的时候，一天能收到十几封学生的电子邮件，我都要一一回复。

（采访）海都学院学生焦彬彬：从来没有听过姚院长说你这些问题太琐碎之

类的话。最多的有一次，我一天就给他发了三封邮件。

（采访）姚锋：海都学院的学生，感受最深的，就是院长跟他们没有距离。

（采访）焦彬彬：我第一次给姚院长打电话，姚院长就称呼我彬彬，就直接叫我，让我一下子感觉很亲切，不像是自己想象当中那样一个高高在上的学校领导的感觉，就像自己的父亲一样的感觉，特别踏实，特别有父辈责任感的一个人。

（画外）海都学院有一个特殊的职位叫院长助理，说他特殊是因为这个职位都是由学生来担任的。

（同期声）院长助理和院长座谈：8 号宿舍楼，线路可能有点老化，经常跳闸，想下一步把整个宿舍的线路全部检修一遍，因为现在负荷太大，原来的线路肯定是承受不起。

（画外）这几位同学都是院长助理，像这种形式的座谈，他们经常举行。

（采访）焦彬彬：虽然大家的环保意识都很强，但是有时候垃圾捏在手里面，不能及时找到垃圾桶。我今天早上还在感慨，怎么才提上去三天的时间，校园里一百米之内至少有两个垃圾桶了，问题解决得非常非常快，让我们自己都觉得很惊讶。

（画外）让学生感到惊讶的还不止这些，姚锋管理的细致程度和对学生的无私关爱，也同样让学生们有意想不到的感动。

（采访）焦彬彬：有一次我们学校的一个同学，到了熄灯时间还未归，姚院长就找了一整晚上。姚院长打电话，查看学校的录像，就是想各种办法去找他，终于在早上的时候，把这个同学找到了，他只是出去贪玩儿了一下，没有带手机，结果害大家担心了一晚上。不过这件事情之后，我们大家都很感动，觉得姚院长为了一个普通的同学，都能这样做到尽职尽责，每一个同学心里面都特别欣慰，特别温暖。能够在这样一个校园里面，能够有这样一位学校领导，真的是我们的荣幸。

（采访）姚锋：不懂得爱就不懂得教育，爱的力量应该是最大的。没有爱，光去训说，是没用的。只有你关心他、爱护他，知道你是在替他着想，是站在他的立场来考虑问题，你说的话，他才会听得进去，也信服你。学生找到你，反映的小事，是对你的信任，是基于你能帮他解决这个小问题这种期望来的。学生哪有大事天天找你，学生有多大的事情，真正的大事情你又办不了，只有从这些小事做起，才能让学生感受到学校对他的关心。

（画外）通过姚锋的人本管理和亲情服务，海都学院构建起了和谐的师生关系,而这仅仅是姚锋的办学理念之一。在海都学院的校园参观时我们发现,在一个个长椅上,在一个个宣传栏中,在一条条横幅上,在校园的点点滴滴构成的校园文化中,渗透式教育为学生们营造了一个文化的园地。

(采访)姚锋:我所提出的学院精神,八个字,博学、睿思、行健、至善,目前在海都学院形成了一种校园新风尚,四个字:和、勤、竞、雅。和,团结,和谐;勤,勤奋;竞,就是不服输,敢争先;雅,文雅、儒雅。我们一直坚持渗透教育战略,没有强势的我讲你听,对学生的引导全部体现在校园文化当中。横幅文化是我们的一大特色。我们的坐椅文化,每一个休闲椅上都有故事,都有对学生有启发的名言名句,宣传栏里面是一个哲理很深的故事,就是通过这些东西来渗透,引导学生怎样去做。

(画外)可以说这是一种长远的治本管理方式,以大力营造浓厚的校园文化氛围为根本,通过加大学院精神和校园新风尚的宣传教育力度,以健康向上的浓厚校园文化和丰富多彩的校园文化活动熏陶、感染学生,培养学生的个性、人文精神和综合素质。在海都学院还有一个独特之处,那就是他们的双休日是每周一和周二。

(采访)姚锋:从一开始就决定,星期一、星期二休息,星期六、星期天正常上课。先调整了双休日,不仅解决了师资不足的问题,更是解决了师资高水平问题。如果我们星期六、星期天休息,和本部的上课时间、教学时间是同步的话,只能是本部不用的老师、剩下的老师来给我们上课,会有好老师吗? 我们调整这两天以后,我们可以自己去选择好老师,学生们充分地理解,这个制度设计出来以后,对学生是有利的。

(画外)姚锋还进一步优化课程体系,对体育课、劳动课等一些公共课程进行了大胆的改革。

(采访)姚锋:教育部规定,大学体育课要上两年,每周两节课。我认为大学的体育课应该是教给学生一些基本的锻炼身体的方法,占用学生那么多的时间是一种浪费,我们现在就把体育课规定在一年级上,到了二年级改成俱乐部,利用课外来完成。体育课的教学课时,爱好乒乓球的,爱好篮球的,爱好足球的,你就参加到俱乐部当中去,由俱乐部的老师来考核你。劳动课原来也是,要一周上两节劳动课,后来就流于形式了,一天十几个班级要劳动,学校哪有这么多活要做,工具有时候还不够,很多情况下就是三四个人一个工具,一个干的好几个看的,劳动课很不严肃。后期我们就实事求是,怎么办呢? 一年一个学生要参加四次劳动,就是四个半天,劳动课不进入课程表,让学生班级班长根据整个的上课时间,自己确定,向后勤部来预约:老师今天我们班有时间,给我们安排个活。你完成这四次劳动,考核就合格,你学业成绩就有了,你完不成,对不起,你这个班级评三好、评奖学金都没有,变学生被动为主动。

(画外)利用这些节省出来的课时,海都学院把四年的课程三年教授完,利用剩余的这一年时间安排学生毕业实习,为学生就业创造了条件。

(采访)姚锋:现在普通大学的学生,一般都实习三个月,这三个月到了实习岗位以后,还没等熟悉这个单位的情况,就到时间了。再一个,学生还要去找工作,精力也不集中,企业就不愿意接收。而我们实习一年,他就完全成为一个可利用的资源,可以给学生安排一个固定的岗位来锻炼来实习,学生在了解企业,企业在了解他,企业就节约了考察期、培养期,学生一参加工作,能做一个成熟的职员来使用。这样学生有了一年的实习期以后,对他的就业是非常有利的。

(画外)多年从事学生管理工作,让姚锋深知实用型人才和复合型人才才是社会最需要的,因此他们不断增强教育的针对性和实效性。

(采访)姚锋:有一个调查,就是大学毕业生十年、十五年以后,真正从事本专业的,不到百分之二十,那百分之八十都从事其他专业。一所大学,要给学生什么,他们未来的发展,在大学能不能给他打个基础?对学生的培养目标,我和其他学校表述的也不一样。我们是培养品德高尚,基础扎实,实践能力强,社会适应性广,有思想、有个性,有开拓创新精神的高素质应用型人才。一个有思想有个性的人,可以成为领军人物,没有思想没有个性的人,只能当别人的打工仔,受别人指使。我曾经跟学生说过,没有校长专业,没有省长专业,没有市长专业,那么这些人怎么成为杰出人物的,是凭他的思想,凭他的个性,这是非常关键的。

(画外)正是基于姚锋这种教育理念,海都学院的公共必修课增加了很多已超出本科大学生学习范畴的课程。

(采访)姚锋:为了实现我这种理念,我在课程设置上也做了大胆的改革。我把公共必修课增加了形式逻辑、自然辩证法。我要加强学生的哲学修养,这都是衍生的课程,哲学让你考虑问题有深度,能够发现问题,解决问题。形式逻辑使你在考虑问题的时候能够严密起来。我还增加了应用写作、讲演口才,就是语言文字表达能力。我想通过这些课程,拿出我的正规课堂时间来培养学生,让我的学生最后能够有一个很好的发展。

(画外)2007年,经教育部批准,莱阳农学院更名为青岛农业大学,海都学院也随之更名为青岛农业大学海都学院。2009年,和学校共同走过创业路的第一批学子毕业了。

（采访）姚锋：2005 级的毕业典礼，我的讲话在学生当中引起了强烈的共鸣，中间给我鼓了很多次掌。我们这样的条件，能够让学生这样来对待母校，是什么打动了学生的心？

（画外）是什么打动了学生的心，采访中我不止一次地问到这个问题。然而短暂的接触和采访，我们没能找到一个准确的答案。但是海都学院给我留下印象最深刻的是姚锋对学生的真诚和爱，是他们真正为学生着想的负责态度和务实理念，是他们工作中每一个细节的精心细致，也许这就是打动学生的理由之一。海都学院打动了学生，而这些莘莘学子同样也打动了姚锋的心。

（采访）姚锋：我的第一届学生，毕业的时候表现得非常优秀，在这样艰苦的环境下完成了学业，他们没有怨，对学校还充满了感激、感恩。学生毕业前，深夜两点给我发短信。

（画外）这就是那条短信，那条让姚锋这个七尺男儿久久不能平静的短信。后来这条短信变成了 05 级全体毕业生给母校留下的一封庄严的感谢信。

（同期声）"作为班长，05 级英本一班三十三位同学强烈要求通过我向您道一声：院长您辛苦了！如果再扩大些范围的话，我谨代表 05 级全体毕业生感谢您、感谢学院……"

（画外）也许在很多人看来，这些话语并没有十分感人之处，但这对于姚锋来说，对于因为当初条件艰苦始终对 05 级有一点愧疚的他来说，能得到这些和他共同走过创业艰辛的学子的理解和感喟，足以让姚锋心潮澎湃，这种感触只有亲历者才能感同身受。

（采访）姚锋：来参加典礼的有青岛农大的党委书记、校长和分管的副校长，他们深受感动。学生到毕业了，毕业典礼的秩序，比开学典礼的秩序还要好，秩序井然，热情高涨，这是从来没见过的。一个院长的毕业典礼报告，能够让学生这么多次鼓掌，也没有见过。

（画外）姚锋和他的海都学院成功了，而他的成功表现出来的不仅仅是这些，更表现在一连串让人感慨的数字上。

（采访）姚锋：2009 届毕业生的考研率达到了百分之十六点二，我们 2010 年毕业生的考研率是百分之十九，个别专业（动物医学专业）已经达到了百分之五十三，也就是说，有一半以上的学生都考上了研究生。对，我们现在已经是山东省同期成立的七所省属高校独立学院中规模最大的。2009 届毕业生，我们本科生的就业率，在山东省十二所独立学院当中名列第一，专科就业率列第四。

（画外）海都学院经过五六年的建设，从 2005 年的五个本科专业、五百六十名学生发展到今天已经拥有二十三个本科专业、七千九百名学生，在校生规模在山东省同期成立的七所省属高校独立学院中名列第一，管理人员由最初的八个人，增加到今天的六十人，专职教师队伍发展到三百多人。在 2009 年度秋季学期全国大学生 CAD 类课程团队技能赛中，海都学院代表队与来自全国三十多所院校的四十多支代表队同场竞技，取得了团体总分第一的好成绩。"山东省学习型先进班组""改革开放三十年中国十佳特色教育示范学校""全国诚信示范院校"等一个个金字招牌，铭刻着海都学院的骄人成绩，也记录着姚锋的汗水和努力。

2016 年初，姚锋调任青岛科技大学党委常委、纪委书记。2019 年，青岛科技大学纪委获评"山东省纪检监察系统先进集体"，是党的十八大后全省首次表彰的两所省属高校纪委之一。他先后编著了《大学班级建设》《人文素质修养导论》《从理念到行动——来自青岛农业大学海都学院的探索与实践》《权力边界》等著作、教材，发表论文三十余篇。曾获中国高等教育创新奖、中国教育学会课题研究一等奖、中国高等教育学会优秀论文一等奖，以及全国独立学院优秀工作者、山东省优秀青年工作者等荣誉称号。

（采访）姚锋：我是地地道道的宁津人，是宁津的水土把我养育长大，我也时刻关心着宁津的发展，也想借我的微薄之力，能为家乡多做点实事。希望我的家乡越来越好，家乡的父老乡亲身体健康、生活幸福，有时间到胶东来，来我这里做客。

傅玉胜:无形战线　神秘历程

（**画外**）放过猪,打过铁,跟随父母闯过关东。近三十年保密部队的特殊军旅生涯,留给了他神秘的人生历程,在讳莫如深的无形战线上他甘做无名英雄。这位从事尖端技术的土专家,有着怎样的人生故事,他又将给我们讲述哪些鲜为人知的神秘历程?本期人物——傅玉胜。

（**采访**）傅玉胜:我们是一支保密部队,就是业务人员相互之间干什么也不问,也不知道。

（**画外**）他叫傅玉胜,曾经作为这支神秘部队中的一员,他的很多人生经历都和军事机密交织在了一起。虽然现在他已经是青岛市委市直机关工委副巡视员、纪工委副书记,离开部队也已经有十多年的时间了,但是如果那些封存的档案不解密,他的很多故事就会永远藏在心里的最深处。因此记者对他的采访非常小心,他对那些曾经的故事更是讳莫如深。然而好奇心的驱使,让我们还是断断续续地完成了对他的采访。

（**画外**）1955 年,傅玉胜出生在时集镇仝付村一个普通的农民家庭。作为家中的长子,他放过猪、打过铁,三年困难时期还跟随父母闯过关东。童年的经历磨炼了他的意志,而艰苦的生活也成为他人生的积淀。

（**采访**）傅玉胜:过去的艰苦,对我以后的成长,打下了坚实的基础。

（**画外**）1970 年傅玉胜初中毕业了。推荐上高中的名额并没有光顾这个喜欢读书的普通农家娃,到生产队干农活成了他的归宿。后来作为为数不多的初

413

中毕业生,他来到村办企业做了一名锻工。

(采访)傅玉胜:锻工实际就是打铁。打铁匠的行话有黑活、白活,实际上那个活是非常危险的,我身上很多的伤疤就是那个时候留下的。一盘炉是四个人,一个扇火、看火的,一个师傅是掌钳的,还有两个是打锤的,一个头锤,一个二锤,我是头锤,领锤的。干了一年多。

(画外)这种现状与傅玉胜的理想相去甚远,一心想跳出农门的他选择了从军入伍这条路。

(采访)傅玉胜:作为农村的孩子,我考学已经无望。工厂不招工,就是靠当兵出去。说实在的,有志青年总会不满足现状,寻求各种出路。

(画外)也许是命运的安排,从来没在宁津县征过兵的海军,第一次来到了这里,而且他们征的还是技术兵种。

(采访)傅玉胜:据记载,海军去我们县征兵是第一次。宁津去的这批兵,都是特招的兵,当时初中就算有文化的了,因为我们这个部队,是海军的一支技术勤务部队,都要从事业务训练。

(画外)然而这支技术勤务部队到底从事什么工作,他们对此一无所知,甚至在业务培训过程中,他们仍然不知道等待自己的将是一项怎样的工作。

(采访)傅玉胜:(记者:当时来到部队上,知道具体干什么工作吗?)不知道,但是知道宁津去的这批兵,都要分配技术岗位。两个月以后开始分兵,表现比较突出,或者比较精明能干的,就选到业务岗位了。这时训练就由原来的队列训练、新兵教育转变为业务训练了。业务训练是进行了九个月,还进行保密教育,以后做什么还是不知道。

(画外)业务训练结束后,他们才知道这个神秘的工作竟是他们人生中永远都要回避的一个禁区,是他们永远都不能说的一个秘密。

(采访)傅玉胜:我们这些人的选拔,都是经过组织精心挑选出的,训练的时候淘汰率也很高。我们是一个无形战线,我们的工作对象,身在远方,看不见,我们直接同它进行智慧上的较量。我们做这个工作,像《暗算》一样,听风,我现在是在听风的前端。科技含量的提升,高新技术的运用,又有许多新的技术,进入通信领域,那就需要我们不断地跟进,就要了解世界上最新的东西,就是我们未知的东西。

(画外)电视剧《暗算》也许大家都看过,它讲述的是一群无线电侦听和破译密码者的故事,那是一群"靠耳朵打江山"的人,他们的耳朵可以听到天外之音;那是一群"善于神机妙算"的人,他们的慧眼可以识破天机。然而傅玉胜从事的工作比他们还要高端,那到底是什么呢? 这只能靠我们想象了。

(采访)傅玉胜:江泽民主席视察这支部队的时候,他说这支部队是无形战线、无名英雄、无私奉献、无上光荣,做再大的事不能宣传自己,做再多的工作也不能去说,绝对不宣传。我们从事这项工作的人员,就是在一起上班,你目前在做的这项工作,有关人员以外的人都不知道,保密性非常强。

(画外)1976年,这支部队要组建一个新的技术行当,需要挑选几位业务优秀的骨干去北京培训。他陆陆续续参加了很多次培训,注重细节、心思缜密的傅玉胜在他的业务领域里很快成熟了起来,并逐步成为小有名气的土专家,其他部门一些解不开的难题也来向他请教。

(采访)傅玉胜:1990年,当时海军在改装一艘船,六七月份这艘船就来到青岛,科研单位的人员,使用单位的人员,还有上级领导机关的,都在青岛准备试航。试航检验当中发现了问题,结果使用方把数据送进去以后不能正常工作,天天分析、排查哪方面的原因,但是无解,甚至双方搞得有点不太愉快,就是使用方的技术人员和研制方的技术人员,互相埋怨,互相指责。这时候研究所的所长就向上级请示,说能不能把傅玉胜找来。

(画外)当时傅玉胜正在准备考学,对这个研究项目毫不知情。

(采访)傅玉胜:到青岛以后,我也不知道来干什么。来了以后一看他们在那里都没有好的表情,气氛很僵,各执一词,都说自己那一套。他们把总体情况介绍以后,实际上他们一说我也云里雾里的。像这个事你也没论证,你又没参加,也不知道到底想干什么,但是对使用方的情况来讲,我都很熟悉,因为有好多活都是我过去做的,无非是过去由一个单一的组合起来一个完整的一个系统。我说我就想听一下,你整个的这套设备,你的设计思路、具体方案,你要一步一步、一个环节一个环节地介绍。第一天过去以后,就感觉到没问题,肯定没问题。第二天听了一天,感觉到也没问题。第三天又听,有一个工程技术人员介绍,介绍的时候,我感觉到他这个地方就有疑问了,我说问题就出在你这个地方。

(画外)找到了问题的关键,他们又共同研究出一个整改方案,在对设备重新进行了完善后,他们开始了第二次试航。

(采访)傅玉胜:加班几天以后把船开到海上去,然后把数据一送,整套设备全部正常运转,正常工作了。人们就喊,成功了,那个高兴啊,当时都非常激动,而且有好多人讲,这个人真是个专家。为什么在单位我非要去上学？在那些人面前,说我专家的时候在前面加一个字,"土专家"。因为你的学历不是很高。对,我说我为了刨掉这个"土",我上学去了,有很多像我们工程技术人员,有经验的人,未必在理论上有多么高深,但是那些经验很实用,对,经验很实用。

（画外）其实这只是傅玉胜军旅生涯中很普通的一次经历,只不过这是一个不牵涉军事秘密的故事,他人生的很多精彩只能保留在他的记忆里。

（采访）傅玉胜:从 80 年代初开始,随着海军走向远洋,由近海走向远海,特别是北海舰队,从 80 年代中期开始,到我转业这期间,组织的重大活动,我基本上都参加了。

（画外）1993 年,傅玉胜出任海军某部政委,任政委后他并没有脱离具体的业务工作,一边带兵一边搞课题研究。任政委的八年时间里,是他在部队上最忙的一个时期。

（采访）傅玉胜:每年有一个月的探亲假,我从未休过,当政委整个期间没回老家。我一个是带兵,还带课题。既然组织上把这么个岗位赋予我,我就要不辱使命,就要把这项工作做好。

（画外）这种付出换来的是工作成果上的回报,一个个多年得不到解决的课题在他的努力下成功突破,几年的时间他先后四次荣立三等功,一次军队科技成果三等奖。正当傅玉胜军旅生涯处在顶峰的时候,他却选择了急流勇退。1999 年,他告别了为之奋斗了二十七年的国防事业,脱去戎装转业了。

（采访）傅玉胜:随着我军现代化的需要,知识陈旧或者年龄偏大的这些人要退出现役,到地方去工作。我在部队继续待下去,就不如年富力强的学历很高的人,我经验比他们丰富,但是老是靠经验吃饭,已经不够了。

（画外）通过军队转业干部考试,傅玉胜以优异的成绩被青岛市委市直机关工委选中。转业半年后,在青岛市委市直机关工委举行的竞争上岗中,他脱颖而出,被破格提拔为市直机关纪工委副书记。由于工作出色,他连续多年被评为优秀党员和优秀公务员,并荣立三等功一次。2008 年,他被青岛市委任命为青岛市委市直机关工委副巡视员兼市直机关纪工委副书记。

（采访）傅玉胜:宁津这片土地,是养育我的地方。我深爱宁津这片热土,我也深爱宁津县的父老乡亲。我作为宁津的游子,非常期盼、希望我们宁津经济发展、社会和谐,广大的父老乡亲安居乐业。

肖文和:回眸岁月　燃烧激情

（**画外**）种过粮、扛过枪,他曾经是鲁莽的入伍新兵。能吃苦、敢拼搏,绿色军营磨炼了他军人的品格。他是青岛开发区沧海桑田的见证人,他是宁津人去黄岛的引荐者。从青涩的入伍新兵到开发区市政公司工会主席,他经历了什么? 本期人物——肖文和。

（**采访**）肖文和:对自己要求严格,就是总想踏踏实实地做人,扎扎实实地做事;要做就把这事做到最好,不做到最好,就觉得没达到目标。

（**画外**）这个做事追求完美、每件事都力求做到极致的人叫肖文和,是青岛开发区市政公司原工会主席。1951 年出生在宁津县保店镇郑庄村的他,青年时代却不是这种做事风格。

（**采访**）肖文和:当时我刚满十八岁,赶上"文化大革命"中后期,学校里不开课了,我的初中就没上完,正赶上每年冬季修河,就当河工去了。修河是第一次去。过去一直上学,没经过什么锻炼,像我这个年龄的推车子,坡度是四十五度的坡,用小推车把土装满之后,前面一个拉车的,后面一个往上推的,把土倒到上面去,强度是很大的。干了一个多月,确实太艰苦了。那时候咱县里正好搞征兵发动,我一看,我可不干了,快去当兵吧,就报名了,根本就没和家里商量。

（**画外**）本来打算逃离这种艰苦环境和高强度劳作的他,却没有想到迎接他的是更为艰苦的一段人生经历。

（**采访**）肖文和:当时去当兵很高兴,那时候征兵不像现在,一问是哪里来征兵的,直接知道去哪

里,那时候根本就是绝密的。征兵的时候开始说北京军区的,我们从家里坐上汽车,拉到桑园,从桑园坐上火车,过了天津没去北京,直接往北去了,说咱们不是北京军区的,是沈阳军区的。沈阳也行,也是个大城市,上大城市玩儿去也行,总比在农村强,是这种心理。最后过了沈阳,一看还往前走,这上哪去啊?后来说沈阳军区不能都在沈阳,咱们在吉林,吉林也行,就走吧,到了吉林结果一下火车,就没直接进营房,而是步行拉练直接上农村了。到部队以后才知道,为什么要征兵啊,就是因为中苏边境紧张。

(**画外**)1969 年 3 月,中苏之间在珍宝岛发生了三次武装冲突,史称珍宝岛自卫反击战。当时肖文和所在部队的老兵大都去了前线,鉴于当时情况的复杂,他们的新兵训练是在野外进行的。

(**采访**)肖文和:当时形势紧张,所有的营房都不驻兵,因为咱们这些营房,中苏友好的时候,都是苏联"老大哥"给盖的,都是按照苏联的模式,固定在那个位置。中苏边境紧张之后,咱们的营房都在苏联的地图上,用几个炮弹就给打了,更不用说原子弹、导弹了,所以就直接上农村了。到了农村以后就确实后悔了,本来想离开艰苦环境,没想到更艰苦了,一下火车就是零下三十七八度,冻得简直受不了了。当时发的皮大头鞋、皮帽子、皮大衣"三皮",穿上也承受不了。新兵连的连长、指导员,带着几个老兵当班长,搞了几天的培训,之后就是挖防空洞,天天刨,手上磨的泡一个个全都磨破了。挖了防空洞就在那儿住,所以说后悔就后悔在还不如家里的条件。吃饭就是用行军锅,搬几个大石头,挖一个小坑,把锅支上,就做大米饭,不是说顿顿是喷香的、熟的,有的时候是生的,有的时候是半生的,咱们关内去的这些兵,百分之七八十把胃吃坏了。这个生活又不好,环境又不好,再加上部队要求严,训练严,也经常趴在被窝哭。在新兵连待了三个月,培训结束之后就分到老兵连了。可能形势不那么紧张了,老兵这时候就从前线全撤回来了。

(**画外**)随着国际形势的变化,中苏边境局势随之缓和,前线的部队也都撤了下来,肖文和他们这些新兵开始搬回到部队营房驻扎,一些装备也配发到这些新战士的手中。

(**采访**)肖文和:新兵连站岗的已经发枪了,一个姓王的战友,我们俩当时很投脾气,戴上领章、帽徽,发枪了,咱照相去吧,挎上冲锋枪照相,多漂亮。两人一商量,跑到市里照相去了。俺俩背着冲锋枪,到那一人照了一张相。照完相回来,看到松花江上有野鸭子,就说老王,这个地方很好,打个水鸭子玩玩儿吧。那时候发的还有子弹,有十发子弹,趴在那里就打。冲锋枪有单击和双击,单击就拨到单发上，一勾就是一下。咱不知道啊，那时候还没正式摸枪呢，就拨到双发上，一打五发全出去了。老王说我来我来，他也打了五发，结果一个野鸭子也没打着。

（画外）还没接受相关培训和军事常识教育的他们，差一点因为这个鲁莽的举动断送一生的前程。

（采访）肖文和：这个时候警察就来了，你们是哪的？哪里来的枪？我是部队的，军人拿枪不是正常吗？军人也不能往外携带武器，你不知道吗？你敢在这儿放枪，这是闹市。后来给团里打了电话，你们赶紧来领人吧。把俺俩领回去，守着全连，好一顿发火，你们得遣送回家。咱不知道什么叫遣送回家，后来一打听，给你戴上手铐子，由警察押着你，把你送回家去。那时候一说遣送回家，一家人都成了挨斗对象了，这就害怕了。闯祸了。这怎么办？新兵老兵做工作，连长批评也是为了教育你，说了很多道理，谈了几次，后来总算理解了，就一直检讨，连长俺错了，就说咱既然来当兵保卫国家，应该干好这一段。从那儿下决心，一定要好好干，要当个好兵，要做出成绩来。

（画外）这次教训改变了肖文和，甚至可以说是他人生路上的一个转折点。立志要当一个好兵的他，开始彻头彻尾地转变。

（采访）肖文和：当时提出一个口号，叫"野营拉练好"。一年四季野营拉练到处走，通过两到三年的时间，吉林的所有县城我们全走到了，都是徒步，用步量的。最多的一次我印象是走了二百一十华里，那一次定的行军路线就是从山这边开始翻到山那边，整个是二百一十华里，一天的时间，二十四小时内赶过去。东北的路全是高山峻岭，走平路几乎没有，最后到了山顶上，雪是齐腰深，就这样连滚带爬的，整整用了二十四小时。走这二百一十华里，确实累得很厉害。当时心理上有个想法，想做好兵就得多奉献，总想当先进，总想当第一，不想落后，这种观念一直在鼓舞着自己，就是拼命。到了家把行李包一放，把你的武器设备放下，不能歇着，你想表现好就得回去，接那些走不动的、身体差的、个儿小的，回去一到五公里，把他们接回来，这一个连队才接齐了。你想表现自己，就得多奉献、多付出，早晨起来扫院子，给这些老兵、老同志打洗脸水，那时候叫学雷锋做好事，就这样天天要求自己去做。我的指导员对我特别好，那时候教导我要好好学习，要进步得先学知识，没有知识你提高不了。指导员我学点什么好啊？他说你重点学习《毛泽东选集》四卷，你把这些学透了、读熟了，背下来最好，你的进步会很大。买了字典，买了《毛泽东选集》四卷，就成天学习。学习你得找时间，买个手电趴在被窝学。因为当时没那个条件，后来，别人休息了我到食堂里开个小灯,不影响别人休息,就上食堂里去学习。到现在我也很爱看书,有机会就多学点东西。那个时候把《毛泽东选集》四卷从前到后整整读了三四遍,确实受益匪浅。

(画外)由于当时中苏关系紧张,为了让部队时刻保持临战状态,他们经常进行战前动员。

(采访)肖文和:上前线的第一个工作是做政治动员,动员完了之后,每个人要写一份遗书。那时候就要准备去死,写遗书的同时写请战书,发动起士兵来,把情绪全调动起来,大伙都要最艰苦的活,到最艰苦的地方准备去牺牲,反反复复地搞,一个月搞一场两场的,慢慢地就适应了。时间长了知道是演习,演习惯了真上战场也就无所谓了。

(画外)在部队这个大熔炉里肖文和不懈地努力着,同时也在不断地蜕变着。

(采访)肖文和:应该说我起步受了些坎坷,但进步很快。我到部队六个月入了团,十个月入了党,可以说是全团入党比较早的。我没当副班长,一年就直接当了班长。我当班长的这个班,是沈阳军区挂号的,十五年的先进班。我在这个班干的时间最长,干了接近四年的班长。

(画外)表现突出的他赢得了不断进步的机会,同时也遇到了更多的挑战。

(采访)肖文和:因为炮兵班和步兵班不一样,它要求整班的亲和力和凝聚力。步兵班可以搞个人英雄主义,个人英雄一样可以打敌人,但是炮兵班没有一个整体协同作战,你连炮也放不出去,你还打什么。所以就千方百计地把这个班凝聚在一起。当时的连长、指导员,他把全连最调皮捣蛋的兵,都安排在我这个班了,那时候就成天和指导员抬杠,指导员这兵我没法带,全连管不了的兵给我了,我怎么办? 我记得有两个是最调皮的兵。一个叫王战海(音)的,不听吆喝不算,你让他往东他往西,你让他干什么他坚决不干,你让他立正他稍息,就这么个兵,大会上批评还闹情绪,小会上做工作好半天。我记得他闹情绪最严重的一次是部队在吉林榆树川搞防空洞施工,我们连队负责运石子、运沙子,在火车站离着火车很近,他趴在铁轨上听火车,说听听火车离咱还多远。这时候火车离着很近了,拉都拉不上来,最后他干什么呢,掏出个硬币来放到铁轨上,要看火车轧过去是什么结果。总之成天跟在他屁股后面做二作。

(画外)在挑战面前,肖文和没有退缩,他把在训练中的心得体会和一些发明创造编写成教案对新兵进行逐个培训,并利用各种方式方法去做那些落后战士的思想工作,直到现在他写的那厚厚的一本教案还仍然保留着。

（采访）肖文和：这是当班长总结的东西，整个的教程，平常讲课的时候，我就按这个给他们讲课，整个炮的构造，一直到射击，每带一批新兵都要给他讲这些，这是全套的。这些东西都画到黑板上，给他们讲得明明白白的，而且不止讲一遍。当时还搞了很多小发明创造，怎么测距离，怎么测风速。应该说我的成长进步，和我当班长这一段是绝对分不开的。当了三年多班长，最后做的这个工作，别说用箩筐抬了，用车装都装不完，主要就是促膝谈心，一帮一，一对红，帮助他们解决家庭实际困难，给家里写信，告诉他在这边的表现，叫他父母鼓励他，教育他怎么做人，怎么为国家做贡献，里里外外，方方面面的，想了很多办法。

（画外）在一次次的培训中，在面对面的沟通交流中，肖文和把先进班的称号牢牢地挂在了他们的营房中。

（采访）肖文和：后来团里知道了，因为是连续十五年的先进班，就让我介绍经验，写成材料在直属队介绍，后来到团里介绍，看着材料好又到师里介绍，到军里介绍。我这材料在军里都介绍过好几次，而且在师的各团做巡回报告。后来连长跟我说，小肖，你知道我为什么把最难的兵给你吗？我说俺不理解。他说把最难的兵给你带，有两个目的，一是为了锻炼你，你要是这个班带不好，下面你就没法再前进了，这是对你的锻炼；其二呢，如果你把这些最困难的兵带好了，说明你的成绩就有了，好兵谁不会带，还用你带吗？人家自身表现挺好，你就没有多少工作去做。你把这项工作做好了，对你的能力是一个提高，对你的业绩也是一个明显的提高，后来琢磨这个道理还真对，原来很恨连长、指导员，后来也不恨他们了。这是真帮我。

（画外）1975年，肖文和被提升为排长，他们的部队也从吉林换防到了徐州。1978年，肖文和被送到军校学习，毕业后不久他就被任命为连队指导员。

（采访）肖文和：当时部队和地方的交流衔接上有一些反映，说从部队上回去什么也不会干，就要求这些战士做"两用人才"，在部队会战斗，到地方能生产，所以叫他们学技术，鼓励他们。我在连队干指导员的时候，很注重这事，因为咱是农村出来的，咱能设身处地地为这些士兵着想，他们回去还能干些什么。既然这么想了，就买了木工的所有器材，买了缝纫机。业余时间原来他们打球去玩玩，现在请个木匠来给他们讲讲，告诉他们怎么去做，谁愿意学就来。战士们兴趣很高，闹情绪、闹矛盾的少很多。从这些战士当中，有学历初中高中以上的，给他们安排了几种辅导班，支持他们考军校，给他们拿出一个单独的房间来，按时吃饭，好好学习，那些想要上进的士兵，几乎是一天拿出十七八个小时来学习,那一年,我们连培养出四个大学生,上了军事院校,别说全团,就是全军都出名了。

(画外)从连队指导员到团的副政委,表现出色的他只用了四年的时间。这期间他们团的驻地搬到了青岛。1985年,中央军委做出了百万大裁军的决策,肖文和的军旅生涯也因此走到了终点。

(采访)肖文和:百万大裁军的时候,整个我们这个军撤销了,我们这个师缩编了,我们团砍掉了,没有了,根据地没有了,那时候就下决心转业了。我当时提团职干部的时候,还属于比较年轻的,转业赶上一个好机会,军委和国务院联合下了一个通知,随军三年还是五年以上的,户口在本地的,可以落在本地,我够了那个条件,家属随军了,正好我就留在青岛了。

(画外)1985年3月,青岛的经济技术开发区在黄岛动土兴建,当时三十四岁的肖文和作为非常年轻的副处级干部被安排到黄岛这个刚刚开工兴建的开发区工作。

(采访)肖文和:在部队这十八年当中,接受党的教育,接受部队的知识,这种军事化的东西和政治化的东西太多了,到了地方上还有点不适应。这个地方是个什么条件,海上最大的船就是小渔船,小渔船可以拉人,可以拉自行车,可以拉点行李,漂漂荡荡地就过来看了看。一看这连保店公社都赶不上,又贫穷又苦又无奈,还不如咱那个农村。这地方是胶南最偏远的地方,连公共汽车都不通。有两班公共汽车,是从黄岛跑胶南的,还不走这里,离这五华里以外有条公路,从那绕着上胶南,从那里才能到这里。就这么个环境,公路没有一条,只有骑自行车和马车可走的路。交通工具没有,最严重的一次,领着孩子上市区,我记得回来稍晚点,两班公共汽车没赶上。我儿子那时候七岁,从黄岛的轮渡码头,到这儿大约二十一二里地,下了船,俺爷俩走着走到家,到了家接近十二点。夏天你坐这吃饭,苍蝇就撞头、撞脸,比咱家里还多,因为海边上水洼子多,卫生环境又差,苍蝇蚊子一大堆,简直就是一点城市的样子也没有,就是一穷二白。

(画外)二十多年的时间,当初的荒野渔村已经无处可寻,取而代之的是一座傲立时代潮头的现代化新城。作为最初的建设者,肖文和见证了黄岛沧海桑田的变迁。

(采访)肖文和:当时我在政工处。政工处就是现在的组织部、人事局、工委办、人大这些整个系统的一个部门。我当时在这里分管党务工作。干了两年以后,赶上"党政企分开",要求政府和企业不能搅在一块儿。党政企分开以后,开发区就建了三大总公司:工业发展总公司、建设发展总公司和贸易发展总公司。因为都是政府安排的,所以这三大总公司就是开发区的实体,实际上也是政府任命的一个部门。当时把我安排为工业总公司的组织部部长、人事部部长,都是兼着双职,宣传、教育、发展,党务工作、行政工作,还有干部的任免、调转。我们开发区需要人才,一个大企业起来,可能需要三百人、五百人,你就是招聘、调动,这样的工作太多了。我们上西安去招过学生,最多的时候,一年就招了四五百人。我是部队出身的,又比较讲原则,给开发区把了不少关。人才不能选窝囊的,你选了真正的人才,才能把开发区带起来,所以在选人上把得比较严,为全区这几年解决了几千人的就业。

(画外)据了解,现在黄岛大约有三百多位宁津人,这其中大部分是直接或间接通过肖文和来到这里的。后来肖文和先后任自来水公司工会主席、建筑材料公司经理。2000年,肖文和出任青岛开发区市政公司工会主席,2003年离岗休息。

(采访)肖文和:十八岁离开家乡,走向社会,在军队整整待了十八年,到了地方工作了十八年,虽然没有多大的贡献和突出的成绩,拍拍胸脯感觉问心无愧,值得自豪的就是清清白白,扎扎实实地为党、为国家奉献了应该奉献的力量。宁津县从九几年在青岛建立了同乡联谊会。为了增加老乡的凝聚力,从2001年开始,就在黄岛又建立了分会,年年组织老乡联谊会。离开家乡四十多年了,一直没有忘怀家乡的父老乡亲和各位领导。县里领导给了很多关心,每年都来看望老乡,这一次又组织专题采访,十分感谢县委、县政府的领导和家乡的父老乡亲们,同时,也感谢一起战斗的战友们,希望战友们身体健康,希望父老乡亲们家庭和睦、万事如意,希望领导们事事顺心。

赵春亭:医者仁心

（画外）他是山东省第一个血液学博士,他是优秀的内科专家。把青春奉献给所钟爱的医学事业的他,经历了怎样的人生之路? 长期奋斗在与死神较量的医学前沿,他又有着哪些人生感悟? 本期人物——赵春亭。

（画外）赵春亭,青岛大学医学院附属医院血液科主任,医学博士,2007年曾在国际一流的美国 MD 安德森癌症中心学习骨髓移植,2009年获得过山东省自然基金课题。现在医学界担任多个社会兼职,是山东省医学会血液学分会副主任,山东省红十字会骨髓捐献专家委员会委员,山东省医药生物技术学会理事,博士生导师,而且他还是《山东医药》《齐鲁医学杂志》的编委。

（画外）1963年出生在宁津县柴胡店镇光明庵村的赵春亭,从小就有个学医的梦想。1980年高考时他开始了追逐梦想的第一步。

（采访）赵春亭:学医应该是我从小以来的理想。小的时候看到给我看病的那些大夫,就感觉很神秘。那时候就觉得今后能当个大夫挺好的。高考时我父亲也非常支持我,他说还是学医吧,学医还是行善的事。

（画外）抱着对于医生最简单的理解,赵春亭开始了他的学医之路。谁知这一学就是十一个年头。

（采访）赵春亭:一开始学医应该是抱着一种非常朴素的观点,觉得进去以后就学打针,就学开药,结果我们一开始从人体解剖、人体生理这方面学,从非常基础的学起。那时候叫青岛医学院北镇分院,那个时候的老师都是青

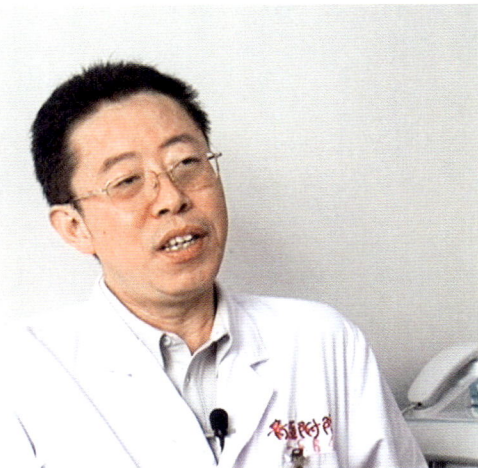

岛医学院去的老师,非常敬业非常好,给我们那一代人留下了非常宝贵的财富。除了医学知识之外,关键是人生态度,非常严谨的科学态度,各个方面打下了一个非常扎实的基础,我觉得到现在还是受益匪浅。

(画外)敬业的老师加上刻苦的学生,赵春亭在不懈的努力中夯实着自己的医学根基。

(采访)赵春亭:因为我当时在滨医留校,以优秀学生留的校。是学校动员我留校的。当时我不太想干其他科,就是想干内科,内科系统里面,可以说挑哪一个专业他都会喜欢我去的,因为当时学校里要看平时的成绩、考试以及试讲,就相当于现在的面试吧,我们是过多少关才留下的。

(画外)留校后赵春亭在滨州医学院开始了教书育人的生涯。三年后不满足现状的他决定要进一步深造,他先是攻读了同济医科大学的硕士研究生,而后又以优异的成绩考入中国协和医科大学,攻读博士研究生,主修血液学。这个学科在当时并不热门,而且很难有所突破,但他还是选择了这个学科。

(采访)赵春亭:我实习的时候在滨医,当时我发现得血液病的大部分都是一些年轻的人,青壮年或者是青年。当时有一部日本电视剧《血疑》,感觉他们特别可怜,我印象特别深的就是,在我们那个时候,它是一个疑难病症,可以说是处于一个没有办法治疗的阶段,但我想越没办法治疗,我越有从事它的必要性。

(画外)赵春亭读博士研究生时的导师是我国血液界的奠基人,从他那里,赵春亭养成了为之一生受用的工作作风——严谨。

(采访)赵春亭:我的导师是非常严谨的人,平常我写的东西,第一遍去的时候,他不会看的,说回去看看有没有错别字。第二次又拿去了,说你看了没有,我说看了,这次看了,他说别走,咱俩一块儿看,看着看着发现一个地方不合适,他说你看了没有,你光看不行,你得改。回去还让你自己去改。到第三遍开始,他才让放在他那个地方,他才去改,每个字、标点符号,等等。你别看这些事小啊,这个过程他就要你严谨,他就要培养你这个人,你再去做事的话,字字句句都得严谨,所以我觉得严谨的作风,对一个大夫来讲,应该是非常非常重要的。

(画外)1994年,赵春亭从协和医科大学毕业了,作为当时在全国都为数不多的血液学博士,赵春亭面临着很多的人生选择。

(采访)赵春亭:本来我有很多机会,北京也可以去,上海也可以去。那个时候很恋家,我又回到滨医了。

(画外)作为当时全省第一个血液学博士,滨州医学院对他格外重视,然而关注他这个医学博士的却并不止滨州医学院这一家。

（采访）赵春亭：回到滨医以后，很被领导看重，我又从政，做了科研处的副处长，又被领导选为"第三梯队"，是省委组织部去考察的。说起来，还是对业务感兴趣。青岛当时有个政策，人才引进，各个方面都是绿灯，这里的院长亲自找我谈话，我一看这个院领导行，水平高，太吸引我了，他的人格魅力，各个方面。本来我还可以去深圳，但是我就不去了，第一站就到这来了。

（画外）始建于1898年的青岛大学医学院附属医院，是一所已经历经百年沧桑的综合性医院。在这里重新燃烧起学术激情的赵春亭用自己高超的医术为一个又一个危重病人续写着生命的奇迹。

（采访）赵春亭：2004年有个病人，突然发烧，血小板低，最后很快就定下是一个叫爆发性血小板减少性紫癜。最近这几年这个病有个增多的趋势，但是就她那种类型的情况来讲，叫百万分之一，很少。病人很快就进入昏迷和全身瘫痪软瘫，我们抢救了二十多天，这个病人昏迷了二十多天。后来把她抢救过来了，现在早就走上工作岗位了，情况已经很好。这个事当时在青岛市影响很大，大概青岛的各大媒体都报道了，自己很有成就感，因为病人现在还在正常生活和工作。

（画外）高超的医术让很多血液病患者慕名前来，赵春亭告诉记者，最多的时候他一个月能接诊一千多个病人。

（采访）赵春亭：因为病人家属咱认不过来，远远地打招呼，赵主任你干什么去？我说咱俩认识吗，他说我爸爸你给看的病。还有一次上火车站，到地下去停车，出来我交钱，人家说不要你的钱。我说怎么回事啊，他说，赵主任，是我啊！他儿子在我这去世的。赵主任是我，你快走吧。这个事情先说，一共两块钱的事，就是说明这个病人，人家对你是什么感觉。我现在有一个病人，大概有十年了，每年过节必定给我发短信，就是一些祝福的短信。曾经前几年的时候，我就想这个人是谁，是个什么人，老是给我发短信，后来我就很纳闷了，我就给他发了一个短信，我说请问你是哪一位啊，你多次给我发祝福短信，我非常感谢你。后来他给我打电话，他说赵主任，我以为你那有我的电话，你不知道我是谁啊。是我的一个病人，前几天又给我发了一个短信，天冷了，这么一个短信，他确实是出于内心的一种关心。

（画外）很多病人都和他交成了朋友，由于接诊治疗过的病人数不胜数，有很多自称是赵春亭朋友的人，他却记不起来。现在，赵春亭已是青岛的知名人物，而在患者之中良好的口碑，却并不仅仅是靠他高超的医术得来的。

（**采访**）赵春亭：其他同行戏称我比较学术，其他优点没有。起码我是一个比较认真的人，对病人来讲的话，的确要站在他的角度上，要考虑病人的疾苦。滨州的一个病号，是白血病，我给他都检查完了以后，我说现在不吃药。他说这还得了。我说不治疗你三年五年都没问题，你不用怕。后来他接受了，结果到现在很好。如果我当年给他早早地用药，治疗这个病，几千块钱一支的药都有，我给他用上药以后，我估计现在能不能存在都很难讲。有的时候，就要站在病人的角度，真正去为病人着想，所以病人比较喜欢找我看病。

（**画外**）也许就是他这种站在病人的角度考虑问题的工作作风，让他建立起了良好的医患关系，甚至有些时候身患绝症的病人对家人临终的嘱托竟然也涉及了赵春亭。

（**采访**）赵春亭：一个白血病病人，是一个年轻的孩子，给他治疗得很好。毕竟白血病不做骨髓移植大部分还是要复发的，所以那个小孩到了最后快不行的时候，就告诉他父母一定要告诉赵主任他去世的消息。后来有一天他父母来了以后，他说我这次来，就是专门来感谢你的。就是说这个病人已经走了，走的时候还说了一些话，我当时就很感动。他们当时有人说，当大夫当到你这个程度也就满足了。

（**画外**）正是基于这种良好的医患关系，很多患者对赵春亭都非常信任。采访中赵春亭正好接听了一个从美国打来的电话。

（**同期声**）赵春亭：关于你哥哥去美国的事，我觉得有一个问题，就是从洛杉矶到咱中国的话，大概要二十几个小时，疲劳以后，这个情况有可能就加重了。好的再见。一个病人从美国打来的电话，想听听意见。

（**画外**）由于工作成绩突出，赵春亭曾先后获得"山东省新长征突击手""山东省十大杰出青年"等多项荣誉称号。面对这些荣誉，他看得很淡，他说自己最在意的是每次对病人的挽救。如今作为省内血液救治方面的扛鼎人物，赵春亭每天都十分忙碌，出诊、学术讲座等将他的时间安排得满满的。我们的采访只能在他休息的时间进行。然而就在我们将要结束采访的时候，他办公室的门再次被敲响了。

（**同期声**）赵春亭：输血在门诊就能输，那样还不收你的住院费，你输完血就走了。到那儿找谁？好像是刘大夫在那儿，我给你看一下。我认识你。

（**画外**）很多时候血液病患者都面临着高额的医疗费用，很多家庭都因此致贫，对此赵春亭都尽可能地为病人省去不必要的花销。虽然我们的采访非常仓促，和赵春亭的接触也只有短短的几个小时，但从他的身上，记者感受到了什么叫作"医者仁心"。

（**采访**）赵春亭:是宁津这片热土养育了我、培养了我,我也衷心地祝愿家乡的经济腾飞,家乡父老家庭幸福、万事如意。谢谢。

李桂笙：传奇经历　墨舞人生

（**画外**）不平凡的家族史让他一生坎坷，传奇的人生路上充满了艰难岁月，从天才小画家到"历史反革命的子弟"，从艰苦劳作的河工到艺术学校的高级讲师，他经历了什么？灵动的线条，传神的画作，笔墨的舞蹈诉说着怎样的人生感悟？本期人物——李桂笙。

（**同期声**）：李桂笙艺术，娱人眼目，小道也；震人心魂，大道也。

（**画外**）他叫李桂笙，是烟台市著名的画家。退休前曾任烟台艺术学校美术科副主任、高级讲师。现任烟台现代书画研究院常务院长，烟台一多书画院名誉院长，烟台市政协书画联谊会顾问，《胶东书画》主编。曾参加"'92两岸美术观摩展""东方国际名家教授展""第四届亚欧国际交流展""东亚细亚造型主义招待展"等海外画展。1998年曾赴马来西亚办画展。出版有《李桂笙书画》《当代美术家——李桂笙》《李桂笙画舞》《李桂笙画鸡》等著作。

（**采访**）李桂笙：我希望把艺术作为一个高层的精神的东西，陶冶人的心情。画东西我主张重视生活，首先我得自己感动，然后我再去画东西感动别人，比如说我画舞蹈，我是有激情的，用毛笔在纸上舞蹈，"老夫聊发少年狂"的意思，通过笔墨抒发自己的情感。

（**画外**）李桂笙的画作灵动传神、极具动感。尤其是他创作的反映少数民族舞蹈的作品更是形神兼备、韵味十足，观后让人感觉酣畅淋漓、美不胜收。然而你一定想象不到在他传神的画作背后，却是一个满是崎岖和坎坷的人生历程，从小在颠沛流离中

429

成长起来的他,经历了一条不平凡的人生路。而他的家族史可以说就是一部活生生的中国近现代史的缩影。

(采访)李桂笙:我爷爷那一辈是贫下中农。我爷爷会点武术,念不起书就练武。练武呢,打抱不平,好像伤了魏家的人,魏家就告官了,想抓他,他就跑了,跑到霸州,卖大馃子为生。但是他好学,在霸州,有一个私塾,听到私塾先生教书,他就安心地在窗外听,越听越入迷,有时候拿包馃子的纸记录下来,每天都来听课,都影响卖馃子了。时间一长呢,就引起私塾老先生的注意了。有一天他被招呼进去了,就问他,你喜欢念书吗?我喜欢念书。一看他智力很好,他(私塾先生)说这样吧,你就别卖馃子了,你在我这里,一边给我打扫卫生,一边听课。我爷爷应该说很聪慧,非常招这个老师的喜欢。这个老师就让和他儿子拜了把兄弟。

(画外)这位私塾先生的儿子就是中国近代史上非常有名的大军阀——韩复榘。正是因为这个关系,后来韩复榘发迹后,李桂笙的祖父便投靠了他,而李桂笙一家的命运也从此改变了。

(采访)李桂笙:我祖父以后就在郑州机务段,给他弄了个段长的名号,实际上他不具体在那干活,专门给上层的军官看病。我爷爷是少将医官,我父亲也在国民党干过,他是少校文牍,所以我就沾这个"光",最后我这一生倒霉,就是沾了这个"光"。

(画外)1938年,李桂笙出生在天津,当时他的父亲主要从事报刊编辑发行工作,先后在天津、开封等地的《大公报》报馆任职。抗战胜利后,因为祖父的关系,李桂笙的父亲在国民党部队有过短暂的任职经历。后来他又先后到青岛、烟台的《大公报》报馆工作,并在烟台创建了《大公报》的分支机构。

(采访)李桂笙:我们1949年的下半年到的烟台,当时政府很支持。因为烟台没有报纸,我父亲就开始下去推,很顺利。很多买卖恢复以后,都想订份报纸,又是《大公报》,这是名报,有名的报纸。但是第二年就变了,《大公报》就没有了,改成《进步日报》了。

(画外)在烟台他们一家定居了下来,当时已经十一岁的李桂笙开始接受正规的学校教育,很快他就在绘画方面表现出了过人的天赋。

(采访)李桂笙:念书的时候有个第三公园,有小人书摊。本来早晨母亲给我的钱是让我吃早餐的,我不吃早餐,我看小人书。看了以后就记住了,回去以后就在课堂上画,听着课我就在课本上、在本子上画小人儿。我记得画得很生动,很多同学看了以后,都争着跟我要。在小学这个阶段,学校就开始重视我了。他越重视,我的兴趣就越大,所以后来到了烟台念书以后,学校的黑板报也叫我去画,逐渐在学校就有了影响。我在烟台的一个《劳动报》发表漫画,编辑姓高,他叫我亲自领稿费。他一看还是个小孩,他没寻思,其实我那时候已经十四五岁了,但还是小孩。一般学生投稿的很少,他知道我是学生以后很感兴趣,就聘请我为通讯员。在学校里应该是小名人了,学校很多人都叫我小画家,老师就更器重了。

(画外)1957 年,初中毕业的李桂笙顺利考取了山东师范学院美术系。1958 年美术系独立并更名为山东艺术专科学校。

(采访)李桂笙:我是初中以后考上的,三年中专,两年大专,是五年一贯制的专科。

(画外)在这个艺术的殿堂里,李桂笙尽情地挥洒着汗水、吸取着营养。绘画天赋加上名师的指点,李桂笙很快就在学校里小有名气。

(采访)李桂笙:我坚持画画,而且坚持投稿,我那时候在《大众日报》已经是通讯员了。因为我经常发表稿子,我的来回路费,从烟台到济南,济南到烟台,全是我自己解决。

(画外)1958 年他与人合作的版画《朝鲜舞》入选《全国三届版画展》,后又被选送出国展出,并为中国美术馆收藏。1960 年他参与创作的巨幅国画《大战龙门口》和《举世奇创》赴京展出,受到了当时书画界名家的好评,并被收入《山东国画选》和《山东五十年美术、书法精品集》。然而就在此时,他父亲的历史问题被清查了出来。

(采访)李桂笙:1957 年,我父亲说了一句话,也是跟着别人学的,说叫马儿干得好,又叫马儿不吃草,就这样的意思吧,他们就考查我父亲。本来想把他打成右派的,可是仔细一追查,历史问题就查出来了,就戴上了"历史反革命"的帽子,家庭情况就急剧地变化了。

(画外)在那个以阶级斗争为纲的特殊年代,李桂笙因此受到了莫大的牵连,在学校里他莫名其妙地成了另类。

(采访)李桂笙:因为我父亲戴上帽子以后,我们学校对我就有看法了。他们都不大敢教我了,连老师也害怕啊,班级的一切资料、工具,都不给我了,我从此就不上课了。

(画外)当时,戴着"历史反革命子弟"帽子的他先是被强迫留级,进而又沦落到被勒令退学的境地。

(采访)李桂笙:我一看坏事了,被学校里开除了怎么办? 也传出过这风来,只是没处理这些学生。我说要是开除了这个名可不好,出去找工作都很困难,咱们干脆主动提出来走,凭咱们的水平,到哪里不能找到工作啊。那时候很自信。

（画外）就这样没有拿到大学毕业证的李桂笙回到了烟台,本以为能凭自己本事吃饭的他却连连碰壁。

（采访）李桂笙:我下来以后找不到工作了。有好几个单位看中我,一个是教中学去,一个是去单位这些地方写个材料,还有什么大问题吗？一递材料,一了解情况,都不行,都给打回来,就是没人敢用我。

（画外）后来在一些朋友的帮助下,他辗转来到了烟台一所小学任美术教师。没过多久"文革"爆发了,1966 年,李桂笙的家被抄了,李桂笙和他的父母先后被遣送回了宁津老家。

（采访）李桂笙:我们一直认为天津是老家。我祖父那一辈出来的,我父亲也没回过老家,他也不知道,1966 年遣返回宁津了,从这时候才知道老家是宁津。

（画外）李桂笙的老家是宁津县杜集镇魏庵村,因为从祖父那一代就离开了这里,因此,家中早已一无所有。

（采访）李桂笙:村里不愿意留,因为村里很穷,去了以后就争别人的口粮。你没房子没地,什么也没有啊。我回去一看,原来是一个羊棚,当作我们全家人的住房了。我记得头一年分麦子的时候,打下粮食来分了五斤麦子。

（画外）那个年代农业生产条件非常艰苦,在人们的印象里最艰苦的劳作之一就是挖河。然而河工虽苦但政策却优惠,不但可以多为家里挣工分,而且还不必带口粮,这样就可免去一日三餐的烦恼。因此,李桂笙几乎年年报名去挖河。

（采访）李桂笙:没办法我就挖河去。我可以说是文弱书生,在我们小队我是大长辈,辈分大,都很尊重我,所以干活呢,也不挑拣我,能干多少就干多少。

（画外）因为当时李桂笙的头上还戴着帽子,所以有些批斗会免不了要找到他。艰苦的生活条件、高强度的劳作,再加上经常批斗,这个文弱书生要崩溃了。

（采访）李桂笙:当时真有一个阶段受不了了,精神受不了,我轻生过。严打的时候我也游街,也上学习班,把我打成四类分子上学习班去,你说还能受得了吗？精神上受不了。我弟弟倒是想得开。他读过马列,对马列很有研究。后来弟弟和我讨论以后,我就抱着一个看的态度,看看这个社会往哪儿发展,苟且

432

偷生。

（画外）李桂笙的弟弟就是20世纪90年代我县有名的抗癌明星李向东,曾在宁津县委党史办工作。在他的开导下,李桂笙又重新燃起了生的希望。1975年,随着政治形势的好转,李桂笙落实了政策,虽然仍旧不能回烟台,但生活环境却逐渐改善了。这一年夏天,宁津县要举办阶级教育展览,李桂笙的老家魏庵村当时属于常洼公社,而常洼公社组织的几个教师却一直不能做出一个让人满意的图版,这时有人想到了李桂笙。

（采访）李桂笙:魏庵村有一个老师,听说我是大学专门学美术的,专科,他说不知道能不能用,他的政治问题,他的事。当时有一个武装部长,他一看,不是政治问题解决了吗?人家还是文艺工作者,为什么不能用,出了事我负责。他一句话,他们就用我了。所以那一天我记得很清楚,我正在地里撒粪,大队的民兵连长在地头上招呼,李桂笙在不在?当时我还害怕了,怎么刚解决又有什么事找我?我弟弟都纳闷了说,不是什么问题都解决了吗?政治问题解决了怎么还找你?当时我也忐忑不安,不知道什么事,怎么公社里又找我。过去了,态度很客气,说公社里有点事,请你去帮个忙。他就带着我往常洼走,路上告诉我是怎么回事。

（画外）虽然已经很多年没有拿画笔了,但是这些简单的图版设计,对于李桂笙来说易如反掌。

（采访）李桂笙:先去见了大队支书,他也很客气:这个事是政治任务,很艰巨,完成得好这是很好的政治上立功的表现。把我领到常洼的学校,一看有一帮老师,语文的精英和能画画的都调来了。我一看满桌子摆的连环画,他说我们已经搞了十来天了,没搞出道道来,把你请来。这里有小人书,你参考着。我说不用小人书,我拿起铅笔来,大概就一两个小时,四张草稿全都画出来了,他们一看,从来没见过,你不用照着画!我说不用照着画。他们就领略了咱的水平了。

（画外）常洼公社的阶级教育展览很快就成为其他公社学习的榜样,于是很多单位开始慕名前来请李桂笙去帮忙。

（采访）李桂笙:就在快要完成的时候,张学武来了几个人,也要搞展览,想来参观学习。他说这样,你这里完成了,再别答应别人,就到张学武去,到时候我们来接你。常洼这个支书很不错,就和他们讲,桂笙家庭很困难,他是我们公社的,我们管他个饭,到你那儿得给点工资啊。所以我觉得农村人很朴实,说到这里我有点感动。

（画外）这对于当时备受冷落而处境艰难的他来说，所感受到的温暖足以让他刻骨铭心。

（采访）李桂笙：我这时候体会到，农村的人很朴实、很实在。那时候给我的感觉，比城里人要好得多，毕竟是农民出身，农村出来的，很有人情味。到了那里以后，张学武的书记就跟我讲，我们每天给你一块钱，管吃、管住。我一个月就三十块钱了，那时候三十块钱可以啊，我们村平均工分，一天挣两毛来钱，一个月三十块钱，在农村应该是大数了。我从张学武这里开始，就开始拿工资了。有了工资，有了收入了，我回家以后和家人讲，和弟弟讲，我说这个钱也不要存起来，就买粮食，让老母亲吃上真正的粮食饭，不能再吃地瓜干、吃掺菜的那些东西了。我父亲在1975年以前去世的，死前想吃顿饺子，家里一点面都没有。我说咱不留钱，就是改善我们家的生活。从常洼开始出来，我就再没回到农村干农活，一发不可收，我的生活状况马上就改变了。

（画外）随着李桂笙的名气越来越大，找他的人越来越多，他的生活也开始逐渐好转。这时候一个人上门来找李桂笙。

（采访）李桂笙：他说代表水利局局长来的，听说你的大名，我们水利局每年搞治河，需要搞宣传，办报纸、画宣传栏之类的，听说你的水平高，想让你去水利局帮忙。

（画外）1976年，李桂笙来到了宁津县水利局工作，在这里他暂时稳定了下来。

（采访）李桂笙：到了水利局，一个月给我四十五块钱。上了几次河以后，领导越来越重视我了，因为我给他们画展览手头也快，搞的质量比他们都强。假如不上河，各个单位需要搞宣传、需要搞门头的，也都找我。

（画外）就这样李桂笙在县水利局工作了三年。1979年春节后的一天，他突然听到了一个消息。

（采访）李桂笙：1979 年春节以后，我到县里去，回去上班，有的人就说，你还没回去吗？我说去哪里啊，他说咱县里好多人都回去了，有的从北京下来的都回去了。我说不知道啊，他说现在搞落实政策啊。我说那怎么办，他说你找找吧。

（画外）带着希望和期待，李桂笙兴冲冲地赶往烟台。然而乘兴而去的他，却得到了一个让人沮丧的消息。

（采访）李桂笙：我正月十五那一天到的烟台，但是教育上不承认他们有错，就是不给我落实政策，你是临时工回不来，这是有政策的。

（画外）在书画界朋友的帮助下，李桂笙暂时住了下来，一边画画，一边等待时机。

（采访）李桂笙：那个时期我住在朋友家里，在那儿恢复了一个时期，画了一部分画。我吃饭是吃百家饭，凡是认识我的都这样，换着地方请我吃饭，有钱的帮钱，没钱的帮粮票，募了一部分粮票和钱，所以我等于是高级要饭的。一开始是这样，他们搞展览，搞创作，全国美展参加创作，集中在一个宾馆里面，搞完了以后呢，临走以前每个人都得给宾馆画一张画，这叫答谢画。陈老师当时是美协主席，他说不用你们画了，找个人来画，就把我叫去了，就叫我专门画画来应酬，画应酬画。

（画外）终于，李桂笙的画作感染了越来越多的人，人们仿佛又重新看到了当年那个天才小画家的影子，而他的经历也得到了当时烟台市领导的重视。

（采访）李桂笙：老市委有两个副书记，也喜欢书画，亲自看了以后，特批，不按照正常的落实政策，按照人才召回，叫我回来了。

（画外）此时，李桂笙已经过了不惑之年，因为这种种遭遇，年过四十的他一直没有结婚。

（采访）李桂笙：我老伴的父亲当时是烟台地区医院眼科主任，但是"文革"

时期被打成反动权威,也蹲过牛棚,所以我老伴就迟迟没有结婚,也是受家庭影响。后来就是经过朋友撮合,第二年就结婚了,1980年结的婚。

(画外)虽然回到了烟台,也成了家,但他的工作始终是一个问题。1984年,李桂笙大学的一个同学来烟台写生,他给李桂笙带来了一个天大的喜讯。

(采访)李桂笙:他说学校正在给当时一些受不公待遇的学生落实政策,你赶紧写个材料给我。我就写了个材料给他,他叫我马上到济南来,另外找了几个同学,共同签名、证明,学校就答复,你回去等吧,不光你一个人,还有几个人。1984年年底,补发了毕业证,承认我的大学学历。

(画外)这个迟来二十三年的毕业证帮李桂笙成为烟台艺术学校美术科的一名讲师,他的艺术生涯终于重新开始了。

(采访)李桂笙:到了艺校我才重新拿起笔来,正式参加美术活动。为了教好学,我就开始研究理论。我有个打算,我现在正在整理我写的东西,大概有十五六万字,第一个想法要出本书,另外还想搞一个师生展。

(画外)李桂笙的画作灵动传神、极具动感。虽然他不会舞蹈,但却能将舞蹈的动势用笔墨勾画出神韵,如同笔墨在纸上舞蹈,舞出狂放的美感,舞出生命的鲜活。他以年逾七旬饱经风霜的生命体验,开拓着他充满激情、充满阳光的艺术之路。笔墨之舞、个性之舞、生命之舞,他用舞蹈表现他生命的独特,宣泄情感,他用笔墨融入对人生的感悟和心灵的独白,他用几近疯狂的造型和笔法,体现他的性格和人生。

(采访)李桂笙:艺术分两类,一类是娱人眼目,小道也,就是觉得好看,小道;一类是振人心魂,大道也。

(画外)李桂笙不但精通书画,而且他的文章和诗词也同样精彩。临别在即,他即兴为记者和我们的栏目题写了一首藏头诗。

(同期声)李桂笙读诗:天下山东地,南北宁津人。地养五谷丰,北望是乡情。宁静思故里,津泽润我心。人须文理通,好是家乡亲。

(采访)李桂笙:祝福我们宁津家乡在文化上更上一层楼。我希望家乡搞书画的朋友,一定要树立这样一个看法——把书画看作是精神上的寄托,一个是我们要享受,首先要享受书画的美感,同时我们要创造美感,影响他人。这是艺术家的责任。

周秋田:情系交通

（画外）他是60年代初名校的大学生,他是省交通厅厅长,经历了上山下乡的锻炼,走过了改革开放的浪潮。丰富的经历给了他怎样的人生感悟? 山东省的交通史上留下了他的哪些足迹? 本期人物——周秋田。

（画外）周秋田,山东省交通厅原厅长,宁津县时集镇前洼周村人,1946年出生。作为土生土长的宁津人,周秋田的整个青少年时代都是在家乡度过的。1964年,他以优异的成绩考入中国人民大学财贸专业。

（采访）周秋田:报志愿全在懵懂中。当时一个班的同学来自十四个省。学生时代给我印象最深刻的就是,我的老师很敬业,教书育人、师德高尚,这是让我现在回想起来都很感动的事情。当时学制是五年,因为"文革",推迟一年毕业。

（画外）1969年,周秋田大学毕业了,在"知识青年到农村去"的政策指引下,周秋田远赴内蒙古,被分配到察右中旗下营盘生产队,当时和他一起分到这个村子的大学生有七个。

（采访）周秋田:在内蒙古这几年的时间,我觉得在基层是一个很大的锻炼。第一份工作就是到下营盘生产队,接受贫下中农再教育,放羊,种地。

（画外）考入大学名校,本应是跳出农门,开始一番作为,谁知却再一次走进了这种熟悉的生活。

（采访）周秋田:我始终有这么个观点,学习只是给你一个最基本的知识,真要是你有成就,必须到实践中去。大学毕业后分到内蒙古去,毫无怨言,

很愉快地打起铺盖就走了。人生的经历,应该是多元化的,不经过波折,不经过困难,对你的人生是没有好处的。这是一种锻炼,是一种磨砺。

(画外)1970年,周秋田从下营盘生产队被调到察右中旗贸易公司当了一名物价员,后来他又先后到察右中旗商业局和财办工作。在内蒙古周秋田一待就是九年。1979年,在得知全国高校恢复招生的消息后,周秋田再次报考了母校中国人民大学,这一次他是去攻读硕士研究生。

(采访)周秋田:回到学校感到很亲切。读研究生三年,然后分到山东省计划委员会,在计委从一般干部到科长、副处长、处长,1990年8月份,任省计委党组成员,1991年3月份,任省计委副主任。

(画外)在计委工作期间,周秋田曾参与制订山东省第七、第八和第九个五年规划,他的研究成果曾分别获得"国家级科技进步三等奖""国家计委科技进步一等奖"。

(采访)周秋田:工作任务非常重,主要上北京跑项目,搞调研。在计委的时候,就对全省的宏观经济了解得比较全面,这应该是最大的收益。

(画外)1998年,在省委政策研究室工作了很短一段时间后,周秋田正式调任山东省交通厅任厅长,从此便开始了他与交通的不解之缘。

(采访)周秋田:在省计委工作期间,几乎所有的处室我都分管过,所以从那里到交通厅来,我一点都不感到陌生,因为我在那儿分管过交通。

(画外)1998年正值亚洲金融危机爆发,中央做出了扩大内需、加快公路等基础设施建设的战略决策。以周秋田为首的山东省交通厅抢抓机遇,快速行动,及时调整公路建设计划,加大投入,加快交通基础设施建设。山东高速公路建设进入了快速发展的黄金时期。

(采访)周秋田:那时候开工的比较多,全靠银行贷款。我任交通厅厅长的时候,高速公路是九百一十三公里,到我离开的时候是三千二百八十公里。

(画外)在周秋田的带领下,山东交通继续着全国"领头羊"的地位。1999年,山东的高速公路在全国率先突破了一千公里,山东交通"五纵连四横,一环绕山东"的高等级公路网络在周秋田的手中稳步推进着,然而就在这时,一场意外突然而至。

(采访)周秋田:1999年11月24日,烟台的海难事故,给人民生命财产造成了重大损失,我现在想起来心里还是很难过。

(画外)这就是当时震惊全国的"11·24"海难事件。1999年11月24日,山东航运集团有限公司控股企业——烟大汽车轮渡股份有限公司所属客滚船

"大舜"轮,从烟台驶往大连途中,在烟台附近海域倾覆,共有二百八十二人遇难。虽然这是一次意外事故,但是负有领导责任的周秋田还是因此受到了处分。然而他对此却没有丝毫怨言。

(采访)周秋田:得意淡然,失意坦然,遇到挫折,越挫越勇,这是我的性格。挫折对人是一种营养,是一个学校,它可以使人更加坚强,更加奋发努力,所以遇到挫折,只要不气馁,不垂头丧气,很快就能把大家的劲头重新鼓起来。

(画外)后来省人大常委会对周秋田的工作给出了这样的评价:周秋田同志顺境中不骄傲,逆境中不气馁,百折不挠、负重奋进。应当树立榜样,宣传报道,号召全省学习。

(采访)周秋田:安全责任重于泰山,质量责任重于泰山,廉政责任重于泰山,始终抓住不放。那时候手机是二十四小时不敢关的,比方说突然哪里有堵车了,赶快到值班室来。越是春节,越是五一、十一黄金周,车站上越是人满满的,你不得去看看吗?去看看有什么情况,哪能去休息?因为这个行业不允许。做事先做人,做人是最根本的,我跟孩子们也经常说这个事情,做人站得住脚,做事才能有根,才能认真,才能出成果。

(画外)在周秋田的带领下,山东交通迎来了一个又一个辉煌。高速公路在全国率先突破了两千公里、三千公里,通车里程连续八年居全国第一位;沿海港口吞吐量连续跨过了两亿吨、三亿吨、四亿吨三个大台阶;道路运输客货运量突破了双十亿、双十一亿、双十二亿、双十三亿。

(采访)周秋田:山东交通在全国还是领先的。我在职期间,农村公路增加了十二万公里,到我离职之前,全省百分之九十四的行政村通了油路或者水泥路,这是最受老百姓欢迎的事情。山东交通在全国有十个第一,高速公路通车里程全国第一位,二级以上的普通路全国第一位,新增的农村公路全国第一位,沿海港口的吞吐量增幅全国第一位,然后是全国文明行业全国第一家,从我到任到现在,山东省交通厅,从厅长到处长,到科长,到办事员,没有一个出事的,这在全国是绝无仅有的,廉政这个事情,抓得非常紧。

(画外)如今,"公路"已经成为山东形象的重要标志。周秋田告诉我们,在交通厅这些年,他新建改造的各种道路达到了十二万公里,总长度足以绕地球三圈。山东高速公路仅用了十几年的时间就走完了发达国家几十年才能走完的历程,创出了中国公路史乃至世界公路史上的奇迹。为了将山东交通打造成一支纪律严明、责任感强的队伍,他们以行动信守着安全、质量、廉政"三个责任重于泰山"的诺言。多年来,山东建设的高速公路所有重点工程均以高分被评为优良等级,省交通厅机关连续八年从厅长到处长、科长、办事员无违纪违法问题,2001年、2002年连续受到省委省政府的通令嘉奖,成为新中国成立以来第一个获此殊荣的省直部门。

(采访)周秋田:这些事情都是大家的功劳,我个人只是当好班长,是交通二十五万职工做出来的。做人把握好自己,这是最要紧的事情。工作上努力,然后做人把握好自己。

(画外)丰富的人生经历造就了他坚毅的品格,多年忙碌在交通战线上,让他颇多感悟。

(采访)周秋田:人生各个阶段,有各个阶段的体会,对自己的成长、成熟都不一样,每个过程都是你成长的营养。人生经历多了,经验丰富了,也就比较透彻和坚实一些。

(画外)2007年,年满花甲的周秋田从厅长的位置上退了下来。如今被聘为交通部部长政策咨询小组成员的周秋田也有了些许属于自己的时间。我们这几位家乡人的到来,也勾起了他对于家乡的思念。

(采访)周秋田:我生在宁津、长在宁津。是家乡父老乡亲哺育了我,我的爸爸妈妈哺育了我,我的母校,从小学到中学的教育培养了我。我能有今天,非常感谢家乡的父老乡亲。祝愿宁津人民身体健康、万事如意,祝愿宁津的经济和社会发展蒸蒸日上。

李文清：我与"教育"的不解缘

（画外）从教书育人的园丁，到培养青年团员的干部，再到铁面无私的纪检检查员，他的一生与"教育"这个词结下了不解之缘。回望走过的路，他有着怎样的人生感悟？本期人物——李文清。

（采访）李文清：教育是一个基石，民族复兴、民族振兴都得靠教育，也是神圣的事业。

（画外）他叫李文清，中共山东省委纪律检查委员会机关党委原副书记、副厅级检查员，宁津县相衙镇于庙村人，1947年出生。李文清生在宁津长在宁津，他的学生时代都是在家乡度过的。1963年初中毕业后，李文清考入沧州师范学院学习英语专业。当时，宁津县还隶属于河北省。

（采访）李文清：毕业分配，我们是全国分配。我们这个英语专业，有上铁道部的，有上二机部的，我当时分配就是填的服从祖国分配。毕业以后在河北教了一年学。

（画外）从1968年11月开始，全国各地陆续将农村的公办小学下放到大队来办，李文清也因此得以回到宁津继续从事教育工作。三年后因为表现突出，他被调到相衙镇担任团委书记，从此便开始了他为期二十年的共青团工作生涯。

（采访）李文清：在相衙镇我创新了一个上团课（方式），就因为农村没有电，我们就组织全乡的团员，每个月的15日集中上团课。他们拿着马扎子，排着队，上乡里去集体听课，当时是个创新。

（画外）这个举措对

441

于当时的乡镇乃至于县级共青团工作来说,都是一个史无前例的创新。

(采访)李文清:当时人们都排着队,走十几里地到相衙镇去听课,场面还是比较宏大的,掀起学习技术、学习文化的高潮,活跃农村青年的文化生活。当时我们相衙镇团的工作在全县还是很好的,地委的一号文件转发了我们上团课的经验,团省委三夏期间在那儿待了半个月,总结我们相衙镇上团课的经验。

(画外)李文清也因此成为当时唯一一个在乡镇工作的团县委常委和团地委常委。1976年,李文清正式被调到县团委工作。

(采访)李文清:我主持工作期间,抓的工作是培训团支部书记,三年把全县的团支部书记培训一遍。我讲团的基本知识,有些模范人物介绍、先进事迹介绍,锻炼了团干部的组织工作能力。1978年,全省团的工作会介绍的我们宁津培训团干部的经验。开完这个会以后,咱们德州地区让我带队,来省团校学习,我们跟青岛是一个班,当时我们这个班在学校也是比较活跃的。

(画外)很快,李文清的名字受到了团省委领导的注意。1979年,他参与了筹备全省团代会的工作,出色的表现赢得了大家的认可,没多久他就被调到团省委学校部。1980年,他带队参加了中央团校在北京举办的大学团干部培训班。

(采访)李文清:在北京学了三个月,后来组织上搞干部专修科,就让我们复习半个月考学,9月份就到省委党校第一期干部专修科上学了。

(画外)毕业后的李文清先后担任团省委学校部副部长、省团校副校长。其间他还参与了山东省青年干部管理学院的筹建工作并兼任学校科研处处长。1991年5月份,李文清结束了他长达二十年的共青团工作经历,被正式调往省纪委二室担任副主任。

(采访)李文清:组织上对我很培养。1992年的7月份,就送到中纪委北戴河培训中心学习去了,1993年回来就交给我一个任务,写我们纪检系统的培训教材。当时中纪委给山东一个任务,就是写这本教材,是给全国编的,现在还在使用。我是第一撰稿人。

(画外)这本书一直到现在还都作为纪检干部培训课程的主要教材。此外,李文清还与人合著了《青年审美学》《毛泽东言语词典》等书籍。除了著书,李文清在纪委的工作主要是办理各类违纪案件。十六年纪检干部的人生历程,为他留下了很多的精彩故事,然而对于当年的非凡经历他却不愿多谈,也许是顾忌他人的脸面不愿公开披露,因此,那些精彩只能留在他的回忆中了。2007年,李文清退休了,忙了一辈子的他又被聘为老年大学的教研部主任,他便又一次走上了"教育"这条路。

（**采访**）李文清：我这一生办了三个事，一个是当老师，再一个做共青团工作，后来做纪检干部。总的说我还是对当老师比较留恋。老师是一个神圣的职业，教书育人，教育是一个基石，民族复兴、民族振兴都得靠教育。

（**画外**）与"教育"结下不解之缘的李文清现在还应邀为各地市干部进行关于廉政的讲座，家乡宁津也曾留下过他授课的足迹。虽然时间并不允许他做长久的逗留，但是对于家乡的感情却一直不曾改变。

（**采访**）李文清：祝老家兴旺发达，安居乐业；祝我的老师和同学们家庭幸福，生活愉快。

张宁:我是"宁津人"

（**画外**）他是老革命家的后代,他是出生在异乡的宁津人。作为一直远离家乡的游子,他有着怎样的人生经历? 本期人物——张宁。

（**同期声**）张宁:虽然说不是在老家出生,基本上也没在老家成长,但是这种家乡的情结是抹不掉的,那就是老家,那就是根,我始终是宁津人。

（**画外**）张宁,现任山东建筑大学党委委员、纪委书记。宁津县长官镇张凤巢村人,1955 年出生。由于他的父母都是早年参加革命,张宁是在辽宁沈阳出生的,一直到 1970 年他们全家才跟随父亲迁回宁津。在家乡读了两年高中后,张宁只身来到了东营。

（**采访**）张宁:这样算起来我在老家待了一年多的时间。1972 年年底,我就去胜利油田参加工作了。当时叫河口职工医院,是胜利油田到我们宁津、德州这里招工,有那么一批人一块儿出去的,去了以后(经过)他们医院培训,学点基本知识,就把我分配到检验科,做了检验员。培训的时候我是学习最好的,学完了以后,各个科室都抢我。

（**画外**）参加工作仅两年的时间,张宁便光荣地加入了中国共产党。由于表现突出,他成为为数不多的后备干部人选,然而当时张宁最大的愿望却是读书。

（**采访**）张宁:组织上和医院的领导也很矛盾,一方面想要培养我,一方面我个人有这么个愿望,我感觉年轻人应该多学点知识,当时来讲,就是想上

大学。

（画外）1975年，张宁如愿走进了山东医学院的大门，在这里他如饥似渴地吸取着医学知识的营养，徜徉在知识的殿堂。

（采访）张宁：到了大学以后，系里的领导就找我谈话，提出来让我担任班长。我说我不想当班长，我是刚入学的一个学生，到学校来就是想学点知识，我一当了班干部，太耽误时间。我基本上把主要的精力都放在学习上，在年级里面，学习成绩名列前茅。

（画外）三年的时间很快结束了，成绩优异、表现突出的张宁理所当然地成为班里留校的第一人选。

（采访）张宁：毕业的时候，学校要我留校，因为那个时候，高校的师资力量很缺乏。留校的条件就是，做教学也行，做科研也行，随便你挑。都知道我谈了个女朋友，是兄弟高校的，毕业的时候是不是统一考虑，他们就作为条件——如果说你同意留校，你女朋友的事情，由组织上给你考虑，待遇相当优厚了。是啊，如果是你不同意留校，女朋友的问题由你自己解决。

（画外）张宁的女朋友，也就是现在的爱人，当时在山东中医大学就读。他们两个曾是胜利油田河口医院的同事，当年就是他们两个人一起从那场残酷而严格的选拔中脱颖而出的。

（采访）张宁：我同意留校以后，学校专门到中医学院安排这事，我女朋友也顺利地留在济南省立医院，所以我是这么留校的。当了五年老师，教化学。组织上派我到上海去进修业务，进修回来以后，就到了山东医科大学的党委组织部。到那儿先是去帮助工作，工作一段时间以后，他们认为我各方面都不错，就把我留下了，从副科长、科长，到组织部副部长，一干就是十年。

（画外）后来张宁又先后担任山东医科大学党委办公室主任、校长办公室主任。2000年，山东大学、山东医科大学、山东工业大学三校合并，张宁在山东大学办公室工作了一段时间后，2001年3月，他来到了山东轻工业学院担任组织部部长。

（采访）张宁：到2004年的7月份，山东轻工业学院召开学校历史上第一次党代会，我被大家推选为党委委员、纪委书记，在轻工业学院工作了六年的时间。2007年的3月份，组织又把我派到山东建筑大学，任党委委员、纪委书记。

（画外）从轻工业学院到建筑大学，从2004年一直到现在，十几年的纪检书记生涯在张宁心里留下了深深的烙印。对于这项工作，他有着自己独特的心得。

（**采访**）张宁：我的感触就是，我的第一职责就是通过自己的工作，来为学校的发展、建设、稳定做出自己的贡献，所以平常的工作我就把重点放在前期的教育上，把反腐倡廉的教育放在第一位。我的指导思想是，只要这项工作做好了，就是对党的事业的贡献，也是对干部的爱护。

（**画外**）多年来，张宁一直用父辈的革命精神严格要求自己，同时，父亲浓厚的家乡情结也深深地影响着他。尽管只在家乡待过很短的一段时间，但是"宁津人"是让他最自豪的身份。

（**采访**）张宁：虽然说不是在老家出生，基本上也没有在老家成长，但是这种家乡的情结是抹不掉的，那就是老家，那就是根，我始终是宁津人，我希望家乡发展得好。

李连波:放射性医学博士

（画外）出生在农村，一心跳出农门。本来对工业情有独钟的他，最后却阴差阳错地从事放射医学。几十年与放射性物质亲密接触的经历中，有着多少不为人知的故事。本期人物——李连波。

（画外）2011年3月12日，由日本特大地震引发了核电站爆炸，在全球敲响警钟。随着日本核泄漏事故的不断升级，该事件引起了其他拥有核电站国家的高度重视。我国专家也在第一时间针对此次核泄漏进行专门性指导。

（采访）李连波：即使有放射性物质飘散到我们这里来，人员受到的剂量也是非常低的。这么少的剂量，对人体健康产生明显影响，那是不可能的。

（画外）李连波，现任山东省疾病预防控制中心辐射防护安全所所长，省医药卫生重点学科（辐射防护）负责人；卫生部职业卫生专家；山东大学公共卫生学院硕士生导师。宁津县相衙镇田庵村人，1957年出生。由于祖祖辈辈都是面朝黄土背朝天的农民，所以李连波一直以来都有个愿望——跳出农门。认真刻苦也让他一直以来品学兼优。虽然曾以全校第二的好成绩考入高中，但当时正处于"文革"时期，让他在高中毕业的时候无奈地选择了工作。

（采访）李连波：1975年毕业以后，就到咱们县里的一个农具厂做合同工，虽然不是正式职工，但是厂里面对我还比较重视，因为看这个小伙子好像还有

两个课题我都完成得非常好。最后我这两篇课题,都是发表在这个专业国际最著名的杂志上,一个是美国的《保健物理》,再一个就是英国的《辐射防护剂量学》。这两篇文章都被 XCI 收录。这是搞科研写论文的最高的水平。当时导师对我非常感兴趣,让我继续在那里留下来。

(画外)国外优越的生活环境,先进的科研条件,并没有让李连波停住回国的脚步。在导师的强烈挽留面前,他依然选择回到中国这片故土上。

(采访)李连波:你在国外工作各方面再好,生活再优越,但总是感觉你是一个外人,你很难融入人家的社会,你总是感觉一个中国人在给人家干活。就是从心里感觉不舒服,就是这种感觉。所以我就想不如在国内,在国内自己有种主人的感觉。另外还有一个个人原因,我爱人去了一段时间,在那里语言不通,对外交流也比较困难,我去上班她自己在家里,感觉不太适应。主要是出于这两个原因,就回国了。

(画外)多年的工作经验,让李连波对放射性医学有了全面的了解,对于目前很多医院在辐射防护方面的不完善,他一直深感忧虑。

(采访)李连波:你到医院去,很多时候你可能拍个片子,可能是做个透视。最简单的我举个例子,我们眼晶体对射线比较敏感,甲状腺对射线比较敏感,性腺对射线也比较敏感。这也是最容易防护的,比如说我做胸片的时候,你可以对甲状腺挡一挡。现在有甲状腺颈套,戴上。眼睛给遮挡一下,这都是最简单的。比如腹部拍片的时候,把性腺给挡一下,这都是非常容易做到的。有时候到咱们省级医院去看,拍片的时候,拍一个胸片把腹部都给照了,一直到脸这个地方,把甲状腺都给照了。这种现象非常多,因为这个射线照射的范围,或者说照射面积大小,给你造成损伤的严重程度,关系是非常密切的。

(画外)多年来一直奋斗在这个工作岗位上,尽管辛苦而又危险,但李连波凭借着自己的努力取得了累累硕果,以第一作者在国际专业杂志发表论文四篇,在国家级杂志发表二十余篇。主编著作三部,参编多部,主持和参加完成科研课题多项,其中获省、厅级奖励四项,主办了多期国家级和省级继续医学教育培训班。

(采访)李连波:我作为宁津人,感到非常自豪。我也希望咱们宁津在未来能够发展更快。老百姓的民生方面有大的提升,整个经济方面都有所提升。

张东升:山东省口腔医学领军人物

（**画外**）治病救人的质朴理念支撑着他完成了寒窗苦读,踏实工作的奉献精神成就了他辉煌的今天。作为山东省口腔医学方面的领军人物,他有着怎样不平凡的历程,行医路上他经历了多少牵动心弦的故事？本期人物——张东升。

（**画外**）张东升,现任山东省立医院口腔科主任,口腔颌面外科学科带头人。1963 年张东升出生在宁津县大柳镇李铁匠村一个普通的农民家庭,由于从小身体就不太好,所以他一直有个学医的梦想。1979 年,高中毕业的张东升如愿考入山东医学院口腔系。

（**采访**）张东升:医生当时的形象是治病救人的天使。选择学医的时候没有想到能有多大的学术成就,也没有想到能在省城的医院成为一个专家,做一个科主任,没有这么高的追求和理想。我当时就想扎扎实实地学好,当一个医生,能为病人做点事。

（**画外**）然而当医生并不是简单的打针开药。进入大学之后,张东升才对医生这个职业有了比较明确的认识。

（**采访**）张东升:来到医学的殿堂以后,感觉到学医需要你掌握知识,需要你学习的东西太多了。医学的知识永远是人类所无法全部了解和认知的。做一个合格的医生,在学医的过程中要付出非常多的努力。

（**画外**）来到大学校园后,张东升并不是很活跃,而是表现出了他沉稳、踏实的一面。徜徉在知识海洋之中,五年的时间很快过去了,成绩优异的张东升被分配到省立医院这所省内龙头医院。这对于一个从农村走出来的孩子来说,无疑是一个天大的惊喜。

（**采访**）张东升:有些人认为来到省立医院就很好了,但是我在省立医院工作两年之后,感觉到我的知识还

451

需要进一步提高,需要进一步去学习。在大学期间学习的东西,到自己工作之后,感觉到远远不够。

(画外)1986 年,张东升又考入华西医科大学攻读硕士研究生。他所在的华西医科大学口腔医学院是(当时)我国卫生部在全国设立的唯一一个(口腔医学)重点学科,这里培养出了一代又一代国内知名的口腔专家。

(采访)张东升:当时考研嘛,印象比较深刻的就是过去复试的时候,给我面试的几位导师其中有我的导师周岳城教授,他的英语非常好,和我见面的第一句话就是用英语说的,然后所有的提问用英语。给我的印象就是说,这种知识的掌握是无穷无尽的,需要学习的东西也太多了。

(画外)入学后张东升才得知,其实他的导师那时已是身患癌症的病人,但是导师的乐观精神,对于治学和工作的严谨态度深深地感染了他,而他的性格也在读研的三年时间里发生着巨大的变化。

(采访)张东升:在华西的三年奠定了我做科研工作的基础,也奠定了我在学术认知上的基础。我的毕业论文前后改了六稿,我的导师都是逐字逐句地去改,改完之后拿回去重写,写完之后拿回来再看。所以在学问的严谨上,华西给我奠定了非常好的基础。教我如何严谨地对待科研、对待学术。华西还有一个好的传统,就是不同年级的学生之间、不同专业的学生之间,特别喜欢争论、喜欢辩论、喜欢讨论、喜欢交流。我性格的变化,是在华西形成的。我原来不是特别喜欢和别人交流。从华西回来之后,大家给我最多的评论:人变了。特别是在与大家的沟通交流上,体现在学术交流上,敢于提问题、善于提问题。对自己的看法会非常快地归纳出来。

(画外)1989 年,张东升研究生毕业后回到了山东省立医院。1996 年,他被破格提拔为副主任医师。1999 年,张东升再次外出深造,他来到上海第二医科大学第九人民医院进修,邱蔚六院士和张志愿院士是这个医院的学科带头人。

(采访)张东升:那是我们国家口腔颌面外科最强、最好的一家医院。我当时就认为,既然上海九院的口腔颌面外科是我们国内最好的,那我必须到这个最好的地方去学习,去深造。我的学习目的也非常明确,就是要学到一些真的东西,学到一些对我们今后学科发展有用的东西。我基本上白天不是跟着老师上台就是到台上去看手术,晚上的时间我去写病历,不耽误第二天向上级汇报。晚上九点跟着查房,不管哪个老师查,我基本上都跟着查。每个周日的上午,我会固定到上海市图书馆去看书。所以老师在讨论提问的时候我总能把最新的学术的东西说出来。老师也会说这个人比较好学,并且问的问题比较独特。大家在一起讨论,你和其他进修医生是不太一样的。所以九院当时两百个进修医生,评了两个优秀进修医生,我是其中之一。

(画外)在专业领域不断探索、不断超越自我是张东升的人生追求。2002年,也就是张东升结束进修后的第二年,他又一次脱产学习,到山东大学医学院攻读博士学位,同时开始担任省立医院口腔科主任。

(采访)张东升:在 2004 年的时候,一次查房,我发现有一个病人情况不太对。那个病人做了一个非常大的手术,因为舌癌做了一个舌、颌、颈联合根治。在我们专业里是非常大的手术。包括舌头的切除、颌骨的切除、颈淋巴的清除,又做了一个前臂皮瓣。在术后我们查房的时候就发现病人有这种意识方面的变化,甚至病人的意识比较淡漠,后来出血比较多,病情最厉害的时候,可以几分钟出血几百毫升,出着出着马上自己就凝住了,凝住之后全身现出血点。当时,我们医院所有的专家都非常关注他。

(画外)为了抢救这个病人,张东升整整七天没有离开病房,吃住在病房,时刻关注着病人的病情变化。也许是他精湛的医术打败了病魔,也许是他的真诚感动了上天,张东升带领他的团队硬是把病人从死亡边缘拉了回来。

(采访)张东升:这个病例得到了我们医院当年的医疗抢救奖。这些大手术是代表我们专业水平的。我们一年大概要做一百多例类似的手术。去年做了一百一十例,这些手术恰恰是挽救病人生命、给病人带来一定生活质量的手术。因为难,所以需要一个团队,需要一个团队来掌握这些技术。如果一个技术仅有一两个人掌握是很危险的,并且他的水平是靠不住的,只有靠一个团队的协作努力,靠一个团队整体水平的提高,才能使学科具有可持续发展的能力。

(画外)不甘于现有知识的张东升还先后两次赴澳大利亚阿德莱德大学牙学院进修。多年的学习经历培养了他严谨的工作作风,医生的工作性质也养成了他对待病人的细致态度。作为口腔医学方面的专家,张东升现在会诊的手术每年超过三百台,每周一次的门诊量也超过了每天五十人次。他还为此得了个"饿肚子专家"的雅称。

(采访)张东升:为了保证每个病人处理的质量和对病人非常好的尊重,即使病情再简单,你也要拿出合适的时间,和病人进行相对充分的交流。我觉得这是对病人的尊重。因为病人来源于全省各地,有些是外省的。病人坐长途车到这里已经十二点了,就是投奔你来的。你可以让病人等到下午,但下午往往我又做手术,让病人怎么等呢?我跟病人最常讲的话,你来找到我了,我没给你看完之前我不会去吃饭。所以我看病人,经常会拖到十二点、下午一点。所以

"饿肚子专家"是这么来的。

（画外）病人给予张东升的信任也是他最引以为自豪的。他告诉我们,他的手机上保留着大量病人及其家属的电话号码。

（采访）张东升:病人的家属在最后讨论方案的时候会说,张主任,我说句话不是特别好听,如果这个病人是你家人的话,你会采用哪种方式? 其实我特别喜欢听这句话,我认为病人说这句话的时候已经把我当成他的朋友、他的家人。我最快乐的时候,就是经过我治疗的病人,经过术后一段时间的复查,彻底康复了,那是我最快乐的时候。比任何奖励、任何称赞都使我快乐。

（画外）由于在口腔外科方面的突出成就,尤其是在口腔颌面部肿瘤综合治疗、组织缺损功能修复及种植咬合重建方面颇有建树,张东升牵头制定口腔颌面部肿瘤治疗专家共识一项,研究成果获得山东省科技进步二等奖及山东医学科技进步二等奖,主持建立的全科口腔医学规培基地被评为国家级重点规培基地、首批国家级口腔颌面外科专科培训基地。2024 年 5 月,张东升荣获"山东省五一劳动奖章"。现在他是山东省立口腔医院执行院长,山东第一医科大学附属省立医院(山东省立医院)口腔科兼颌面外科主任。主任医师,二级教授,博士生导师,还兼任中华口腔医学会颌面外科专业委员会常委、山东省医学会口腔分会第七届主任委员、山东省医师协会口腔颌面外科分会主任委员。他先后培养博士二十一名、硕士七十余名,主持国家及省部级项目十二项,共发表论文一百四十三篇,其中 SCI 收录六十二篇,累计影响因子 152.895,单篇最高影响因子 18.187,获得"2020 年度中国口腔医学领域高价值论文 TOP100"。"忙碌"已经成为概括他工作和生活最主要的词汇。

（采访）张东升:我始终讲,其实人在追求的过程中,就是享受和快乐。你对工作的追求和热爱就构成你生活的快乐。我现在已经不能适应什么事都没有的状态。我觉得活得蛮充实的。变换节奏对我就是休息。今天开刀,明天开会,开会对我来说就是休息。每到放假基本上是我工作最忙的时候,从我做科主任到现在八年(放假)是我最忙的时候。这八年中,天天都有事情做。(采访于 2010 年,截至 2024 年,张东升担任口腔科主任已经二十二年。)

（画外）短短几个小时的接触,张东升严谨认真的作风给记者留下了深刻的印象。在采访即将结束的时候,张东升也道出了他对于家乡的思念与祝福。

（采访）张东升:感谢宁津这片热土把我培养出来,也感谢家乡父老对我的支持和鼓励。我会尽我所有的力量为家乡的建设、家乡的发展做出我的奉献。

李海亭、谢萍：守护幸福生活

（**画外**）一个是胸怀大志、激情创业的青年才俊，一个是严格执法、公正裁判的人民法官。生活中的互相扶持、相濡以沫，工作中的默默奉献与奋力拼搏，这对恩爱夫妻有着怎样的经历？本期人物——李海亭、谢萍。

（**同期声**）《赢在中国》：接下来有请27号选手——李海亭。

（**画外**）在2007年第二赛季的《赢在中国》36晋级12的比赛现场，有一名选手获得了在场评委很高的评价。尽管他最后并没有幸运地晋级，但是他却微笑着走下擂台。这就是李海亭。

（**采访**）李海亭：我认为一个人没有理想，没有远大的理想，很难成就事业。兴趣和爱好是成功的最好的老师。遇到困难的时候要坚持，因为坚持就像过滤器一样，它帮你滤掉了很多困难，越往后做越容易。

（**画外**）李海亭是地地道道的宁津人。从小学习成绩就优异的他，在1988年高考时顺利考入了山东建工学院工业电气自动化专业。由于受到作为印刷厂经理的母亲的影响，在大学毕业时总成绩排名全班第一的李海亭并没有和其他同学一样去设计院工作，他怀着做个经营者的梦想来到了省外贸公司。

（**采访**）李海亭：1992年，在外贸做了大概一年半的时间。外贸体制改革以后，外贸的效益就受影响了，我就觉得在这个企业看不到太多的希望了。正好有个机会，当时一个公司来招聘，我就出来了，原因很简单。

（**画外**）这个在当时看来异想天开的决定遭到了家人的强烈反对，顶着巨大的压力,李海亭在来到新公司仅仅三个月之后,就又一次选择了离开,在当时还是未婚妻的谢萍的支持下,他和几个朋友一起筹资第一次自己当起了老板。

(采访)李海亭:1994年,我们六个人出来创业,做的是隆力奇保健品、化妆品。

(记者采访)你们六个人一共投资了多少钱?

(采访)李海亭:每个人五千块钱。大概用了不到一年的时间,这三万块钱只剩下七百块钱了。很多人就没信心了。六个人出来创业,五个人都回原来的公司了,就我自己留下来了。虽然失败了,但是多多少少也找到了点方向。我觉得之所以失败,是因为大家意见不统一,如果按照一个统一的意见做,还是有机会的。后来我就说,这样吧,我来做吧。就盘了盘,还有多少钱。原来你拿了五千块钱,再还给你两千五,这两千五也没钱,我就打个欠条给你。只有七百块钱了,在济南肯定不行了。我后来就到淄博去创业了。

(画外)这一次创业,让李海亭切切实实感受到了"艰难"这两个字的含义。

(采访)李海亭:到了淄博以后,我的朋友帮我租了一间民房,什么也没有,也没有床。那怎么办呢?我的朋友帮我买的盖车的大篷布,铺在下面。天特别冷,有的时候还下着小雪花,晚上冻得睡不着觉,那怎么办呢?每天晚上买一瓶二锅头,喝完二锅头以后就睡觉了。

(记者采访):当时是做什么产品?

(采访)李海亭:就是做隆力奇纯蛇粉,那个时候的宣传方式就是发报纸。我有个得天独厚的优势,我母亲是我们县印刷厂厂长,当时就赊账,就说你先印,印好了我们用,用完了我再给你钱。冬天发报纸不能戴手套,戴手套捻不开报纸,我们就不戴手套。发完报纸我们的手都冻得发麻。发完报纸回来以后,就开始到各个药店、各个商场去供货。

(画外)不懈的拼搏和辛苦的付出,让他们很快有了第一笔回报。

(采访)李海亭:我们去一个药店结款,卖了一个多月了,去结款。那次结了一万多块钱,一万两千块钱,大概是。那是我们结的第一笔款,对我们来说就是巨款了。从来没见到过这么多钱。还有一种感觉就是这条路走通了,有希望了。到七八月份的时候,每个月就能做到四五十万块钱的销售额了。

(画外)在淄博,李海亭注册了凌志营销有限公司。仅两年的时间,公司就初具规模,这时他便开始酝酿再去济南开拓市场。1997年底,济南凌志人营销有限公司正式成立。在经历了短暂的困难期之后,他们在济南站稳了脚跟。

(采访)李海亭:应该说1997年是起步。1998年打了个基础,1998年整个公司销售额突破了一千万元。1999 年我们做了四千万元。应该说 1999 年作为我个人事业上来讲是一个小高峰。

（**画外**）2001 年，李海亭开始摸索着做自主品牌，谁想这一次的尝试竟然又经历了失败。

（**采访**）李海亭：2001 年，中秋节马上就要到了。中秋节吃月饼、赏月、喝桂花酒是完美结合。然后我们就做了一个产品，月饼加桂花酒做了一个礼盒。我们的市场有一个主要竞争对手，2001 年 9 月 12 日，我们的员工打电话说竞争对手被报纸曝光了，他用去年的陈馅做月饼。我马上到办公室开会，大家一片群情激昂。一看天天跟你竞争的对手倒了，我们今年的月饼一定会大卖特卖。当天拍板加了五万盒月饼。这五万盒月饼成本就是二百万元。

（**画外**）本想着能成为一次大翻身的机会，可是接下来报纸、电视等各家媒体对月饼本身价值质疑的报道让他们的梦想与资金完全化成了泡影。

（**采访**）李海亭：一开始说冠生园的月饼是陈馅月饼，再过两天说难道只有冠生园的月饼是陈馅月饼吗？说月饼没法吃。所以所有的媒体都在报道月饼不能吃。在这么短的时间里，我们根本就反应不过来。做了五万盒月饼基本上全压在仓库里了。大概那年输了二百万元。

（**画外**）经历了这次失败之后，李海亭开始注重企业内部的培训，提高公司的整体素质与应变能力。

（**采访**）李海亭：我们有一句话叫"在培训中营销，在营销中培训"。就是把培训和营销完全结合起来，把团队建设、目标管理和营销完全结合起来。因为营销的过程实际上就是一个团队建设、目标管理的过程。完全结合起来，这样有利于打造一个团队，也就是因为我在公司内部做得比较好，后来也有很多企业邀请我去做他们的培训顾问、老师。像隆力奇，还有古井贡，有很多培训上的问题，顾问都是我去做。包括现在，我也是共青团 YBC 的创业导师。

（**画外**）2002 年，李海亭与隆力奇公司合资成立了山东隆力奇营销公司，这个公司的成立，为他搭建起了事业发展的广阔舞台。

（**采访**）李海亭：最好的时候，一年销售一个多亿，员工有一千多人。在这个行业里面我们应该说创造了一个奇迹。

（**画外**）2008 年，李海亭创立了凌志众成营销有限公司，并成功开发出了属于自己的产品品牌。

（**采访**）李海亭：取名的意思就是凌云壮志，众人能成。现在是二次创业，从 2003 年我们做了一个叫老中医的凉茶，做了几年也做得蛮好的，大概一年做一两千万吧。在很多地方我看到奶茶香飘飘、优乐美卖得很好,经过分析之后我们就开始准备切入奶茶这个行业。我们的品牌现在叫"三点半"。去年在一个卖场,一天卖了一万多块钱的奶茶。这些大的卖场,我们的销量都比较好。现在是两个厂帮我们代工,两个厂都供不上我们的销售。今年在选址,准备自己投资建厂。(记者:这个厂建成之后是怎样的规模?)年产值最少要四五个亿。

(画外)从一个一无所有的穷小子到在销售方面小有成就,再到如今拥有属于自己的企业,这其中妻子的默默支持是成就李海亭的一个坚强后盾。作为山东省高级人民法院刑一庭的副庭长,谢萍的工作也是十分忙碌。

(采访)谢萍:全省未成年人犯罪的工作,都属于我们这里统一指导。我们负责全省少年法庭法官培训,到学校给他们讲法制课。分管以来,我们山东少年审判工作在全国排前几位。

(画外)谢萍是地地道道的法学科班出身。1992年从中南政法学院毕业后,她就来到了山东省高级人民法院,历任书记员、助理审判员、刑一庭审判长。2006年,她开始担任刑一庭副庭长,分管全省少年审判工作。

(采访)谢萍:未成年人前科消灭,这项工作很让我们骄傲,山东是做得最好的。名称是未成年人前科消灭,但是实际上它是封存,封存的概念就是我曾经有过犯罪记录的档案或者是信息不向社会公布。就是有过犯罪记录的未成年人,可以给他们提供更多的就业机会,保护他们健康成长。

(画外)提起办过的案子,谢萍说很多时候审理案件的过程也是自身矛盾调解的过程。

(采访)谢萍:特别是刑事案件,被告人和被害人双方情绪对立非常大,这种刑事矛盾应该是最难调解的一种矛盾。你要保护被告人的权益,同时你还要顾及被害人家属或者被害人的利益,但是他们双方是冲突的。

(画外)尽管省高院的工作更多的是指导而非具体审理案件,但是她依然要到各地走访调查,在奔波忙碌中有时一些意外的危险会突然降临。

(采访)谢萍:1994年11月30日,我在滨州出差。凌晨三四点的时候,宾馆起火了。火势非常大,当时非常突然。(记者:当时是怎么想的?)人的生存是第一需要,就是一种本能。但是也没有忘了自己的职责,还有一些随身的材料。我就先把包扔下去,然后我就跳下去了,从三楼跳下去了。当时就摔成了胸椎骨骨折。

(画外)如果说求生是人的本能,那么对于案件卷宗用生命的保护则是多年来养成的职业操守和心底的那份责任。近二十年的法官生涯,谢萍一直严格要求自己,时刻提醒自己做到公正严明。

（采访）谢萍:对工作真是无怨无悔。每天回家,包里不装点业务性的东西、跟工作有关的材料,我都不太习惯了。

（画外）如今虽然每天都各自忙碌着自己的事业,但是这对恩爱伉俪的家庭生活并没有变得沉闷和枯燥。小小的三口之家到处都洋溢着温馨与欢乐。我们的采访也在这种其乐融融的气氛中接近了尾声。

（采访）谢萍:借这个机会祝愿我们宁津,经济发展又好又快,人民生活幸福。

（采访）李海亭:虽然在外面生活了有二十几年,但是我一直以自己是一个宁津人而自豪。我也希望有机会尽我的微薄之力,为我们家乡做点贡献。祝愿我们家乡能够越来越好。

（补记）"帮助传统企业进行转型,助力企业业绩倍增。"这是李海亭一直以来的梦想。2013年,李海亭凭借敏锐洞察的商业思维,抓住了社交电商的时代趋势,带领团队创立"微启动"品牌,开始了企业转型培训之路。累积分享课程一千多场,受众学员十万余人。个人著作《微营销实战商业策略》《O2O电商革命》《爆品策略》热销数十万册。2016年创立脸赋家乡项目,为越来越多的传统企业家分享自己的经验,至今已走遍了全国二百多个城市,讲了一千场课,帮助数万企业成功转型,促进县域经济发展,打造商业新零售生态圈。作为北京脸赋网络科技有限公司法人兼CEO,2023年,李海亭荣获山东省十大财经风云人物,腾讯研究院专家团成员,并带领脸赋云获得视频号头部生态服务商,拿下北方第一家生鲜产业带服务商,公司已在全国成立六十家服务中心、三十家运营中心,旗下已有两千多位主播。

2024年,谢萍开始担任滨州市中级人民法院党组书记、院长,在新的工作岗位上将继续演绎别样人生。

我把青春献给你

（画外）他们是一群执着艺术的年轻人，他们都曾经站上国际最高的领奖台。徜徉在杂技艺术的舞台上，淹没于鲜花与掌声中，他们背后有着多少不为人知的辛酸故事？本期节目——省杂技团的宁津人。

（同期声）李晓莉：大腿、屁股都要磨烂了。

（同期声）杜秋霞：腿上蹭得没有正常的皮肤，都是发黑的，其实就是老茧。

（同期声）李玲：当老师嘛，都希望自己的学生有一天拿到国际最高奖。

（同期声）王进：2004年比了一次赛，2006年比了一次，2007年比了一次，2009年比了一次，2010年比了一次，全是金奖。

（画外）这几位年轻人都是山东省杂技团的杂技演员，来自同一个故乡的他们都有着各自不同的绝活。为了杂技艺术这一相同的梦想，他们都在童年时期就开始了艰苦的训练。

（采访）李晓莉：我的梦想是上舞台。在舞台上那种感觉什么都代替不了。

（画外）这个女孩叫李晓莉，是1982年经过考试来到省杂技团的。当年只有八岁的她原本是陪姐姐来考试的，谁知自己却阴差阳错地被录取了。因为李晓莉的妈妈就是一位杂技演员，因此，她对于这个舞台并不陌生。

（采访）李晓莉：那时候就感觉我妈妈在舞台上真好看，就想长大了一定上舞台。我们干杂技的，一般小的时候，老师会给你分配很多节目，看看你

李晓莉

练哪一项比较合适。老师分配以后，我主攻练高车踢碗。那个节目练了十年，而且老师给改革了，不是在地上。有一个人蹬着，上面又放很多架子。我们那个节目是在全国独创的，现在也没有。

（画外）这个节目在当时是全国独创的高难度节目，可以说李晓莉为此付出了太多。她说那段时间她是在伤痛与眼泪的陪伴下度过的。

（**采访**）李晓莉：因为我这个节目在团里是独一份，全国也没有，挺新鲜的一个节目。我能在车子上，一个多小时坐在车子上一直在踢，不下来。大腿、屁股都磨烂了。其他演员也试过，他们受不了，太辛苦了。

（画外）只要付出总会有回报。在经过两年多的艰苦训练之后，这个节目终于顺利登台了。当时国家主席江泽民来山东视察工作期间还专门观看了这个节目。后来，李晓莉他们在全国杂技比赛的华东区预选赛中夺得了第一名的好成绩。于是他们开始酝酿将这个节目推上国际舞台。

（**采访**）李晓莉：我们去了俄罗斯参加国际比赛。在家里还好，没想到去那里以后道具没有。明天比赛，今天晚上才开始装道具，特别紧张，压力特别大。到最后还是完成了，不过抛脱了，抛脱要扣分的。抛脱就是失误了，拿了个三等奖。

（画外）由于这个节目的难度太大，加之他们几个演员的压力也过大，最后团里决定放弃这个节目。李晓莉又根据自己的特长练习了抖空竹、蹬板凳、车技等节目。由她参加表演的车技还曾获得摩纳哥蒙特卡洛"金小丑奖"。她说对于杂技演员来说，受伤是常事，而受伤之后坚持演出也早已习以为常。

（**采访**）李晓莉：我在车技上掉下来过，是 2000 年那一段时间去德国。到那儿以后时差没有倒过来，我们感觉到疲惫不堪，对灯光又有点紧张。车技在行程当中我们要变排楼，每个人要拉两个人。我是中间的，要拉两个人，一拉就偏了。这一偏让我在差不多三米的高度就掉下来了。掉下来我的胳膊就触地了，触地的时候就脱臼了，就把我抬下来赶紧去医院。没办法，要坚持演出。做演员的，比如说你难受，你这个不

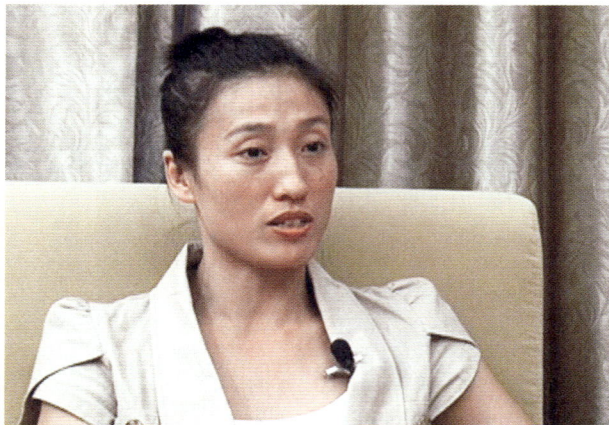
杜秋霞

行、那个不行，观众不知道，观众就是来看这个节目的。因为我们那个节目像蹬板凳，还有车技，都是获得"金小丑奖"的。我每次演出，要是说有一点点瑕疵，我都对自己过意不去，就感觉自己今天为什么会这个样子！我对演出每一场都很认真。因为观众他是第一场来看，他们看了最好的杂技，我们也对得起观众。

（画外）李晓莉提到的"金小丑奖"是蒙特卡洛国际杂技节的最高奖项。蒙特卡洛国际杂技节被誉为杂技界的奥斯卡，是当今规模最大、水平最高的国际杂技艺术节。和李晓莉同样凭借车技获得过"金小丑奖"的宁津人还有杜秋霞。那次获奖经历至今还历历在目。

（采访）杜秋霞：大家都在一块儿，宣布奖项。一个奖一个奖地宣布。那时候咱也不会外语，也听不懂。就有一个翻译，后来宣布到山东，我们就看翻译，问他们说的是什么啊。翻译说你们拿奖了。我说什么奖啊。"金小丑奖"啊。翻译就说得很轻松的感觉。我们这一下子全炸了。我们就开始互相拥抱，就开始有哭的了。我们眼里就含着泪了，就是那种感觉。

（画外）尽管如今说起来是如此轻松，又有多少人了解他们当年是怎样克服排练紧张、场地恶劣、对手强大等一系列困难获得这份荣誉的。

（采访）杜秋霞：到了摩纳哥以后，没有时间去排练。我们为了挤时间，人家都睡觉的时候，我们凌晨四点起来进大棚去练功。赶上那个场地没有暖气，大冬天的，英国也很冷。演出一台节目很累，一个人好几个节目，再加上表演换服装，就是来回地跑，很累。但是练完了以后，没有一个说我累，不想练了。

（画外）其实杜秋霞最初来到省杂技团时的主要项目是蹬人。1983年，进入省团的杜秋霞颇为矮小、内向，一直是老师眼里的好学生。

（采访）杜秋霞：最艰苦的是练第一个节目的时候，就是蹬人节目，原来都是小男孩练蹬人，到我就变成小女孩了，一蹬浑身疼，而且练不好肯定是有掉下来的时候。腿上蹬得就没有正常的皮肤了，都是发黑的，其实就是老茧。练出来

462

以后去了一趟东欧，那时候十一岁，1986 年。那个年代出国的也少，都上报纸了。我爸爸有一张报纸，一直给我留着。

（画外）1987 年，杜秋霞第一次参加全国性的杂技比赛，尽管最后只获得了优秀奖，但是却让这个十来岁的女孩开阔了眼界。后来她又随团参加了几次全国性的比赛，并获得了两次金奖。身为演员多年来忙于训练与奔波，很少能有时间与家人团聚，在记者向杜秋霞提到"家"这个话题的时候，这个坚强的女孩不免黯然神伤。

（采访）杜秋霞：2001 年我爸爸生病了，但是我又必须出国，没办法，只得出发。那么多人等着你怎么办？就走了。在外面待了几个月，我经常给家里打电话，每次都听到我爸爸的声音挺洪亮的。其实他的身体已经很不好了。过年那天我打了个电话，我爸爸还挺好的。初五的时候我又打，不是我爸爸接电话，我妈接的电话，她也不跟我说。她说你爸挺好的，你放心吧，在外面注意安全，说了几句话她就挂断了。

（画外）虽然没有坚持要听听父亲的声音，但是挂断电话的杜秋霞心里隐隐有些不安。

（采访）杜秋霞：那时候我老公知道了，他没告诉我。我们团的人知道，但是谁都不敢告诉我，就害怕我在演出当中出现什么问题。其实那时候我心里不愿往那上面想，一直想着我回去以后肯定能看到他。我 5 月份回来的，老公说我跟你一块儿回家吧。回到家，进屋一看我爸的一张照片摆在那里，人特别瘦，让人想象不到的那种瘦。我说我爸是怎么回事啊，我妈说你爸最后是肾病，尿毒症，过年初五去世的。

（采访）杜秋霞：干我们这一行的就这样，你有时候不得不去，你选择这一行了，你就得服从安排。

（画外）2008 年，杜秋霞退役了。山东杂技团改组为山东杂技演艺有限公司后，杜秋霞任公司培训部经理。

（采访）杜秋霞：原来的时候是别人管理你，别人说，你听。现在转换过来了，你要去说，你要去管。像我们当老师的，有些自己年轻的时候实现不了的东西，就想把这些东西让孩子去实现。

（画外）说到当老师的经验，最有发言权的应该是李玲，她是 1987 年从县杂技团被挑选到省团来的。

（同期声）山东杂技演艺有限公司柔术教练李玲：别哆嗦啊，脚底站稳，表情，有点表情，好，很好。

（采访）李玲：柔术演员一般是从十五六岁到二十三四岁。你能在舞台上也就是十年吧。

（画外）在人们的印象中，柔术演员一般都是做极限动作演出，演员们也需要从很小的时候就开始训练，而李玲却很少给学生们进行高强度的训练。

李玲

（采访）李玲：最难的我觉得并不是对技巧的训练，关键是对艺术的要求。

（画外）在舞台上活跃了十几个年头，李玲的表演从来没有失误过，但是作为老师，每次观看学生的表演时她却很紧张。

（同期声）李玲：当老师都希望自己的学生有一天拿到国际最高奖，这是每一个老师的心愿。

（画外）缘于每个老师的这份责任与信心，也使得山东杂技团成为全国杂技团中获得"金小丑奖"最多的一个团。2010年春晚中由山东杂技团表演的蹬人节目《试比天高》就是其中之一，而作为这个节目主要演员之一的王进就是我们宁津人。

（采访）王进：《试比天高》这个节目，训练的时候进展比较慢，老师和团长都很着急。临比赛比较近了，有些动作拿不出来了，必须每个人写份决心书。一定要练好，把功底打得扎扎实实的。

（画外）这就是他们当时立下的"军令状"，从上面可以看出他们每个人都抱着背水一战的决心，尽管这个节目他们已经训练磨合了两年多的时间，面对比赛他们仍然不敢有丝毫松懈。

（采访）王进：刚去的时候就是排练，场地有限，很多节目都在那里排练。如果半夜三点有场地，我们就爬起来，穿上衣服排练去。什么时候有场地，我们什么时候去。

（画外）由于表演的是接人动作，王进的手指被砸断过，脚踝也受过伤，但是为了不影响训练，在医院稍做包扎后，他都尽快返回训练场。尽管只有二十来岁，王进来到杂技这个舞台上却已经超过了十年，而且他获得的奖项也很丰硕。

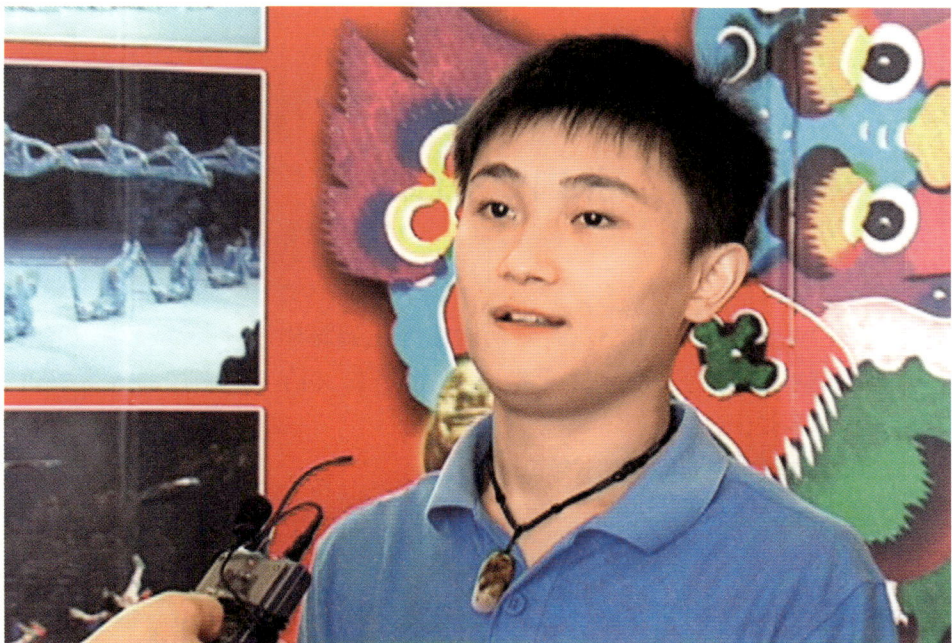

王进

（采访）王进：（这个节目第一次参加比赛是什么时候？）是 2004 年，这个"金狮奖"，就是我们拿回来的。2004 年比了一次赛，2006 年比了一次，2007 年比了一次，2009 年比了一次，2010 年比了一次，全是金奖。

（画外）据了解，省团二百多名演员中有近十分之一是宁津人。这群来自杂技之乡的年轻人都将自己最美好的时光奉献给了杂技事业。由于种种原因，我们无法一一采访到他们，但是无论他们走到哪里，都是让我们值得骄傲的宁津人。

（采访）杜秋霞：宁津现在变化很大，每次回去都有很大的变化，祝福宁津越来越好。

（采访）李晓莉：希望宁津县的杂技事业也越来越好。

（采访）王进：祝宁津县的父老乡亲们，生活越过越好，家庭美满。

张国强：在路上

（画外）从师范大学到电视台，从历史系学生到媒体记者，转型的路上有着多少铭记于心的经历？多年来"无冕之王"的身份又给了他怎样的人生感悟？本期人物——张国强。

（同期声）《生活帮》栏目小片段。

（画外）这档反映老百姓心声的栏目，相信很多观众都十分熟悉。也许大家不知道，这档栏目的总制片就是我们宁津人。张国强，现任山东电视生活频道部门主任，《生活帮》总制片人，宁津县长官镇人，1972年出生。然而这位当今省新闻界业内知名人士，在大学里所学的专业却是与新闻大相径庭。

（采访）张国强：1996年大学毕业以后，通过公开的招聘考试，进入到山东电视台。我是一毕业从校门直接就迈到电视台这个门里来了。（记者：当时你是什么大学毕业？）我是山东师范大学，学的是历史学专业。实际上干新闻完全是从头学起。

（画外）然而这个半路出家的记者第一篇报道就登上了校报头版。

（采访）张国强：第一篇报道是我写的一篇短文叫《外面有个天》，是我自己的亲身经历。当时济南的一家报纸刚刚草创初期，叫《市场导报》，它搞推广，走向济南街头，给市民们发报纸。找一批学生帮着去发一下。当时报名的学生很少，几乎没有学生去报名。大学生那个时候还比较少，天之骄子觉得好多事不想干或者干不来的。我觉得这个事挺好，至少你可以培养一下。我就到报社，

我说我们学生会给你出面,给你组织学生,就是 10 月 1 日一上午的时间,我们把所有的报纸非常圆满地发下去。他们非常高兴。我觉得那个事对我触动也挺大,写了一篇短文,结果校报觉得不错,说在头版给你上了吧,就安排在头版。那是我写的第一篇短文,对我后来写作的信心,作用还是挺大的。

(画外)从那以后,张国强的文字开始见诸各种报端,除了校报记者外,他还是《山东青年报》"大学风景线"专版的责任编辑,而且定期为《齐鲁晚报》(校园版)供稿。在忙碌的写作中,四年时间过得很快,在择业的时候他毫不犹豫地选择了记者这个行业。拿着多年来发表的十几万字的文章,张国强顺利地被山东电视台录用。

(采访)张国强:其实在报纸和电视之间我也做过很艰难的抉择。当时有报社已经要录取我了,后来觉得还是搞电视吧,应该说爱好可能是最主要的。在当时那种情况下,我觉得电视能够让你感觉到更加真实,特别有刺激性。我一开始做的一个节目叫《今日视点》,类似于《焦点访谈》。每一期节目播出以后,有许许多多的观众会打电话,来反映或者是来倾诉。所以那个时候特别兴奋,特别有成就感。我的一篇报道引来这么多的关注,就觉得自己干这个活,值了!那时候才知道记者是无冕之王,但是你得真正地起到替党和政府分忧、替老百姓说话的作用。做了三年的时间,我的专题纪录片两次获得了全国政府"骏马奖"一等奖。从 2001 年开始做制片人,是一个财经类的节目叫《财富》,也几乎每年都是我们山东省的十佳电视栏目。后来我从这个栏目组调离了,开始申办数字电视,审批了山东的《欢乐童年》,就是一个卡通频道。再一个就是《齐鲁剧场》,就是电视剧频道,后来又陆续开播了两个频道——养生频道、读书频道。我们是 9 月 30 号开播,是山东省首批,也是全国首批数字电视频道。

(画外)2007 年,张国强重新回到了他最熟悉、最热爱的记者编辑岗位,成为山东有线生活频道新开播的一档民生类新闻《生活帮》的制片人。

(采访)张国强:因为生活频道最早开办的这档自办栏目就叫《生活帮》,开办这档节目的时候全国各地民生新闻都很多了,他们叫后民生时代,就是说认为这个节目可能马上就不行了。所以我们当时就想怎么样把这个节目做好,才能让咱自己的老百姓喜欢。后来就想,可能就是这个"帮"字,最能解决问题。我们替党和政府分忧,这就是帮。另一方面,能不能通过我们的呼吁帮老百姓解决一些问题?这就是帮。当时的定位就是:"有事您说话,热心生活帮。"每天阿速一挑大拇指,然后就开始了。

(画外)"帮"这个简单的汉字承载了他们太多的努力与心血。慈善晚会中活跃着他们的身影,募捐活动中少不了他们的参与,在面对重大灾情的时候,他们更是挺身而上。

(采访)张国强:"5·12"大地震全部媒体几乎都行动起来了,大家都要去报道,其实当时作为《生活帮》来讲,怎么去做好这次报道。因为我们也是第一时间就派记者到灾区去了,后来我们的记者在当地体育馆采访,无意中就发现好多东西都不缺少,比如说吃饭、医疗用品,都由国家支持得很大。就是有一些细节,引起注意了,方便筷、方便碗特别缺乏,因为这些东西大家都会觉得不是太大的问题,这些人离开家不带这些东西,吃饭就没有办法。有时候一家人用一个碗。我们就发现这个点了。

(画外)得知这一消息后,他们就立即在当天播出的节目中进行了报道,仅仅两天时间,《生活帮》栏目组就陆陆续续收到了几百万套方便餐具,但是面对这些不属于紧急运输的物资,如何运到灾区又成为摆在他们面前的实际问题。

(采访)张国强:后来我们就想,干脆我们组织一支媒体支援队。我们自己找的物流公司、找的车辆。所有的押运人员都是咱们记者。然后经过两天三夜,运到绵阳擂鼓镇。后来这个事咱省里的主要领导打电话,觉得你们这个事做得太好了。特别能体现出咱们山东人的这种深情厚谊。

(画外)可以说,栏目每天都在用实际行动搭建爱心平台,这种一以贯之的公益心、罕见的大密度公益行动,在全国新闻界都是罕见的。几年来《生活帮》募集社会各界爱心款物达数百万元,用来帮扶最弱势群体、家庭和个人。"十大孝子"评选、"好媳妇"评选、"非凡少年"评选、"荧光基金"等公益活动,极大地凝聚了社会各界爱心,增强了栏目影响力,他们围绕一个"帮"字大做文章,让"有事您说话,热心生活帮"的栏目口号在齐鲁大地家喻户晓。

(采访)张国强:如果说我们最初是一个倡导者的话,现在帮扶类的民生新闻已经是全国遍地开花了。就说明越来越多的人开始认识到这类节目既受到党和政府的欢迎,也受老百姓的欢迎。给所有人帮忙,去解决问题,沟通、理解可能是最关键的。我们一直把选题作为非常重要的标准,就是说你做这件事情以后,通过报道能不能真正替党分忧,能不能替老百姓解决一些问题。我们把它作为一个非常重要的标准,在这一方面会遇到有一些人暂时的不理解。我觉得随着时间的推移,都会理解的,就会觉得这是我们的一项工作。

(同期声)电视节目:《生活帮》不能进,《生活帮》不能进?

(采访)张国强:现在记者是高危行业之一,真的有时候还是挺有风险的。

(同期声)电视节目:追上他,你别动,我警告你!

（采访）张国强：记者为什么敢于冒这个风险？一方面我觉得是职业赋予他的神圣责任感，他愿意通过这个事件做点事情。当我们遇到危险的时候，其实我们有很强大的后盾，我们做的是一个正经的事，我们真正去解决的问题也是正义的。在这个时候我觉得党和政府会给你撑腰，老百姓也会替你说话。

（画外）生活频道全天不播出电视剧，这在全国的省级频道中还是第一个。这个在当时看来非常大胆的尝试，如今已经成为一种模式和品牌。现在，帮扶类民生新闻在全国已经遍地开花，张国强带领的团队始终坚守着自己的宗旨，保持着自己的特色，立足民生、坚持公益、全心服务、不断创新。

（采访）张国强：只要我们去用心，就能够赢得越来越多的人的理解。《生活帮》发展得越来越大。现在这个节目除了省里的十佳电视栏目、名专栏这些荣誉以外，还是中国电视民生新闻的十佳电视栏目，同时是中华慈善总会授予的新闻界"慈善大使"。我们还到人民大会堂做典型发言，我们还是全国"青年文明号"，就是全国唯一一家以栏目组命名的"青年文明号"。

从《生活帮》制片人到生活频道负责人，张国强又先后参与打造了《让梦想飞》《非尝不可》《论语大会》等众多名牌栏目。个人主创的电视作品三十余部荣获省部级以上奖项，专题纪录片《教师任秀禄》等获国家广电总局等四部委颁发的"骏马奖"一等奖，多次获省级以上先进工作者、优秀共产党员，荣立三等功三次，在 2008 年汶川大地震媒体报道中业绩突出，荣获全省二等功。在任期间，生活频道单一频道广告经营创收近两亿元，跻身全国地面频道二十强。2020 年，张国强转任山东广电传媒集团经管部总监兼任山东广电惠生活传媒有限公司董事长，把更多的时间和精力投身于媒体产业化转型。他积极探索新媒体领域运营。坚持"线上一个节目，线下一个粉丝群"，通过微商城、微信群、抖音号、小程序等手段，把受众由见不到、摸不着的模拟画像，探索转化到可触及、精准化的大数据赋能模式，深度运营粉丝经济。打造"空中商超"商业模式，建设了公司直播电商分公司和公司短视频基地，链接网红达人与产品供应链，实施"完美订单"计划，形成"为生命赋能"理念下的产品品牌矩阵，经营业绩连年超额完成目标任务。

（画外）面对荣誉张国强看得很淡，他说再多的鲜花与掌声都不及观众的一句认同。

（采访）张国强：特别是回到老家，好多人说天天看《生活帮》，我说你比送我什么都好，就听你这一句话了，就这样的感觉。我觉得和自己的成长经历有关系，从小耳濡目染，自己的生活经历就是个普通老百姓的孩子，普普通通的，从农村出来,我特别能体谅好多东西,所以后来大家做这个节目的时候,这种体会也就特别深。

(**画外**)在说到家乡这个话题的时候,张国强对老家的眷恋溢于言表,尽管最近几年忙于工作很少回家,但是在他的心底深处,"宁津"永远是他最依赖的情感归宿。

(**采访**)张国强:身为宁津人,我非常自豪,也非常骄傲。不管到哪里,只要一提到"宁津"这两个字,我就觉得格外亲切。我觉得不管到哪里,实际上宁津永远是我的家。同时,我们作为媒体工作者,面对咱们家乡的父老乡亲,我还是那句话:"有事您说话,热心生活帮。"我们常联系,我们也希望常回家为您办点事,办点好事。

张德山：苍穹英雄

（画外）空军跨昼夜飞行的一次常规训练却非比寻常。

（采访）张德山：当天飞这个课目的时候，在空中所有的动作都很正常。

（画外）有着二十多年飞行生涯的带飞教员是个屡立功勋的一级飞行员。

（采访）张德山：这个机种飞了十八年了，能达到人机一体。

（画外）夜空中的战鹰，脚下夜色阑珊，头顶星光璀璨。

（采访）张德山：夜间着陆技术是最难的，连续起飞的过程中，发动机工作都是正常的。

（画外）原本正常的飞行训练，却面临突如其来的空中特情。

（采访）张德山：我就听到发动机的声音迅速减小，推力瞬间就消失了。

（画外）着陆再起飞后的飞机仅仅离地五十米，发动机突然停车，灾难骤然降临。

（同期声）张德山：我停车了。

（同期声）指挥台：跳伞、跳伞。

（画外）电光石火的一刹那，飞行员看到了城区的灯火就在眼前。

（采访）张德山：再有两三秒就进入居民区了。

（画外）此时跳伞，教员和飞行员都能生还，但坠毁的飞机就会给居民区带来灭顶之灾。

（采访）张德山：千万千万不能把这架飞机摔到居民区，我们宁可牺牲自己，也不能伤到老百姓。

出片名———《苍穹英雄》。

（画外）2010 年 5 月 6 日,同往常一样,空军驻济南航空兵某师正在组织跨昼夜飞行训练。教员张德山带领飞行员冯思广驾驶某型歼教飞机,实施夜间暗舱仪表结合夜间起落航线课目飞行。

（采访）张德山:每批飞行员过来,我都跟他们讲:"细节决定成败。"从着装到飞机上设备的使用,你按不按规定? 鞋子拉没拉拉链? 伞钩挂没挂? 偏心距调没调? 一个小小的细节,都决定着你的成功与失败。

（画外）教员张德山是一位有着二十多年飞行经验的一级飞行员。用"桃李满团"来形容他的带教成果一点也不为过,不仅每年张德山带教的新飞行员最多,而且团里现任中队长以上的飞行干部,有百分之八十以上他任过教,四名飞行团领导他都带飞过。

（采访）张德山:光飞这种机型飞了十八年了,时间就飞了两千多个小时,自己的技术已经达到非常熟练的程度,可以说是人机一体。

（采访）空军驻济南航空兵某师团长殷圣勇:张德山同志在我们团是有名的飞行尖子,去年他个人的飞行时间,在全区作战部队排名第一。

（画外）天空渐渐暗了下来,晚上八时五十一分,训练正式开始了。茫茫夜色中,飞机拉出一条跃动而优美的曲线,轻盈地掠上天幕。

（采访）张德山:当天飞这个课目的时候,在空中所有的动作都很正常。夜间着陆技术是最难的课目。能不能单飞,就取决于他的夜间着陆技术能不能掌握了。第一次落地的时候,我给稍微控制了一下,然后加油门连续起飞。连续起飞的过程中,发动机工作都是正常的。

（画外）1967 年出生于宁津县太平店村的张德山是个地地道道的农家娃。内敛低调、不善言语的他从小就崇拜军人,也正是这个原因,1985 年他参加了空军招收飞行员的选拔。

（采访）张德山:当时抱着一种信念,就是报效祖国。觉得飞行员这个职业比较高尚,能为咱们国家做出自己应有的贡献,能实现人生的价值。

（画外）正是抱着这种信念,从第一次踏上飞机到现在,二十多年来张德山一直保持着严谨勤勉的工作作风。从 1998 年到 2008 年的十年间,他先后八次立功,其中二等功一次、三等功七次。军功章是军人的荣耀,更是对他军旅人生最直接的评价。

（采访）张德山:选飞的这么多飞行员,到部队能飞出来的,比例还是比较少的,这个比例也就是百分之三十左右。飞到一定的技术水平以后,然后才能培养教员。教员胜任了以后,才能带教新的飞行员。大约在 1995 年、1996 年,我开始当教员。

(画外)像这种飞行课目,张德山经常进行带飞训练。今天他带飞的飞行员冯思广,技术已经成熟,马上就能够脱离开教员的指导实现单飞了。认真地看着这位"80 后"的小伙子熟练地完成一个又一个飞行动作,坐在机舱后座的张德山始终没有放松对飞行环境的高度警惕。

(采访)张德山:在高教机的时候,我和一个中队长去飞特级练习,当时是没有同型教练机的,这个课目难度还是比较大,大部分动作都是自己摸索出来的。后来到了 2001 年、2002 年以后,有了同型的教练机,现在这些新的飞行员掌握起来就更加容易了。有教员给你把着,你大胆地干就是了。

(画外)飞机轻盈地落在跑道上。滑跑、加油、拉杆,刚刚着陆的飞机在巨大的轰鸣声中再次跃起,开始执行第二轮飞行任务。时钟指向了二十一时三十分。

(采访)张德山:高度在二十米到三十米的时候,收起落架,收完起落架转入仪表飞行。

(画外)然而就在这时,意想不到的情况发生了。

(采访)张德山:高度大约在五十米的时候,我就听到发动机的声音迅速减小,推力瞬间就消失了,我立马就判断出来,飞机出现了重大故障,发动机停车了。

(画外)此时飞机的高度只有五十米,两名飞行员都明白,在这样的高度发动机停车,所有条件均不具备迫降或再次开车的可能。飞机坠毁已成定局,飞行员的唯一选择就是跳伞。

(采访)空军驻济南航空兵某师副指挥员、师参谋长沈树范:这个时候,飞机正好在跑道头和拦阻网之间,高度大约在四十米到五十米之间,发动机在低高度停车,跳伞是飞行员唯一的选择。

(采访)张德山:哪怕是一秒钟的时间都不能耽误,弹射的高度越低,生存的概率越小。

(画外)然而电光石火的一刹那,他们看到城区的灯火就在眼前。

(采访)张德山:如果按照当时的姿态和运动轨迹,飞机再有两三秒钟就进入居民区了。

(画外)此时飞机正处于上升状态,呈仰角飞行,若不改变飞行角度,飞机势必会坠落在居民区内。一旦坠落，飞机触地产生的跳跃、冲击、爆炸以及引发的大火等一系列重大次生灾害，将会把城区炸成一片火海，后果不堪设想。

（**采访**）张德山：如果马上跳伞的话，我相信我们前后舱可能都是安全的。

（**画外**）此时飞机离地面仅仅五十米，如果改变飞行轨迹就意味着他们将把自己置于死亡边缘。是立刻跳伞还是改变飞行轨迹，作为飞行教员的张德山必须马上做出这个生死抉择。

（**采访**）张德山：我们宁可牺牲自己，也不能伤到老百姓。要保护人民群众的生命和财产的安全。

（**画外**）机舱内的两人已经来不及进行任何交流，张德山义无反顾地推动驾驶杆，飞机被强行由仰角 12.3 度改变为俯角 9.8 度。在远离居民区的同时，飞机也开始急速坠落。

（**采访**）张德山：在我推杆的同时，也感觉到前舱也在往前稳杆，我觉得他的想法和我是一致的。

（**画外**）与此同时，塔台指挥官也接收到了张德山发来的"停车"报告，在塔台上一直盯着飞机运行轨迹的副指挥员、师参谋长沈树范也在不到一秒钟的时间里连续两次下达了"跳伞"命令。

（**同期声**）张德山：我停车了。

（**同期声**）指挥台：跳伞、跳伞。

（**采访**）张德山：我往前推了一下，报告了一下，然后紧接着左手拉了弹射拉环。

（**画外**）从技术上讲，这是一个违规的操作，飞行员接受的教育是必须双手同时拉弹射环，而在这千钧一发的时刻，任何一个动作都可能发生决定性的作用。

（**采访**）张德山：从停车到我拉弹射拉环，处置完这些动作，也就是五秒钟的时间，我跳伞当时的高度我看了看，表高是四十五米。当时弹射以后，一点五秒钟的时间人椅自动分离，分离以后救生伞就打开了，开了以后我就知道，我是安全的了。

（**画外**）在确定伞包打开后，张德山的第一反应就是寻找他的学员冯思广。

（**采访**）张德山：在拉弹射拉环的一瞬间，我就觉得绝对没有问题。我坚信我的处置是对的，而且我也坚信，我的前舱学员也是没事的。

（**画外**）尽管前后只有五秒钟的时间，但做出一系列动作之后，张德山仍相信他和冯思广能跳伞成功。他跳伞后在空中急切地寻找着冯思广的身影。

（采访）张德山：结果往前一看，一片漆黑，什么也看不到。往下一看，飞机起火了，一片火海。

（画外）最终，飞机坠毁在机场内跑道延长线三百米处，与张庄路居民区直线距离只有二百三十米。因为心思全放在了寻找冯思广身上，这个有着二十多年驾龄的老飞行员没有双腿着陆，造成了右脚脚踝骨折。

（采访）殷圣勇：我当时看到张德山以后，他站在那里，跑过来跟我讲，我没事团长，先找冯思广，看冯思广怎么样。我就想，一个老飞行员，一个老飞行教员，在同样跳伞以后，事故以后，他想的不是自己，他想到前面带飞的飞行员怎么样，他在哪里，怎么样。当时我确实非常感动。

（画外）然而最让他痛心的事情还是发生了，冯思广跳伞时，飞机高度仅有三十二米，并带有十六度的俯角，降落伞还没有张开就直接触地，冯思广壮烈牺牲。后来，冯思广被上级批准为革命烈士，追记一等功。

（采访）张德山：我们团长过来，把我扶到车上，绕过燃烧的飞机，在前面我就看到了冯思广。当时一看他的状态，因为我飞行得比较多，经历的事比较多，我就感觉情况不妙，当时我的心就凉了半截。先把他送到医院，我随后坐车来到医院，医生就过来告诉我，冯思广恐怕不行了。当时听到这个消息，我非常悲痛。失去了自己亲爱的战友，失去了一个优秀的飞行员，我非常难过，当时难以用语言来表达。

（画外）两人跳伞时间相差了一点一秒，也正是这瞬间的时差，让他们阴阳两隔。

（采访）张德山：像我们飞的这个飞机，只是说在救生系统上有个先后，因为后舱要先于弹射。按照它的一个自动的程序，前舱是间隔一段时间，然后才能进行弹射，否则就会引起前后舱的不协调。如果前舱先弹射了，由于空中气流动压很大，后舱有可能就弹不出来了，所以它是设定的自动弹射程序。（记者：这种程序必须是这样的？）对，必须是这样的。

（画外）制造飞机时设定好的自动弹射程序，是无法改变的。虽然当时两人遇难的可能性和生还的希望是同等的，但弹射的先后却让他们生死两重天。

（采访）张德山：冯思广飞得不错，技术上我觉得他已经可以单飞了，已经具备单飞的条件了，太可惜了。我觉得冯思广虽然牺牲了，但是他依然是我的好学员，我会永远记住他的。假如这个情景再现，我依然会这样处置，我这样做绝不后悔。

（画外）事后有关专家根据飞机仪表数据显示，确定张德山当时的判断与分析与实际情况完全吻合。在分析事故特情处置时,无论是科研院所的资深专家,还是部队的老飞行员,对张德山处置特情的经过有着一致的看法,那就是完美。经过调查,发动机突然停车的原因,是一个无法拆卸维护的"免维护"部件坏损,这样飞机会在毫无征兆的情况下突然停车。

(**采访**)空军驻济南航空兵某师政治部主任胡志标:这是一个机械原因的事故,就像突然的心肌梗死一样,这是不可抗拒的,你也预测不到。遇到这种情况,飞机是必摔无疑。

(**画外**)其实在二十多年的飞行经历中,张德山经历过多次飞机故障,凭借自己准确的判断和果断的处置,他每次都化险为夷。

(**采访**)张德山:有一次执行作战任务,也是在起飞过程中,遇到了加力喷口随动装置故障。开完加力以后,飞机正常滑跑,逐渐增速,增到大约在二百三十公里到二百四十公里的时候,飞机推力突然减小了,突然就没有力量了。自己正在判断的时候,推力又上来了,又继续增速,增到二百八十公里到二百九十公里的时候,飞机推力又突然减小了,又没有了。在判断犹豫的同时,飞机动力又来了,这样反复了两三次。我一看不行,就中断起飞了,如果说我要继续起飞的话,这架飞机有可能就摔在起飞以后这个位置。

(**画外**)其实很多人并不清楚,飞行员在执行任务的过程中每时每刻都在与危险并肩,飞机弹射跳伞本身就有一定的风险。

(**采访**)张德山:弹出去载荷比较大,十七个载荷。也就是说,相当于人体十七倍的重量在往上推你。一般如果身体不好的话,有可能黑视,甚至晕厥。

(**画外**)刚入伍时张德山的身体并不是很好,从小他家的生活就比较困难。父亲张守信 1983 年因病去世,母亲靠种九亩薄田把他们姐弟六人抚养成人。

(**采访**)张德山的同学张建新:我和张德山从小是同学。他品学兼优,学习一直优秀。

(**采访**)张德山的邻居:国家没有白培养他,为太平店村争光,我感到自豪。

(**采访**)空军驻济南航空兵某师副政委张忠庆:在面临生死抉择的重大关头,他心中装着人民,想着群众。他把生的希望留给了人民群众,把死的危险留给了自己。

(**画外**)从小就饱尝生活酸甜苦辣的张德山懂得,只有自己努力才能改变人生。入伍后他用坚韧不拔开始了飞行员生涯的艰苦跋涉。

(**采访**)张德山:自己家庭条件比较差,生活也比较艰苦,营养各方面都跟不上,身体的确不是十分好。既然不好呢,自己就抓紧时间去锻炼,尤其在预校这两年零八个月的时间,我用别人休息的时间锻炼。这样自己身体素质也逐渐提上来了,为以后的飞行打下了一个比较好的基础。

(**画外**)2008 年,七十多岁的老母亲不幸身患脑溢血,瘫痪在床,生活不能自理,只能靠家中的哥嫂伺候。自己非但不能在母亲身边尽孝,还让母亲牵挂着自己,他深感歉疚。张德山知道,飞行员的行业有一定的危险性,所以他只是每个月把自己的工资寄到家里,打电话向来不谈工作,即便是这一次遇险,他对家里也是轻描淡写。

(**采访**)张德山的大哥张德芝:我想马上到济南去看他,他打电话说没事,让我放心。

(**采访**)张德山的二哥:他这样做是对的,为了国家和人民的安全,舍弃自己的利益,自己冒着生命的危险。我感到非常高兴,非常自豪。

(**画外**)家人心里都有着说不出的牵挂。在得知张德山身体并无大碍的消息后,作为母亲,老人表达了放心与欣慰。儿子的心母亲是明白的,儿子此刻最惦记的是尽快恢复身体,重新飞上蓝天。

(**采访**)张德山的母亲:别叫俺三(张德山)挂着我。(记者:您有个好儿子感到高兴吗?)高兴。

(**画外**)现在,张德山已经成为大家心目中的英雄,但是他却认为这只是一件很平常的事,是每个人都会做出的正确选择。

(**采访**)张德山的母亲:我们把生的希望留给了人民群众,把危险留给了自己。我觉得这是一种人的本能的反应。

(**画外**)可以说,这个在生死时速中做出的看似下意识的举动,源自于军人的本能,源自于扎根内心、融入血液的当代军人的核心价值观;而这个在短短五秒钟内做出的壮美选择,也诠释了革命军人愿为国家和人民献出一切的铮铮誓言。

(**字幕**)因为正确处置这次空中特情,保护了人民群众的生命财产安全,张德山被荣记一等功。

图书在版编目 (CIP) 数据

天南地北宁津人／政协宁津县委员会编；刘文浩编
著. -- 北京：中国文史出版社，2024. 12. -- ISBN
978-7-5205-4916-5

Ⅰ. K295.24

中国国家版本馆 CIP 数据核字第 2024ZF4297 号

责任编辑：牟国煜　封面设计：杨飞羊

出版发行：**中国文史出版社**

社　　址：北京市海淀区西八里庄路 69 号院　邮编：100142

电　　话：010-81136606　81136602　81136603（发行部）

传　　真：010-81136655

印　　装：北京新华印刷有限公司

经　　销：全国新华书店

开　　本：889×1194　1/16

印　　张：30.75　　字数：529 千字

版　　次：2024 年 12 月第 1 版

印　　次：2024 年 12 月第 1 次印刷

定　　价：180.00 元